LES
AUTEURS LATINS

EXPLIQUÉS D'APRÈS UNE MÉTHODE NOUVELLE

PAR DEUX TRADUCTIONS FRANÇAISES

L'UNE LITTÉRALE ET JUXTALINÉAIRE PRÉSENTANT LE MOT A MOT FRANÇAIS
EN REGARD DES MOTS LATINS CORRESPONDANTS
L'AUTRE CORRECTE ET PRÉCÉDÉE DU TEXTE LATIN

avec des arguments et des notes

PAR UNE SOCIÉTÉ DE PROFESSEURS

ET DE LATINISTES

TACITE

LIVRES I ET II DES HISTOIRES

EXPLIQUÉS LITTÉRALEMENT, ANNOTÉS
ET REVUS POUR LA TRADUCTION FRANÇAISE

Par M. DE PARNAJON
Professeur au Lycée Henri IV

PARIS
LIBRAIRIE HACHETTE ET Cⁱᵉ
79, BOULEVARD SAINT-GERMAIN, 79

LES
AUTEURS LATINS

EXPLIQUÉS D'APRÈS UNE MÉTHODE NOUVELLE

PAR DEUX TRADUCTIONS FRANÇAISES

Ces livres ont été expliqués littéralement, annotés et revus pour la traduction française par M. de Parnajon, professeur au lycée Saint-Louis.

LES
AUTEURS LATINS

EXPLIQUÉS D'APRÈS UNE MÉTHODE NOUVELLE

PAR DEUX TRADUCTIONS FRANÇAISES

L'UNE LITTÉRALE ET JUXTALINÉAIRE PRÉSENTANT LE MOT A MOT FRANÇAIS
EN REGARD DES MOTS LATINS CORRESPONDANTS
L'AUTRE CORRECTE ET PRÉCÉDÉE DU TEXTE LATIN

avec des arguments et des notes

PAR UNE SOCIÉTÉ DE PROFESSEURS

ET DE LATINISTES

TACITE

LIVRES I, II DES HISTOIRES

PARIS
LIBRAIRIE HACHETTE ET Cⁱᵉ
79, BOULEVARD SAINT-GERMAIN, 79

1887

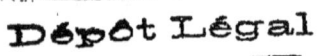

AVIS

RELATIF A LA TRADUCTION JUXTALINÉAIRE

On a réuni par des traits les mots français qui traduisent un seul mot latin.

On a imprimé en *italique* les mots qu'il était nécessaire d'ajouter pour rendre intelligible la traduction littérale, et qui n'ont pas leur équivalent dans le latin.

Enfin, les mots placés entre parenthèses, dans le français, doivent être considérés comme une seconde explication, plus intelligible que la version littérale.

ARGUMENT ANALYTIQUE

DES DEUX PREMIERS LIVRES DES *HISTOIRES*

Les livres I et II des *Histoires* renferment le récit des événements qui se sont passés dans la première moitié de l'an de Rome 822 (69 ans ap. J.-C.).

LIVRE I

Après une préface (ch. 1) où Tacite proteste de son impartialité, il annonce le sujet de son ouvrage (III-IV), et fait le tableau de la situation à Rome, dans les armées et dans les provinces, à la mort de Néron (IV-XII). La sévérité de Galba lui aliène les prétoriens et l'on apprend que les légions de Germanie se sont révoltées contre lui. Il croit remédier au mal en adoptant Pison, homme de mœurs antiques, de préférence à Othon, ancien favori de Néron (XII-XXI).

Othon, encouragé par ses familiers et par les astrologues, fondant d'ailleurs les plus grandes espérances sur ses intrigues déjà anciennes auprès des soldats, se décide à profiter du trouble pour se faire proclamer empereur. Vingt-trois soldats seulement le saluent empereur, et il fait ratifier sans opposition par les prétoriens cette élection singulière (XXI-XXIX).

Malgré les efforts de Pison en faveur de son père adoptif, malgré la décision du sénat qui se prononce en sa faveur, Galba hésite, est surpris et tué par les partisans d'Othon (XXIX-XLII). Le sénat et le peuple, tout prêts à acclamer le vainqueur, prodiguent les flatteries à Othon. Portraits de Pison et de Galba (XLII-L).

A peine Othon est-il proclamé que le bruit de la révolte de Vitellius se répand dans Rome. Celui-ci, excité par ses lieutenants Cécina et Valens, se décide à marcher sur l'Italie. Ses lieutenants partent les premiers avec deux armées qui commettent mille excès en Gaule et chez les Helvètes (L-LXXI).

Othon se conduit en homme de cœur. Il renonce à tout arrangement avec Vitellius, et, après s'être occupé du soin de régler tout à Rome pendant son absence, il se propose d'attaquer la Gaule narbonnaise. Avant de partir, il recommande la république au sénat et harangue le peuple, qui le couvre d'applaudissements (LXXI-XC).

LIVRE II

Pendant ces événements, l'armée d'Orient songe de son côté à choisir un empereur. Titus, qui était parti pour Rome afin de saluer Galba au nom de Vespasien, apprend à Corinthe l'avènement d'Othon et retourne auprès de son père, en passant par Paphos, où l'oracle lui révèle ses destinées (ch. I-IV). Malgré la confiance qu'ils en ressentent, malgré les bonnes dispositions et les ressources de leurs armées, les deux généraux Mucien et Vespasien se décident à attendre le résultat de la lutte entre Othon et Vitellius (V-VII).

Sur ces entrefaites un faux Néron est tué par Asprénas (VIII-IX) et le délateur Annius Faustus est condamné (X).

La guerre commence d'une manière heureuse pour Othon : il remporte des succès dans les Alpes Maritimes, sa flotte menace la Narbonnaise, le procurateur de Corse qui voulait se déclarer pour Vitellius est tué par les habitants (XI-XVII). Mais l'arrivée et les progrès de Cécina dans l'Italie supérieure forcent Othon à modifier ses plans : la lutte se concentrera dans la vallée du Pô (XVII). Après une série d'opérations autour de Plaisance et de Crémone, dans lesquelles l'avantage reste aux troupes d'Othon (XVIII-XXIV), Cécina est encore battu par Suétonius Paulinus, au combat des *Castors* (XXIV-XXVII).

Mais Valens est arrivé sur le théâtre de la guerre, et, malgré la mutinerie de ses soldats, il a fait sa jonction avec Cécina (XXVII-XXX). C'est la fin des succès pour l'armée d'Othon. Suétonius Paulinus lui conseille en vain de gagner du temps; l'empereur ordonne qu'on livre enfin une bataille décisive, et en même temps il se retire à Brixellum avec une partie des troupes d'élite (XXX-XXXIII). Les Othoniens, une première fois battus sur les bords du Pô, vont imprudemment, malgré Suétonius Paulinus, se heurter aux forces vitelliennes auprès de Bédriac (XXXIII-XL). Bataille de Bédriac (XLI-XLIII). L'armée d'Othon est battue et se réconcilie avec celle de Vitellius (XLIV-XLVI). Othon refuse à la fidélité des soldats qui lui restent de continuer la lutte et se tue (XLVI-LI).

Pendant que le sénat et le peuple acclament le nom de Vitellius, celui-là avec résignation, celui-ci avec enthousiasme, pendant que l'armée victorieuse commet en Italie toutes sortes d'excès et de crimes (LI-LVII), le nouvel empereur se décide à quitter Lyon, où il a fêté l'annonce de sa victoire par des festins et des exécutions (LVII-LXIV). Il fait vers l'Italie un voyage triomphal, riant lui-même du désordre et de l'indiscipline de ses troupes et croyant suffisant, pour se garantir du mécontentement des vaincus, de licencier les prétoriens et de déplacer les légions d'Othon (LXV-LXX). Il visite le champ de bataille de Bédriac (LXX).

Cependant les dernières hésitations de Vespasien avaient été levées par Mucien (LXXI-LXXVIII); il est proclamé en Égypte, en Judée, en Syrie, et il voit les rois de l'Orient, tributaires de Rome, se déclarer pour lui (LXXVIII-LXXXIII). En même temps qu'il fait ses derniers préparatifs, il apprend l'adhésion des armées de Mésie, de Pannonie et de Dalmatie (LXXXIV-LXXXVII).

A Rome, Vitellius ne songe qu'à jouir du pouvoir; il abandonne à Cécina et à Valens la direction des affaires, laisse le désordre s'établir dans l'armée, et sort à peine de son apathie en apprenant la défection des légions d'Orient et du Danube (LXXXVIII-XCVII). Il se décide à faire partir ses troupes pour la haute Italie avec Valens et Cécina : c'est là que va l'attaquer l'armée du Danube. Mais déjà Cécina a résolu d'abandonner son parti et il négocie avec Lucilius Bassus les conditions de sa trahison (XCVIII-CI).

CORNELII TACITI
HISTORIARUM
LIBER I

I. Initium mihi operis Servius Galba iterum Titus Vinius consules erunt[1]. Nam post conditam urbem octingentos et viginti[2] prioris ævi annos multi auctores rettulerunt, dum res populi Romani memorabantur, pari eloquentia ac libertate : postquam bellatum apud Actium atque omnem potentiam ad unum conferri pacis interfuit, magna illa ingenia cessere ; simul veritas pluribus modis infracta, primum inscitia rei publicæ ut alienæ, mox libidine assentandi aut rursus odio adversus dominantes : ita neutris cura posteritatis inter infensos vel obnoxios. Sed ambi-

I. Je commencerai mon ouvrage au deuxième consulat de Servius Galba, qui eut pour collègue T. Vinius. Les huit cent vingt ans écoulés depuis la fondation de Rome jusqu'à cette époque n'ont pas manqué d'historiens; et, tant que l'histoire fut celle du peuple romain, elle fut écrite avec autant d'éloquence que de liberté. Mais après la bataille d'Actium, quand le pouvoir d'un seul devint une condition de la paix, ces grands génies disparurent. Plusieurs causes d'ailleurs altérèrent la vérité : d'abord l'ignorance d'intérêts politiques où l'on n'avait plus de part; ensuite l'esprit d'adulation; quelquefois aussi la haine du pouvoir. Ou esclaves ou ennemis, tous oubliaient également la postérité. Mais

TACITE
HISTOIRES
LIVRE I

I. Consules
Servius Galba iterum
Titus Vinius
erunt mihi
initium operis.
Nam post urbem conditam
octingentos et viginti annos
ævi prioris
multi auctores
rettulerunt
eloquentia ac libertate pari,
dum res populi Romani
memorabantur :
postquam bellatum
apud Actium
atque interfuit pacis
omnem potentiam
conferri ad unum,
illa magna ingenia cessere;
simul veritas
infracta pluribus modis,
primum inscitia
rei publicæ
ut alienæ,
mox libidine assentandi
aut rursus
odio adversus dominantes :
ita inter infensos
aut obnoxios
cura posteritatis
neutris.

I. Les consuls Servius Galba *consul* pour-la-seconde-fois et Titus Vinius
seront pour moi
le commencement de l'ouvrage.
Car après la ville fondée
pendant huit-cent vingt ans
du temps précédent
beaucoup d'auteurs
ont rapporté *les faits*
avec une éloquence et une liberté égale,
tant-que les affaires du peuple romain étaient racontées :
après-qu'on eut combattu
auprès d'Actium
et *qu*'il importa à la paix
tout pouvoir
être conféré à un *seul homme*,
ces grands génies disparurent;
en-même-temps la vérité
fut tronquée de plusieurs manières,
d'abord par l'ignorance
de la chose publique
comme *nous étant* étrangère,
puis par la passion de flatter
ou au-contraire
par la haine contre ceux qui dominaient :
ainsi au milieu d'*écrivains* hostiles
ou serviles
le souci de la postérité
ne fut ni-aux-uns-ni-aux-autres.

tionem scriptoris facile averseris, obtrectatio et livor pronis auribus accipiuntur; quippe adulationi fœdum crimen servitutis, malignitati falsa species libertatis inest. Mihi Galba, Otho, Vitellius nec beneficio nec injuria cogniti. Dignitatem nostram a Vespasiano inchoatam, a Tito auctam, a Domitiano longius provectam non abnuerim : sed incorruptam fidem professis neque amore quisquam et sine odio dicendus est. Quod si vita suppeditet[1], principatum divi Nervæ et imperium Trajani, uberiorem securioremque materiam, senectuti seposui, rara temporum felicitate, ubi sentire quæ velis et quæ sentias dicere licet.

II. Opus aggredior opimum casibus, atrox prœliis, discors seditionibus, ipsa etiam pace sævum. Quattuor prin-

---

l'écrivain qui fait sa cour éveille assez la défiance, tandis que la détraction et l'envie trouvent des oreilles toujours ouvertes. C'est que la flatterie porte le honteux caractère de la servitude; la malignité plaît par un faux air d'indépendance. Pour moi, Galba, Othon, Vitellius ne me sont connus ni par le bienfait ni par l'injure. Vespasien commença mes honneurs; Titus y ajouta, Domitien les accrut encore, j'en conviens; mais un historien qui se consacre à la vérité doit parler de chacun sans amour et sans haine. Que s'il me reste assez de vie, j'ai réservé pour ma vieillesse un sujet plus riche et plus paisible, le règne de Nerva et l'empire de Trajan; rares et heureux temps, où il est permis de penser ce qu'on veut, et de dire ce qu'on pense.

II. J'aborde une époque féconde en catastrophes, ensanglantée de combats, déchirée par les séditions, cruelle même durant la

Sed averseris	Mais tu pourrais-repousser
facile	facilement
ambitionem scriptoris,	le désir-de-plaire de l'écrivain,
obtrectatio et livor	la détraction et l'envie
accipiuntur	sont reçues
auribus pronis ;	par des oreilles tendues-en-avant ;
quippe crimen fœdum	car l'accusation honteuse
servitutis	de servitude
inest adulationi,	est-attachée à l'adulation,
falsa species	une fausse apparence
libertatis	d'indépendance
malignitati.	à la malignité.
Galba, Otho, Vitellius	Galba, Othon, Vitellius
cogniti mihi	n'ont été connus à (de) moi
nec beneficio	ni par le bienfait
nec injuria.	ni par l'injure.
Non abnuerim	Je n'aurais pas nié
nostram dignitatem	notre dignité
inchoatam a Vespasiano,	commencée par Vespasien,
auctam a Tito,	accrue par Titus,
provectam longius	avoir été portée plus loin
a Domitiano :	par Domitien :
sed quisquam	mais qui-que-ce-soit
est dicendus	est devant être représenté
neque amore	et-non avec-amour
et sine odio	et sans haine
professis	pour *ceux* qui ont-fait-profession
fidem incorruptam.	d'une sincérité incorruptible.
Quod si vita suppeditet,	Que si *ma* vie est-suffisante,
seposui senectuti	j'ai réservé pour *ma* vieillesse
principatum divi Nervæ	le principat du divin Nerva
et imperium Trajani,	et le règne de Trajan,
materiam uberiorem	sujet plus riche
securioremque,	et plus sûr (moins dangereux),
felicitate rara temporum,	par un bonheur rare de temps,
ubi licet sentire	où il est-permis de penser
quæ velis	*ce* que tu peux-vouloir
et dicere	et de dire
quæ sentias.	*ce* que tu peux-penser.
II. Aggredior opus	II. J'aborde une œuvre
opimum casibus,	féconde en malheurs,
atrox prœliis	terrible par les combats,
discors seditionibus,	en-désaccord par les séditions,
sævum etiam pace ipsa.	cruelle aussi dans la paix même.

cipes[1] ferro interempti; trina bella civilia[2], plura externa ac plerumque permixta; prosperæ in Oriente, adversæ in Occidente res; turbatum Illyricum, Galliæ nutantes, perdomita Britannia et statim missa; coortæ in nos Sarmatarum ac Suevorum gentes, nobilitatus cladibus mutuis Dacus, mota prope etiam Parthorum arma falsi Neronis ludibrio. Jam vero Italia novis cladibus vel post longam seculorum seriem repetitis afflicta : haustæ aut obrutæ urbes[3] fecundissima Campaniæ ora; et urbs incendiis vastata, consumptis antiquissimis delubris, ipso Capitolio civium manibus incenso. Pollutæ cærimoniæ, magna adulteria; plenum exiliis mare, infecti cædibus scopuli[4]. Atrocius in urbe sævitum : nobilitas, opes, omissi gestique honores pro crimine et ob virtutes certissimum exitium.

paix : quatre princes tombant sous le fer; trois guerres civiles, beaucoup d'étrangères, et souvent des guerres étrangères et civiles tout ensemble; des succès en Orient, des revers en Occident; l'Illyrie agitée; les Gaules chancelantes; la Bretagne entièrement conquise et bientôt délaissée; les populations des Sarmates et des Suèves levées contre nous; le Dace illustré par ses défaites et les nôtres; le Parthe lui-même prêt à courir aux armes pour un fantôme de Néron; et en Italie des calamités nouvelles ou renouvelées après une longue suite de siècles; des villes abîmées ou ensevelies sous leurs ruines, dans la partie la plus riche de la Campanie; Rome désolée par le feu, voyant consumer ses temples les plus antiques; le Capitole même brûlé par la main des citoyens; les cérémonies saintes profanées; l'adultère dans les grandes familles; la mer couverte de bannis; les rochers souillés de meurtres; des cruautés plus atroces dans Rome : noblesse, opulence, honneurs refusés ou reçus, comptés pour autant de crimes, et la vertu devenue le plus irrémissible de tous; les déla-

Quattuor principes	Quatre princes
interempti ferro ;	mis-à-mort par le fer ;
trina bella civilia,	trois guerres civiles,
plura externa	de plus nombreuses étrangères
ac plerumque permixta ;	et la-plupart-du-temps mélangées ;
res prosperæ in Oriente,	des affaires prospères en Orient,
adversæ in Occidente ;	contraires en Occident ;
Illyricum turbatum,	l'Illyrie troublée,
Galliæ nutantes,	les Gaules chancelantes, [l'autre
Britannia perdomita	la Bretagne soumise-d'un-bout-à-
et statim missa ;	et aussitôt abandonnée ;
gentes Sarmatarum	les nations des Sarmates
ac Suevorum	et des Suèves
coortæ in nos,	levées-ensemble contre nous,
Dacus nobilitatus	le Dace illustré
cladibus mutuis,	par *nos* défaites réciproques,
arma etiam Parthorum	les armes même des Parthes
prope mota	presque mises-en-mouvement
ludibrio falsi Neronis.	par le jouet d'un faux Néron.
Jam vero Italia	Puis d'autre-part l'Italie
afflicta cladibus novis	frappée par des calamités nouvelles
vel repetitis	ou renouvelées
post longam seriem seculorum :	après une longue suite de siècles :
urbes haustæ aut obrutæ	des villes abimées ou englouties,
ora fecundissima	dans la région la plus fertile
Campaniæ ;	de la Campanie ;
et urbs vastata incendiis,	et la ville désolée par des incendies
delubris antiquissimis	les temples les plus anciens
consumptis,	ayant été consumés,
Capitolio ipso	le Capitole lui-même
incenso	ayant été brûlé
manibus civium.	par les mains des citoyens.
Cærimoniæ	Les cérémonies-religieuses
pollutæ,	souillées,
magna adulteria ;	de grands adultères ;
mare plenum exiliis,	la mer pleine d'exils (d'exilés),
scopuli infecti cædibus.	les rochers teints par les meurtres.
Sævitum atrocius	*Il fut* sévi plus atrocement
in urbe :	dans la ville :
nobilitas, opes,	noblesse, richesses,
honores omissi gestique	charges refusées et remplies [tion
pro crimine	en-guise-de (tenant lieu d') accusa-
et exitium certissimum	et la perte très certaine
ob virtutes.	pour les vertus.

Nec[1] minus præmia delatorum invisa quam scelera, cum alii sacerdotia et consulatus ut spolia adepti, procurationes alii et interiorem potentiam, agerent, verterent cuncta odio et terrore. Corrupti[2] in dominos servi, in patronos liberti; et quibus deerat inimicus, per amicos oppressi.

III. Non tamen adeo virtutum sterile seculum, ut non et bona exempla prodiderit. Comitatæ profugos liberos matres, secutæ maritos in exilia conjuges; propinqui audentes, constantes generi, contumax etiam adversus tormenta servorum fides, suprema clarorum virorum necessitate[3], ipsa necessitas fortiter tolerata et laudatis antiquorum mortibus pares exitus. Præter multiplices rerum humanarum casus cælo terraque prodigia et fulminum monitus et futurorum præsagia, læta, tristia, ambigua, manifesta;

teurs, dont le salaire ne révoltait pas moins que les forfaits, se partageant comme un butin sacerdoces et consulats, régissant les provinces, régnant au palais, menant tout au gré de leur caprice, par haine ou par peur; les esclaves armés contre leurs maîtres, les affranchis contre leurs patrons; enfin ceux à qui manquait un ennemi, accablés par leurs amis.

III. Ce siècle toutefois ne fut pas si stérile en vertus qu'on n'y vît briller aussi quelques beaux exemples. Des mères accompagnèrent la fuite de leurs enfants, des femmes suivirent leurs maris en exil; on vit des parents intrépides, des gendres courageux, des esclaves d'une fidélité invincible aux tortures; alors que des têtes illustres étaient soumises à la dernière de toutes les épreuves, cette épreuve même supportée sans faiblesse, et des trépas comparables aux plus belles morts de l'antiquité. A ce concours inouï d'événements humains se joignirent des prodiges dans le ciel et sur la terre, et les voix prophétiques de la foudre, et mille signes de l'avenir, heureux ou sinistres, certains ou équi-

Et præmia delatorum	Et les récompenses des délateurs
non minus invisa	non moins odieuses
quam scelera,	que *leurs* crimes,
cum adepti alii	attendu-que ayant acquis les uns
sacerdotia et consulatus,	les sacerdoces et les consulats,
ut spolia,	comme des dépouilles,
alii procurationes	les autres les intendances
et potentiam	et la puissance
interiorem,	intérieure (dans le palais),
agerent,	ils menaient,
verterent cuncta	bouleversaient tout
odio et terrore.	par la haine et la terreur.
Servi corrupti	Les esclaves *furent* gagnés
in dominos,	contre les maîtres
liberti in patronos;	les affranchis contre les patrons;
et quibus deerat inimicus,	et *ceux* à qui manquait un ennemi
oppressi per amicos.	accablés par *leurs* amis.
III. Non tamen seculum	III. Ni toutefois le siècle ne *fut*
adeo sterile virtutum,	si stérile en vertus,
ut non prodiderit	qu'il n'ait transmis
et bona exempla.	aussi de bons exemples.
Matres comitatæ	Des mères ayant accompagné
liberos profugos,	*leurs* enfants fugitifs,
conjuges secutæ	des épouses ayant suivi
maritos in exilia;	*leurs* maris dans *leurs* exils;
propinqui audentes,	des parents hardis,
generi constantes,	des gendres fermes,
fides servorum	la fidélité des esclaves
contumax	résistant
etiam adversus tormenta,	même contre les tortures,
necessitate suprema	*et* dans la nécessité suprême
virorum clarorum,	de personnages illustres,
necessitas ipsa	*cette* nécessité même
tolerata fortiter	supportée courageusement,
et exitus pares	et des fins pareilles
mortibus antiquorum	aux morts des anciens
laudatis.	qui ont été louées.
Præter casus multiplices	Outre les accidents multiples
rerum humanarum,	des choses humaines,
cœlo terraque	dans le ciel et sur terre
et monitus fulminum	et avertissements des foudres,
et præsagia futurorum,	et présages des choses futures,
læta, tristia,	heureux, sinistres,
ambigua, manifesta;	équivoques, clairs;

nec enim unquam atrocioribus populi Romani cladibus magisve justis[1] indiciis approbatum est non esse curæ deis securitatem nostram, esse ultionem[2].

IV. Ceterum antequam destinata componam, repetendum videtur, qualis status urbis, quæ mens exercituum, quis habitus provinciarum, quid in toto terrarum orbe validum, quid ægrum fuerit, ut non modo casus[3] eventusque rerum, qui plerumque fortuiti sunt, sed ratio etiam causæque noscantur. Finis Neronis ut lætus primo gaudentium impetu fuerat, ita varios motus animorum non modo in urbe apud patres, aut populum, aut urbanum militem[4], sed omnes legiones ducesque conciverat, evulgato imperii arcano posse principem alibi quam Romæ fieri. Sed patres læti, usurpata statim libertate licentius ut erga principem novum et absentem; primores equitum[5]

voques. Non, jamais plus horribles calamités du peuple romain ni plus clairs arrêts de la puissance divine ne prouvèrent au monde que si les dieux sont indifférents à notre sécurité, ils n'oublient pas de nous punir.

IV. Mais, avant d'entrer dans ces grands récits, il convient d'exposer la situation de Rome, l'esprit des armées, l'état des provinces, celui du monde entier, et quelles parties de ce grand corps étaient saines ou languissantes; afin que, ne se bornant pas à connaître les péripéties et le succès des affaires, qui sont souvent l'ouvrage du hasard, on en découvre la marche et les ressorts cachés. La fin de Néron, après les premiers transports de la joie publique, agita diversement les esprits non seulement du sénat, du peuple, des troupes de la ville, mais encore des légions et des généraux : le secret de l'État venait d'être révélé; un empereur pouvait se faire autre part que dans Rome. Le sénat se réjouissait et, sans perdre un instant, il s'était ressaisi d'une liberté, plus indépendante et plus hardie sous un prince nouveau et absent.

nec enim	ni en-effet
est approbatum unquam	il *ne* fut prouvé jamais
cladibus atrocioribus	par des désastres plus terribles
populi Romani	du peuple romain
indiciisve magis justis	ou par des indices plus réguliers
nostram securitatem	notre sécurité
non esse curæ deis,	n'être pas à souci aux dieux,
ultionem esse.	*notre* punition *l'*être.
IV. Ceterum	IV. D'ailleurs
antequam componam	avant-que je compose [jeté),
destinata,	les choses projetées (le sujet pro-
videtur repetendum,	il *me* paraît *être* à reprendre,
qualis fuerit status urbis,	quelle fut la situation de la ville,
quæ mens exercituum,	quel l'esprit des armées,
quis habitus provinciarum,	quel l'état des provinces,
quid validum,	quelle *partie fut* solide,
quid ægrum	quelle *fut* malade
in toto orbe terrarum,	dans tout le globe des terres,
ut non modo	afin-que non seulement
casus	les accidents
eventusque rerum,	et les issues des choses,
qui plerumque	qui la-plupart-du-temps
sunt fortuiti,	sont fortuits,
sed etiam ratio et causæ	mais encore la raison et les causes
noscantur.	soient connues.
Ut finis Neronis	De-même-que la fin de Néron
fuerat lætus	avait été agréable [réjouissant,
primo impetu gaudentium,	dans le premier élan de ceux se-
ita conciverat	ainsi elle avait excité
varios motus animorum	divers mouvements des esprits
non modo in urbe,	non seulement dans la ville,
apud patres, aut populum,	chez les sénateurs, ou le peuple,
aut militem urbanum,	ou le soldat urbain,
sed omnes legiones	mais *chez* toutes les légions
ducesque,	et *chez tous* les chefs, [vélé
arcano imperii evulgato	le secret de l'empire ayant été ré-
principem posse fieri	un empereur pouvoir être fait
alibi quam Romæ.	ailleurs qu'à Rome. [dis-je),
Sed patres	Mais les sénateurs (les sénateurs
læti,	*étaient* joyeux, [champ
libertate usurpata statim	la liberté ayant été pratiquée sur-le-
licentius	plus hardiment [prince
ut erga principem	comme *il arrive* à-l'égard-d'un
novum et absentem ;	nouveau et absent ;

proximi gaudio patrum; pars populi integra et magnis domibus annexa, clientes libertique damnatorum et exsulum in spem erecti : plebs sordida et circo ac theatris sueta, simul deterrimi servorum, aut qui adesis bonis per dedecus Neronis alebantur, mæsti et rumorum avidi.

V. Miles urbanus longo Cæsarum sacramento imbutus et ad destituendum Neronem arte magis et impulsu[1] quam suo ingenio traductus, postquam neque dari donativum sub nomine Galbæ promissum[2] neque magnis meritis ac præmiis eundem in pace quem in bello locum, præventamque gratiam intellegit apud principem a legionibus[3] factum, pronus ad novas res scelere insuper Nymphidii Sabini præfecti imperium sibi molientis agitatur. Et Nymphidius quidem in ipso conatu oppressus; sed quamvis capite defectionis ablato manebat plerisque militum

Les principaux de l'ordre équestre éprouvaient une joie presque égale à celle des sénateurs. La partie saine du peuple, liée d'intérêt aux grandes familles, les clients, les affranchis des condamnés et des bannis, renaissaient à l'espérance; la populace accoutumée au cirque et aux théâtres, et avec elle la lie des esclaves, et les dissipateurs ruinés, qui vivaient de l'opprobre de Néron, étaient consternés et recueillaient avidement tous les bruits.

V. Les soldats prétoriens, attachés aux Césars par un long respect du serment militaire, et dont la foi n'avait manqué à Néron que par l'effet d'une surprise et d'une impulsion étrangère, ne voyant pas arriver les largesses promises au nom de Galba, comprenant d'ailleurs que la paix ne donnerait pas lieu, comme la guerre, aux grands services et aux grandes récompenses, et qu'ils étaient devancés dans la faveur d'un prince ouvrage des légions, inclinaient d'eux-mêmes aux nouveautés; et la perfidie de leur préfet Nymphidius Sabinus, qui conspirait pour se faire empereur, nourrissait de plus en plus cet esprit séditieux. Nymphidius, il est vrai, périt dans l'essai de son crime. Mais   oique la révolte

HISTOIRES, LIVRE I.   15

primores equitum	les principaux des chevaliers
proximi gaudio	*étaient* très-rapprochés de la joie
patrum;	des sénateurs;
pars populi integra	la partie du peuple saine
et annexa magnis domibus,	et liée aux grandes maisons,
clientes libertique	les clients et les affranchis
damnatorum et exsulum	des condamnés et des exilés
erecti in spem :	*étaient* ranimés à l'espérance :
sordida plebs	la vile populace
et sueta circo et theatris,	et accoutumée au cirque et aux [théâtres,
simul deterrimi servorum,	ensemble les pires des esclaves,
aut qui	ou *ceux* qui
bonis adesis	*leurs* biens ayant été mangés
alebantur	étaient nourris
per dedecus Neronis,	au-moyen-du déshonneur de Néron,
mæsti	*étaient* tristes
et avidi rumorum.	et avides de rumeurs.
V. Miles urbanus	V. Le soldat urbain (prétorien)
imbutus longo sacramento	pénétré d'un long serment
Cæsarum	des (qui l'attachait aux) Césars
et traductus	et amené
ad destituendum Neronem	à abandonner Néron
magis arte et impulsu	plutôt par artifice et impulsion
quam suo ingenio,	que par son inclination,
postquam intellegit	après-qu'il voit
neque donativum promissum	ni le don promis
sub nomine Galbæ	sous le nom de Galba
dari	*n'*être donné
neque eundem locum	ni le même lieu *être*
in pace	dans la paix [récompenses
magnis meritis ac præmiis	aux grands services et aux *grandes*
quem in bello,	que dans la guerre,
gratiamque præventam	et la faveur *avoir été* accaparée
apud principem	auprès d'un empereur
factum a legionibus,	créé par les légions,
pronus ad res novas,	porté aux choses nouvelles
agitatur insuper	est agité en-outre
scelere præfecti	par la scélératesse du préfet
Nymphidii Sabini	Nymphidius Sabinus
molientis sibi imperium.	préparant à lui-même l'empire.
Et Nymphidius quidem	Et Nymphidius à-la-vérité
oppressus in conatu ipso;	*fut* accablé dans *cet* effort même;
sed quamvis capite defectionis	mais quoique la tête de la révolte
ablato,	ayant (eût) été enlevée,

conscientia, nec deerant sermones senium atque avaritiam Galbæ increpantium. Laudata olim et militari fama celebrata severitas ejus angebat aspernantes veterem disciplinam atque quattuordecim annis a Nerone assuefactos ut haud minus vitia principum amarent quam olim virtutes verebantur. Accessit Galbæ vox pro re publica honesta, ipsi anceps, legi a se militem, non emi; nec enim ad hanc formam cetera[1] erant.

VI. Invalidum senem Titus Vinius et Cornelius Laco, alter deterrimus mortalium, alter ignavissimus, odio flagitiorum oneratum contemptu inertiæ destruebant. Tardum Galbæ iter[2] et cruentum, interfectis Cingonio Varrone consule designato et Petronio Turpiliano consulari : illo ut Nymphidii socius, hic ut dux Neronis, inauditi atque

eût perdu son chef, il restait à la plupart des soldats le sentiment inquiet de leur complicité. Il ne manquait pas de voix qui murmuraient contre la vieillesse et l'avarice de Galba. Sa sévérité, célébrée jadis dans les camps par tous les éloges de la renommée, alarmait des esprits dégoûtés de l'ancienne discipline, et qui avaient appris sous Néron, par une habitude de quatorze ans, à aimer les vices des princes, autant qu'autrefois ils respectaient leurs vertus. Ajoutons ce que dit Galba, « qu'il choisissait les soldats et ne les achetait point »; parole qui honorait ses principes politiques aux dépens de sa sûreté; car le reste ne répondait pas à cette maxime.

VI. Le faible vieillard était livré à T. Vinius et à Cornélius Lacon, l'un le plus méchant, l'autre le plus lâche des hommes, qui, amassant sur lui la haine due aux forfaits et le mépris qu'attire l'indolence, le perdaient de concert. La marche de Galba avait été lente et ensanglantée : il avait fait mourir Cingonius Varron, consul désigné, et Pétronius Turpilianus, homme consulaire. Accusés, celui-là d'avoir été complice de Nymphidius,

conscientia	la conscience *de leur culpabilité*
manebat plerisque militum,	restait à la plupart des soldats,
nec sermones increpantium	ni les discours de *ceux* qui atta-
senium	la vieillesse [quaient
atque avaritiam Galbæ	et l'avarice de Galba
deerant.	*ne* manquaient.
Severitas ejus	La sévérité de lui
laudata olim	louée jadis
et celebrata fama militari	et répandue par la rumeur militaire
angebat aspernantes	tourmentait *les soldats* repoussant
veterem disciplinam	l'ancienne discipline
atque assuefactos a Nerone	et habitués par Néron
quattuordecim annis	pendant quatorze ans
ut amarent	à-ce-qu'ils aimassent (à aimer)
vitia principum	les vices des princes
haud minus quam olim	non moins qu'autrefois
verebantur virtutes.	ils respectaient *leurs* vertus.
Vox Galbæ	Une parole de Galba [blique,
honesta pro re publica,	honorable eu-égard-à la chose pu-
anceps ipsi,	dangereuse pour lui-même,
militem legi,	le soldat être choisi,
non emi a se,	n'être point acheté par lui,
accessit ;	s'-ajouta *à cela*;
nec enim cetera erant	ni en-effet le reste *n*'était
ad hanc formam.	selon cette formule.
VI. Titus Vinius	VI. Titus Vinius
et Cornelius Laco,	et Cornélius Lacon,
alter deterrimus,	l'un le plus mauvais,
alter ignavissimus mortalium,	l'autre le plus lâche des mortels,
destruebant	ruinaient
contemptu inertiæ	par le mépris de la lâcheté *de l'un*
invalidum senem	le faible vieillard
oneratum odio	chargé de la haine
flagitiorum.	des turpitudes *de l'autre*.
Iter Galbæ tardum	La marche de Galba *avait été* lente
et cruentum,	et sanglante,
Cingonio Varrone	Cingonius Varron
consule designato	consul désigné
et Petronio Turpiliano	et Petronius Turpilianus,
consulari	consulaire
interfectis :	ayant été mis-à-mort :
ille ut socius	celui-là comme complice
Nymphidii,	de Nymphidius,
hic ut dux Neronis,	celui-ci comme général de Néron,

indefensi, tanquam innocentes perierant. Introitus in urbem trucidatis tot millibus[1] inermium militum infaustus omine atque ipsis etiam qui occiderant formidolosus. Inducta legione Hispana, remanente ea quam e classe Nero conscripserat, plena urbs exercitu insolito[2]; multi ad hoc numeri e Germania ac Britannia et Illyrico, quos idem Nero electos præmissosque ad claustra Caspiarum[3] et bellum, quod in Albanos parabat, opprimendis Vindicis cœptis revocaverat : ingens novis rebus materia, ut non in unum aliquem prono favore, ita audenti parata.

VII. Forte congruerat ut Clodii Macri et Fontei Capitonis cædes nuntiarentur. Macrum in Africa haud dubie turbantem Trebonius Garutianus procurator jussu Galbæ,

celui-ci général sous Néron, tous deux périrent avec les honneurs de l'innocence, sans avoir été ni entendus ni défendus. Son entrée dans Rome, que signala le massacre de tant de milliers de soldats désarmés, fut d'un présage malheureux, et jusqu'aux meurtriers frémirent d'épouvante. Une légion d'Espagne était entrée avec lui ; celle que Néron avait levée sur la flotte n'était pas sortie ; Rome était pleine d'une milice inaccoutumée, grossie encore de nombreux détachements venus de Germanie, de Bretagne, d'Illyrie. Néron les avait choisis et fait partir en avant pour les portes Caspiennes et la guerre qu'il préparait contre les Albaniens ; puis il les avait rappelés pour étouffer la révolte de Vindex. C'était un puissant moyen de révolutions ; et, sans favoriser de préférence aucun intérêt, cette multitude était à la disposition du premier audacieux.

VII. Le hasard voulut qu'on apprît dans ce même temps le meurtre de Clodius Macer et celui de Fonteius Capiton. Macer, on n'en peut douter, troublait en Afrique la paix de l'empire : le pro-

perierant tanquam innocentes,	avaient péri comme des innocents,
inauditi	n'ayant-pas-été-entendus
atque indefensi.	et n'ayant-pas-été-défendus.
Introitus in urbem	*Son* entrée dans la ville
tot millibus militum inermium	tant de milliers de soldats désarmés
trucidatis	ayant été égorgés
infaustus omine	*fut* sinistre par le présage
atque formidolosus ipsis etiam	et effrayante pour ceux-mêmes
qui occiderant.	qui avaient tué.
Legione Hispana	Une légion espagnole
inducta,	ayant été introduite,
ea quam Nero	celle que Néron
conscripserat e classe	avait levée de la flotte
remanente,	restant [inaccoutumée ;
urbs plena exercitu insolito ;	la ville *était* pleine d'une milice
ad hoc	outre cela
multi numeri	beaucoup de détachements
e Germania ac Britannia	de la Germanie et de la Bretagne
et Illyrico,	et de l'Illyrie,
quos electos præmissosque	lesquels choisis et envoyés-en-avant
ad claustra	vers les fermetures
Caspiarum	des *portes* Caspiennes
et bellum quod parabat	et pour la guerre qu'il préparait
in Albanos,	contre les Albaniens,
idem Nero revocaverat	le même Néron avait rappelés
cœptis Vindicis	pour les entreprises de Vindex
opprimendis :	devant être étouffées :
ingens materia	grande matière (ressource)
rebus novis,	pour des choses nouvelles,
et ut	et de-même-que
non favore	*elle n'était* pas d'une faveur
prono in aliquem unum,	portée vers quelqu'un,
ita parata	ainsi *elle était* prête
audenti.	pour qui oserait.
VII. Forte congruerat	VII. Par hasard il s'-était rencontré
ut cædes Clodii Macri	que les meurtres de Clodius Macer
et Fontei Capitonis	et de Fonteius Capiton
nuntiarentur.	fussent annoncés.
Procurator	Le procurateur
Trebonius Garutianus	Trébonius Garutianus
jussu Galbæ	*avait tué* par l'ordre de Galba
Macrum turbantem	Macer excitant-des-troubles
in Africa	en Afrique
haud dubie,	non d'une-manière-douteuse ;

Capitonem in Germania, cum similia cœptaret, Cornelius Aquinus et Fabius Valens legati legionum interfecerant, antequam juberentur. Fuere qui crederent Capitonem, ut avaritia et libidine fœdum ac maculosum, ita cogitatione rerum novarum abstinuisse, sed a legatis bellum suadentibus, postquam impellere nequiverint, crimen ac dolum ultro compositum, et Galbam mobilitate ingenii, an ne altius scrutaretur, quoquo modo acta, quia mutari non poterant, comprobasse. Ceterum utraque cædes sinistre accepta, et inviso semel principi seu bene seu male facta parem invidiam afferebant. Venalia cuncta, præpotentes liberti[1], servorum manus subitis avidæ et tanquam apud senem festinantes, eademque novæ aulæ mala, æque gra-

curateur Trébonius Garutianus le mit à mort par ordre de Galba. Capiton, essayant de remuer en Germanie, fut tué sans ordre par Cornélius Aquinus et Fabius Valens, lieutenants de légions. Plusieurs ont cru que Capiton, flétri d'ailleurs de toutes les souillures de l'avarice et de la débauche, n'avait conçu aucune pensée de révolte ; mais que les deux lieutenants après avoir essayé vainement de pousser à la guerre, préparèrent de concert son accusation et sa perte ; et que Galba, soit légèreté d'esprit, soit pour éviter des recherches dangereuses, approuva sans examen ce qui était sans remède. Au reste, ces deux meurtres laissèrent une impression fâcheuse ; et le prince une fois odieux, le bien et le mal qu'il faisait excitaient un égal mécontentement. Tout était aux enchères, les affranchis étaient tout puissants ; d'avides esclaves dévoraient à l'envi une fortune soudaine, et se hâtaient sous un vieillard. C'était dans la nouvelle cour tous les désordres

Cornelius Aquinus	Cornélius Aquinus
et Fabius Valens	et Fabius Valens
legati legionum	lieutenants de légions,
interfecerant,	avaient tué,
antequam juberentur,	avant qu'ils reçussent-l'-ordre,
Capitonem in Germania,	Capiton en Germanie,
cum cœptaret	attendu-qu'il commençait
similia.	des choses semblables.
Fuere qui crederent	Il y eut des gens qui croyaient
ut Capitonem	de-même-que Capiton *avoir été*
fœdum ac maculosum	hideux et souillé
avaritia et libidine,	par l'avarice et la débauche,
ita abstinuisse	ainsi s'-être tenu-éloigné
cogitatione rerum novarum,	de la pensée de choses nouvelles,
sed crimen ac dolum	mais l'accusation et la machination
compositum ultro	*avoir été* arrangées spontanément
a legatis suadentibus	par les lieutenants conseillant
bellum,	la guerre,
postquam nequiverint	après-qu'ils ne purent
impellere,	*y* pousser,
et Galbam	et Galba
mobilitate ingenii,	par légèreté d'esprit, [chât pas
an ne scrutaretur	ou-peut-être pour qu'il ne recher-
altius,	trop profondément,
comprobasse	avoir approuvé
acta	les choses faites
quoquo modo,	de quelque manière que-ce-fût,
quia non poterant	puisqu'elles ne pouvaient
mutari.	être changées.
Ceterum utraque cædes	Du-reste l'un-et-l'autre meurtre
accepta sinistre,	fut reçu d'une manière-fâcheuse,
et facta	et les choses faites
seu bene seu male	soit bien soit mal
afferebant parem invidiam	apportaient une égale haine
principi semel inviso.	au prince *devenu* une-fois odieux.
Cuncta venalia,	Tout *était* à-vendre, [sants,
liberti præpotentes,	les affranchis *étaient* tout-puis-
manus servorum avidæ	les mains des esclaves avides
subitis	dans *ces changements* soudains
et festinantes	et se-hâtant [lard,
tanquam apud senem,	comme *il arrive* auprès d'un vieil-
malaque novæ aulæ	et les maux de la nouvelle cour
eadem,	les mêmes *que ceux de l'ancienne*
æque gravia,	également pesants,

via, non æque excusata. Ipsa ætas Galbæ irrisui ac fastidio erat assuetis juventæ Neronis et imperatores forma ac decore corporis, ut est mos vulgi, comparantibus.

VIII. Et hic quidem Romæ, tanquam in tanta multitudine, habitus animorum fuit. E provinciis Hispaniæ præerat Cluvius Rufus, vir facundus et pacis artibus, bellis inexpertus. Galliæ super memoriam Vindicis obligatæ recenti dono Romanæ civitatis[1] et in posterum tributi levamento[2]. Proximæ tamen Germanicis exercitibus Galliarum civitates[3] non eodem honore habitæ, quædam etiam finibus ademptis pari dolore commoda aliena ac suas injurias metiebantur. Germanici exercitus, quod periculosissimum in tantis viribus, solliciti et irati superbia recentis victoriæ[4] et metu tanquam alias partes fovissent tarde a Nerone desciverant, nec statim pro Galba Verginius. An imperare

de l'ancienne; on en souffrait autant, on les excusait moins. La vieillesse même de Galba était l'objet d'un moqueur et superbe dégoût, pour des hommes accoutumés à la jeunesse de Néron, et qui jugeaient les princes, comme le peuple les juge, sur la beauté du corps et les grâces extérieures.

VIII. Voilà quelle était, dans l'immense population de Rome, la disposition dominante des esprits. Quant aux provinces, l'Espagne obéissait à Cluvius Rufus, homme éloquent, doué des talents de la paix, mais qui n'avait pas encore fait ses preuves à la guerre. Déjà liées par le souvenir de Vindex, les Gaules l'étaient encore par le don récent du droit de cité romaine, et la diminution d'impôts accordée pour l'avenir. Cependant les cités gauloises les plus voisines des armées de Germanie, traitées avec moins de faveur ou même privées d'une partie de leur territoire, mesuraient avec l'œil d'un égal dépit les avantages d'autrui et leurs propres injures. Les armées de Germanie nourrissaient deux sentiments redoutables avec de si grandes forces, l'inquiétude et le mécontentement : enorgueillies qu'elles étaient d'une victoire récente, et craignant le reproche d'avoir favorisé un autre parti. Elles avaient tardé à se détacher de Néron, et Verginius ne s'était pas aussitôt déclaré pour Galba : on doutait s'il n'avait pas voulu

non excusata æque.	non excusés également.
Ætas ipsa Galbæ	L'âge même de Galba
erat irrisui ac fastidio	était à dérision et à dégoût
assuetis	à des *hommes* habitués
juventæ Neronis	à la jeunesse de Néron [reurs
et comparantibus imperatores	et comparant *entre eux* les empe-
forma ac decore corporis,	par la forme et la beauté du corps,
ut est mos vulgi.	comme est la coutume du vulgaire.
VIII. Et hic fuit quidem	VIII. Et tel fut certes
habitus animorum Romæ,	l'état des esprits à Rome, [tude.
tanquam in tanta multitudine.	comme dans une si-grande multi-
E provinciis	Des (dans les) provinces,
Cluvius Rufus, vir facundus,	Cluvius Rufus, homme éloquent,
et artibus pacis,	et *doué* des talents de la paix,
inexpertus bellis,	non-éprouvé par les guerres,
præerat Hispaniæ.	commandait l'Espagne.
Galliæ,	Les Gaules,
super memoriam Vindicis,	outre le souvenir de Vindex,
obligatæ dono recenti	*étaient* liées par le don récent
civitatis Romanæ	*du droit* de cité romaine
et levamento tributi	et par un allègement de tribut
in posterum.	pour l'avenir.
Civitates tamen Galliarum	Toutefois les cités des Gaules
proximæ exercitibus	les plus-proches des armées
Germanicis	germaniques [me honneur,
non habitæ eodem honore,	n'ayant pas été traitées avec le mê-
quædam etiam	certaines même [vé,
finibus ademptis,	*leur* territoire *leur* ayant été enle-
metiebantur pari dolore	mesuraient avec un égal dépit
commoda aliena	les avantages d'-autrui
ac suas injurias.	et leurs *propres* injures.
Exercitus Germanici	Les armées germaniques
solliciti et irati,	inquiètes et irritées,
quod periculosissimum	*ce qui est* très-dangereux
in tantis viribus,	dans (avec) de si-grandes forces,
superbia victoriæ recentis	par l'orgueil d'une victoire récente
et metu,	et par la crainte
tanquam fovissent	comme-si elles avaient fomenté
alias partes	un autre parti
desciverant tarde	s'-étaient détachées lentement
a Nerone ;	de Néron ;
nec Verginius	ni Verginius *ne s'était prononcé*
statim	immédiatement
pro Galba.	pour Galba.

noluisset dubium : delatum ei a milite imperium conveniebat. Fonteium Capitonem occisum etiam qui queri non poterant, tamen indignabantur. Dux deerat, abducto Verginio [1] per simulationem amicitiæ; quem non remitti atque etiam reum esse tanquam suum crimen accipiebant.

IX. Superior exercitus [2] legatum Hordeonium Flaccum spernebat, senecta ac debilitate pedum invalidum, sine constantia, sine auctoritate; ne quieto quidem milite regimen : adeo furentes infirmitate retinentis ultro accendebantur. Inferioris Germaniæ legiones diutius sine consulari fuere, donec missu Galbæ A. Vitellius aderat, censoris Vitellii ac ter consulis filius : id satis videbatur. In Britannico exercitu nihil irarum : non sane aliæ legiones per omnes civilium bellorum motus innocentius

l'empire; on était sûr que le soldat le lui avait offert. Enfin le meurtre de Capiton indignait ceux même qui n'avaient pas le droit de s'en plaindre. Un chef manquait toutefois : Verginius, appelé à la cour sous un faux-semblant d'amitié, était retenu, accusé même, et l'armée voyait dans ce traitement sa propre accusation.

IX. Celle du Haut-Rhin méprisait son général Hordéonius Flaccus, vieux, tourmenté de la goutte, sans caractère, sans autorité. Dans une armée paisible, il ne commandait pas; sa molle résistance achevait d'enflammer une armée déjà furieuse. Les légions de la Basse-Germanie furent assez longtemps sans chef consulaire. Enfin Aulus Vitellius arriva de la part du prince. Il était fils de Vitellius, censeur, trois fois consul, et ce titre parut suffisant. Il n'y avait aucun signe de mécontentement parmi les troupes de Bretagne. Et ces légions furent sans contredit celles qui, dans tous les mouvements des guerres civiles, se maintinrent le plus

Dubium	*Il était* douteux [reur:
an noluisset imperare :	s'il n'avait pas-voulu être-empe-
conveniebat	on était-d'accord
imperium delatum ei	l'empire *avoir été* offert à lui
a milite.	par le soldat.
Etiam qui non poterant	Même *ceux* qui ne pouvaient
queri,	se-plaindre,
indignabantur tamen	s'-indignaient cependant
Fonteium Capitonem occisum.	Fonteius Capiton *avoir été* tué.
Dux deerat,	Un chef manquait,
Verginio abducto	Verginius ayant été emmené
per simulationem amicitiæ ;	par feinte d'amitié ;
quem non remitti,	lequel n'être pas renvoyé,
atque etiam esse reum,	et même être accusé,
accipiebant,	les soldats recevaient *comme*
suum crimen.	leur *propre* accusation.
IX. Exercitus superior	IX. L'armée supérieure
spernebat legatum	méprisait le lieutenant
Hordeonium Flaccum,	Hordéonius Flaccus,
invalidum senecta	infirme par la vieillesse
ac debilitate pedum,	et la débilité des pieds,
sine constantia,	sans fermeté,
sine auctoritate ;	sans autorité ;
regimen	*nulle* direction
ne milite quidem quieto ;	pas même le soldat *étant* tranquille ;
adeo furentes	tant *ces soldats* furieux
accendebantur ultro	étaient enflammés en-outre
infirmitate retinentis.	par la faiblesse de qui *les* retenait
Legiones	Les légions
Germaniæ inferioris	de la Germanie inférieure
fuere diutius	furent plus-longtemps
sine consulari,	sans consulaire,
donec, missu	jusqu'à-ce-que, par l'envoi
Galbæ,	de (fait par) Galba,
Aulus Vitellius aderat,	Aulus Vitellius fût arrivé,
filius Vitellii	fils de Vitellius
censoris ac ter consulis :	censeur et trois-fois consul :
id videbatur satis.	cette *mesure* paraissait suffisante.
In exercitu Britannico	Dans l'armée britannique
nihil irarum :	point de colères :
sane non aliæ legiones	certes point d'autres légions [ment
egerunt innocentius	*ne* se-comportèrent plus-honnête-
per omnes motus	pendant tous les mouvements
bellorum civilium,	des guerres civiles,

egerunt, seu quia procul et Oceano divisæ, seu crebris expeditionibus doctæ hostem potius odisse. Quies et Illyrico, quanquam excitæ a Nerone legiones, dum in Italia cunctantur, Verginium legationibus adissent; sed longis spatiis discreti exercitus, quod saluberrimum est ad continendam militarem fidem, nec vitiis nec viribus miscebantur.

X. Oriens adhuc immotus. Suriam et quattuor legiones obtinebat Licinius Mucianus, vir secundis adversisque juxta famosus. Insignes amicitias juvenis ambitiose coluerat; mox attritis opibus, lubrico statu, suspecta etiam Claudii iracundia, in secretum Asiæ sepositus tam prope ab exule fuit quam postea a principe. Luxuria, industria, comitate, arrogantia, malis bonisque artibus mixtus : nimiæ voluptates, cum vacaret; quotiens expedierat,

irréprochables; soit à cause de la distance et de l'Océan qui les tenait isolées, soit parce qu'étant souvent en campagne, elles avaient appris à ne haïr que l'ennemi. Même repos en Illyrie, quoique les légions que Néron en avait appelées eussent, pendant un séjour prolongé dans l'Italie, essayé des négociations auprès de Verginius. Au reste, séparées par de longs intervalles, ce qui est la meilleure garantie de la foi militaire, les armées ne pouvaient ni mêler leurs vices, ni réunir leurs forces.

X. L'Orient était encore immobile. La Syrie et quatre légions recevaient les ordres de Licinius Mucien, homme également fameux par ses prospérités et par ses disgrâces. Jeune, il avait cultivé ambitieusement d'illustres amitiés. Un temps vint où, ses richesses étant épuisées, sa fortune chancelante, lui-même en doute s'il n'avait pas encouru le déplaisir de Claude, on l'envoya languir au fond de l'Asie, aussi près de l'exil alors qu'il le fut depuis du rang suprême. C'était un mélange de mollesse et d'activité, de politesse et d'arrogance, de bonnes qualités et de mauvaises : des voluptés sans retenue au temps du loisir, au besoin

seu quia procul,	soit parce-qu'elles *étaient* loin
et divisæ Oceano,	et séparées par l'Océan,
seu doctæ	soit-qu'*elles fussent* instruites
expeditionibus crebris	par des expéditions fréquentes
odisse potius hostem.	à haïr plutôt l'ennemi.
Quies et Illyrico,	Repos aussi dans l'Illyrie,
quanquam legiones	quoique les légions
excitæ a Nerone,	appelées par Néron,
dum cunctantur in Italia,	tandis-qu'elles s'-attardent en Italie,
adissent Verginium	se-fussent adressés à Verginius
legationibus;	par des députations;
sed exercitus,	mais les armées
discreti longis spatiis,	séparées par de longs intervalles,
quod est	ce qui est
saluberrimum	la *condition* la-plus-salutaire
ad fidem militarem	pour la fidélité militaire
continendam,	devant être maintenue,
miscebantur	n'étaient mêlées *aux autres*
nec vitiis nec virtutibus.	ni par les vices ni par les vertus.
X. Oriens	X. L'Orient
adhuc immotus.	*était* encore immobile.
Licinius Mucianus,	Licinius Mucien,
vir juxta famosus,	homme également fameux,
secundis adversisque	par *ses* prospérités et *ses* revers,
obtinebat Suriam	occupait la Syrie
et quattuor legiones.	et (avait sous lui) quatre légions.
Juvenis coluerat	Jeune il avait cultivé
ambitiose	en-vue-de-plaire
amicitias insignes;	des amitiés illustres; [broyées,
mox opibus attritis,	puis *ses* ressources ayant été
statu lubrico,	dans une situation glissante,
iracundia Claudii	la colère de Claude *contre lui*
suspecta etiam,	étant même soupçonnée,
sepositus	relégué
in secretum Asiæ,	dans une *partie* retirée de l'Asie,
fuit tam prope	il fut aussi près
ab exule	de l'exilé (de l'exil) [pire).
quam postea principe.	que plus-tard du prince (de l'em-
Mixtus luxuria, industria,	*Il était* mêlé de mollesse, d'activité
comitate, arrogantia,	d'affabilité, d'arrogance,
artibus malis bonisque :	de qualités mauvaises et bonnes :
voluptates nimiæ,	des voluptés excessives,
cum vacaret;	lorsque loisir-était *à lui*;
quotiens expedierat,	toutes-les-fois-qu'il était-utile,

magnæ virtutes; palam laudares, secreta male audiebant : sed apud subjectos, apud proximos, apud collegas variis illecebris potens, et cui expeditius fuerit tradere imperium quam obtinere. Bellum Judæicum Flavius Vespasianus (ducem eum Nero delegerat) tribus legionibus administrabat. Nec Vespasiano adversus Galbam votum aut animus : quippe Titum filium ad venerationem cultumque ejus miserat, ut suo loco memorabimus. Occulta fati[1] et ostentis ac responsis destinatum Vespasiano liberisque ejus imperium post fortunam credidimus.

XI. Ægyptum copiasque, quibus coerceretur, jam inde a divo Augusto equites Romani obtinent loco regum : ita visum expedire provinciam aditu difficilem, annonæ fecundam, superstitione ac lascivia discordem et mobilem,

de grandes vertus; des dehors qu'on aurait loués, et sous ces dehors une vie qu'on déchirait; du reste, auprès de ses inférieurs, de ses amis, de ses collègues, puissant en séductions de tout genre; homme enfin qui trouva plus commode de donner l'empire que de le garder. Vespasien (c'est Néron qui l'avait choisi) conduisait avec trois légions la guerre de Judée. Ce chef ne formait pas un vœu, pas une pensée contre Galba. Même il avait envoyé son fils Titus, comme nous le dirons dans la suite, pour lui porter ses hommages et faire partie de sa cour. Que les secrets du destin, révélés par des prodiges et des oracles eussent destiné l'empire à Vespasien et à ses enfants, nous l'avons cru après son élévation.

XI. Quant à l'Égypte, des chevaliers romains commandent depuis Auguste les troupes chargées de la garder, et y tiennent lieu de rois. La politique a jugé qu'une province d'un accès difficile, l'un des greniers de Rome, entretenue par la superstition

magnæ virtutes ;	de grandes vertus ;
laudares	tu *l'*aurais loué
palam,	ouvertement (pour ce qu'on voyait),
secreta	les *parties* cachées *de la vie*
audiebant male :	entendaient mal (avaient mauvais
sed potens	d'ailleurs puissant [renom) :
illecebris variis	par des séductions variées
apud subjectos,	auprès de *ses* subordonnés, [rang),
apud proximos,	auprès de *ses* proches (ceux de son
apud collegas.	auprès de ses collègues,
et cui fuerit expeditius	et *tel* qu'il lui fut plus commode
tradere imperium	de donner l'empire
quam obtinere.	que de *le* posséder.
Flavius Vespasianus	Flavius Vespasien
(Nero delegerat eum ducem)	(Néron avait choisi lui *pour* chef)
administrabat	dirigeait
tribus legionibus	avec trois légions
bellum Judaicum.	la guerre judaïque (contre les Juifs).
Nec votum aut animus	Ni vœu ou (ni) intention
Vespasiano	*n'était* à Vespasien
adversus Galbam :	contre Galba :
quippe miserat	car il avait envoyé
filium Titum	*son* fils Titus
ad venerationem	pour vénération
cultumque ejus,	et hommage de celui-ci, [lieu.
ut memorabimus suo loco.	comme nous *le* rapporterons en son
Credidimus	Nous avons cru
post fortunam	après *sa* fortune [*voilés*
occulta fati	les secrets du destin *avoir été dé-*
et imperium destinatum	et l'empire *avoir été* destiné
Vespasiano liberisque ejus	à Vespasien et aux enfants de lui
ostentis ac responsis.	par des présages et des réponses.
XI. Equites Romani	XI. Des chevaliers romains
obtinent jam inde	occupent depuis lors
a divo Augusto	*à savoir* depuis le divin Auguste
loco regum	à la place de rois
Ægyptum	l'Égypte
copiasque	et (commandent) les troupes [nue :
quibus coerceretur :	par lesquelles elle pût-être-conte-
visum expedire ita	il a paru être-utile ainsi [*sans*
retinere domui	de garder pour la maison *des Cé*-
provinciam difficilem aditu,	une province difficile d'accès,
fecundam annonæ,	féconde en blé,
discordem et mobilem	en discorde et changeante

insciam legum, ignaram magistratuum, domui retinere. Regebat tum Tiberius Alexander, ejusdem nationis. Africa ac legiones in ea interfecto Clodio Macro, contentæ qualicumque principe post experimentum domini minoris[1]. Duæ Mauretaniæ, Rætia, Noricum, Thracia et quæ aliæ procuratoribus cohibentur, ut cuique exercitui vicinæ, ita in favorem aut odium contactu valentiorum agebantur. Inermes provinciæ atque ipsa in primis Italia, cuicumque servitio exposita, in pretium belli cessuræ erant.

Hic fuit rerum Romanarum status, cum Servius Galba iterum Titus Vinius consules inchoavere annum sibi ultimum, rei publicæ prope supremum.

XII. Paucis post Kalendas Januarias diebus Pompei Propinqui procuratoris a Belgica litteræ afferuntur : supe-

et la licence des mœurs dans l'amour de la discorde et des révolutions, étrangère aux lois, ignorant ce que c'est que magistrats, devait rester sous la main du prince. Elle avait alors pour gouverneur un homme né dans son sein, Tibérius Alexander. L'Afrique et ses légions venaient de voir périr Clodius Macer. Après avoir fait l'essai d'un maître subalterne, elles s'en tenaient au chef que reconnaîtrait l'empire. Les deux Mauritanies, la Rhétie, la Norique, la Thrace, toutes les provinces régies par des procurateurs partageaient les sentiments de l'armée la plus voisine, amies ou ennemies, suivant l'impulsion qu'elles recevaient d'une force au-dessus d'elles. Les pays sans défense, et l'Italie plus qu'aucun autre, à la merci du premier occupant, devaient être le prix de la victoire.

Voilà où en étaient les affaires de l'empire quand Servius Galba, consul pour la seconde fois, et Titus Vinius ouvrirent l'année, qui fut la dernière pour eux, et pensa l'être pour la république.

XII. Peu de temps après les kalendes de janvier, le procurateur Pompéius Propinquus annonça de Belgique que les légions de la

superstitione ac lascivia,	par superstition et déréglement,
insciam legum,	ignorante des lois,
ignaram magistratuum.	ne-connaissant-pas de magistrats.
Tiberius Alexander,	Tibérius Alexander,
ejusdem nationis,	de *la* même nation
regebat tum.	*la* gouvernait alors.
Africa	L'Afrique
et legiones in ea	et les légions *qui* y *étaient*
Clodio Macro interfecto,	Clodius Macer ayant été tué,
contentæ principe	*étaient* contentes d'un prince
qualicumque	quelconque
post experimentum	après l'essai
domini minoris.	d'un maître moindre.
Duæ Mauretaniæ,	Les deux Mauritanies,
Rætia, Noricum, Thracia	la Rhétie, la Norique, la Thrace
et aliæ quæ	et les autres *provinces* qui
cohibentur	sont-contenues
procuratoribus,	par des procurateurs,
ut vicinæ	selon-qu'*elles étaient* voisines
cuique exercitui,	à chaque (à telle ou telle) armée,
ita agebantur	ainsi étaient portées
in favorem aut odium,	à la faveur ou à la haine,
contactu valentiorum.	par le contact de plus-puissants.
Provinciæ inermes	Les provinces sans-armées
atque in primis	et surtout
Italia ipsa	l'Italie elle-même,
exposita servitio	exposée à une servitude
cuicumque	quelconque
erant cessuræ	étaient devant échoir
in pretium belli.	en (pour) prix de la guerre.
Hic fuit status	Tel fut l'état
rerum Romanarum,	des affaires romaines,
cum consules	lorsque les consuls [seconde-fois
Servius Galba iterum	Servius Galba *qui l'était* pour-la-
et Titus Vinius	et Titus Vinius
inchoavere annum	commencèrent une année
ultimum sibi,	la dernière pour eux-mêmes,
prope supremum	*et* presque suprême
rei publicæ.	pour la chose publique.
XII. Paucis diebus	XII. Peu de jours
post Kalendas Januarias	après les calendes de-janvier
litteræ procuratoris	une lettre du procurateur
Pompei Propinqui	Pompéius Propinquus
afferuntur a Belgica :	est apportée de Belgique :

rioris Germaniæ legiones rupta sacramenti reverentia imperatorem alium flagitare et senatui ac populo Romano arbitrium eligendi permittere, quo seditio mollius acciperetur. Maturavit ea res consilium Galbæ, jam pridem de adoptione secum et cum proximis agitantis. Non sane crebrior tota civitate sermo per illos menses fuerat, primum licentia ac libidine talia loquendi, dein fessa jam ætate Galbæ. Paucis judicium aut rei publicæ amor : multi stulta spe[1], prout quis amicus vel cliens, hunc vel illum ambitiosis rumoribus destinabant, etiam, in Titi Vinii odium, qui in dies quanto potentior, eodem actu invisior erat. Quippe hiantes in magna fortuna amicorum cupidi-

Haute-Germanie, trahissant la foi du serment, demandaient un autre empereur, et toutefois, afin de pallier leur sédition, laissaient au sénat et au peuple la faculté de l'élire. Cette nouvelle hâta l'accomplissement d'un dessein que dès auparavant Galba méditait en lui-même et agitait avec ses amis, celui de se donner un fils adoptif. Il n'était même rien, depuis plusieurs mois, dont on parlât davantage dans toute sa ville, grâce à la licence de l'opinion, avide de ces sortes d'entretiens, et aux années dont le faix pesait sur Galba. Peu de conjectures étaient dictées par la justice ou l'amour du bien public, beaucoup par de folles espérances. Chacun, dans ses prédictions intéressées, désignait ou son ami ou son patron; des noms même furent prononcés en haine de Vinius, plus détesté chaque jour, à mesure qu'il devenait plus puissant. Car ces cupidités dévorantes qu'une grande fortune éveille dans les amis qui l'entourent, la facilité de Galba les

legiones	*annonçant* les légions
Germaniæ superioris	de la Germanie supérieure
reverentia sacramenti	le respect du serment
rupta	étant rompu
flagitare alium imperatorem	réclamer un autre empereur
et permittere	et laisser
senatui ac populo Romano	au sénat et au peuple romain
arbitrium eligendi,	la liberté de choisir,
quo seditio	afin-que-par-là la sédition
acciperetur mollius.	fût reçue avec-plus-d'indulgence.
Ea res maturavit	Cette circonstance hâta
consilium Galbæ	la résolution de Galba
agitantis jam pridem	agitant depuis longtemps *le dessein*
secum	avec-lui-même [prochaient)
et cum proximis	et avec ses proches (ceux qui l'ap-
de adoptione.	au-sujet-d'une adoption.
Sane sermo crebrior	Assurément *bruit* plus fréquent
non fuerat tota civitate	n'avait été dans toute la ville
per illos menses,	pendant ces mois-là,
primum licentia	d'abord par la licence
et libidine	et la passion
loquendi talia,	de parler de telles choses,
dein ætate jam fessa	puis par l'âge déjà fatigué
Galbæ.	de Galba.
Judicium	Un jugement *sain*
aut amor rei publicæ	ou l'amour de la chose publique
paucis;	*était* à peu; [nable
multi spe stulta	beaucoup par un espoir déraison-
destinabant	désignaient
rumoribus ambitiosis	par des rumeurs intéressées
hunc vel illum,	celui-ci ou celui-là,
prout quis amicus,	selon-que quelqu'un *était* ami
aut cliens,	ou client *de tel ou tel*,
etiam in odium	même en haine
Titi Vinii,	de Titus Vinius,
qui erat in dies	qui était *de jours* en jours
invisior	plus odieux
eodem actu	par le même progrès (d'autant)
quanto potentior.	qu'*il était* plus puissant.
Quippe facilitas ipsa Galbæ	Car la facilité même de Galba
intendebat	augmentait
cupiditates hiantes	les cupidités béantes (dévorantes)
amicorum	de *ses* amis
in magna fortuna,	dans une grande fortune,

TACITE, HISTOIRES. 3

tates ipsa Galbæ facilitas intendebat, cum apud infirmum et credulum minore metu et majore præmio peccaretur.

XIII. Potentia principatus divisa in Titum Vinium consulem et Cornelium Laconem prætorii præfectum; nec minor gratia Icelo Galbæ liberto, quem anulis [1] donatum equestri nomine Marcianum vocitabant. Ibi [2] discordes et rebus minoribus sibi quisque tendentes circa consilium eligendi successoris in duas factiones scindebantur. Vinius pro M. Othone, Laco atque Icelus consensu non tam unum aliquem fovebant quam alium. Neque erat Galbæ ignota Othonis ac Titi Vini amicitia; et rumoribus nihil silentio transmittentium quia Vinio vidua [3] filia, cælebs Otho, gener ac socer destinabantur. Credo et rei publicæ curam subisse frustra a Nerone translatæ, si apud Othonem relin-

---

redoublait encore; prince faible et crédule, sous lequel le mal se faisait avec moins de crainte et plus de profit.

XIII. Le pouvoir impérial était partagé entre le consul Vinius et le préfet du prétoire Cornélius Lacon. Icélus, affranchi de Galba, n'était pas moins en crédit; il venait de recevoir l'anneau d'or, et son nom parmi les chevaliers était Marcianus. Dans cette circonstance ceux qui étaient déjà divisés et allaient chacun à leur but dans les affaires moins graves, se séparaient, pour le choix d'un héritier de l'empire, en deux factions rivales. Vinius agissait pour Othon; Lacon et Icélus d'intelligence le repoussaient plutôt qu'ils n'en soutenaient un autre. L'amitié d'Othon et de Vinius n'était pas d'ailleurs ignorée de Galba; et ceux à qui nulle remarque n'échappe, voyant que la fille de Vinius était veuve et la main d'Othon libre, faisaient déjà des deux amis un gendre et un beau-père. Peut-être Galba songea-t-il aussi à la république vainement sauvée de Néron, si Othon devait en rester maître.

cum peccaretur	attendu-qu'on faisait-le-mal
apud infirmum et credulum	auprès d'un *prince* faible et crédule
metu minore	avec une crainte moindre
et præmio majore.	et un avantage plus-grand.

XIII. Potentia principatus divisa | XIII. Le pouvoir du principat *était* partagé
in consulem Titum Vinium | entre le consul Titus Vinius
et Cornelium Laconem | et Cornélius Lacon,
præfectum prætorii ; | préfet du prétoire ;
nec gratia minor | ni crédit moindre *n'était*
Icelo liberto Galbæ, | à Icélus affranchi de Galba,
quem donatum anulis | lequel *Icélus* gratifié des anneaux
vocitabant Marcianum | on appelait Marcianus
nomine equestri. | d'un nom équestre.
Discordes | En-désaccord
et tendentes quisque sibi | et tendant chacun pour soi
rebus minoribus | dans les affaires moins-importantes
scindebantur ibi | ils étaient divisés là (dans cette oc-
in duas factiones | en deux factions [casion)
circa consilium | à-propos-du projet
successoris eligendi, | d'un successeur à élire,
Vinius pro Marco Othone, | Vinius *était* pour Marcus Othon,
Laco atque Icelus, | Lacon et Icélus
fovebant consensu | protégeaient d'intelligence
non tam aliquem unum | non pas tant quelqu'un
quam alium. | qu'un autre.
Neque amicia | Ni l'amitié
Othonis ac Titi Vini | d'Othon et de Titus Vinius,
erat ignota Galbæ, | *n'était* inconnue à Galba ;
et destinabantur | et ils étaient désignés
rumoribus | par les rumeurs
transmittentium nihil | de *ceux* qui *ne* passent rien
silentio | sous silence
gener ac socer, | *comme* gendre et beau-père,
quia filia vidua | parce-qu'une fille veuve
Vinio, | *était à* Vinius,
Otho cælebs. | *et qu'*Othon *était* célibataire.
Credo | Je crois
et curam rei publicæ | aussi le souci de la chose publique
subisse, | être entré-dans *l'esprit de Galba*,
translatæ frustra | transférée en vain,
a Nerone, | de (des mains de) Néron,
si relinqueretur | si elle était laissée
apud Othonem. | chez (au pouvoir d') Othon.

queretur. Namque Otho pueritiam incuriose, adulescentiam petulanter egerat, gratus Neroni æmulatione luxus, eoque jam Poppæam Sabinam, principale scortum, ut apud conscium libidinum deposuerat, donec Octaviam uxorem amoliretur. Mox suspectum in eadem Poppæa in provinciam Lusitaniam specie legationis seposuit. Otho, comiter administrata provincia, primus in pârtes transgressus nec, donec bellum fuit, segnis, et inter præsentes splendidissimus, spem adoptionis statim conceptam acrius in dies rapiebat, faventibus plerisque militum, prona in eum aula Neronis ut similem.

XIV. Sed Galba post nuntios Germanicæ seditionis, quanquam nihil adhuc de Vitellio certum, anxius quonam exercituum vis erumperet, ne urbano quidem militi con-

Othon avait contre lui une enfance abandonnée, une jeunesse scandaleuse, et la faveur de Néron, qu'une émulation de débauches lui avait acquise. Aussi était-ce à lui, comme au confident de ses voluptés, que ce prince avait donné en garde la courtisane impériale Sabina Poppéa, en attendant qu'il se fût délivré d'Octavie son épouse. Bientôt, le soupçonnant d'abuser de son dépôt, il l'avait exilé en Lusitanie sous le nom de gouverneur. Après une administration douce et populaire, Othon passa le premier dans le parti de Galba. Il y montra de l'activité, et, tant que dura la guerre, il effaça par sa magnificence toute la suite du prince. L'espoir d'une adoption qu'il conçut dès lors, il l'embrassait chaque jour avec plus d'ardeur, encouragé par les vœux de la plupart des soldats, agréable surtout à la cour de Néron, auquel il ressemblait.

XIV. La nouvelle des troubles de Germanie n'apprenait encore rien de certain au sujet de Vitellius. Toutefois Galba, ne sachant par quels coups éclaterait l'audace des armées, ne se fiant pas même aux soldats de la ville, eut recours au seul remède qu'il

Namque Otho egerat	Et en-effet Othon avait mené
pueritiam incuriose,	son enfance avec-insouciance,
adulescentiam petulanter,	sa jeunesse avec-emportement,
gratus Neroni	agréable à Néron
æmulatione luxus,	par émulation de débauche,
eoque jam	et par cette *raison* alors [*lui*
deposuerat	il (Néron) avait mis-en-dépôt *chez*
Poppœam Sabinam,	Poppéa Sabina,
scortum principale,	courtisane impériale,
ut apud conscium	comme chez le complice
libidinum,	de *ses* passions,
donec amoliretur	jusqu'à-ce-qu'il éloignât
Octaviam uxorem.	Octavie *son* épouse.
Mox seposuit	Puis il relégua
in provinciam Lusitaniam	dans la province *de* Lusitanie
specie legationis	sous prétexte de légation
suspectum	*Othon devenu* suspect
in eadem Poppæa.	à-propos-de la même Poppéa.
Otho,	Othon,
provincia administrata	*sa* province ayant été administrée
comiter,	doucement,
transgressus primus	ayant passé le premier
in partes,	dans le parti *de Galba*,
nec segnis,	et-n'*ayant* point *été* inactif,
donec bellum fuit,	tant-que la guerre fut,
et splendidissimus	*étant* le plus brillant
inter præsentes,	parmi les *personnages* présents,
rapiebat acrius	saisissait plus-vivement
in dies	*de jours* en jours
spem adoptionis	l'espoir de l'adoption
conceptam statim,	conçu immédiatement,
plerisque militum faventibus,	la plupart des soldats *le* favorisant,
aula Neronis	la cour de Néron
prona in eum	*étant* disposée pour lui
ut similem.	comme *pour un prince* semblable.
XIV. Sed Galba	XIV. Mais Galba
post nuntios	après les nouvelles
seditionis Germanicæ,	de la sédition germanique,
quanquam nihil adhuc	quoique rien encore
certum de Vitellio,	*ne fût* certain au-sujet-de Vitellius,
anxius quonam erumperet	inquiet où s'-élancerait (irait)
vis exercituum,	la violence des armées,
ne confisus quidem	ne se-fiant pas même
militi urbano,	au soldat urbain,

fisus, quod remedium unicum rebatur, comitia imperii transigit; adhibitoque super Vinium ac Laconem Mario Celso, consule designato, ac Ducenio Gemino præfecto urbis, pauca præfatus de sua senectute, Pisonem Licinianum arcessi jubet, seu propria electione, sive, ut quidam crediderunt, Lacone instante, cui apud Rubellium Plautum exercita cum Pisone amicitia ; sed callide ut ignotum fovebat, et prospera de Pisone fama consilio ejus fidem addiderat. Piso M. Crasso et Scribonia genitus, nobilis utrimque, vultu habituque moris antiqui, ex æstimatione recta severus, deterius interpretantibus tristior habebatur : ea pars morum ejus, quo suspectior sollicitis, adoptanti placebat.

XV. Igitur Galba, apprehensa Pisonis manu, in hunc modum locutus fertur : « Si te privatus lege curiata apud

crût efficace, celui de désigner un empereur. Ayant donc appelé Vinius et Lacon, et avec eux le consul désigné Marius Celsus et Ducénius Géminus préfet de Rome, il dit quelques mots de sa vieillesse, et ordonna qu'on fît venir Pison Licinianus. On ignore si ce choix était le sien, ou s'il lui avait été arraché, comme quelques-uns l'ont cru, par les instances de Lacon, qui chez Rubellius Plautus s'était lié d'amitié avec Pison. Au reste, protecteur adroit, Lacon parlait de celui-ci comme d'un inconnu, et la bonne réputation du candidat donnait du poids à ses conseils. Pison, né de M. Crassus et de Scribonia, appartenait à deux familles illustres, et retraçait dans son air et son maintien les mœurs du vieux temps; à le bien juger, son humeur était sévère; elle semblait dure à des yeux prévenus. Ce trait de son caractère plaisait au prince adoptant, par l'ombrage même qu'en prenaient des consciences inquiètes.

XV. Quand Pison fut entré, Galba lui prit la main et lui parla, dit-on, de cette manière : « Si j'étais simple citoyen, et que je

transigit comitia imperii,	tient les comices de l'empire,
quod rebatur	ce qu'il croyait
remedium unicum ;	le remède unique ;
et super Vinium ac Laconem,	et outre Vinius et Lacon,
Mario Celso, consule designato,	Marius Celsus, consul désigné,
adhibito	ayant été appelé
ac Ducenio Gemino	et (ainsi que) Ducénius Géminus,
præfecto urbis,	préfet de la ville,
præfatus pauca	ayant dit-d'abord peu *de mots*
de sua senectute,	sur sa vieillesse,
jubet Pisonem Licinianum	il ordonne Pison Licinianus
arcessi,	être mandé,
seu propria electione,	soit par *son* propre choix,
sive, ut quidam crediderunt,	soit, comme certains ont cru,
Lacone instante,	Lacon *le* pressant,
cui amicitia exercita	par qui amitié *avait été* pratiquée
cum Pisone	avec Pison
apud Rubellium Plautum ;	auprès de Rubellius Plautus ;
sed fovebat callide	mais il *le* protégeait habilement
ut ignotum,	comme *s'il eût protégé* un inconnu,
et fama prospera	et la renommée favorable
de Pisone	sur Pison
addiderat fidem	avait ajouté du crédit
consilio ejus.	au conseil de lui.
Piso genitus	Pison né
Marco Crasso et Scribonia,	de Marcus Crassus et de Scribonia,
nobilis utrimque,	noble des-deux-côtés,
vultu habituque	d'un visage et d'un maintien
moris antiqui,	de la coutume antique,
severus	sévère
ex æstimatione recta,	d'après une appréciation droite,
habebatur tristior	était regardé-comme trop-morose
interpretantibus	par *ceux* qui interprétaient
deterius :	*les choses* en pire :
ea pars morum ejus	cette partie des mœurs de lui
placebat adoptanti,	plaisait au *prince* adoptant,
quo suspectior	par *cette raison qu'elle était* plus- [suspecte
sollicitis.	à *ceux étant* inquiets.
XV. Igitur Galba,	XV. Donc Galba,
manu Pisonis apprehensa,	la main de Pison ayant été prise,
fertur locutus	est rapporté avoir parlé
in hunc modum :	en cette manière : [toi
« Si privatus adoptarem te	« Si simple-particulier j'adoptais
lege curiata,	par une loi curiate

pontifices¹, ut moris est, adoptarem, et mihi egregium erat² Gnæi Pompei et M. Crassi subolem in penates meos adsciscere, et tibi insigne Sulpiciæ ac Lutatiæ decora nobilitati tuæ adjecisse : nunc me deorum hominumque consensu ad imperium vocatum præclara indoles tua et amor patriæ impulit, ut principatum, de quo majores nostri³ armis certabant, bello adeptus quiescenti offeram, exemplo divi Augusti, qui sororis filium Marcellum, dein generum Agrippam, mox nepotes suos, postremo Tiberium Neronem privignum in proximo sibi fastigio collocavit. Sed Augustus in domo successorem quæsivit, ego in re publica, non quia propinquos aut socios belli non habeam, sed neque ipse imperium ambitione accepi, et judicii mei documentum sit non meæ tantum necessitudines, quas tibi postposui, sed et tuæ. Est tibi frater pari nobilitate, natu major,

t'adoptasse selon l'usage, devant les pontifes et avec la sanction des curies, ce serait encore une gloire pour moi de faire entrer dans ma maison le descendant de Crassus et de Pompée, et pour toi un beau privilège d'ajouter à ta noblesse l'illustration des Sulpicius et des Lutatius. Mais la volonté des dieux et des hommes m'ayant fait empereur, tes grandes qualités et l'amour de la patrie m'ont décidé à t'appeler du sein du repos à ce rang suprême, que nos ancêtres se disputaient par les armes, et que la guerre m'a donné. Ainsi le divin Auguste y appela d'abord son neveu Marcellus, puis son gendre Agrippa, ensuite ses petits-fils, enfin Tibère, fils de sa femme, et les plaça près du faîte de sa grandeur. Toutefois Auguste chercha un successeur dans sa maison, moi dans la république. Ce n'est pas que je n'aie des parents ou des compagnons d'armes; mais je ne dois pas l'empire à des considérations personnelles; et la preuve que j'en dispose avec un jugement impartial, c'est la préférence que je te donne, non sur les miens seulement, mais même sur les tiens. Tu as un frère, aussi noble que toi, né avant toi, digne de ce haut rang, si tu ne

HISTOIRES, LIVRE I. 41

apud pontifices,	devant les pontifes,
ut est moris,	comme il est d'usage, [pour moi
et erat egregium mihi	et il était (il aurait été) glorieux
adsciscere in meos penates	d'introduire dans mes pénates
subolem Gnæi Pompei	la postérité de Gnéus Pompée
et Marci Crassi,	et de Marcus Crassus,
et insigne tibi	et beau pour toi
adjecisse tuæ nobilitati	d'avoir ajouté à ta noblesse
decora	les illustrations
Sulpiciæ ac Lutatiæ :	de la *noblesse* Sulpicia et Lutatia :
nunc tua indoles	aujourd'hui ton caractère
præclara	remarquable [sé)
et amor patriæ impulit	et l'amour de la patrie a (ont pous-
me vocatum ad imperium	moi appelé à l'empire
consensu	par le consentement
deorum hominumque,	des dieux et des hommes,
ut adeptus bello	afin-qu'ayant acquis par la guerre
principatum,	le principat,
de quo nostri majores	au-sujet duquel nos ancêtres
certabant armis,	luttaient par les armes,
offeram quiescenti,	je *l'*offre à *toi* vivant-en-repos,
exemplo divi Augusti,	à l'exemple du divin Auguste,
qui collocavit in fastigio	qui plaça dans le faîte
proximo sibi	le-plus-rapproché de lui-même
Marcellum filium sororis,	Marcellus le fils de *sa* sœur,
dein generum Agrippam,	puis *son* gendre Agrippa,
mox suos nepotes,	puis ses petits-fils,
postremo Tiberium Neronem	enfin Tibère Néron
privignum.	*son* beau-fils.
Sed Augustus	Mais Auguste [son,
quæsivit successorem in domo,	chercha un successeur dans *sa* mai-
ego in re publica,	moi dans la république,
non quia non habeam	non que je n'aie [guerre,
propinquos aut socios belli,	des proches ou des compagnons de
sed neque ipse accepi	mais ni moi-même je *n'*ai reçu
imperium ambitione,	l'empire par ambition,
et documentum mei judicii	et qu'une preuve de mon jugement
sit	soit [renté
non tantum meæ necessitudines	non seulement mes liens-de-pa-
quas postposui tibi,	que j'ai sacrifiés à toi,
sed et tuæ.	mais encore les tiens.
Frater est tibi	Un frère est à toi
nobilitate pari,	d'une noblesse pareille,
major natu,	plus grand par l'âge,.

dignus hac fortuna, nisi tu potior esses. Ea ætas tua, quæ cupiditates adulescentiæ jam effugerit, ea vita, in qua nihil præteritum excusandum habeas. Fortunam adhuc tantum adversam[1] tulisti : secundæ res acrioribus stimulis animos explorant, quia miseriæ tolerantur, felicitate corrumpimur. Fidem, libertatem, amicitiam, præcipua humani animi bona, tu quidem eadem constantia retinebis, sed alii per obsequium imminuent; irrumpet adulatio, blanditiæ *et*, pessimum veri affectus venenum, sua cuique utilitas. Etiam si ego ac tu simplicissime inter nos hodie loquimur, ceteri libentius cum fortuna nostra quam nobiscum : nam suadere principi quod oporteat multi laboris, assentatio erga quemcumque principem sine affectu peragitur.

XVI. « Si immensum imperii corpus stare ac librari sine

j'étais davantage. L'âge où tu es a échappé déjà aux passions de la jeunesse; ta vie passée n'a rien à se faire pardonner. Jusqu'ici tu n'as soutenu que la mauvaise fortune; la bonne a pour essayer les âmes de plus fortes épreuves. Car les misères se supportent; le bonheur nous corrompt. La bonne foi, la franchise, l'amitié, ces premiers biens de l'homme, tu les cultiveras sans doute avec une constance inaltérable; mais d'autres les étoufferont sous de vains respects. A leur place pénétreront de toutes parts l'adulation, les feintes caresses, et ce mortel ennemi de tout sentiment vrai, l'intérêt personnel. Aujourd'hui même nous nous parlons l'un à l'autre avec simplicité; tout le reste s'adresse à notre fortune plus volontiers qu'à nous. Il faut le dire aussi : donner à un prince de bons conseils est une tâche pénible; être le servile approbateur de tous les princes, on le peut sans que le cœur s'en mêle.

XVI. « Si ce corps immense de l'État pouvait se soutenir et

dignus hac fortuna,	digne de cette fortune-ci,.
nisi tu esses potior.	si toi tu n'étais préférable.
Tua ætas ea,	Ton âge *est* tel,
quæ effugerit jam	qu'il ait échappé déjà
cupiditates adulescentiæ,	aux passions de la jeunesse,
vita ea,	*ta* vie *est* telle,
in qua habeas	qu'en elle tu *n*'aies
nihil præteritum excusandum.	rien de passé à excuser.
Tulisti adhuc	Tu as porté jusqu'ici
tantum fortunam adversam :	seulement la fortune contraire :
res secundæ	les choses prospères
explorant animos	font-connaître les esprits
stimulis acrioribus,	par des aiguillons plus-vifs,
quia miseriæ	parce-que les malheurs
tolerantur,	sont supportés,
corrumpimur	*et que* nous sommes corrompus
felicitate.	par le bonheur.
Tu quidem retinebis	Toi certes tu conserveras
eadem constantia	avec la même fermeté
fidem, libertatem, amicitiam,	bonne-foi, liberté, amitié,
bona præcipua	biens principaux
animi humani,	de l'âme humaine,
sed alii imminuent	mais d'autres *les* affaibliront
per obsequium ;	par *leur* complaisance;
adulatio irrumpet,	l'adulation fera-irruption,
blanditiæ,	*ainsi que* les caresses,
et utilitas sua cuique,	et l'intérêt propre à chacun,
pessimum venenum	le pire poison
affectus veri.	d'un sentiment vrai.
Etiam si ego ac tu	Bien que moi et toi [nous
loquimur hodie inter nos	nous parlions aujourd'hui entre
simplicissime,	très-franchement,
ceteri libentius	les autres *parlent* plus-volontiers
cum nostra fortuna	avec notre fortune
quam nobiscum :	qu'avec-nous :
nam suadere principi	car conseiller à un prince
quod oporteat	ce qu'il faut
multi laboris,	*est* d'une grande peine,
assentatio	l'approbation
erga principem quemcumque	envers un prince quelconque
peragitur sine affectu.	est accomplie sans sentiment.
XVI. Si corpus immensum imperii	XVI. Si le corps immense de l'empire
posset stare ac librari	pouvait se-tenir et être équilibré

rectore posset, dignus eram, a quo res publica inciperet :
nunc eo necessitatis jam pridem ventum est, ut nec mea
senectus conferre plus populo Romano possit quam bonum
successorem nec tua plus juventa quam bonum principem.
Sub Tiberio et Gaio et Claudio unius familiæ[1] quasi hereditas fuimus : loco libertatis erit quod eligi cœpimus. Et
finita Juliorum Claudiorumque domo optimum quemque
adoptio inveniet. Nam generari et nasci a principibus fortuitum nec ultra æstimatur : adoptandi judicium integrum, et si velis eligere, consensu monstratur. Sit ante
oculos Nero, quem longa Cæsarum serie tumentem non
Vindex cum inermi provincia aut ego cum una legione, sed
sua immanitas, sua luxuria cervicibus publicis depulerunt :
neque erat adhuc damnati principis exemplum. Nos bello

garder son équilibre sans un modérateur suprême, j'étais digne
de recommencer la république. Mais tel est depuis longtemps le
cours de la destinée, que ni ma vieillesse ne peut offrir au peuple
romain de plus beau présent qu'un bon successeur, ni ta jeunesse
lui donner rien de plus qu'un bon prince. Sous Tibère, sous Gaïus
et sous Claude, Rome fut comme le patrimoine d'une seule famille. L'élection qui commence en nous tiendra lieu de liberté. A
présent que la maison des Jules et des Claudes n'est plus, l'adoption ira chercher le plus digne. Naître du sang des princes est
une chance du hasard, devant laquelle tout examen s'arrête :
celui qui adopte est juge de ce qu'il fait; s'il veut choisir, la voix
publique l'éclaire. Que Néron soit devant tes yeux : ce superbe
héritier de tant de Césars, ce n'est pas Vindex à la tête d'une
province désarmée, ce n'est pas moi avec une seule légion, c'est
sa barbarie, ce sont ses débauches qui l'ont renversé de dessus
nos têtes : or il n'y avait point encore d'exemple d'un prince condamné. Nous que la guerre et l'opinion ont faits ce que nous

sine rectore,	sans modérateur,
eram dignus,	j'étais digne, [mençât :
a quo res publica inciperet :	que par moi la république com-
nunc est ventum	maintenant on est venu
eo necessitatis,	à-ce-point de nécessité,
ut nec mea senectus	que ni ma vieillesse
possit conferre plus	*ne* peut apporter plus
populo Romano	au peuple romain
quam bonum successorem	qu'un bon successeur
nec tua juventa plus	ni ta jeunesse plus
quam bonum principem.	qu'un bon prince.
Sub Tiberio et Gaio et Claudio	Sous Tibère et Gaius et Claude
fuimus quasi	nous avons été en-quelque-sorte
hereditas unius familiæ :	l'héritage d'une seule famille :
erit loco libertatis	*ce* sera en-guise de liberté
quod cœpimus	que nous commençons (nous som-
eligi.	à être élus. [mes les premiers)
Et domo Juliorum	Et la maison des Jules
Claudiorumque	et des Claudes
finita,	étant finie,
adoptio inveniet	l'adoption trouvera
quemque optimum.	chacun le meilleur.
Nam generari	Car être engendré
et nasci a principibus	et naître de princes
fortuitum,	*est* chose fortuite,
nec æstimatur ultra ;	et il n'est pas examiné au-delà ;
judicium adoptandi	le jugement de l'acte-d'adopter
integrum,	*est* entier,
et si velis eligere,	et si tu veux choisir,
monstratur	*le choix* est indiqué
consensu.	par l'accord-de-tous
Nero sit ante oculos,	Que Néron soit devant *tes* yeux,
quem tumentem	lequel gonflé (enorgueilli)
longa serie Cæsarum	d'une longue suite de Césars
non Vindex	non-pas Vindex
cum provincia inermi	avec une province désarmée
aut ego cum una legione,	ou moi avec une seule légion,
sed sua immanitas,	mais sa barbarie,
sua luxuria	sa débauche [bliques :
depulerunt cervicibus publicis :	ont renversé-de-dessus les têtes pu-
neque exemplum	ni exemple
principi damnati	d'un prince condamné
erat adhuc.	n'était encore.
Nos adsciti bello	Nous appelés par la guerre

et ab æstimantibus adsciti cum invidia quamvis egregii erimus. Ne tamen territus fueris, si duæ legiones in hoc concussi orbis motu nondum quiescunt : ne ipse quidem ad securas res accessi, et audita adoptione desinam videri senex, quod nunc mihi unum objicitur. Nero a pessimo quoque semper desiderabitur : mihi ac tibi providendum est, ne etiam a bonis desideretur. Monere diutius neque temporis hujus, et impletum est omne consilium, si te bene elegi. Utilissimus idem ac brevissimus bonarum malarumque rerum dilectus est cogitare quid aut volueris sub alio principe aut nolueris; neque enim hic, ut gentibus quæ regnantur, certa dominorum domus et ceteri servi, sed imperaturus es hominibus qui nec totam servitutem pati possunt nec totam libertatem. »

sommes, les vertus les plus éminentes ne nous sauveraient pas de l'envie. Ne t'effraye pas cependant, si deux légions sont encore émues d'une secousse qui a remué l'univers. Ni moi non plus je n'ai pas trouvé l'empire sans orages; et, quand on saura ton adoption, je cesserai de paraître vieux, seul reproche qu'on me fasse aujourd'hui. Néron sera toujours regretté des méchants; c'est à nous deux de faire en sorte qu'il ne le soit pas aussi des gens de bien. De plus longs avis ne sont pas de saison; et l'œuvre du conseil est accomplie tout entière, si j'ai fait un bon choix. Le moyen le plus sûr et le plus court de juger ce qui est bien ou mal est d'examiner ce que tu as voulu ou condamné sous un autre prince. Car il n'en est pas ici comme dans les monarchies, où une famille privilégiée est maîtresse absolue, et tout le reste, esclave. Tu commanderas à des hommes qui ne peuvent souffrir ni une entière servitude, ni une entière liberté. »

et ab æstimantibus	et par *ceux* qui *nous* appréciaient
erimus cum invidia	nous serons avec (exposés à) l'envie
quamvis egregii.	quoiqu'*étant* distingués.
Ne tamen fueris territus,	N'aie pourtant pas été effrayé,
si duæ legiones	si deux légions
in hoc motu	dans ce mouvement
orbis concussi	de l'univers secoué
nondum quiescant :	ne sont pas-encore tranquilles :
ne ipse quidem	moi-même non plus
accessi	je *ne* me suis approché
ad res securas,	vers des affaires paisibles,
et adoptione audita	et *cette* adoption étant apprise
desinam videri senex,	je cesserai de paraître vieux,
unum quod	seule chose qui
objicitur mihi nunc.	est reprochée à moi maintenant.
Nero desiderabitur semper	Néron sera regretté toujours
a quoque pessimo :	par chaque *homme* très-mauvais :
est providendum mihi ac tibi	il est à veiller à moi et à toi
ne desideretur etiam	afin-qu'il ne soit pas regretté aussi
a bonis.	par les bons.
Neque monere diutius	Ni avertir plus longtemps
est hujus temporis,	n'est de (ne convient à) ce temps-ci,
et omne consilium	et tout conseil
est impletum,	est rempli (accompli),
si elegi te bene.	si j'ai choisi toi bien.
Dilectus rerum	Le choix des choses
bonarum malarumque	bonnes et mauvaises
utilissimus	le-plus-utile
idem ac brevissimus	le même aussi le-plus-court
est cogitare	est de réfléchir
quid volueris	quelle chose tu as voulue
aut nolueris	ou tu n'as pas voulue
sub alio principe ;	sous un autre prince ;
neque enim hic,	ni en-effet ici,
ut gentibus	comme pour les nations
quæ regnantur,	qui sont gouvernées-par-des-rois,
certa domus	*il y a* une maison déterminée
dominorum,	de maîtres,
et ceteri servi,	et tous-les-autres *sont* esclaves,
sed es imperaturus	mais tu es devant commander
hominibus	à des hommes
qui possunt pati	qui *ne* peuvent souffrir
nec totam servitutem	ni une entière servitude
nec totam libertatem. »	ni une entière liberté. »

Et Galba quidem hæc ac talia, tanquam principem faceret, ceteri tanquam cum facto loquebantur.

XVII. Pisonem ferunt statim intuentibus et mox conjectis in eum omnium[1] oculis nullum turbati aut exsultantis animi motum prodidisse. Sermo erga patrem imperatoremque reverens, de se moderatus; nihil in vultu habituque mutatum, quasi imperare posset magis quam vellet. Consultatum inde, pro rostris an in senatu an in castris[2] adoptio nuncuparetur. Iri in castra placuit : honorificum id militibus fore, quorum favorem ut largitione et ambitu male acquiri, ita per bonas artes haud spernendum. Circumsteterat interim Palatium publica exspectatio, magni secreti impatiens, et male coercitam famam supprimentes augebant.

Ainsi parlait Galba en homme qui faisait un empereur; les autres s'exprimèrent comme si cet empereur était déjà sur le trône.

XVII. On dit que Pison vit se tourner sur lui les regards du conseil, et plus tard ceux de la multitude, sans donner aucun signe de trouble ni d'allégresse. Sa réponse fut respectueuse envers son père et son prince, mesurée par rapport à lui-même. Nul changement dans son air ni dans son maintien; il semblait mériter l'empire plutôt que le vouloir. On délibéra si l'on choisirait la tribune, ou le sénat, ou le camp, pour y déclarer l'adoption. On résolut d'aller au camp : « cette préférence honorerait les soldats, dont la faveur, mal acquise par l'argent et la brigue, n'est pas à dédaigner quand on l'obtient par de bonnes voies. » Cependant la curiosité publique assiégeait le palais, attendant avec impatience une grande révélation; et le secret, vainement retenu, éclatait par le mystère même dont on voulait le couvrir.

Et Galba quidem	Et Galba certes
hæc atque talia,	*disait* ces *paroles* et d'*autres* telles,
tanquam faceret principem,	comme-s'il faisait un empereur,
ceteri loquebantur	les autres parlaient
tanquam	comme
cum facto.	avec un *empereur déjà* fait.
XVII. Ferunt Pisonem	XVII. On rapporte Pison
intuentibus	*ceux qui étaient là* le regardant
statim	aussitôt
et mox	et ensuite
oculis omnium	les yeux de tous
conjectis in eum	ayant été jetés sur lui
prodidisse	*n*'avoir manifesté
nullum motum	aucun mouvement
animi turbati	d'âme troublée
aut exsultantis.	ou palpitante *de joie*.
Sermo reverens	*Son* discours *fut* respectueux
erga patrem	à-l'égard-de *son* père
imperatoremque,	et de *son* empereur,
moderatus de se;	mesuré sur lui-même;
nihil mutatum	rien de changé
in vultu habituque,	dans *son* visage et *son* maintien.
quasi posset imperare	comme-s'il était-capable de régner
magis quam vellet.	plus qu'il *ne le* désirait.
Inde consultatum	Puis *il fut* délibéré
adoptio nuncuparetur	*si* l'adoption serait prononcée
pro rostris	devant la tribune-aux-harangues
an in senatu	ou dans le sénat
an in castris.	ou dans le camp.
Placuit iri	On fut-d'avis d'aller
in castra:	dans le camp:
id fore honorificum	cela devoir être honorable
militibus,	pour les soldats,
quorum favorem	desquels la faveur
ut acquiri male	comme être acquise mal
largitione et ambitu,	par les largesses et la brigue,
ita haud spernendum	ainsi n'être pas à dédaigner
per artes bonas.	par des moyens honnêtes.
Interim exspectatio publica	Cependant l'attente publique
circumsteterat Palatium	avait entouré le palais
impatiens magni secreti,	impatiente d'un grand secret,
et supprimentes famam	et cherchant-à-étouffer un bruit
male coercitam	mal retenu [tait).
augebant.	ils *l*'augmentaient (on l'augmen-

XVIII. Quartum Idus Januarias, fœdum imbribus diem, tonitrua et fulgura et cælestes minæ ultra solitum turbaverant. Observatum id antiquitus comitiis dirimendis non terruit Galbam quo minus in castra pergeret, contemptorem talium ut fortuitorum seu quæ fato manent, quamvis significata, non vitantur. Apud frequentem militum contionem imperatoria brevitate adoptari a se Pisonem more divi Augusti et exemplo militari, quo vir virum legeret, pronuntiat. Ac ne dissimulata seditio in majus crederetur, ultro asseverat quartam et duoetvicesimam legiones, paucis seditionis auctoribus, non ultra verba ac voces errasse et brevi in officio fore. Nec ullum orationi aut lenocinium addit aut pretium. Tribuni tamen centurionesque

XVIII. La journée du dix janvier fut des plus orageuses : la pluie, le tonnerre, les éclairs, toutes les menaces du ciel la troublèrent à l'envi. Ces phénomènes, qui anciennement rompaient les comices, n'empêchèrent pas Galba de se rendre au camp. Il les méprisait comme l'œuvre du hasard ; ou peut-être telle est la force de la destinée que, même averti, on ne songe pas à la fuir. Là, en présence des cohortes assemblées, il déclare avec la brièveté du commandement qu'il adopte Pison, à l'exemple du divin Auguste, et dans le même esprit qu'à la guerre un brave en choisit un autre. Et de peur que la révolte, s'il n'en parlait pas, ne fût grossie par la crédulité, il se hâta d'assurer « que la quatrième et la vingt-deuxième légion, égarées par quelques séditieux, s'étaient permis tout au plus des murmures indiscrets, et qu'elles seraient bientôt rentrées dans le devoir. » A ce discours il n'ajouta ni caresses ni présents. Les tribuns cependant, les centurions, et les

HISTOIRES, LIVRE I.   51

XVIII. Tonitrua	XVIII. Des coups-de-tonnerre
et fulgura	et des éclairs
et minæ cælestes	et des menaces célestes
turbaverant	avaient troublé
ultra solitum	au-delà-de l'ordinaire
quartum diem Idus Januarias,	le quatrième jour des Ides de-jan-[vier,
fœdum imbribus.	hideux (attristé) par des averses.
Id observatum	Ce *fait* observé (dont on tenait
antiquitus	anciennement [compte)
comitiis	pour les comices
dirimendis	devant être rompus
non terruit Galbam	n'effraya pas Galba
quo minus pergeret	au point qu'il ne se-rendît
in castra,	dans le camp,
contemptorem talium	contempteur de tels *phénomènes*
ut fortuitorum,	comme fortuits, [tendent
seu, quæ manent	soit-que, *les maux* qui *nous* at-
fato,	par l'arrêt-du-destin,
non vitantur,	ne soient pas évités,
quamvis significata.	quoique ayant été annoncés.
Apud contionem frequentem	Devant l'assemblée nombreuse
militum	des soldats
pronuntiat	il déclare
brevitate imperatoria	avec une brièveté de-général
Pisonem adoptari a se	Pison être adopté par lui
more divi Augusti	à la manière du divin Auguste
et exemplo militari,	et selon l'exemple militaire,
quo vir	par lequel un homme
legeret virum.	pouvait-choisir un *autre* homme.
Ac ne seditio	Et de-peur-que la sédition
dissimulata	ayant été (si elle était) dissimulée,
crederetur in majus,	ne fût crue en plus-grand (plus
asseverat ultro	il affirme en-outre [grave),
legiones quartam	les légions quatrième
et duoetvicesimam,	et vingt-deuxième,
paucis auctoribus seditionis,	peu *étant* auteurs de la sédition,
non errasse ultra	ne s'être pas égarées au-delà
verba ac voces	des paroles et des murmures
et fore brevi	et devoir être bientôt
in officio.	dans le devoir.
Nec addit orationi	Et il n'ajoute à *son* discours
ullum aut lenocinium	aucune ou caresse
aut pretium.	ou libéralité. [rions
Tribuni tamen centurionesque	Les tribuns cependant et les centu-

et proximi militum grata auditu respondent, per ceteros mæstitia ac silentium, tanquam usurpatam etiam in pace donativi necessitatem bello perdidissent. Constat potuisse conciliari animos quantulacumque parci senis liberalitate : nocuit antiquus rigor et nimia severitas, cui jam pares non sumus.

XIX. Inde apud senatum non comptior Galbæ, non longior quam apud militem sermo ; Pisonis comis oratio, et patrum favor aderat : multi voluntate, effusius, qui noluerant, medii ac plurimi obvio obsequio, privatas spes agitantes sine publica cura. Nec aliud sequenti quatriduo, quod medium inter adoptionem et cædem fuit, dictum a Pisone in publico factumve. Crebrioribus in dies Germanicæ defectionis nuntiis et facili civitate ad accipienda cre-

soldats placés le plus près de lui, répondirent par des félicitations. Les autres gardèrent un morne silence. Ils croyaient perdre en temps de guerre ces largesses dont l'usage avait consacré la nécessité même durant la paix. Il est constant que la moindre libéralité, échappée à la parcimonie du vieux prince, aurait pu lui concilier les esprits : il les aliéna par cette sévère et antique rigidité, trop forte pour nos mœurs.

XIX. Le discours de Galba devant les sénateurs ne fut ni plus paré ni plus long que devant les soldats. Celui de Pison fut civil, et le sénat l'entendit avec faveur. Beaucoup applaudissaient franchement ; ceux qui avaient formé d'autres vœux n'en montraient que plus de zèle ; les indifférents, et c'était le grand nombre, spéculaient sur l'empressement de leurs hommages, sans donner une pensée à l'État. Pison, dans les quatre jours suivants, qui séparèrent son adoption de sa mort, ne dit plus rien, ne fit plus rien en public. De nouveaux avis arrivaient à chaque instant sur la révolte de Germanie, et trouvaient un facile accueil dans une

HISTOIRES, LIVRE I. 53

proximique	et les-plus-près *de lui*
militum	parmi les soldats [entendre ;
respondent grata auditu ;	répondent des choses agréables à
mœstitia et silentium	la tristesse et le silence
per ceteros,	*règnent* parmi les autres, [guerre
tanquam perdidissent bello	comme-s'ils avaient perdu par la
necessitatem donativi	la nécessité du don
usurpatam etiam in pace.	usitée même dans la paix.
Constat	Il est-constant
animos potuisse conciliari	les esprits avoir pu être gagnés
liberalitate	par une libéralité
quantulacumque	si-petite-qu'elle-fût
senis parci :	du vieillard parcimonieux :
rigor antiquus nocuit	une rigueur antique *lui* nuisit
et severitas nimia,	et (ainsi qu') une sévérité excessive,
cui non sumus jam	que nous sommes plus
pares.	capables-de-supporter.

XIX. Inde apud senatum   XIX. Puis devant le sénat
sermo Galbæ   le discours de Galba
non comptior,   ne *fut* pas plus-paré,
non longior   ne *fut* pas plus-long
quam apud militem ;   que devant le soldat ;
oratio Pisonis comis,   la harangue de Pison *fut* affable,
et favor patrum   en-outre la faveur des sénateurs
aderat ;   était-avec *lui* ;   [lonté :
multi voluntate :   beaucoup le *favorisaient* par vo-
qui noluerant,   *ceux* qui n'avaient-pas-voulu *cela*,
effusius,   avec plus d'effusion,   [rents)
medii   les intermédiaires (les indiffé-
ac plurimi   et *qui étaient les* plus nombreux
obsequio obvio,   avec une complaisance empressée,
agitantes spes privatas agitant des espérances person-
sine cura   sans souci   [nelles
publica.   public (de l'intérêt public).
Nec aliud dictum   Ni autre chose ne *fut* dit
factumve in publico   ou fait en public
a Pisone,   par Pison,   [suivit,
quatriduo sequenti,   dans l'espace-de-quatre-jours qui
quod fuit medium   lequel fut intermédiaire
inter adoptionem et cædem. entre l'adoption et le meurtre.
Nuntiis   Les nouvelles
defectionis Germanicæ   de la révolte germanique [jours,
crebrioribus in dies,   *étant* plus-fréquentes *de jours* en
et civitate facili   et la ville *étant* facile (disposée)

dendaque omnia nova, cum tristia sunt, censuerant patres mittendos ad Germanicum exercitum legatos. Agitatum secreto, num et Piso proficisceretur, majore prætextu, illi auctoritatem senatus, hic dignationem Cæsaris laturus. Placebat et Laconem prætorii præfectum simul mitti : is consilio intercessit. Legati quoque (nam senatus electionem Galbæ permiserat) fœda inconstantia nominati, excusati, substituti, ambitu remanendi aut eundi, ut quemque metus vel spes impulerat.

XX. Proxima pecuniæ cura ; et cuncta scrutantibus justissimum visum est inde repeti ubi inopiæ causa erat. Bis et vicies millies sestertium[1] donationibus Nero effuderat : appellari singulos jussit, decuma parte liberalitatis apud quemque eorum relicta. At illis vix decumæ super portio-

ville disposée à croire toutes les nouvelles, quand elles sont mauvaises. Le sénat fut d'avis qu'on envoyât des députés à l'armée rebelle. On délibéra dans un conseil secret si Pison n'irai pas aussi, pour donner plus de poids à l'ambassade en joignant à l'autorité du sénat la dignité d'un César. On voulait y envoyer avec lui le préfet du prétoire Lacon : celui-ci fit échouer le projet. Le choix des députés, remis par le sénat à l'empereur, offrit une honteuse inconstance de nominations, de démissions, de remplacements selon que la crainte ou l'ambition faisait briguer à chacun la faveur de rester ou de partir.

XX. Le premier soin fut ensuite de trouver de l'argent; et, tout bien examiné, rien ne parut plus juste que de s'adresser à ceux d'où venait la détresse publique. Néron avait prodigué deux milliards deux cent millions de sesterces en libéralités. Galba fit redemander ces dons, en laissant à chacun la dixième partie de ce qu'il avait reçu. Mais ce dixième, à peine le possédaient-ils encore

ad omnia nova	à toutes-les-choses nouvelles,
accipienda credendaque,	devant être accueillies et crues,
cum sunt tristia,	lorsqu'elles sont fâcheuses,
patres censuerant	les sénateurs avaient décrété
legatos mittendos	des députés devoir être envoyés
ad exercitum Germanicum.	vers l'armée germanique.
Agitatum secreto,	*Il fut* agité secrètement,
an et Piso proficisceretur,	si Pison aussi ne partirait pas, [nité,
laturus majore prætextu,	devant porter avec plus de solen-
hic dignationem Cæsaris,	celui-ci la dignité d'un César,
illi auctoritatem senatus.	ceux-là l'autorité du sénat.
Placebat et Laconem	On était-d'avis aussi Lacon
præfectum prætorii	préfet du prétoire
mitti :	*y* être envoyé :
is intercessit consilio.	celui-ci s'opposa au projet.
Legati quoque	Les députés aussi
(nam senatus	(car le sénat
permiserat electionem	*en* avait abandonné le choix
Galbæ)	à Galba)
nominati, excusati,	*furent* nommés, excusés,
substituti	remplacés,
fœda inconstantia,	avec une honteuse inconstance,
ambitu remanendi	par la brigue pour rester
aut eundi,	ou pour partir,
ut metus vel spes	selon-que la crainte ou l'espérance
impulerat quemque.	avait poussé chacun.
XX. Cura pecuniæ	XX. Le soin de l'argent
proxima ;	*fut* le-plus-proche (le premier) ;
et est visum justissimum	et il parut le-plus-juste
scrutantibus cuncta	à *eux* examinant tout
repeti inde	*l'argent* être repris de-là
ubi causa inopiæ	où la cause du manque *d'argent*
erat.	était. [ralités
Nero effuderat donationibus	Néron avait répandu par ses libé-
bis et vicies millies	vingt-deux mille-fois
sestertium :	*cent mille* de sesterces : [reçus
jussit	il ordonna *ceux qui les avaient*
appellari	être appelés
singulos,	les-uns-après-les-autres,
decuma parte liberalitatis	la dixième partie de la libéralité
relicta	étant laissée
apud quemque eorum.	auprès de (à) chacun d'eux.
At decumæ portiones,	Mais les dixièmes parties
super erant vix illis,	restaient à-peine à eux,

nes[1] erant, iisdem erga aliena sumptibus quibus sua prodegerant, cum rapacissimo cuique ac perditissimo non agri aut fœnus, sed sola instrumenta vitiorum[2] manerent. Exactionibus triginta equites Romani præpositi, novum officii genus et ambitu ac numero onerosum : ubique hasta et sector[3] et inquieta urbs [actionibus]. Ac tamen grande gaudium, quod tam pauperes forent quibus donasset Nero quam quibus abstulisset. Exauctorati[4] per eos dies tribuni, e prætorio Antonius Taurus et Antonius Naso, ex urbanis cohortibus Æmilius Pacensis, e vigilibus[5] Julius Fronto. Nec remedium in ceteros fuit, sed metus initium, tanquam per artem et formidine singuli pellerentur, omnibus suspectis.

XXI. Interea Othonem, cui compositis rebus nulla spes, omne in turbido consilium, multa simul exstimulabant, luxuria etiam principi onerosa, inopia vix privato tole-

aussi prompts à dévorer le bien d'autrui que le leur. Les plus avides, qui étaient aussi les plus débauchés, n'avaient conservé ni terres ni revenus ; il ne leur restait que l'attirail de leurs vices. Trente chevaliers romains furent chargés de faire restituer : nouvelle espèce de magistrats, dont l'émulation et le nombre se firent rudement sentir. Ce n'était partout que piques entourées d'acheteurs. Les encans ne laissaient pas de repos à la ville. Toutefois ce fut une grande joie de voir ceux que Néron avait enrichis, aussi pauvres que ceux qu'il avait dépouillés. Pendant ces mêmes jours on congédia plusieurs tribuns : deux parmi les prétoriens, Antonius Taurus et Antonius Nason ; un dans les cohortes urbaines, Émilius Pacensis ; un dans les gardes de nuit, Julius Fronton. Bien loin de ramener les autres, cet exemple éveilla leurs inquiétudes ; ils y virent une politique timide qui, les craignant tous, les chassait en détail.

XXI. Othon cependant, sans espérance dans un état de choses régulier, tournait toutes ses pensées vers le désordre. Mille motifs l'excitaient à la fois : un luxe onéreux même pour un prince, une indigence à peine supportable pour un particulier, la colère contre

iisdem sumptibus	par-suite-des mêmes dépenses
erga aliena	avec les *biens* d'-autrui [prodigué
quibus prodegerant	*que celles* par lesquelles ils avaient
sua,	les leurs,
cum non agri aut fœnus,	attendu-que ni terres ou revenu,
sed instrumenta sola vitiorum	mais les instruments seuls de *leurs*
manerent cuique	restaient à chacun [vices
rapacissimo ac perditissimo.	le-plus-rapace et le-plus-perverti.
Triginta equites Romani	Trente chevaliers romains
præpositi exactionibus,	*furent* préposés aux recherches,
novum genus officii,	nouveau genre d'office,
onerosum ambitu	pesant par le-désir-de-plaire
ac numero :	et par le nombre *de ses membres* :
ubique hasta et sector	partout la pique et l'acquéreur
et urbs inquieta actionibus.	et la ville agitée par des poursuites.
Ac tamen	Et pourtant
grande gaudium,	grande *était* la joie, [avait donné
quod quibus Nero donasset	de-ce-que *ceux* auxquels Néron
essent tam pauperes	étaient aussi pauvres
quam quibus abstulisset.	que *ceux* auxquels il avait ôté.
Tribuni exauctorati	Des tribuns *furent* congédiés
per eos dies,	pendant ces jours,
e prætorio	du prétoire
Antonius Taurus	Antonius Taurus,
et Antonius Naso,	et Antonius Nason,
ex cohortibus urbanis	des cohortes urbaines
Æmilius Pacensis,	Émilius Pacensis,
e vigilibus	des vigiles (gardes-de-nuit)
Julius Fronto.	Julius Fronton.
Nec fuit remedium	Ni *ce* ne fut un remède
in ceteros,	à-l'égard-des autres,
sed initium metus,	mais un commencement de crainte,
tanquam, omnibus suspectis,	comme-si, tous *étant* suspects,
pellerentur singuli	ils étaient chassés les uns-après-
per artem	par-le-moyen-d'artifice [les-autres
et formidine.	et par-suite-de la peur.
XXI. Interea multa simul,	XXI. Cependant beaucoup *de*
luxuria	un luxe [*motifs* à-la-fois,
onerosa etiam principi,	onéreux même pour un prince,
inopia vix toleranda	une indigence à-peine supportable
privato,	pour un particulier,
ira in Galbam,	la colère contre Galba,
invidia in Pisonem	la jalousie contre Pison
exstimulabant Othonem,	excitaient Othon,

randa, in Galbam ira, in Pisonem invidia; fingebat et metum, quo magis concupisceret : prægravem se Neroni fuisse, nec Lusitaniam rursus et alterius exilii honorem exspectandum. Suspectum semper invisumque dominantibus qui proximus destinaretur. Nocuisse id sibi apud senem principem, magis nociturum apud juvenem ingenio trucem et longo exilio efferatum. [Occidi Othonem posse.] Proinde agendum audendumque, dum Galbæ auctoritas fluxa, Pisonis nondum coaluisset. Opportunos magnis conatibus transitus rerum, nec cunctatione opus, ubi perniciosior sit quies quam temeritas. Mortem omnibus ex natura æqualem oblivione apud posteros vel gloria distingui; ac si nocentem innocentemque idem exitus maneat, acrioris viri esse merito perire.

Galba, la jalousie contre Pison. Il se forgeait même des craintes, afin d'irriter ses désirs. « N'avait-il pas fait ombrage à Néron ! et fallait-il attendre qu'on le renvoyât en Lusitanie subir l'honneur d'un nouvel exil? Toujours la défiance et la haine du maître poursuivaient le successeur que lui destinait la renommée. Cette idée l'avait perdu auprès du vieux prince; que serait-ce avec un jeune homme d'un naturel farouche, aigri par un long bannissement? La vie d'Othon n'était pas à l'abri du poignard; il fallait donc agir, il fallait oser, pendant que Galba chancelait, avant que Pison fût affermi. Les époques de transition étaient favorables aux grandes entreprises. Pourquoi balancer alors que le repos est plus dangereux que la témérité? La mort, tous la reçoivent égale aux yeux de la nature; l'oubli ou la gloire, voilà l'unique différence. Et après tout, s'il lui fallait innocent ou coupable également périr, il y avait plus de courage à mériter son destin. »

cui nulla spes	auquel nul espoir *n'était*
rebus compositis,	les choses étant arrangées,
omne consilium	tout dessein *était fondé*
in turbido;	sur le trouble;
fingebat et metum,	il *se* forgeait aussi de la crainte
quo concupisceret magis :	afin-qu'il désirât davantage:
se fuisse prægravem	*rappelant* soi avoir été très-pesant
Neroni,	à Néron,
nec Lusitaniam rursus	ni la Lusitanie de-nouveau
et honorem alterius exilii	et l'honneur d'un second exil
exspectandum.	ne devoir être attendu.
Qui destinaretur	*Celui* qui était désigné
proximus	*comme* le-plus-proche
semper suspectum	*être* toujours suspect
invisumque dominantibus.	et odieux à *ceux* qui dominent.
Id nocuisse sibi	Cela avoir nui à lui-même
apud senem principem,	auprès-d'un vieux prince,
nociturum magis	*cela* devoir nuire davantage
apud juvenem	auprès d'un jeune
trucem ingenio	farouche de nature
et efferatum longo exilio.	et aigri par un long exil.
Othonem posse occidi.	Othon pouvoir être tué.
Perinde agendum	Ainsi-donc *être* à agir
audendumque,	et *être* à oser,
dum auctoritas Galbæ	tandis-que l'autorité de Galba
fluxa,	*était* flottante,
Pisonis	*que celle* de Pison
nondum coaluisset.	ne s'-était pas-encore fortifiée.
Transitus rerum	Les passages des choses
opportunos	*être* favorable
magnis conatibus,	aux grands efforts,
nec opus cunctatione,	ni *être* besoin d'hésitation,
ubi quies sit perniciosior	*là* où le repos est plus-pernicieux
quam temeritas.	que la témérité.
Mortem æqualem omnibus	La mort égale pour-tous
ex natura	d'après la nature
distingui	être distinguée
oblivione vel gloria	par l'oubli ou la gloire
apud posteros;	auprès de la postérité;
ac si idem exitus	et si la même fin
maneat	attend
nocentem innocentemque,	le coupable et l'innocent,
perire merito	périr à-juste-titre
esse viri acrioris.	être *le fait* d'un homme plus-vif.

XXII. Non erat Othonis mollis et corpori similis animus. Et intimi libertorum servorumque, corruptius quam in privata domo habiti, aulam Neronis et luxus, adulteria, matrimonia ceterasque regnorum libidines avido talium, si auderet, ut sua ostentantes, quiescenti ut aliena exprobrabant, urgentibus etiam mathematicis, dum novos motus et clarum Othoni annum observatione siderum affirmant, genus hominum potentibus infidum, sperantibus fallax, quod in civitate nostra et vetabitur semper et retinebitur[1]. Multos secreta Poppææ mathematicos, pessimum principalis matrimonii instrumentum, habuerant : e quibus Ptolemæus Othoni in Hispania comes, cum superfuturum eum Neroni promisisset, postquam ex eventu fides, conjectura

XXII. Othon n'avait pas l'âme efféminée comme le corps. Les affranchis et les esclaves de son intime confiance, gâtés par un régime trop corrupteur pour une maison particulière, étalaient à ses regards la cour de Néron et ses délices, les adultères, les mariages, les autres fantaisies du pouvoir absolu. Toutes ces jouissances, si chères à ses désirs, étaient à lui, s'il osait; à un autre, s'il préférait un indigne repos. Les astrologues le pressaient de leur côté : ils avaient vu dans le ciel des révolutions nouvelles, et ils annonçaient une année glorieuse pour Othon : espèce d'hommes qui trahit la puissance, trompe l'ambition, et qui toujours proscrite dans Rome s'y maintiendra toujours. Le cabinet de Poppéa avait entretenu beaucoup de ces devins, détestable ameublement d'un ménage impérial. L'un d'eux, Ptolémée, accompagnant Othon en Espagne, lui avait prédit qu'il survivrait à Néron. Quand l'événement eut donné crédit à ses paroles, il alla plus loin : guidé par ses propres conjectures et par les réflexions qu'il entendait

HISTOIRES, LIVRE I.

XXII. Animus Othonis
non erat mollis
et similis corpori.
Et intimi
libertorum servorumque
habiti corruptius
quam in domo privata,
ostentantes
aulam et luxus Neronis,
adulteria, matrimonia,
ceterasque libidines
regnorum,
ut sua,
si auderet,
avido talium,
exprobrabant,
ut aliena,
quiescenti,
mathematicis etiam
urgentibus,
dum affirmant
observatione siderum
novos motus
et annum clarum Othoni,
genus hominum
infidum potentibus,
fallax sperantibus,
quod semper
et vetabitur et retinebitur
in nostra civitate.
Secreta Poppææ
habuerant
multos mathematicos,
instrumentum pessimum
matrimonii principalis :
e quibus
Ptolemæus comes Othoni
in Hispania,
cum promisisset
eum superfuturum Neroni,
postquam fides
ex eventu,
persuaserat jam
conjectura

XXII. L'âme d'Othon
n'était pas molle
et semblable à *son* corps.
D'ailleurs les-plus-intimes
de *ses* affranchis et de *ses* esclaves
tenus dans-un-état-plus-corrompu
qu'ils ne le sont dans une demeure
montrant-avec-affectation [privée,
la cour et les débauches de Néron,
les adultères, les mariages,
et les autres fantaisies
des règnes (du pouvoir absolu),
comme siens (à lui),
s'il osait,
à *Othon* avide de tels *excès*,
les reprochaient,   [d'autres),
comme étrangers (abandonnés à
à *lui* se-tenant-en-repos,
les astrologues aussi
le pressant,
tandis-qu'ils affirment   [tres
par-suite-de l'observation des as-
de nouveaux troubles
et l'année glorieuse pour Othon,
espèce d'hommes
infidèle aux puissants,
trompeuse pour *ceux* qui espèrent,
laquelle toujours
et sera proscrite et sera gardée
dans notre ville.   [péa
Les appartements *secrets* de Pop-
avaient eu
beaucoup d'astrologues,
attirail détestable
d'un mariage impérial :
parmi lesquels *astrologues* [Othon
Ptolémée *ayant été* compagnon à
en Espagne,
lorsqu'il eut promis
lui devoir survivre à Néron,
après-que crédit *fut à lui*
par-suite-de l'événement,
lui avait persuadé alors
par conjecture

jam et rumore senium Galbæ et juventam Othonis computantium persuaserat fore ut in imperium adscisceretur. Sed Otho tanquam peritia et monitu fatorum prædicta accipiebat, cupidine ingenii humani libentius obscura credendi. Nec deerat Ptolemæus, jam et sceleris instinctor, ad quod facillime ab ejus modi voto transitur.

XXIII. Sed sceleris cogitatio incertum an repens : studia militum jam pridem spe successionis aut paratu facinoris affectaverat, in itinere[1], in agmine, in stationibus vetustissimum quemque militum nomine vocans ac memoria Neroniani comitatus contubernales appellando ; alios agnoscere, quosdam requirere et pecunia aut gratia juvare, inserendo sæpius querellas et ambiguos de Galba sermones quæque alia turbamenta vulgi. Labores itinerum, inopia

faire sur le grand âge de Galba et la jeunesse d'Othon, il lui persuada qu'il serait appelé à l'empire. Othon recevait cette prédiction comme un oracle de la science et une révélation des destins : tant l'homme est avide de croire, surtout le merveilleux. Ptolémée d'ailleurs n'épargnait pas ses conseils, qui déjà étaient ceux du crime ; et en de pareils desseins, du vœu au crime le passage est facile.

XXIII. On ne sait toutefois si l'idée de la révolte lui vint soudainement. Il y avait longtemps qu'espérant succéder à l'empire ou songeant à s'en emparer, il briguait la faveur des gens de guerre. Pendant la marche vers Rome, et dans les campements, il appelait par leur nom les vieux soldats, et faisant allusion au temps où il était comme eux à la suite de Néron, il les nommait ses camarades. Il reconnaissait les uns, s'informait des autres, les aidait de son argent ou de son crédit, mêlant souvent à ses discours des plaintes, des mots équivoques sur Galba, et tout ce qui peut agiter la multitude. La fatigue des marches, la disette des vivres, la

et rumore computantium
senium Galbæ
et juventam Othonis
fore ut adscisceretur
in imperium.
Sed Otho accipiebat
tanquam prædicta
peritia
et monitu fatorum,
cupidine ingenii humani
credendi libentius
obscura.
Nec Ptolemæus deerat
jam et instinctor sceleris,
ad quod transitur
facillime
ab voto ejus modi.

XXIII. Sed incertum
an cogitatio sceleris
repens :
jam pridem affectaverat
studia militum
spe successionis
aut paratu facinoris,
vocans nomine
in itinere,
in agmine,
in stationibus,
quemque militum
vetustissimum
ac appellando contubernales
memoria
comitatus Neroniani;
agnoscere alios,
requirere quosdam
et juvare
pecunia aut gratia,
inserendo sæpius querellas
et sermones ambiguos
de Galba,
aliaque quæ turbamenta
vulgi.
Labores itinerum,
inopia commeatuum,

et par la rumeur de *ceux* qui cal-
la vieillesse de Galba   [culaient
et la jeunesse d'Othon
devoir-arriver qu'il serait appelé
à l'empire.
Mais Otho accueillait *ces choses*
comme prédites
par l'habileté
et par l'avis des destins,   [main
par-suite-du désir de l'esprit hu-
de croire plus-volontiers
les choses obscures.
Ni Ptolémée ne faisait-défaut,
déjà même instigateur du crime,
auquel on passe
très-facilement
d'un vœu de cette sorte.

XXIII. Mais *il est* incertain
si la pensée du crime
fut soudaine :   [ché
depuis longtemps il avait recher-
les penchants des soldats [trône
dans l'espoir de la succession *au*
ou par préparation du crime,
appelant par *son* nom
en voyage,
en marche,
dans les campements,
chacun des soldats
très-vieux   [tente
et *les* nommant *ses* camarades-de-
par le souvenir
de l'escorte néronienne;
et lui de reconnaître les uns,
d'en rechercher certains
et de *les* aider
de *son* argent ou de *son* crédit, [tes
intercalant plus-souvent des plain-
et des discours équivoques
sur Galba,   [moyens-de-trouble
et les autres choses qui *sont* des
de la multitude.
Les fatigues des marches,
la disette des vivres,

commeatuum, duritia imperii atrocius accipiebantur, cum Campaniæ lacus et Achaiæ urbes classibus adire soliti Pyrenæum et Alpes et immensa viarum spatia ægre sub armis eniterentur.

XXIV. Flagrantibus jam militum animis velut faces addiderat Mævius Pudens, e proximis Tigellini. Is mobilissimum quemque ingenio aut pecuniæ indigum et in novas cupiditates præcipitem alliciendo eo paulatim progressus est, ut per speciem, convivii quotiens Galba apud Othonem epularetur, cohorti excubias agenti viritim centenos nummos[1] divideret; quam velut publicam largitionem Otho secretioribus apud singulos præmiis intendebat, adeo animosus corruptor, ut Cocceio Proculo speculatori[2], de parte finium cum vicino ambigenti, universum vicini agrum sua pecunia emptum dono dederit, per socordiam præfecti, quem nota pariter et occulta fallebant.

dureté du commandement donnaient lieu à d'amères réflexions, lorsqu'aux lacs de Campanie et aux villes de la Grèce, qu'ils visitaient naguère portés par des flottes, ils comparaient les Alpes et les Pyrénées, et ces routes interminables, où il leur fallait cheminer laborieusement courbés sous le faix des armes.

XXIV. Mévius Pudens, un des familiers de Tigellinus, avait pour ainsi dire, mis le feu à ces mécontentements déjà si animés. Séduisant d'abord les caractères les plus remuants, et ceux que le besoin d'argent précipitait dans l'amour de la nouveauté, il en vint insensiblement au point que, sous prétexte de donner un repas à la cohorte de garde, chaque fois que Galba soupait chez Othon, il lui distribuait cent sesterces par tête. Ces largesses en quelque sorte publiques, Othon en augmentait l'effet par des dons secrets et individuels; corrupteur si hardi qu'un soldat de la garde, Coccéius Proculus, étant en procès avec un de ses voisins pour les limites d'un champ, il acheta tout entier de son argent le champ de ce voisin, et en fit présent au soldat. Et tout cela était souffert par la stupide insouciance d'un préfet, auquel échappaient les choses les mieux connues comme les plus cachées.

duritia imperii	la dureté du commandement
accipiebantur	étaient reçues (interprétées)
atrocius,	d'une-manière-plus-triste,
cum soliti	lorsque accoutumés
adire classibus,	à aller sur des flottes
lacus Campaniæ	vers les lacs de la Campanie
et urbes Achaiæ	et les villes de l'Achaïe (de la Grèce)
eniterentur ægre	ils gravissaient péniblement
sub armis	sous les armes
Pyrenæum et Alpes	les Pyrénées et les Alpes
et spatia immensa viarum.	et des étendues infinies de routes.
XXIV. Mævius Pudens	XXIV. Mévius Pudens
e proximis Tigellini	des intimes de Tigellinus
addiderat faces	avait ajouté des brandons
animis jam flagrantibus	aux esprits déjà enflammés
militum.	des soldats.
Is alliciendo quemque	Celui-ci attirant chacun
mobilissimum ingenio	très-mobile de caractère
aut indigum pecuniæ	ou manquant d'argent
et præcipitem	et par-suite-porté
in res novas,	à des choses nouvelles,
est progressus paullatim eo	s'avança peu-à-peu à-ce-point
ut, quotiens Galba	que, toutes-les-fois-que Galba
epularetur apud Othonem,	soupait chez Othon,
divideret viritim	il distribuait par-homme
cohorti agenti excubias	à la cohorte montant la garde
nummos centenos	des sesterces cent-pour-chacun
per speciem convivii;	sous prétexte de repas;
quam largitionem	laquelle largesse
velut publicam	en-quelque-sorte publique
Otho intendebat	Othon augmentait
præmiis secretioribus	par des avantages plus secrets
apud singulos,	auprès-de (à) chacun-en-particu-
corruptor adeo animosus,	corrupteur tellement ardent, [lier,
ut dederit dono	qu'il donna en don
speculatori Cocceio Proculo,	au spéculateur Coccéius Proculus
ambigenti cum vicino	en-contestation avec un voisin
de parte finium	au-sujet-d'une partie de limites
agrum universum vicini	le champs tout-entier du voisin
emptum sua pecunia,	acheté de son argent,
per socordiam præfecti,	grâce-à l'apathie du préfet,
quem nota	auquel les choses connues [chés
pariter et occulta	également aussi (ainsi que) les ca-
fallebant.	échappaient.

XXV. Sed tum e libertis Onomastum futuro sceleri præfecit, a quo Barbium Proculum tesserarium [1] speculatorum et Veturium optionem eorundem perductos, postquam vario sermone callidos audacesque cognovit, pretio et promissis onerat, data pecunia ad pertentandos plurium animos. Suscepere duo manipulares imperium populi Romani transferendum, et transtulerunt. In conscientiam facinoris pauci adsciti : suspensos ceterorum animos diversis artibus stimulant, primores militum per beneficia Nymphidi ut suspectos, vulgus et ceteros ira et desperatione dilati totiens donativi. Erant quos memoria Neronis ac desiderium prioris licentiæ accenderet : in commune omnes metu mutandæ militiæ terrebantur.

XXVI. Infecit ea tabes legionum quoque et auxiliorum motas jam mentes, postquam vulgatum erat labare Ger-

XXV. Le crime une fois résolu, il en confia l'exécution à son affranchi Onomaste, qui lui amena Barbius Proculus, tesséraire des gardes, et Véturius, officier subalterne du même corps. Othon les sonda sur des objets divers, et quand il les sut audacieux et rusés, il les combla de dons et de promesses, et leur remit de l'argent pour acheter des complices. Deux soldats prirent sur eux de transférer l'empire des Romains, et ils le transférèrent. Ils ne découvrirent qu'à un petit nombre de confidents le coup qu'ils préparaient. Quant aux autres, ils ébranlaient de mille manières leur fidélité chancelante, insinuant aux principaux militaires que les bienfaits de Nymphidius les rendaient suspects, irritant la foule des soldats par le désespoir d'obtenir jamais la gratification tant de fois différée. Quelques esprits s'enflammaient par le souvenir de Néron, et le regret d'une licence dont le temps n'était plus. Enfin une crainte commune les effrayait tous, celle de passer dans un service inférieur.

XXVI. La contagion gagna jusqu'aux esprits des légions et des auxiliaires, émus déjà par la nouvelle que l'armée de Germanie

XXV. Sed tum præfecit
sceleri futuro
Onomastum e libertis,
a quo
Barbium Proculum
tesserarium speculatorum
et Veturium optionem
eorundem
adductos,
postquam cognovit
sermone vario
callidos audacesque,
onerat pretio et promissis,
pecunia data
ad animos plurium
pertentandos.
Duo manipulares suscepere
imperium populi Romani
transferendum,
et transtulerunt,
Pauci adsciti
in conscientiam facinoris :
stimulant diversis artibus
animos suspensos ceterorum,
primores militum
ut suspectos .
per beneficia Nymphidi,
vulgus et ceteros
ira et desperatione
donativi totiens dilati.
Erant quos memoria Neronis
ac desiderium
licentiæ prioris
accenderet :
omnes in commune
terrebantur metu
militiæ mutandæ.
XXVI. Ea tabes infecit
mentes jam motas
legionum quoque
et auxiliorum,
postquam erat vulgatum
fidem exercitus Germanici
labare.

XXV. Mais alors il préposa
au crime futur
Onomaste de *ses* affranchis,
par lequel
Barbius Proculus
tesséraire des spéculateurs
et Véturius sous-officier
des mêmes
lui ayant été amenés,
après-qu'il *les* eut reconnus
par un entretien varié
rusés et audacieux,   [messes,
il *les* comble d'argent et de pro-
de l'argent *leur* ayant été donné
pour les esprits de plus nombreux
devant être sondés.
Deux soldats se-chargèrent
de l'empire du peuple romain
devant être transféré,
et ils *le* transférèrent.
Peu *furent* appelés
dans la confidence du forfait :
ils excitent par divers moyens
les esprits en-suspens des autres,
les premiers des soldats
comme suspects   [dius,
à-cause des bienfaits de Nymphi-
la multitude et les autres
par la colère et par le désespoir
du don tant-de-fois différé.
Il *en* était que la mémoire de Néron
et le regret
de la licence première
enflammait (enflammaient) :
tous en commun
étaient effrayés par la crainte
du service-militaire à changer.
XXVI. Cette contagion infecta
les esprits déjà émus
des légions aussi
et des auxiliaires,
après-qu'il eut été répandu
la fidélité de l'armée germanique
chanceler.

manici exercitus fidem. Adeoque parata apud malos seditio, etiam apud integros dissimulatio fuit, ut postero iduum *Jan.* die[1] redeuntem a cena Othonem rapturi fuerint, ni incerta noctis et tota urbe sparsa militum castra nec facilem inter temulentos consensum timuissent, non rei publicæ cura, quam fœdare principis sui sanguine sobrii parabant, sed ne per tenebras, ut quisque Pannonici vel Germanici exercitus militibus oblatus esset, ignorantibus plerisque, pro Othone destinaretur. Multa erumpentis seditionis indicia per conscios oppressa : quædam apud Galbæ aures præfectus Laco elusit, ignarus militarium animorum consiliique quamvis egregii, quod non ipse afferret, inimicus et adversus peritos pervicax.

XXVII. Octavo decimo Kalendas Februarias sacrificanti pro æde Apollinis Galbæ haruspex Umbricius tristia exta

n'était pas ferme dans le devoir. La sédition était si bien concertée entre les méchants, et les plus fidèles lui laissaient un si libre cours, que le lendemain, le treize janvier, comme Othon revenait d'un souper, ils l'auraient entraîné au camp, s'ils n'eussent craint les erreurs de la nuit, la distance des quartiers militaires épars dans toute la ville, la difficulté de s'entendre au milieu de l'ivresse. Ce n'est pas qu'ils eussent aucun souci de la république, puisqu'ils se préparaient de sang-froid à la souiller du meurtre de son chef ; mais ils voulaient éviter que le premier qui serait offert aux soldats de Pannonie ou du Rhin ne fût, dans les ténèbres, proclamé pour Othon, que la plupart ne connaissaient pas. Beaucoup de signes qui trahissaient la conjuration furent étouffés par les complices : et si quelques bruits parvinrent aux oreilles de Galba, l'impression en fut éludée par le préfet Lacon, homme ignorant de l'esprit des camps, ennemi de tout bon conseil qu'il n'avait pas donné, opposant l'obstination à l'expérience.

XXVII. Le quinze janvier, Galba sacrifiant au temple d'Apollon, l'aruspice Umbricius lui dénonça des entrailles menaçantes, des

Seditioque fuit	Et la sédition fut (était)
adeo parata	tellement préparée
apud malos,	chez les mauvais,
dissimulatio	et la dissimulation
etiam apud integros,	même chez les intacts (les bons),
ut postero	que le *jour* suivant
die iduum Januariarum	jour des Ides de-janvier
fuerint rapturi Othonem	ils auraient enlevé Othon
redeuntem a cena,	revenant du souper,
ni timuissent	s'ils n'avaient craint
incerta noctis	les incertitudes de la nuit,
et castra militum	et les quartiers des soldats
sparsa tota urbe	épars par toute la ville
nec consensum facilem	et l'entente non facile
inter temulentos,	entre *gens* ivres,
non cura rei publicæ,	non par souci de la république,
quam parabant sobrii	qu'ils se-préparaient non-ivres (de
fœdare sanguine	à souiller du sang [sang-froid)
sui principis,	de son prince, [nèbres,
sed ne per tenebras,	mais de-peur-qu'au milieu des-té-
ut quisque esset oblatus	selon-que chacun aurait été offert
militibus exercitus	aux soldats de l'armée
Pannonici vel Germanici,	pannonique ou germanique,
destinaretur pro Othone,	il *ne* fût désigné-à-la-place-d'Othon,
plerisque ignorantibus.	la plupart ne-*le*-connaissant-pas.
Multa indicia	Beaucoup d'indices
seditionis erumpentis	de la sédition éclatant
oppressa per conscios :	*furent* étouffés par les complices :
præfectus Laco	le préfet Lacon [*bruits*
elusit quædam	éluda (montra l'inanité de) certains
apud aures Galbæ,	*parvenus* aux oreilles de Galba,
ignarus	ignorant *qu'il était*
animorum militarium	des esprits militaires
inimicusque consilii,	et ennemi d'un conseil
quamvis egregii,	quoique distingué (quoique bon),
quod ipse non afferret,	que lui-même n'apporterait pas,
et pervicax	et obstiné
adversus peritos.	à-l'égard-des *gens* habiles.
XXVII. Decimo octavo	XXVII. Le dix-huitième *jour*
Kalendas Februarias	*avant* les calendes de-février
haruspex Umbricius prædicit	l'aruspice Umbricius prédit
Galbæ sacrificanti	à Galba sacrifiant
pro æde Apollinis	devant le temple d'Apollon
exta tristia	des entrailles *de victimes* sinistre

et instantes insidias ac domesticum hostem prædicit, audiente Othone (nam proximus adstiterat) idque ut lætum e contrario et suis cogitationibus prosperum interpretante. Nec multo post libertus Onomastus nuntiat exspectari eum ab architecto et redemptoribus, quæ significatio coeuntium jam militum et paratæ conjurationis convenerat. Otho, causam digressus requirentibus, cum emi sibi prædia vetustate suspecta eoque prius exploranda finxisset, innixus liberto per Tiberianam domum in Velabrum[1], inde ad milliarium aureum[2] sub ædem Saturni pergit. Ibi tres et viginti speculatores consalutatum imperatorem ac paucitate salutantium trepidum et sellæ festinanter impositum strictis mucronibus rapiunt; totidem ferme milites in itinere aggregantur, alii conscientia, plerique miraculo, pars clamore et gaudiis[3], pars silentio, animum ex eventu sumpturi.

embûches dressées, un ennemi domestique. Othon, placé tout près, entendait ces paroles, et, prenant pour lui le sens opposé, il en tirait un augure favorable à ses desseins. Bientôt l'affranchi Onomaste lui annonce que l'architecte l'attend avec les entrepreneurs ; c'était le mot convenu, pour dire que les soldats se rassemblaient, et que la conjuration était prête. Interrogé sur la cause de son départ, Othon prétexte l'achat d'une maison, dont la vétusté lui est suspecte, et qu'il veut examiner d'abord. Ensuite appuyé sur le bras de son affranchi, il se rend par le palais de Tibère au Vélabrum et de là au milliaire d'or, près le temple de Saturne. Là vingt-trois soldats de la garde le saluent empereur, et, tout tremblant à la vue de leur petit nombre, le jettent dans une litière, mettent l'épée à la main, et l'enlèvent. Leur troupe se grossit en chemin d'à peu près autant de soldats ; quelques-uns complices, la plupart étonnés et curieux, les uns poussant des cris et avec des démonstrations de joie, les autres suivant en silence, et attendant l'événement pour trouver du courage.

et insidias instantes	et des embûches menaçantes
et hostem domesticum,	et un ennemi domestique,
Othone audiente	Othon entendant
(nam adstiterat proximus)	(car il s'-était placé très-proche)
interpretanteque e contrario	et interprétant au contraire
id ut lætum	cela comme heureux
et prosperum	et favorable
suis cogitationibus.	à ses pensées.
Nec multo post	Ni beaucoup après
libertus Onomastus	l'affranchi Onomastus
nuntiat eum exspectari	annonce lui être attendu [neurs,
ab architecto et redemptoribus,	par l'architecte et les entrepre-
quæ significatio	laquelle indication
militum coeuntium jam	des soldats se-rassemblant déjà
et conjurationis paratæ	et de la conjuration prête
convenerat.	était convenue.
Otho, cum finxisset	Othon, comme il eut feint
requirentibus causam	à *ceux* qui demandaient la cause
digressus,	de *son* départ,
prædia suspecta vetustate	des biens suspects par *leur* vétusté
emi sibi,	être achetés par lui, [d'abord,
eoque exploranda prius,	et par cette *raison être* à examiner
innixus liberto	appuyé-sur *son* affranchi
pergit per domum Tiberianam	poursuit par la maison de-Tibère
in Velabrum,	au Vélabre,
inde ad milliarium aureum	puis au milliaire d'-or
sub ædem Saturni.	près du temple de Saturne.
Ibi tres et viginti speculatores	Là trois et vingt spéculateurs
mucronibus strictis	les épées tirées
rapiunt	enlèvent *lui*
consalutatum imperatorem	salué empereur
ac trepidum	et tremblant [qui saluaient,
paucitate salutantium	à-cause-du petit-nombre de *ceux*
et impositum sellæ	et placé-dans une litière
festinanter;	à-la-hâte;
totidem ferme milites	autant à-peu-près de soldats
aggregantur in itinere,	se joignent *à eux* dans la marche,
alii conscientia,	les uns par complicité, [*chose*,
alii miraculo,	la plupart par l'étrangeté *de la*
pars clamore	une partie avec cri
et gaudiis,	et démonstrations-de-joie,
pars silentio,	une partie en silence,
sumpturi animum	devant prendre du courage
ex eventu.	de l'événement.

XXVIII. Stationem in castris agebat Julius Martialis tribunus. Is magnitudine subiti sceleris, an corrupta latius castra et, si contra tenderet, exitium metuens præbuit plerisque suspicionem conscientiæ; anteposuere ceteri quoque tribuni centurionesque præsentia dubiis et honestis, isque habitus animorum fuit ut pessimum facinus auderent pauci, plures vellent, omnes paterentur.

XXIX. Ignarus interim Galba et sacris intentus fatigabat alieni jam imperii deos, cum affertur rumor rapi in castra incertum quem senatorem, mox Othonem esse qui raperetur, simul ex tota urbe ut quisque obvius fuerat, alii formidine augentes, quidam minora vero [1], ne tum quidem obliti adulationis. Igitur consultantibus placuit pertentari animum cohortis, quæ in Palatio stationem agebat,

XXVIII. Le tribun Julius Martialis faisait la garde dans le camp. Interdit par la grandeur et la soudaineté de l'attentat, ou craignant peut-être que la corruption ne fût trop étendue, et que sa résistance ne servît qu'à le perdre, il donna lieu de soupçonner qu'il était du complot. Les autres tribuns et tous les centurions préférèrent aussi un présent sûr à un avenir douteux et honorable. Et telle fut la disposition des esprits dans cette coupable entreprise que peu l'osèrent, beaucoup la voulurent, tous la souffrirent.

XXIX. Galba, sans rien savoir, et tout entier à son pieux office, fatiguait de ses prières les dieux d'un empire qui n'était plus à lui. Tout à coup le bruit se répand que les troupes enlèvent on ne sait quel sénateur; bientôt l'on désigne Othon; et des témoins oculaires accourent à la fois de toute la ville, exagérant le danger, ou bien le diminuant; car alors même quelques-uns pensaient encore à flatter. On délibéra donc; et l'on crut bon de sonder les dispositions de la cohorte qui était de garde au palais,

XXVIII. Julius Martialis
tribunus
agebat stationem in castris.
Is magnitudine
sceleris subiti,
an metuens
castra corrupta latius,
et exitium,
si tenderet contra,
præbuit plerisque
suspicionem conscientiæ;
ceteri tribuni quoque
et centuriones
anteposuere præsentia
dubiis et honestis,
isque fuit habitus animorum
ut pauci auderent
facinus pessimum,
plures vellent,
omnes paterentur.
 XXIX. Interim Galba
ignarus
et intentus sacris
fatigabat deos
imperii
alieni jam,
cum rumor affertur
senatorem incertum quem
rapi in castra,
mox qui raperetur,
esse Othonem,
simul
ex tota urbe,
ut quisque fuerat
obvius,
alii augentes formidine,
quidam
minora vero,
ne obliti quidem tum
adulationis.
Placuit igitur consultantibus
animum cohortis,
quæ agebat stationem in Palatio,
pertentari,

XXVIII. Julius Martialis
tribun
montait la garde dans le camp.
Celui-ci à-cause-de la grandeur
du crime soudain,
ou-peut-être craignant
le camp corrompu plus au-loin,
et *sa* perte,
s'il s'-efforçait en-sens-contraire
fournit à la plupart
le soupçon de complicité ;
les autres tribuns aussi
et *les autres* centurions
préférèrent les choses présentes
à des choses douteuses et hono-
et tel fut l'état des esprits [rables,
que peu osaient
un forfait exécrable,
plus *le* voulaient,
tous *le* souffraient.
 XXIX. Cependant Galba
ignorant *ce qui se passait*
et attentif aux sacrifices
fatiguait *de ses prières* les dieux
d'un empire
qui-ne-lui-appartenait plus,
lorsque le bruit est apporté
un sénateur, *être* incertain lequel,
être entraîné dans le camp
puis *celui* qui était entraîné
être Othon,   [*rant*
en-même-temps *des gens accou-*
de toute la ville,
selon-que chacun avait-été
sur-le-chemin *des soldats*,
les uns exagérant par peur,
certains *rapportant*
des choses moindres que le vrai,
n'ayant pas oublié même alors
la flatterie.
Il plut donc à *ceux* qui délibéraient
l'esprit de la cohorte,
qui montait la garde au palais,
être sondé,

nec per ipsum Galbam, cujus integra auctoritas majoribus remediis servabatur. Piso pro gradibus domus vocatos in hunc modum allocutus est : « Sextus dies agitur[1], commilitones, ex quo ignarus futuri, et sive optandum hoc nomen sive timendum erat, Cæsar adscitus sum, quo domus nostræ aut rei publicæ fato, in vestra manu positum est, non quia meo nomine tristiorem casum paveam ut qui adversas res expertus cum maxime discam ne secundas quidem minus discriminis habere : patris et senatus et ipsius imperii vicem doleo, si nobis aut perire hodie necesse est aut, quod æque apud bonos miserum est, occidere. Solacium proximi motus habebamus incruentam Urbem et res sine discordia translatas : provisum adoptione videbatur, ut ne post Galbam quidem bello locus esset.

mais sans que Galba se montrât en personne : on ménageait son autorité pour la trouver entière en de plus grands besoins. Pison fit assembler les soldats devant les degrés du palais, et leur parla de cette manière : « Braves compagnons, il y a cinq jours que sans être dans le secret de l'avenir, et sans savoir si ce titre était à désirer ou à craindre, j'ai été fait César; heureusement ou non pour notre maison ou pour l'État, c'est vous qui en déciderez. Ce n'est pas que je redoute personnellement une triste catastrophe : j'ai connu la mauvaise fortune, et j'apprends aujourd'hui que la bonne n'est pas moins périlleuse. C'est mon père, c'est le sénat, c'est l'empire même que je plains, s'il faut que nous recevions aujourd'hui la mort, ou, par un malheur aussi cruel à tout homme de bien, s'il faut que nous la donnions. Le dernier ébranlement nous laissait une consolation : Rome n'en fut point ensanglantée, et la révolution s'accomplit sans discorde. Mon adoption semblait avoir pourvu à ce que, même après Galba, la guerre fût impossible.

nec per Galbam ipsum,	et-non par Galba lui-même,
cujus auctoritas	dont l'autorité
servabatur integra	était réservée entière
majoribus remediis.	pour de plus grands remèdes.
Piso est allocutus	Pison harangua
in hunc modum	en cette manière
vocatos	*les soldats* appelés
pro gradibus domus :	devant les degrés du palais :
« Sextus dies agitur,	« Le sixième jour est mené,
ex quo, commilitones,	depuis que, compagnons-d'armes,
ignarus futuri,	ignorant de l'avenir,
et sive hoc nomen	et soit-que ce titre
erat optandum	fût à désirer
sive timendum,	soit-qu'*il fût* à craindre,
sum adscitus Cæsar,	j'ai été adopté *comme* César,
quo fato	avec quelle destinée
nostræ domus	de (pour) notre maison
aut rei publicæ	ou de (pour) la république,
est positum in vestra manu,	*cela* est placé dans votre main,
non quia timeam	non que je craigne
meo nomine	en mon nom (pour mon compte)
casum tristiorem,	une catastrophe plus triste,
ut qui	en *homme* qui
expertus res adversas	ayant éprouvé les choses contraires
discam cum maxime	apprends maintenant précisément
ne secundas quidem	pas même les choses prospères
habere	avoir
minus discriminis :	moins de péril :
doleo vicem	je plains le sort
patris et senatus	de *mon* père et du sénat
et imperii ipsius,	et de l'empire lui-même,
si est necesse nobis	s'il est nécessaire à nous
aut perire hodie	ou de périr aujourd'hui
aut occidere,	ou de tuer,
quod est æque miserum	*ce* qui est également malheureux
apud bonos.	auprès (aux yeux) des bons.
Habebamus solacium	Nous avions *pour* consolation
proximi motus	du dernier mouvement
Urbem incruentam	la Ville non-ensanglantée
et res translatas	et les affaires transférées
sine discordia :	sans discorde :
videbatur provisum adoptione,	il paraissait pourvu par l'adoption
ut ne post Galbam quidem	à-ce-que pas même après Galba
locus esset bello.	lieu *ne* fût à la guerre.

XXX. « Nihil arrogabo mihi nobilitatis aut modestiæ; neque enim relatu virtutum in comparatione Othonis opus est. Vitia, quibus solis gloriatur, evertere imperium, etiam cum amicum imperatoris ageret. Habitune et incessu an illo muliebri ornatu mereretur imperium? Falluntur quibus luxuria specie liberalitatis imponit : perdere iste sciet, donare nesciet. Stupra nunc et comessationes et feminarum cœtus volvit animo : hæc principatus præmia putat, quorum libido ac voluptas penes ipsum sit, rubor ac dedecus penes omnes ; nemo enim unquam imperium flagitio quæsitum bonis artibus exercuit. Galbam consensus generis humani, me Galba consentientibus vobis Cæsarem dixit. Si res publica et senatus et populus vacua nomina sunt, vestra, commilitones, interest ne imperatorem pessimi faciant. Legionum seditio adversus duces suos audita est

XXX. « Je ne ferai point vanité de ma naissance ou de mes mœurs. Citer des vertus quand on se compare à Othon n'est pas chose nécessaire. Les vices dont il fait toute sa gloire ont renversé l'empire, alors même qu'il n'en était qu'au rôle de favori. Est-ce par ce maintien et cette démarche, est-ce par cette parure efféminée, qu'il mériterait le rang suprême! Ils se trompent, ceux que son faste éblouit par un air de générosité : il saura perdre ; donner, il ne le saura jamais. D'infâmes plaisirs, de scandaleux festins, des sociétés de femmes, voilà ce qu'il rêve aujourdhui ; c'est là qu'il met le bonheur de régner, bonheur dont les joies, les voluptés seraient pour lui seul ; l'opprobre et la honte pour tous. Non, jamais pouvoir acquis par le crime ne fut vertueusement exercé. Galba fut nommé César par la voix du genre humain ; moi, par celle de Galba soutenue de votre assentiment. Si la république, si le sénat, si le peuple, ne sont plus que de vains noms, il vous importe, à vous, braves compagnons d'armes, que les derniers des hommes ne fassent pas un empereur. On a vu quelquefois les légions se révolter contre leurs chefs ; vous, votre foi et votre

XXX. Arrogabo mihi
nihil
nobilitatis aut modestiæ;
neque enim est opus
relatu virtutum
in comparatione Othonis.
Vitia,
quibus solis gloriatur,
evertere imperium,
etiam cum ageret
amicum imperatoris.
Merereturne imperium
habitu et incessu
an illo ornatu muliebri?
Falluntur
quibus luxuria imponit
specie liberalitatis :
iste sciet perdere,
nesciet donare.
Volvit nunc animo
stupra et comessationes
et cœtus feminarum :
putat hæc
præmia principatus,
quorum libido et voluptas
sit penes ipsum,
rubor et dedecus
penes omnes;
nemo enim
exercuit unquam
artibus bonis
imperium acquisitum flagitio.
Consensus generis humani
dixit Galbam Cæsarem,
Galba me
vobis consentientibus.
Si res publica
et senatus et populus
sunt vacua nomina,
interest vestra, commilitones,
ne pessimi faciant
imperatorem.
Seditio legionum
adversus suos duces

XXX. Je *ne* m'arrogerai
rien (aucune supériorité)
de noblesse ou de modération ;
ni en-effet il *n*'est besoin
d'un exposé de vertus   [Othon.
dans une comparaison de (avec)
Les vices,
desquels seuls il se-glorifie,
ont renversé l'empire,
même lorsqu'il faisait
l'ami de l'empereur.
Mériterait-il l'empire
par *son* maintien et *sa* démarche
ou par cette parure féminine ?
Ils se trompent
ceux auxquels *son* luxe *en* impose
par une apparence de libéralité :
celui-là saura perdre,
il ne-saura-pas donner.
Il roule maintenant dans *son* esprit,
amours-infâmes et parties-de-dé-
et réunions de femmes : [bauches
il pense ces choses *être*
les avantages du principat,
desquels la fantaisie et le plaisir
serait (seraient) à lui-même (à lui
la honte et l'opprobre   [seul),
seraient à tous;
personne en-effet
n'a exercé jamais
par des moyens honorables
un empire acquis par le scandale.
Le consentement du genre humain
a nommé Galba César,
Galba m'*a nommé César*
vous *y* consentant.
Si la république
et le sénat et le peuple
sont de vains noms,   [d'armes,
il importe à vous, compagnons-
que les-plus-mauvais ne fassent pas
un empereur.
Une sédition des légions
contre leurs chefs

aliquando : vestra fides famaque illæsa ad hunc diem mansit. Et Nero quoque vos destituit[1], non vos Neronem. Minus triginta transfugæ et desertores, quos centurionem aut tribunum sibi eligentes nemo ferret, imperium assignabunt? Admittitis exemplum? et quiescendo commune crimen facitis? Transcendet hæc licentia in provincias, et ad nos scelerum exitus, bellorum ad vos pertinebunt. Nec est plus quod pro cæde principis quam quod innocentibus datur, sed perinde a nobis donativum ob fidem quam ab aliis pro facinore accipietis. »

XXXI. Dilapsis speculatoribus, cetera cohors non aspernata contionantem, ut turbidis rebus evenit, forte magis et nullo adhuc consilio rapit signa, *quam* quod postea creditum est, insidiis et simulatione. Missus et Celsus Marius ad electos Illyrici exercitus, Vipsania in porticu [2] tenden-

honneur sont encore sans reproche. Néron lui-même vous manqua le premier, et non vous à Néron. Quoi! une trentaine au plus de déserteurs et de transfuges, qu'on ne verrait pas sans indignation se choisir un centurion ou un tribun, disposeront de l'empire! Et vous autoriserez cet exemple et en souffrant ce crime vous en ferez le vôtre! Cette licence, croyez-moi, passera dans les provinces ; et, si c'est à nos périls que se trament les complots, c'est aux vôtres que se feront les guerres. Rien de plus cependant ne vous est promis pour tuer un prince que pour rester innocents. Vous recevrez de nous le don militaire comme prix de la fidélité, aussi bien que des rebelles comme salaire du crime. »

XXXI. Ceux qu'on nomme *spéculateurs*, s'étant dispersés, le reste de la cohorte l'entendit sans murmurer et leva ses enseignes ; ce fut sans doute, comme il arrive dans les alarmes subites un premier mouvement où il n'entrait encore aucun dessein : on a cru depuis que c'était une feinte et une trahison. Marius Celsus fut envoyé vers le détachement de l'armée d'Illyrie qui avait son quartier sous le portique Vipsanien. L'ordre fut donné aux primi-

est audita aliquando :
vestra fides famaque
mansit ad hunc diem
illæsa.
Et Nero quoque
vos destituit,
non vos Neronem.
Minus triginta
transfugæ et desertores,
quos nemo ferret
eligentes sibi
centurionem aut tribunum,
assignabunt imperium?
Admittitis exemplum?
et facitis quiescendo
crimen commune?
Hæc licentia transcendet
in provincias,
et exitus scelerum
pertinebunt ad nos,
bellorum ad vos.
Nec quod datur
pro cæde principis
est plus quam
quod innocentibus,
sed accipietis a nobis
donativum ob fidem
perinde quam ab aliis
pro facinore.
XXXI. Speculatoribus
dilapsis,
cetera cohors
non aspernata contionantem
rapit signa forte
et nullo consilio adhuc,
ut evenit rebus turbidis,
magis quam insidiis
et simulatione,
quod est creditum postea.
Et Celsus Marius
missus ad electos
exercitus Illyrici,
tendentes
in porticu Vipsania ;

a été entendue (citée) quelquefois :
votre fidélité et *votre* réputation
est restée (sont restées) jusqu'à ce
intacte (intactes). [jour
Et Néron même
vous abandonna,
et non vous Néron.
Moins *de* trente
transfuges et déserteurs,
que personne ne supporterait
élisant pour soi
un centurion ou un tribun,
assigneront-ils l'empire,
Admettez-vous un *tel* exemple ?
et faites-vous en restant-en-repos
le crime commun *à vous-mêmes ?*
Cette licence passera
dans les provinces,
et les issues des crimes
aboutiront à nous,
celles des guerres à vous.
Ni *ce* qui est donné
pour le meurtre d'un prince
*n'*est plus que
ce qui *sera donné* à *vous* innocents,
mais vous recevrez de nous
un don pour *votre* fidélité
de-même-que des autres
pour un crime.
XXXI. Les spéculateurs
s'-étant dispersés
le reste de la cohorte [guant
n'ayant pas dédaigné *lui* haran-
enlève les enseignes par hasard
et sans aucun dessein encore,
comme il arrive dans les choses
plutôt que par embûches [troublées,
et feinte,
ce qui fut cru dans-la-suite.
Celsus Marius aussi
fut envoyé vers les *soldats* détachés
de l'armée illyrique,
campant
dans le portique Vipsanien ;

tes; præceptum Amulio Sereno et Domitio Sabino primipilaribus [1] ut Germanicos milites e Libertatis atrio [2] arcesserent. Legioni classicæ diffidebatur, infestæ ob cædem commilitonum, quos primo statim introitu trucidaverat Galba. Pergunt etiam in castra prætorianorum tribuni Cetrius Severus, Subrius Dexter, Pompeius Longinus, si incipiens adhuc et necdum adulta seditio melioribus consiliis flecteretur. Tribunorum Subrium et Cetrium adorti milites minis, Longinum manibus coercent exarmantque, quia non ordine militiæ, sed e Galbæ amicis, fidus principi suo et desciscentibus suspectior erat. Legio classica nihil cunctata prætorianis adjungitur; Illyrici exercitus electi Celsum infestis pilis proturbant. Germanica vexilla [3] diu nutavere, invalidis adhuc corporibus et placatis animis, quod

pilaires Amulius Sérénus et Domitius Sabinus d'amener du temple de la Liberté les soldats de Germanie : on ne se fiait pas à ceux de la légion de marine, aigris par le massacre qu'avait fait Galba de leurs camarades à son entrée dans Rome. Enfin les tribuns Cétrius Sévérus, Subrius Dexter, Pompéius Longinus, allèrent au camp même des prétoriens pour essayer si la sédition naissante et qui n'avait pu grandir encore ne céderait pas à de meilleurs conseils. Les deux premiers n'essuyèrent que des menaces ; quant à Longinus, les soldats le saisirent à main forte et le désarmèrent parce qu'élevé au grade de tribun avant son rang et par l'amitié de Galba, il était fidèle à son prince, et à ce titre suspect aux rebelles. La légion de marine court sans hésiter se joindre aux prétoriens. Le détachement d'Illyrie chasse Celsus à coups de traits. Les soldats de Germanie balancèrent longtemps : rappelés brusquement d'Alexandrie, où Néron les avait envoyés pour l'y atten-

præceptum primipilaribus	il *fut* enjoint aux primipilaires
Amulio Sereno	Amulius Sérénus
et Domitio Sabino	et Domitius Sabinus
ut arcesserent	qu'ils fissent-venir
ex atrio Libertatis	du portique de la Liberté
milites Germanicos.	les soldats germaniques.
Diffidebatur legioni classicæ,	On se-défiait de la légion marine,
infestæ ob cædem	ennemie à-cause du massacre
commilitonum,	de *ses* compagnons-d'-armes,
quos Galba trucidaverat	que Galba avait égorgés [trée.
statim primo introitu.	aussitôt *sa* première (dès son) en-
Tribuni prætorianorum	Les tribuns des prétoriens
Cetrius Severus,	Cétrius Sévérus,
Subrius Dexter,	Subrius Dexter,
Pompeius Longinus,	Pompéius Longinus,
pergunt etiam in castra,	se-rendent aussi dans le camp,
si seditio	*pour voir* si la sédition
incipiens adhuc	commençant encore
et necdum adulta	et non-encore grandie
flecteretur	serait fléchie
melioribus consiliis.	par de meilleurs conseils.
Milites adorti	Les soldats ayant abordé
minis	avec menaces
Subrium et Cetrium	Subrius et Cétrius
tribunorum,	d'entre les tribuns,
coercent manibus Longinum	retiennent de *leurs* mains Longinus
exarmantque,	et *le* désarment, [service,
quia non ordine militiæ,	parce-que *tribun* non par ordre de
sed ex amicis	mais *comme étant* des amis
Galbæ,	de Galba,
erat fidus suo principi	il était fidèle à son prince
et suspectior	et-par-suite plus suspect
desciscentibus.	aux rebelles.
Legio classica	La légion marine
cunctata nihil	*n*'ayant hésité en rien
adjungitur prætorianis;	se joint aux prétoriens; [lyrique
electi exercitus Illyrici	les *soldats* détachés de l'armée il-
proturbant Celsum	chassent Celsus
pilis infestis.	avec des javelots ennemis.
Vexilla	Les enseignes (les détachements)
Germanica	germaniques
nutavere diu,	chancelèrent longtemps,
corporibus adhuc invalidis	les corps *étant* encore faibles,
et animis placatis,	et les esprits étant calmés,

eos a Nerone Alexandriam præmissos atque inde reversos longa navigatione ægros impensiore cura Galba refovebat.

XXXII. Universa jam plebs Palatium implebat, mixtis servitiis et dissono clamore cædem Othonis et conjuratorum exitium poscentium, ut si in circo aut theatro ludicrum aliquod postularent : neque illis judicium aut veritas, quippe eodem die diversa pari certamine postulaturis, sed tradito more quemcumque principem adulandi licentia acclamationum et studiis inanibus.

Interim Galbam duæ sententiæ distinebant : Titus Vinius manendum intra domum, opponenda servitia, firmandos aditus, non eundum ad iratos censebat : daret malorum pænitentiæ, daret bonorum consensui spatium. Scelera impetu, bona consilia mora valescere. Denique eundi ultro,

dre, leurs corps épuisés par cette longue navigation n'avaient pas encore recouvré leurs forces, et les soins empressés de Galba pour les refaire avaient calmé leurs esprits.

XXXII. Déjà le peuple entier, pêle-mêle avec les esclaves, remplissait le palais, demandant par des cris confus la mort d'Othon et le supplice des conjurés, comme ils auraient demandé au cirque ou au théâtre un spectacle de leur goût. Et ce n'était chez eux ni choix ni conviction (ils allaient, avant la fin du jour, exprimer avec la même chaleur des vœux tout opposés); mais ils suivaient l'usage reçu de flatter indistinctement tous les princes par des acclamations effrénées et de vains empressements.

Galba cependant flottait entre deux avis. Celui de Vinius était « de rester au palais, d'y armer les esclaves, d'en fortifier les avenues, de ne pas affronter des courages irrités ». Il voulait « qu'on laissât du temps au repentir des méchants, au concert des bons. Le crime a besoin de se hâter; la sagesse prépare lentement ses triomphes. Enfin, si, plus tard, il faut se hasarder, on le pourra

quod Galba refovebat
cura impensiore
eos ægros longa navigatione,
præmissos
Alexandriam a Nerone
atque reversos inde.
XXXII. Jam plebs universa
implebat Palatium,
servitiis mixtis
et clamore dissono
poscentium
cædem Othonis
et exitium conjuratorum,
ut si postularent
in circo aut theatro
aliquod ludicrum :
neque judicium aut veritas illis,
quippe postulaturis
diversa eodem die
pari certamine,
sed more tradito
adulandi principem
quemcumque
licentia acclamationum
et inanibus studiis.
Interim duæ sententiæ
distinebant Galbam :
Titus Vinius censebat
manendum intra domum,
servitia
opponenda,
aditus firmandos,
non eundum
ad iratos :
daret spatium
pænitentiæ malorum,
daret
consensui bonorum :
scelera valescere impetu,
bona consilia mora,
Denique eandem facultatem
eundi
ultro

parce-que Galba ranimait
avec un soin plus-appliqué [tion,
eux épuisés par une longue naviga-
ayant été envoyés-en-avant
à Alexandrie par Néron
et étant revenus de-là.
XXXII. Déjà le peuple tout-entier
remplissait le palais,
des esclaves *y* étant mêlés
et (ainsi que) le cri confus
de ceux qui demandaient
le meurtre d'Othon
et la perte des conjurés,
comme s'ils réclamaient
au cirque ou au théâtre
quelque jeu :
ni discernement ou sincérité
n'était à eux,
en-effet devant réclamer
des choses contraires le même jour
avec une égale ardeur,
mais la coutume étant transmise
de flatter un prince
quelconque
par la licence des acclamations
et de vains empressements.
Cependant deux avis
tenaient-en-sens-contraire Galba :
Titus Vinius était-d'-avis [palais,
devoir être resté dans-l'intérieur du
les esclaves
devoir être opposés *aux rebelles*,
les avenues devoir être fortifiées
ne devoir pas être marché
contre des gens irrités :
qu'il donnât du temps
au repentir des méchants,
qu'il *en* donnât
à l'accord des bons : [tuosité,
les crimes se-fortifier par l'impé-
les bons conseils par le délai.
Enfin la même possibilité
d'aller [ve
de-soi-même (de prendre l'offensi

si ratio sit, eandem mox facultatem, regressum, si pœniteat, in aliena potestate.

XXXIII. Festinandum ceteris videbatur, antequam cresceret invalida adhuc conjuratio paucorum : trepidaturum etiam Othonem, qui furtim digressus, ad ignaros [1] illatus, cunctatione nunc et segnitia terentium tempus imitari principem discat. Non exspectandum, ut compositis castris forum invadat et prospectante Galba Capitolium adeat, dum egregius imperator cum fortibus amicis janua ac limine tenus domum cludit, obsidionem nimirum toleraturus. Et præclarum in servis auxilium, si consensus tantæ multitudinis et, quæ plurimum valet, prima indignatio elanguescat. Proinde intuta, quæ indecora; vel si cadere necesse sit, occurrendum discrimini : id Othoni invidiosius

toujours; mais le retour, si l'on s'est trop engagé, c'est d'autrui qu'il dépend »

XXXIII. D'autres pensaient, « qu'il fallait agir avant de laisser prendre des forces à cette conjuration faible encore et peu nombreuse; que l'épouvante saisirait même Othon, qui furtivement échappé du temple, porté dans le camp vers des soldats dont il n'était pas connu, profitait maintenant, pour étudier le rôle d'empereur, de tout le temps perdu dans ces lâches délais. Attendrait-on que, maître paisible du camp, il envahit le Forum et montât au Capitole, à la vue de Galba, tandis que ce grand capitaine, retranché avec ses intrépides amis derrière la porte de son palais, se préparerait sans doute à y soutenir un siège? Quel merveilleux secours on tirerait des esclaves, si l'ardeur d'une immense multitude et sa première indignation toujours si redoutable venaient à languir et s'éteindre! Oui, le parti le plus honteux était aussi le moins sûr; et, fallût-il tomber, il était beau de braver le péril : Othon

mox,	devoir être plus tard,
si ratio sit,	si raison en était,
regressum, si pæniteat,	le retour, si on se-repentait,
in potestate aliena.	être au pouvoir d'-autrui.
XXXIII. Vidébatur ceteris festinandum,	XXXIII. Il paraissait aux autres être à se-hâter,
antequam	avant-que
conjuratio paucorum	la conjuration d'un petit-nombre
adhuc invalida	encore faible
cresceret :	grandît :
Othonem etiam trepidaturum,	Othon même devoir se-troubler,
qui digressus furtim,	lui qui sorti furtivement,
illatus	porté [saient-pas,
ad ignaros,	vers des soldats qui-ne-le connais-
discat nunc	apprend maintenant
imitari principem	à imiter (faire) le prince
cunctatione et segnitia	par l'hésitation et la nonchalance
terentium tempus.	de ceux perdant le temps.
Non exspectandum	N'être pas à attendre
ut castris compositis	que le camp ayant été calmé
invadat forum	il se-jette-sur le forum
et adeat Capitolium	et aille au Capitole
Galba prospectante,	Galba regardant,
dum egregius imperator	tandis-que remarquable général
cludit domum	il (Galba) ferme sa maison
tenus janua ac limine	jusqu'à la porte et au seuil
cum amicis fortibus,	avec ses amis courageux,
toleraturus nimirum obsidionem.	devant soutenir sans-doute un siège.
Et præclarum auxilium in servis,	Et un beau secours devoir être dans les esclaves,
si consensus	si l'accord
tantæ multitudinis	d'une si-grande multitude
et prima indignatio	et la première indignation
quæ valet plurimum	qui est-forte le-plus
elanguescat.	venait-(venaient) à-languir.
Proinde	Ainsi-donc
quæ indecora	les choses qui étaient honteuses
intuta ;	être non-sûres ;
vel si sit necesse cadere,	ou s'il est nécessaire de tomber,
occurrendum discrimini :	être à courir-au-devant du péril :
id	cela
invidiosius	être plus-propre-à-exciter-la-haine
Othoni	contre Othon

et ipsis honestum. Repugnantem huic sententiæ Vinium Laco minaciter invasit, stimulante Icelo privati odii pertinacia in publicum exitium.

XXXIV. Nec diutius Galba cunctatus speciosiora suadentibus accessit. Præmissus tamen in castra Piso, ut juvenis magno nomine, recenti favore et infensus Tito Vinio, seu quia erat, seu quia irati ita volebant; et facilius de odio creditur. Vixdum egresso Pisone occisum in castris Othonem vagus primum et incertus rumor; mox, ut in magnis mendaciis, interfuisse se quidam et vidisse affirmabant, credula fama inter gaudentes et incuriosos. Multi arbitrabantur compositum auctumque rumorem mixtis jam Othonianis, qui ad evocandum Galbam læta falso vulgaverint.

XXXV. Tum vero non populus tantum et imperita plebs

---

en serait plus haï, eux-mêmes plus honorés. » Vinius combattait cet avis; Lacon l'assaillit de menaces, et Icélus animait Lacon : lutte opiniâtre entre des haines privées qui tournait à la ruine publique.

XXXIV. Galba, sans balancer davantage, se rangea du côté qui promettait le plus d'honneur. Toutefois il fut décidé que Pison le précéderait dans le camp : on comptait sur le grand nom de ce jeune homme et sur sa popularité toute nouvelle encore; on le choisissait aussi comme ennemi de Vinius, soit qu'il le fût en effet, ou que ceux qui l'étaient eux-mêmes le désirassent ainsi ; or dans le doute, c'est la haine qui se présume. A peine était-il sorti qu'on annonce qu'Othon vient d'être tué dans le camp. Ce n'était d'abord qu'un bruit vague et incertain; bientôt, comme il arrive dans les grandes impostures, des hommes affirment qu'ils étaient présents, qu'ils ont vu; et la nouvelle est accueillie avec toute la crédulité de la joie ou de l'indifférence. Plusieurs ont pensé que cette fable avait été inventée et répandue par des amis d'Othon, mêlés d'avance à la foule, et qui, pour attirer Galba hors du palais, l'avaient flatté d'une agréable erreur.

XXXV. Au reste, ce ne furent pas seulement les applaudisse-

et honestum ipsis.
Laco invasit minaciter
Vinium repugnantem
huic sententiæ,
Icelo stimulante
pertinacia odii privati
in exitium publicum.
 XXXIV. Nec Galba cunctatus diutius
accessit suadentibus
speciosiora.
Piso tamen
præmissus
in castra,
ut juvenis
magno nomine
favore recenti
et infensus Tito Vinio,
seu quia erat,
seu quia irati,
volebant ita;
et creditur facilius
de odio.
Pisone vixdum egresso
primum rumor
vagus et incertus
Othonem occisum in castris ;
mox, ut
in magnis mendaciis,
quidam affirmabant
se interfuisse et vidisse,
fama credula
inter gaudentes
et incuriosos.
Multi arbitrabantur
rumorem compositum
auctumque Othonianis
mixtis jam,
qui vulgaverint falso
læta
ad evocandum Galbam.
 XXXV. Tum vero
non tantum populus
et plebs imperita

et honorable pour eux-mêmes.
Lacon se-jeta avec-menaces
sur Vinius s'-opposant
à cet avis,
Icélus l'excitant
par l'opiniâtreté d'une haine privée
à la ruine publique.   [sité
 XXXIV. Et Galba n'ayant pas hé-plus-longtemps   [laient
se-rangea-vers ceux qui conseil-
des choses plus honorables.
Pison cependant
fut envoyé-en-avant
dans le camp,
comme étant un jeune-homme
d'un grand nom
d'une faveur récente
en-outre hostile à Titus Vinius,
soit parce-qu'il était irrité, [rités
soit parce-que ceux qui étaient ir-
le voulaient ainsi ;
et on croit plus facilement
au-sujet-de la haine.
Pison étant sorti à-peine
d'abord un bruit se répand
vague et incertain,
Othon avoir été tué dans le camp;
puis, comme il arrive
dans les grandes impostures,
quelques-uns affirmaient
soi avoir assisté et avoir vu,
la renommée étant crédule
parmi des gens qui se-réjouissent
et des gens indifférents.
Beaucoup pensaient dans la suite
ce bruit avoir été inventé
et grossi par des Othoniens
étant mêlés déjà à la foule,
lesquels répandirent faussement
des nouvelles heureuses
pour appeler-au-dehors Galba.
 XXXV. Mais alors
non seulement le peuple
et la multitude ignorante

in plausus et immodica studia, sed equitum plerique ac senatorum, posito metu incauti, refractis Palatii foribus ruere intus ac se Galbæ ostentare, præreptam sibi ultionem querentes; ignavissimus quisque et, ut res docuit, in periculo non ausurus nimii verbis, linguæ feroces [1] : nemo scire et omnes affirmare, donec inopia veri et consensu errantium victus, sumpto thorace, Galba irruenti turbæ neque ætate neque corpore sistens sella levaretur [2]. Obvius in Palatio Julius Atticus speculator cruentum gladium ostentans occisum a se Othonem exclamavit; et Galba : « Commilito, inquit, quis jussit? » insigni animo ad coercendam militarem licentiam, minantibus intrepidus, adversus blandientes incorruptus.

ments du peuple et les transports immodérés d'une aveugle multitude qui éclatèrent alors. La plupart des chevaliers et des sénateurs, passant de la crainte à l'imprudence, brisent les portes du palais, se précipitent au dedans, et courent se faire voir de Galba, en se plaignant qu'on leur ait dérobé l'honneur de le venger. Les plus lâches, les moins capables, comme l'effet le prouva, de rien oser en face du péril, étaient pleins de jactance, intrépides en paroles. Personne ne savait rien; tout le monde affirmait. Enfin, dans l'impuissance de connaître la vérité, vaincu par cette unanimité d'erreur, Galba prend sa cuirasse; et, comme il n'était ni d'âge ni de force à soutenir les flots impétueux de la multitude, il se fait porter en litière. Il était encore dans le palais, quand un soldat de la garde, Julius Atticus, vint à sa rencontre, et, lui montrant son épée toute sanglante, s'écria qu'il venait de tuer Othon : « Camarade, dit Galba, qui te l'a commandé? » vigueur singulière d'un chef attentif à réprimer la licence militaire, et qui ne se laissait pas plus corrompre à la flatterie qu'effrayer par les menaces.

in plausus	*se-jeter* dans des applaudissements
et studia	et des empressements
immodica,	immodérés,
sed plerique	mais la plupart
equitum ac senatorum,	des chevaliers et des sénateurs,
incauti	*devenus* imprudents
metu posito,	*leur* crainte ayant été déposée,
foribus Palatii	les portes du palais
refractis	ayant été brisées
ruere intus,	se-jeter à-l'intérieur
ac se ostentare	et se montrer-avec-affectation
Galbæ,	à Galba,
querentes ultionem	se-plaignant la vengeance
præreptam sibi,	*avoir été* ravie-d'-avance à soi,
quisque ignavissimus	chacun très-lâche
et, ut res docuit,	et, comme l'événement *le* montra,
non ausurus in periculo	ne devant pas oser dans le péril,
nimii verbis,	exagéré en parole,
feroces linguæ :	belliqueux en langage :
nemo scire	personne ne-savoir *rien*
et omnes affirmare,	et tous assurer,
donec Galba	jusqu'à-ce-que Galba
inopia veri	par le manque de la vérité
et victus consensu	et vaincu par l'accord
errantium,	de *ceux* qui se-trompaient,
thorace sumpto,	*sa* cuirasse ayant été prise,
levaretur sella,	fut emporté dans une litière,
sistens neque ætate	ne-pouvant-résister ni par *son* âge
neque corpore	ni par *son* corps
turbæ irruenti.	à la foule se-précipitant.
Speculator Julius Atticus	Le spéculateur Julius Atticus
obvius in Palatio	se-présentant *à lui* dans le palais
ostentans gladium cruentum,	montrant une épée sanglante
exclamavit	s'-écria
Othonem occisum a se;	Othon *avoir-été* tué par lui-même ;
et Galba :	et Galba :
« Commilito, inquit,	« Compagnon-d'armes, dit-il,
quis jussit? »	qui *l'*a ordonné? » [remarquable
animo insigni	*étant* (car il était) d'un courage
ad licentiam militarem	pour la licence militaire
coercendam,	devant être réprimée, [çaient
intrepidus minantibus,	intrépide contre *ceux* qui mena-
incorruptus	incorruptible
adversus blandientes.	à-l'égard-de *ceux* qui flattaient.

XXXVI. Haud dubiæ jam in castris omnium mentes tantusque ardor, ut non contenti agmine et corporibus in suggestu [1], in quo paulo ante aurea Galbæ statua fuerat, medium inter signa Othonem vexillis circumdarent. Nec tribunis aut centurionibus adeundi locus : gregarius miles caveri insuper præpositos jubebat. Strepere cuncta clamoribus et tumultu et exhortatione mutua, non tanquam in populo ac plebe, variis segni adulatione vocibus, sed ut quemque affluentium militum aspexerant, prensare manibus, complecti armis [2], collocare juxta [3], præire sacramentum, modo imperatorem militibus, modo milites imperatori commendare. Nec deerat Otho protendens manus adorare vulgus, jacere oscula et omnia serviliter pro dominatione. Postquam universa classicorum legio sacra-

XXXVI. Dans le camp, les sentiments n'étaient plus douteux ni partagés. L'ardeur était si grande pour Othon que les soldats, non contents de se presser autour de lui et de l'entourer de leurs corps, l'élevèrent sur le tribunal où peu auparavant était la statue d'or de Galba, l'y placèrent à côté des aigles, et l'environnèrent de leurs drapeaux. Ni tribuns ni centurions ne pouvaient approcher de ce lieu. Les simples soldats s'avertissaient même l'un l'autre de se défier des chefs. Tout retentissait de cris tumultueux, d'exhortations mutuelles ; et ce n'étaient pas, comme parmi le peuple et la multitude, les clameurs diverses d'une oisive adulation : à mesure qu'ils voient un nouveau compagnon accourir du dehors, c'est à qui lui prendra les mains, l'embrassera de ses armes, le placera près de soi, lui dictant le serment, et recommandant tour à tour l'empereur aux soldats, les soldats à l'empereur. Othon de son côté, tendant les mains vers la foule, saluait respectueusement, envoyait des baisers, faisait, pour devenir maître, toutes les bassesses d'un esclave. Quand toute la légion de marine lui eut prêté ser-

HISTOIRES, LIVRE I.

XXXVI. Mentes omnium	XXXVI. Les intentions de tous
haud jam dubiæ	n'*étaient* plus douteuses
in castris	dans le camp
ardorque tantus,	et l'ardeur *était* si-grande,
ut non contenti	que non contents [*leurs* corps
agmine et corporibus	de (l'entourer) de *leur* troupe et de
circumdarent vexillis	ils entouraient d'étendards
Othonem medium inter signa	Othon placé-au-milieu entre les
in suggestu,	sur le tribunal, [enseignes
in quo fuerat paulo ante	sur lequel avait été peu avant
statua aurea Galbæ.	la statue d'-or de Galba.
Nec locus adeundi	Ni moyen d'approcher [rions :
tribunis aut centurionibus :	n'*était* aux tribuns ou aux centu-
gregarius miles	le simple soldat
jubebat insuper	ordonnait en-outre
præpositos caveri.	les chefs être tenus-en-défiance.
Cuncta strepere	Tout retentir
clamoribus et tumultu	de cris et de tumulte
et exhortatione mutua,	et d'exhortation mutuelle,
non tanquam in populo	non comme dans le peuple
ac plebe,	et la multitude,
vocibus variis	de paroles variées
segni adulatione,	par une basse adulation,
sed ut aspexerant	mais-à-mesure-qu'ils avaient aperçu
quemque militum affluentium,	chacun des soldats accourant,
prensare manibus,	de *le* saisir de *ses* mains
complecti armis,	de *l'*embrasser avec *ses* armes,
collocare juxta	de le placer près-de *soi* [répéter)
præire	de prononcer-avant *lui* (de lui faire
sacramentum,	le serment,
commendare modo	de recommander tantôt
imperatorem militibus,	l'empereur aux soldats,
modo milites imperatori.	tantôt les soldats à l'empereur.
Nec Otho deerat,	Ni Othon ne manquait,
protendens manus	tendant-en-avant les mains
adorare vulgus,	*de* vénérer-la multitude,
jacere oscula,	*d'*envoyer des baisers,
et omnia serviliter	et *de faire* tout servilement
pro dominatione.	pour la domination.
Postquam legio universa	Après-que la légion tout-entière
classicorum	des soldats-de-marine
accepit	eut accepté (eut consenti)
sacramentum	le serment (au serment)
ejus,	de lui (prêté en son nom),

mentum ejus accepit, fidens viribus, et quos adhuc singulos exstimulaverat, accendendos in commune ratus pro vallo castrorum ita cœpit :

XXXVII. « Quis ad vos processerim, commilitones, dicere non possum, quia nec privatum me vocare sustineo princeps a vobis nominatus, nec principem alio imperante. Vestrum quoque nomen in incerto erit, donec dubitabitur, imperatorem populi Romani in castris an hostem habeatis. Auditisne ut pœna mea et supplicium vestrum simul postulentur ? Adeo manifestum est neque perire nos neque salvos esse nisi una posse ; et cujus lenitatis est Galba, jam fortasse promisit, ut qui nullo poscente tot millia innocentissimorum militum[1] trucidaverit. Horror animum subit, quotiens recordor feralem introitum et hanc solam Galbæ victoriam, cum in oculis urbis decumari deditos juberet, quos deprecantes in fidem acceperat.

ment, il prit confiance en ses forces, et, croyant qu'il était bon d'enflammer en commun ceux qu'il n'avait encore animés qu'en particulier, il les harangue ainsi devant les retranchements :

XXXVII. « Qui suis-je au moment où je parais devant vous, braves compagnons ? je ne saurais le dire. M'appeler homme privé, je ne le dois pas, nommé prince par vous ; prince, je ne le puis, un autre ayant le pouvoir. Votre nom à vous-mêmes sera contesté, tant qu'on doutera si c'est le chef ou l'ennemi de l'empire que vous avez dans votre camp. Entendez-vous comme on demande à la fois mon châtiment et votre supplice ? Tant il est vrai que nous ne pouvons ni périr ni être sauvés qu'ensemble. Et Galba, peut-être, avec l'humanité que vous lui connaissez, a déjà promis notre mort ; n'a-t-il pas, sans que personne lui demandât ce crime, égorgé par milliers des soldats innocents ? Mon âme frémit d'horreur en se retraçant la funèbre image de son entrée, et cette journée de carnage, la seule victoire de Galba, où sous les yeux de Rome il faisait décimer des suppliants qu'il avait reçus en grâce. Entré

fidens viribus,
et ratus
quos exstimulaverat adhuc singulos,
accendendos in commune
cœpit ita
pro vallo castrorum :
XXXVII. « Non possum
dicere, commilitones,
quis processerim ad vos,
quia nominatus princeps
a vobis
sustineo nec vocare me
privatum,
nec principem alio imperante.
Vestrum nomen quoque
erit in incerto,
donec dubitabitur,
habeatis in castris
hostem an imperatorem
populi Romani.
Auditisne ut mea pœna
et vestrum supplicium
postulentur simul?
Adeo est manifestum
nos posse neque perire,
neque esse salvos
nisi una;
et Galba,
lenitatis cujus est
promisit fortasse jam,
ut qui
nullo poscente
trucidaverit tot millia
militum innocentissimorum.
Horror subit animum,
quotiens recordor
introitum feralem
et hanc solam victoriam Galbæ,
cum juberet
deditos,
quos deprecantes acceperat
in fidem,
decumari in oculis urbis.

confiant en *ses* forces,
et ayant pensé
ceux qu'il avait excités jusque-là les-uns-après-les-autres,
devoir être enflammés en commun
il commença ainsi
devant le retranchement du camp :
XXXVII. « Je ne puis
dire, compagnons-d'armes,
quel je suis venu vers vous,
parce-que nommé prince
par vous
je n'ose ni appeler moi simple-particulier,
ni prince un autre commandant.
Votre nom même
sera dans l'incertitude,
tant-qu'il sera douté
si vous avez dans *votre* camp
l'ennemi ou l'empereur
du peuple romain. [ment
Entendez-vous comme mon châti-
et votre supplice
sont demandés en-même-temps?
Tant il est manifeste
nous *ne* pouvoir ni périr,
ni être saufs
sinon ensemble;
et Galba,
de la douceur dont il est,
a promis *cela* peut-être déjà,
en *homme* qui
personne ne *le* demandant,
a égorgé tant de milliers
de soldats très-innocents.
L'horreur pénètre *mon* âme,
toutes-les-fois-que je me-rappelle
cette entrée funèbre
et cette seule victoire de Galba,
lorsqu'il ordonnait
des *gens* qui s'-étaient rendus
lesquels suppliant il avait reçus
en soumission, [ville.
être décimés sous les yeux de la

His auspiciis urbem ingressus, quam gloriam ad principatum attulit nisi occisi Obultronii Sabini et Cornelii Marcelli in Hispania, Betui Chilonis in Gallia, Fontei Capitonis in Germania, Clodii Macri in Africa, Cingonii in via, Turpiliani in urbe, Nymphidi in castris? Quæ usquam provincia, quæ castra sunt nisi cruenta et maculata aut, ut ipse prædicat, emendata et correcta? nam quæ alii scelera, hic remedia vocat, dum falsis nominibus severitatem pro sævitia, parcimoniam pro avaritia, supplicia et contumelias vestras disciplinam appellat. Septem a Neronis fine menses[1] sunt et jam plus rapuit Icelus quam quod Polycliti et Vatinii et Ægialii petierunt[2]. Minore avaritia ac licentia grassatus esset T. Vinius, si ipse imperasset; nunc et subjectos nos habuit tanquam suos et viles ut alienos. Una illa domus suf-

sous de tels auspices, quelle gloire a-t-il apportée au trône impérial, que celle d'avoir tué Obultronius Sabinus et Cornélius Marcellus en Espagne, Bétuus Chilon en Gaule, Fontéius Capiton en Germanie, Clodius Macer en Afrique, Cingonius sur la route, Turpilianus dans la ville, Nymphidius dans le camp? Quelle province, quelle armée n'est sanglante de sa cruauté, souillée de sa honte, ou, s'il faut l'en croire, épurée, corrigée par ses réformes? Car ce qui est crime pour d'autres est remède à ses yeux; corrupteur du langage qui appelle sévérité la barbarie, économie l'avarice, discipline vos supplices et votre humiliation. Sept mois sont à peine écoulés depuis la fin de Néron, et déjà Icélus a plus ravi de trésors que les Polyclète, les Vatinius, les Égialius n'en ont sollicité. La tyrannie de Vinius aurait été moins avide et moins capricieuse, s'il eût régné lui-même; régnant en sous-ordre, il a usé de nous comme de sa chose, abusé comme de celle d'autrui. La seule fortune de

Ingressus urbem	Entré dans la ville
his auspiciis,	sous ces auspices
quam gloriam attulit	quelle gloire a-t-il apportée
ad principatum	au principat
nisi Obultronii Sabini	sinon *celle* d'Obultronius Sabinus
et Cornelii Marcelli	et de Cornélius Marcellus
occisi in Hispania,	tué (tués) en Espagne,
Betui Chilonis in Gallia,	de Bétuus Chilon *tué* en Gaule,
Fontei Capitonis	de Fontéius Capiton
in Germania,	*tué* en Germanie,
Clodii Macri in Africa,	de Clodius Macer *tué* en Afrique,
Cingonii in via,	de Cingonius tué sur la route,
Turpiliani in urbe,	de Turpilianus *tué* dans la ville,
Nymphidi in castris?	de Nymphidius tué dans le camp?
Quæ provincia usquam,	Quelle province quelque-part,
quæ castra sunt	quel camp est
nisi cruenta et maculata,	sinon ensanglanté et souillé,
aut, ut ipse	ou, comme lui-même
prædicat,	*le* dit-hautement
emendata et correcta?	épuré et corrigé?
Nam hic vocat remedia,	Car celui-ci appelle remèdes,
quæ alii scelera,	*ce* que les autres *appellent* crimes,
dum falsis nominibus	tandis-que par de faux noms
appellat severitatem	il nomme la sévérité
pro sævitia,	au-lieu-de la cruauté,
parcimoniam pro avaritia,	l'économie au-lieu-de l'avarice,
supplicia	*vos* supplices
et vestras contumelias	et vos affronts
disciplinam.	discipline.
Septem menses sunt	Sept mois sont
a fine Neronis,	depuis la fin de Néron,
et jam Icelus rapuit plus	et déjà Icélus a ravi plus
quam quod Polycliti	que *ce* que les Polyclète
et Vatinii et Ægialii	et les Vatinius et les Égialius
petierunt.	ont sollicité.
Titus Vinius esset grassatus	Titus Vinius aurait procédé [dre,
avaritia ac licentia minore,	avec une avarice et une licence moins-
si imperasset ipse;	s'il avait commandé lui-même;
nunc habuit nos	maintenant il a traité nous [lui)
et subjectos ut suos	et *en* sujets comme siens (étant à
et viles	et *en gens* de-nul-prix
ut	comme
alienos.	étrangers (ne lui appartenant pas).
Illa domus una	Cette maison seule

ficit donativo, quod vobis nunquam datur et quotidie exprobratur.

XXXVIII. « Ac ne qua saltem in successore Galbæ spes esset, arcessivit ab exilio quem tristitia et avaritia sui simillimum judicabat. Vidistis, commilitones, notabili tempestate etiam deos infaustam adoptionem aversantes. Idem senatus, idem populi Romani animus est : vestra virtus exspectatur, apud quos omne honestis consiliis robur et sine quibus quamvis egregia invalida sunt. Non ad bellum vos nec ad periculum voco : omnium militum arma nobiscum sunt. Nec una cohors togata[1] defendit nunc Galbam, sed detinet : cum vos aspexerit, cum signum meum acceperit, hoc solum erit certamen, quis mihi plurimum imputet. Nullus cunctationis locus est in eo consilio, quod non potest laudari nisi peractum. »

Aperiri deinde armamentarium jussit. Rapta statim arma, sine more et ordine militiæ, ut prætorianus aut le-

---

cet homme suffirait à ces largesses qu'on ne vous donne jamais, que sans cesse on vous reproche. »

XXXVIII. « Et de peur de nous laisser du moins une espérance dans son successeur, Galba mande, du fond de l'exil, celui qu'il a jugé, par sa dureté et son avarice, être un second lui-même. Vous avez vu, braves compagnons, se déchaîner les tempêtes, et les dieux même réprouver une sinistre adoption. L'indignation est la même dans le sénat, la même dans le peuple romain. On n'attend plus que votre vaillance : en elle est toute la force des conseils généreux; sans elle les plus nobles volontés languissent impuissantes. Ce n'est ni à la guerre ni au danger que je vous appelle : tout ce qui est soldat et armé est avec nous. Qu'est-ce, autour de Galba, qu'une seule cohorte en toges? Elle ne le défend pas, elle le tient prisonnier. Quand elle vous apercevra, quand elle aura reçu de moi le signal, si elle combat avec vous, ce sera de zèle à mériter ma reconnaissance. Loin de nous toute hésitation dans un dessein qui, pour être loué, veut d'abord être accompli. »

Il fit ensuite ouvrir l'arsenal. Aussitôt on se jette sur les armes, sans ordre, sans distinction de corps. Le légionnaire revêt l'armure

sufficit donativo,
quod nunquam datur vobis
et exprobratur cotidie.
 XXXVIII. Ac ne saltem
qua spes esset
in successore Galbæ,
arcessivit ab exilio
quem judicabat
simillimum sui
tristitia et avaritia.
Vidistis, commilitones,
etiam deos aversantes
tempestate notabili.
adoptionem infaustam.
Animus senatus est idem,
idem populi Romani :
vestra virtus exspectatur,
apud quos omne robur
consiliis honestis
et sine quibus
quamvis egregia
sunt invalida.
Non voco vos ad bellum.
nec ad periculum :
arma omnium militum
sunt nobiscum.
Nec una cohors togata
defendit nunc Galbam,
sed detinet :
cum aspexerit vos,
cum acceperit meum signum,
hoc solum certamen erit,
quis imputet mihi plurimum.
Nullus locus cunctationis
est in eo consilio,
quod non potest laudari,
nisi perfectum. »
 Deinde jussit
armamentarium aperiri.
Arma rapta statim,
sine more et ordine
militiæ,
ut prætorianus
aut legionarius

suffit au don,
qui n'est jamais donné à vous
et *vous* est reproché chaque-jour.
 XXXVIII. Et de-peur-qu'au-moins
quelque espérance *ne* fût
dans le successeur de Galba,
il a mandé de l'exil
celui qu'il jugeait
le-plus-semblable à lui-même
par la morosité et l'avarice. [mes,
Vous avez vu, compagnons-d'ar-
même les dieux repoussant
par une tempête remarquable
cette adoption sinistre.
L'esprit du sénat est le même,
le même *l'esprit* du peuple romain :
votre courage est attendu,
vous chez lesquels *est* toute la force
pour les desseins honorables
et sans lesquels
les résolutions quoique belles
sont impuissantes.
Je n'appelle pas vous à la guerre
ni au danger :
les armes de tous les soldats
sont avec-nous.
Ni une seule-cohorte en-toges
ne défend maintenant Galba,
mais elle *le* retient :
lorsqu'elle aura aperçu vous,
lorsqu'elle aura reçu mon mot-
cette seule lutte sera, [d'ordre,
qui portera-à-mon-compte le plus.
Aucune place de (à) l'hésitation
*n'*est dans ce dessein,
qui ne peut être loué,
sinon exécuté. »
 Ensuite il ordonna
l'arsenal être ouvert.
Les armes *furent* enlevées aussitôt
sans l'usage et l'ordre
du service-militaire,
de-telle-sorte-que le prétorien
ou le légionnaire

gionarius insignibus suis distingueretur; miscentur auxiliaribus galeis scutisque, nullo tribunorum centurionumve adhortante, sibi quisque dux et instigator; et præcipuum pessimorum incitamentum quod boni mærebant.

XXXIX. Jam exterritus Piso fremitu crebrescentis seditionis et vocibus in urbem usque resonantibus, egressum interim Galbam et foro appropinquantem assecutus erat; jam Marius Celsus [1] haud læta rettulerat, cum alii in Palatium redire, alii Capitolium petere, plerique rostra occupanda censerent, plures tantum sententiis aliorum contra dicerent, utque evenit in consiliis infelicibus, optima viderentur quorum tempus effugerat. Agitasse Laco ignaro Galba de occidendo Tito Vinio dicitur, sive ut pœna ejus animos militum mulceret, seu conscium Othonis credebat, ad postremum vel odio. Hæsitationem attulit

du prétorien; le Romain prend le casque et le bouclier de l'auxiliaire. Ni tribun ni centurion n'exhorte le soldat; chaque homme est à lui-même son chef et son conseil, et ils avaient pour s'animer le premier encouragement des méchants, la consternation des gens de bien.

XXXIX. Déjà Pison, ramené précipitamment par le bruit de la sédition toujours croissante et les clameurs qui retentissaient jusque dans la ville, avait rejoint Galba qui venait de sortir et approchait du Forum; déjà Marius Celsus avait rapporté des nouvelles malheureuses. Les uns étaient d'avis de rentrer au palais; d'autres, de gagner le Capitole; la plupart, de s'emparer des rostres; plusieurs se bornaient à tout contredire; et, comme il arrive dans les conseils où le malheur préside, le parti qui semblait le meilleur était toujours celui dont le moment venait de passer. Lacon proposa, dit-on, à l'insu de Galba, de tuer Vinius, soit pour calmer les soldats par le châtiment de cet homme, soit qu'il le crût complice d'Othon, soit enfin pour assouvir sa haine.

HISTOIRES, LIVRE I.

distingueretur suis insignibus;	fut distingué par ses insignes;
miscentur	ils se mêlent (s'arment pêle-mêle)
galeis scutisque	avec des casques et des boucliers
auxiliaribus,	d'-auxiliaires,
nullo tribunorum	aucun des tribuns
centurionumve	ou des centurions
adhortante,	*ne les* exhortant,
quisque dux et instigator	chacun *étant* chef et instigateur
sibi,	pour lui-même,
et præcipuum incitamentum	et le principal encouragement
pessimorum	des plus-mauvais
quod boni mærebant.	*était* que les bons s'-affligeaient.
XXXIX. Jam Piso exterritus	XXXIX. Déjà Pison épouvanté
fremitu seditionis	par le tumulte de la sédition
crebrescentis	croissante
et vocibus resonantibus	et par les clameurs retentissant
usque in urbem	jusque dans la ville
assecutus erat Galbam	avait rejoint Galba
egressum interim	sorti pendant-ce-temps
et appropinquantem foro;	et approchant du forum;
jam Marius Celsus	déjà Marius Celsus [heureuses,
rettulerat haud læta,	avait rapporté des *nouvelles* non
cum alii censerent	alors-que les uns étaient-d'-avis
redire in Palatium,	de rentrer au palais,
alii petere Capitolium,	les autres de gagner le Capitole,
plerique	la plupart
rostra occupanda,	des rostres devant être occupés,
plures contra dicerent tantum	*que* plusieurs contredisaient seu-
sententiis aliorum,	les avis des autres, [lement
utque evenit in consiliis	et comme il arrive dans les conseils
infelicibus,	malheureux, [saient
optima viderentur	les choses les meilleures parais-
quorum tempus effugerat.	*celles* dont le moment avait fui.
Laco dicitur agitasse	Lacon est dit avoir agité *la ques-*
de Tito Vinio	au-sujet-de Titus Vinius [*tion*
occidendo	devant être tué
Galba ignaro,	Galba ne-*le*-sachant-pas,
sive ut pœna ejus	soit afin-que le châtiment de lui
mulceret animos militum,	adoucît les esprits des soldats,
seu credebat	soit-qu'il *le* crût
conscium Othonis,	complice d'Othon,
vel ad postremum odio.	ou enfin par haine.
Tempus ac locus	Le temps et le lieu [tion,
attulit hæsitationem,	apporta (apportèrent) de l'hésita-

tempus ac locus, quia initio cædis orto difficilis modus; et turbavere consilium trepidi nuntii ac proximorum diffugia, languentibus omnium studiis, qui primo alacres fidem atque animum ostentaverant.

XL. Agebatur huc illuc Galba, vario turbæ fluctuantis impulsu, completis undique basilicis ac templis, lugubri prospectu. Neque populi aut plebis ulla vox, sed attoniti vultus et conversæ ad omnia aures, non tumultus, non quies, quale magni metus et magnæ iræ silentium est. Othoni tamen armari plebem nuntiabatur : ire præcipites et occupare pericula jubet. Igitur milites Romani, quasi Vologesum aut Pacorum avito Arsacidarum solio depulsuri ac non imperatorem suum inermem et senem trucidare pergerent, disjecta plebe, proculcato senatu, truces armis, rapidi equis forum irrumpunt. Nec illos Capitolii

Le temps et le lieu furent cause qu'on hésita, de peur que le massacre, une fois commencé, ne s'arrêtât plus; et ce dessein fut rompu par l'effroi des survenants, la dispersion du cortège, la tiédeur de tous ceux qui d'abord étalaient avec le plus d'ostentation leur zèle et leur courage.

XL. Galba errait à la merci du hasard, emporté par les flots d'une multitude mobile et incertaine, tandis que de toutes les basiliques, de tous les temples, une foule également pressée regardait ce lugubre spectacle. Et pas une voix ne partait du milieu des citoyens ou de la populace. La stupeur était sur les visages; les oreilles étaient inquiètes et attentives. Point de tumulte, et cependant point de calme : c'était le silence des grandes terreurs ou des grandes colères. On n'en venait pas moins annoncer à Othon que le peuple s'armait : il ordonne aux siens de courir en toute hâte et de prévenir le danger. Aussitôt le soldat romain, du même zèle que si c'était Vologèse ou Pacorus qu'il allait renverser du trône des Arsacides, et non son empereur, un homme sans armes, un vieillard, qu'il voulût massacrer, disperse la multitude, foule aux pieds le sénat, et terrible, le fer en main, courant de toute la vitesse des chevaux, se précipite dans le Forum.

quia initio cædis orto	parce-que le commencement s'-étant élevé [du carnage
modus difficilis;	la mesure *serait* difficile;
et nuntii trepidi	et des messagers effrayés
turbavere consilium	troublèrent *ce* dessein
ac diffugia proximorum,	et (ainsi que) les dispersions des plus proches,
studiis omnium	les empressements de tous *ceux*
qui primo ostentaverant	qui d'abord avaient étalé
alacres	vifs (avec vivacité)
fidem atque animum	*leur* fidélité et *leur* courage
languentibus.	languissant (venant à languir).
XL. Galba agebatur huc illuc,	XL. Galba était poussé çà *et* là,
impulsu vario turbæ fluctuantis,	par l'impulsion changeante d'une foule flottante,
basilicis ac templis completis undique,	les basiliques et les temples étant remplis de-tous-côtés,
prospectu lugubri.	le spectacle *étant* lugubre.
Neque ulla vox populi aut plebis,	Ni aucune voix *n*'était du peuple ou de la multitude,
sed vultus attoniti	mais des visages étonnés [bruits,
et aures conversæ ad omnia,	et des oreilles tournées vers tous *les*
non tumultus, non quies,	ni tumulte, ni calme,
quale est silentium	*tel* qu'est le silence
magni metus	d'une grande crainte
et magnæ iræ.	et d'une grande colère.
Nuntiabatur tamen Othoni plebem armari;	Il était annoncé pourtant à Othon la multitude s'armer;
jubet ire præcipites et occupare pericula.	il ordonne *les siens* aller en-avant et prévenir les dangers.
Igitur milites Romani quasi depulsuri	Donc des soldats romains, [ser comme-s'*ils étaient* devant renver-
solio avito Arsacidarum	du trône héréditaire des Arsacides
Vologesum aut Pacorum	Vologèse ou Pacorus
ac non pergerent trucidare	et n'allaient pas égorger
suum imperatorem	leur empereur
inermem et senem,	désarmé et vieux,
plebe disjecta,	la multitude étant dispersée,
senatu proculcato,	le sénat étant foulé-aux-pieds,
truces armis,	terribles par *leurs* armes,
rapidi equis	rapides par *leurs* chevaux
irrumpunt forum.	se-précipitent-dans le forum.
Nec aspectus Capitolii	Ni l'aspect du Capitole

aspectus et imminentium templorum religio et priores et futuri principes terruere quo minus facerent scelus, cujus ultor est quisquis successit.

XLI. Viso comminus armatorum agmine vexillarius comitatæ Galbam cohortis (Attilium Vergilionem fuisse tradunt) dereptam Galbæ imaginem [1] solo afflixit : eo signo manifesta in Othonem omnium militum studia, desertum fuga populi forum, destricta adversus dubitantes tela. Juxta Curtii lacum [2] trepidatione ferentium Galba projectus e sella ac provolutus est. Extremam ejus vocem, ut cuique odium aut admiratio fuit, varie prodidere : alii suppliciter interrogasse quid mali meruisset et paucos dies exsolvendo donativo deprecatum; plures obtulisse ultro percussoribus jugulum : agerent [3] ac ferirent, si ita e re publica videretur. Non interfuit occidentium quid diceret.

Ni l'aspect du Capitole, ni la sainteté de ces temples qui dominaient sur leurs têtes, ni les princes passés ou à venir ne détournèrent ces furieux d'un crime qui a son vengeur naturel dans tout successeur à l'empire.

XLI. En voyant approcher une foule de gens armés, le porte-étendard de la cohorte qui accompagnait Galba (il se nommait, dit-on, Attilius Vergilion) arrache de son enseigne l'image de l'empereur et la jette par terre. A ce signal, tous les soldats se déclarent aussitôt pour Othon. Le peuple en fuite laisse le Forum désert; les glaives étincellent, et quiconque balance est menacé de la mort. Arrivé près du lac Curtius, Galba fut renversé de sa chaise par la précipitation de ses porteurs, et roula sur la poussière. Ses dernières paroles ont été diversement rapportées par la haine ou l'admiration. Suivant quelques-uns, il demanda d'une voix suppliante quel mal il avait fait, et pria qu'on lui laissât quelques jours pour payer le don militaire. Suivant le plus grand nombre, il présenta lui-même sa gorge aux assassins, les exhortant à frapper, si c'était pour le bien de la république. Les meurtriers trouvèrent que ces paroles étaient indifférentes. On n'est pas

et religio templorum	et (ni) le caractère-sacré des temples
imminentium	qui dominent *le forum*
et principes priores et futuri	et (ni) les princes précédents et fu-
terruere illos	ne les effrayèrent [un crime
quo minus facerent scelus,	au-point-qu'ils ne commissent pas
cujus est ultor	dont est vengeur
quisquis successit.	quiconque a succédé *à l'empire*.

XLI. Agmine armatorum viso comminus vexillarius cohortis comitatæ Galbam (tradunt fuisse Attilium Vergilionem) afflixit solo imaginem Galbæ dereptam: eo signo studia omnium militum in Othonem manifesta, forum desertum fuga populi, tela destricta adversus dubitantes. Juxta lacum Curtii Galba projectus e sella trepidatione ferentium ac provolutus est. Prodidere varie extremam vocem ejus, ut odium aut admiratio fuit cuique : alii interrogasse suppliciter quid mali meruisset et deprecatum paucos dies donativo exsolvendo ; plures obtulisse ultro jugulum percussoribus : agerent ac ferirent, si videretur ita e re publica. Non interfuit occidentium quid diceret.

XLI. Une foule de *gens* armés ayant été vue de-près le vexillaire de la cohorte qui avait accompagné Galba (on rapporte *lui* avoir été Attilius Vergilion) jeta-contre le sol [seigne : l'image de Galba arrachée de l'en- à ce signal [dats les empressements de tous les sol- pour Othon *furent* manifestes, [peuple, le forum abandonné par la fuite du les armes tirées contre *ceux* qui hésitaient. Auprès du lac de Curtius Galba *fut* jeté hors de *sa* litière par le trouble de *ceux* qui *le* por- et fut roulé-en-avant, [taient On rapporta diversement la dernière parole de lui, selon-que haine ou admiration fut à chacun : les uns *disent lui* avoir demandé d'une-manière-suppliante quoi de mal il avait mérité et avoir sollicité peu de jours pour la gratification devant être payée ; [tanément plus *disent lui* avoir offert spon- la gorge aux assassins : [passent, *disant* qu'ils agissent et qu'ils frap- s'il paraissait *être* ainsi dans-l'intérêt-de la chose publique. Il n'importa pas à *ceux* qui tuaient quelle chose il disait.

De percussore non satis constat : quidam Terentium evocatum [1], alii Lecanium ; crebrior fama tradidit Camurium quintæ decimæ legionis militem impresso gladio jugulum ejus hausisse. Ceteri crura brachiaque (nam pectus tegebatur) fœde laniavere; pleraque vulnera feritate et sævitia trunco jam corpori adjecta.

XLII. Titum inde Vinium invasere, de quo et ipso ambigitur, consumpseritne vocem ejus instans metus, an proclamaverit non esse ab Othone mandatum ut occideretur. Quod seu finxit formidine seu conscientiam conjurationis confessus est, huc potius ejus vita famaque inclinat, ut conscius sceleris fuerit cujus causa erat. Ante ædem divi Julii jacuit primo ictu in poplitem, mox ab Julio Caro legionario milite in utrumque latus transverberatus.

XLIII. Insignem illa die virum Sempronium Densum

d'accord sur celui qui le tua. Les uns nomment l'évocat Terentius, d'autres, Lécanius. La tradition la plus répandue, c'est que Camurius, soldat de la quinzième légion, lui enfonça son épée dans la gorge. Les autres s'acharnèrent sur ses bras et ses cuisses (car la poitrine était couverte), et les déchirèrent affreusement. La plupart des coups furent portés par une brutale et froide cruauté, lorsque déjà la tête était séparée du tronc.

XLII. On fondit ensuite sur Vinius, dont la fin donne aussi lieu à quelques doutes. On ignore si le saisissement lui étouffa la voix, ou s'il s'écria qu'Othon n'avait pas ordonné sa mort : paroles qui pouvaient être un mensonge dicté par la crainte, ou l'aveu qu'il avait part à la conjuration. Sa vie et sa réputation porteraient de préférence à le croire complice d'un crime dont il était cause. Il tomba devant le temple de Jules César, frappé d'un premier coup au jarret, puis achevé par Julius Carus, soldat légionnaire, qui le perça de part en part.

XLIII. Notre siècle vit ce jour-là un homme qui l'honore, Sem-

Non satis constat	La chose n'est pas bien avérée
de percussore :	au-sujet-du meurtrier :
quidam	quelques-uns *disent que ce fut*
evocatum Terentium,	l'évocat Térentius,
alii Lecanium ;	d'autres Lécanius ;
fama crebrior tradidit	un bruit plus répandu a rapporté
Camurium militem	Camurius soldat
quintæ decimæ legionis,	de la quinzième légion,
gladio impresso	*son* épée ayant été enfoncée
hausisse jugulum ejus.	avoir percé le cou de lui.
Ceteri laniavere fœde	Les autres déchirèrent hideuse-
crura brachiaque	*ses* jambes et *ses* bras
(nam pectus tegebatur) ;	(car sa poitrine était couverte) ;
pleraque vulnera	la plupart des blessures
adjecta feritate	*furent* ajoutées par férocité
et sævitia	et cruauté
corpori jam trunco.	à *son* corps déjà tronqué (décapité).
XLII. Inde invasere	XLII. De-là ils se-jetèrent-*sur*
Titum Vinium,	Titus Vinius,
de quo et ipso	au-sujet duquel aussi lui-même
ambigitur,	il est-mis-en-doute,
metusne instans	si la crainte qui *le* pressait
consumpserit vocem ejus,	étouffa la voix de lui,
an proclamaverit	ou-s'il s'-écria
non mandatum esse ab Othone	n'avoir pas été ordonné par Othon
ut occideretur.	qu'il fût tué.
Quod seu finxit	Laquelle chose soit-qu'il ait in-
formidine,	par peur, [ventée
seu confessus est	soit-qu'il ait avoué
conscientiam conjurationis,	la complicité de la conjuration,
vita famaque ejus	la vie et la réputation de lui
inclinat potius	incline (inclinent) de-préférence
huc,	vers-ceci,
ut fuerit conscius sceleris	qu'il ait été complice du crime
cujus erat causa.	dont il était la cause.
Jacuit primo ictu	Il tomba du premier coup
in poplitem	sur le jarret
ante ædem divi Julii,	devant le temple du divin Jules,
mox transverberatus	puis *il fut* transpercé
in utrumque latus	sur l'un-et-l'-autre côté [rus.
ab legionario milite Julio Caro.	par le soldat légionnaire Julius Ca-
XLIII. Nostra ætas vidit	XLIII. Notre siècle vit
virum insignem illa die	un homme remarquable ce jour-là
Sempronium Densum.	Sempronius Densus.

ætas nostra vidit. Centurio is prætoriæ cohortis, a Galba custodiæ Pisonis additus, stricto pugione occurrens armatis et scelus exprobrans ac modo manu modo voce vertendo in se percussores quanquam vulnerato Pisoni effugium dedit. Piso in ædem Vestæ pervasit exceptusque misericordia publici servi et contubernio ejus abditus non religione nec cærimoniis sed latebra imminens exitium differebat, cum advenere missu Othonis nominatim in cædem ejus ardentis[1] Sulpicius Florus e Britannicis cohortibus nuper *a* Galba civitate donatus, et Statius Murcus speculator, a quibus protractus Piso in foribus templi trucidatur.

XLIV. Nullam cædem Otho majore lætitia excepisse, nullum caput tam insatiabilibus oculis perlustrasse dicitur, seu tum primum levata omni sollicitudine mens vacare gaudio cœperat, seu recordatio majestatis in Galba,

pronius Densus. Centurion d'une cohorte prétorienne et chargé par Galba d'escorter Pison, il se jette, un poignard à la main, au-devant des soldats armés, et, leur reprochant leur crime, les menaçant du geste et de la voix pour attirer tous les coups sur lui seul, il donne à Pison le temps de fuir. Pison parvint à se sauver dans le temple de Vesta, où il fut accueilli par la pitié d'un esclave public, et caché dans la demeure de cet homme. Là, moins protégé par la religion et la sainteté du lieu que par l'obscurité de sa retraite, il reculait l'instant d'une mort inévitable, lorsque arrivèrent, envoyés par Othon, dont la fureur en voulait spécialement à sa vie, deux assassins, Sulpicius Florus, soldat des cohortes britanniques, récemment admis par Galba aux droits de citoyen, et le spéculateur Statius Murcus. Arraché par eux de son asile, Pison fut massacré à la porte du temple.

XLIV. De toutes les morts annoncées à Othon, nulle autre ne le réjouit, dit-on, plus vivement, et aucune tête ne fut plus longtemps l'objet de ses insatiables regards ; soit que son âme, délivrée pour la première fois de toute inquiétude, pût enfin s'abandonner à la joie, ou que le souvenir de la majesté dans Galba, de l'amitié dans

is centurio	Celui-ci centurion
cohortis prætoriæ,	de la cohorte prétorienne
additus a Galba	attaché par Galba
custodiæ Pisonis,	à la garde de Pison,
pugione stricto,	*son* poignard étant tiré,
occurrens armatis	se-présentant aux *gens* armés
et exprobrans scelus	et *leur* reprochant *leur* crime
ac vertendo in se	et tournant contre lui-même
percussores	les meurtriers [voix,
modo manu modo voce,	tantôt par la main tantôt par la
dedit effugium Pisoni	donna moyen-de-fuir à Pison
quanquam vulnerato.	quoique blessé.
Piso pervasit	Pison se-sauva
in ædem Vestæ,	dans le temple de Vesta,
exceptusque misericordia	et accueilli par la compassion
servi publici	d'un esclave public
et abditus contubernio ejus	et caché dans la loge de celui-là,
differebat	il reculait
non religione nec cærimoniis	non par la religion ni les cérémonies
sed latebra	mais par *sa* cachette,
exitium imminens,	une mort imminente,
cum advenere	lorsqu'arrivèrent
missu Othonis	par l'envoi d'Othon [ment)
ardentis nominatim	ardent nommément (particulière-
in cædem ejus,	au meurtre de lui
Sulpicius Florus,	Sulpicius Florus
e cohortibus Britannicis	des cohortes britanniques
donatus nuper a Galba	gratifié récemment par Galba
civitate,	du droit-de-cité,
et speculator Statius Murcus,	et le spéculateur Statius Murcus,
a quibus Piso	par lesquels Pison
protractus	ayant-été-tiré-dehors
trucidatur in foribus templi.	est égorgé à la porte du temple.
XLIV. Otho dicitur	XLIV. Othon est dit
excepisse nullam cædem	n'avoir reçu (appris) aucun meurtre
lætitia majore,	avec une joie plus grande,
perlustrasse nullum caput	n'avoir parcouru aucune tête
oculis tam insatiabilibus,	avec des yeux si insatiables,
seu mens	soit-que *son* esprit
levata tum primum	dégagé alors pour-la-première-fois
omni sollicitudine	de toute inquiétude
cœperat vacare gaudio,	commençât à s'-adonner à la joie,
seu recordatio	soit-que le souvenir
majestatis in Galba,	de la majesté dans Galba,

amicitiæ in Tito Vinio quamvis immitem animum imagine tristi confuderat; Pisonis ut inimici et æmuli cæde lætari jus fasque credebat. Præfixa contis capita gestabantur inter signa cohortium juxta aquilam legionis[1], certatim ostentantibus cruentas manus qui occiderant, qui interfuerant, qui vere, qui falso ut pulchrum et memorabile facinus jactabant. Plures quam centum viginti libellos præmium exposcentium ob aliquam notabilem illa die operam Vitellius postea invenit, omnesque conquiri et interfici jussit, non honori Galbæ, sed tradito principibus more, munimentum ad præsens, in posterum ultionem.

XLV. Alium crederes senatum, alium populum : ruere cuncti in castra, anteire proximos, certare cum præcurrentibus, increpare Galbam, laudare militum judicium, exosculari Othonis manum; quantoque magis falsa erant quæ fiebant, tanto plura facere. Nec aspernabatur

Vinius, l'eût offusquée, toute cruelle qu'elle était, de sinistres images, tandis que le meurtre d'un rival et d'un ennemi lui donnait un plaisir sans scrupule et sans remords. Attachées à des piques, les trois têtes furent portées en triomphe parmi les enseignes des cohortes, auprès de l'aigle de la légion; et pendant ce temps accouraient à l'envi, montrant leurs mains sanglantes, et ceux qui avaient fait les meurtres, et ceux qui s'y étaient trouvés, et mille autres qui se vantaient de ce mérite, vrai ou supposé, comme d'un exploit brillant et mémorable. Plus de cent vingt requêtes, où l'on demandait le prix de quelque notable service rendu ce jour-là, tombèrent dans la suite aux mains de Vitellius. Il en chercha les auteurs et les fit mettre à mort; non par honneur pour Galba, mais selon la politique ordinaire des princes, qui croient assurer ainsi leur vie ou leur vengeance.

XLV. Déjà tout était changé : on aurait cru voir un autre sénat, un autre peuple. Tout le monde se précipite vers le camp; on lutte de vitesse pour se devancer ou s'atteindre; on charge Galba d'imprécations; on vante le choix judicieux de l'armée; on baise la main d'Othon; et plus le zèle est faux, plus on en prodigue les vaines ap-

amicitiæ in Tito Vinio, confuderat imagine tristi animum quamvis immitem ; credebat jus, fasque lætari cæde Pisonis ut inimici et æmuli. Capita præfixa contis gestabantur inter signa cohortium juxta aquilam legionis, ostentantibus certatim manus cruentas qui occiderant, qui interfuerant, qui jactabant vere, qui falso facinus ut pulchrum et memorabile. Vitellius invenit postea plures quam centum viginti libellos exposcentium præmium ob aliquam operam notabilem illa die, jussitque omnes conquiri et interfici, non honori Galbæ, sed more tradito principibus, munimentum ad præsens, ultionem in posterum.

XLV. Crederes senatum alium, populum alium : cuncti ruere in castra, anteire proximos, certare cum præcurrentibus, increpare Galbam, laudare judicium militum, exosculari manum Othonis ; facereque tanto plura quanto quæ fiebant erant magis falsa.

de l'amitié dans Titus Vinius, eût troublé d'une image triste son âme quoique cruelle ; il croyait *être* un droit [gion et une chose-permise-par-la-reli- de-se réjouir du meurtre de Pison comme *son* ennemi et *son* rival. Les têtes fixées-à-l'extrémité de pi- étaient portées [ques entre les enseignes des cohortes auprès de l'aigle de la légion, *ceux-là* montrant à l'envi *leurs* mains sanglantes qui avaient tué, *et ceux* qui avaient assisté, [son, *et ceux* qui se-vantaient avec-rai- *et ceux* qui *se vantaient* à-tort de *cet* acte comme beau et mémorable. Vitellius trouva dans-la-suite plus que (de) cent vingt requêtes de *gens* réclamant une récompense pour quelque service notable *rendu* en ce jour-là, et il ordonna tous *ces gens* être recherchés et tués, non pour l'honneur de Galba, mais par une coutume transmise aux princes, sûreté pour le présent, vengeance pour l'avenir.

XLV. Tu aurais cru le sénat *être* autre, le peuple *être* autre : tous se-précipiter dans le camp dépasser *ceux* qui-étaient-auprès, lutter avec *ceux* qui-couraient-de- accuser Galba, [vant, louer le discernement des soldats, baiser la main d'Othon ; et faire d'autant plus de choses que les choses qui étaient faites étaient plus fausses.

singulos Otho, avidum et minacem militum animum voce vultuque temperans. Marium Celsum, consulem designatum et Galbæ usque in extremas res amicum fidumque, *ad* supplicium expostulabant, industriæ ejus innocentiæque quasi malis artibus infensi. Cædis et prædarum initium et optimo cuique perniciem quæri apparebat, sed Othoni nondum auctoritas inerat ad prohibendum scelus; jubere jam poterat. Ita simulatione iræ vinciri jussum et majores pœnas daturum affirmans præsenti exitio subtraxit.

XLVI. Omnia deinde arbitrio militum acta : prætorii præfectos sibi ipsi legere, Plotium Firmum e manipularibus quondam, tum vigilibus præpositum et incolumi adhuc Galba partes Othonis secutum; adjungitur Licinius Proculus, intima familiaritate Othonis suspectus consilia ejus fovisse. Urbi Flavium Sabinum præfecere, judicium Nero-

parences. Othon ne rebutait personne, modérant de sa voix et de ses regards l'emportement d'une troupe avide et menaçante. Le consul désigné Marius Celsus, ami de Galba et fidèle à ce prince jusqu'au dernier instant, avait pour crime à leurs yeux ses talents et son innocence, et ils demandaient sa tête avec fureur. Il était facile de voir qu'ils ne cherchaient que l'occasion de commencer le pillage et les assassinats, et que la vie de tous les gens de bien était menacée. Si Othon n'était pas encore assez puissant pour empêcher le crime, il pouvait déjà l'ordonner. Il feint la colère, fait charger Marius de chaînes, et, assurant qu'il le garde pour un supplice plus rigoureux, il le dérobe à la mort.

XLVI. Tout le reste se fit au gré de soldats. Ils se choisirent eux-mêmes des préfets du prétoire. Le premier fut Plotius Firmus, jadis manipulaire et alors commandant des gardes nocturnes, qui même avant la chute de Galba s'était déclaré pour Othon. Ils lui associèrent Licinius Proculus, intime ami de ce dernier et suspect d'avoir secondé son entreprise. Ils donnèrent à Flavius Sabinus la préfecture de Rome, par respect pour le choix de Néron, sous

Nec Otho aspernabatur
singulos,
temperans voce vultuque
animum avidum et minacem
militum.
Expostulabant ad supplicium
Marium Celsum,
consulem designatum
et amicum fidumque Galbæ
usque in res extremas,
infensi industriæ
innocentiæque ejus
quasi malis artibus.
Apparebat
initium cædis
et prædarum
et perniciem cuique optimo
quæri,
sed auctoritas
nondum inerat Othoni
ad scelus prohibendum ;
jam poterat jubere.
Ita subtraxit
exitio præsenti
jussum simulatione iræ
vinciri
et affirmans
daturum pœnas majores.
XLVI. Deinde omnia acta
arbitrio militum :
prætorii sibi legere ipsi
præfectos,
Plotium Firmum
quondam e manipularibus,
tum præpositum vigilibus,
et secutum partes Othonis
Galba adhuc incolumi ;
Licinius Proculus adjungitur,
suspectus
intima familiaritate Othonis
fovisse consilia ejus.
Præfecere urbi
Flavium Sabinum,
secuti judicium Neronis,

Ni Othon ne repoussait
eux-venant-successivement,
modérant de la voix et du regard
l'esprit avide et menaçant
des soldats.
ils réclamaient pour le supplice
Marius Celsus,
consul désigné
et ami et fidèle à Galba
jusque dans les choses dernières,
hostiles à l'activité
et au désintéressement de lui
comme à de mauvaises qualités.
Il était-évident
le commencement du carnage
et des pillages   [meilleur
et la perte pour chaque *citoyen* le
être cherchés,
mais l'autorité
n'était pas-encore à Othon
pour le crime devant être écarté ;
déjà il pouvait *l'*ordonner.
Ainsi il déroba
à une mort présente
lui condamné avec feinte de colère
à être enchaîné
affirmant aussi   [grandes.
lui devoir subir des peines plus
XLVI. Ensuite tout *fut* fait
par le caprice des soldats : [mêmes
les prétoriens se choisirent eux-
leurs préfets,
Plotius Firmus
jadis des simples-soldats,
alors préposé aux veilleurs,
et ayant suivi le parti d'Othon
Galba *étant* encore sauf ;
Licinius Proculus *lui* est adjoint,
suspect   [d'Othon
par-suite-de l'intime familiarité
d'avoir fomenté les desseins de lui.
Ils mirent-à-la-tête-de la ville
Flavius Sabinus,
ayant suivi le jugement de Néron,

nis secuti, sub quo eandem curam obtinuerat, plerisque Vespasianum fratrem in eo respicientibus. Flagitatum ut vacationes¹ præstari centurionibus solitæ remitterentur; namque gregarius miles ut tributum annuum pendebat. Quarta pars manipuli sparsa per commeatus aut in ipsis castris vaga, dum mercedem centurioni exsolveret, neque modum oneris quisquam neque genus quæstus pensi habebat : per latrocinia et raptus aut servilibus ministeriis² militare otium redimebant. Tum locupletissimus quisque miles labore ac sævitia fatigari, donec vacationem emeret. Ubi sumptibus exhaustus socordia insuper elanguerat, inops pro locuplete et iners pro strenuo in manipulum redibat; ac rursus alius atque alius, eadem egestate ac licentia corrupti, ad seditiones et discordias et ad extremum bella civilia ruebant. Sed Otho ne vulgi largitione centu-

lequel il avait eu le même emploi; plusieurs aussi regardaient en Sabinus son frère Vespasien. On demanda instamment la remise des droits qu'on payait aux centurions pour exemption de service. C'était comme un tribut annuel levé sur le simple soldat. Le quart de chaque manipule était épars loin des drapeaux, ou promenait son oisiveté dans le camp même, pourvu que le centurion eût reçu le prix des congés; et l'on ne mettait ni proportion dans les charges, ni scrupule dans les moyens d'y suffire. C'était par le brigandage et le vol, ou avec le profit des plus serviles emplois, que le soldat se rachetait de son devoir. S'il s'en trouvait un qui fût riche, on l'excédait de travaux et de mauvais traitements, jusqu'à ce qu'il achetât son congé. Épuisé par cette dépense, amolli par l'inaction, il revenait au manipule pauvre et fainéant, de riche et laborieux qu'il en était parti. Bientôt un autre lui succédait, puis un troisième; et corrompus tour à tour par le besoin et la licence, ils couraient à la sédition, à la discorde, et, pour dernier terme, à la guerre civile. Othon, pour ne pas faire aux soldats une grâce qui aliénât le cœur des centurions, promit qu'il

sub quo obtinuerat	sous lequel il avait eu
eandem curam,	la même surveillance (intendance),
plerisque respicientibus in eo	la plupart regardant en lui.
fratrem Vespasianum.	*son* frère Vespasien.
Flagitatum ut	*Il fut* demandé-instamment que
vacationes	les congés
solitæ præstari	ayant-coutume d'être payés
centurionibus	aux centurions
remitterentur;	fussent remis;
namque gregarius miles	car le simple soldat
pendebat ut tributum annuum.	payait comme un tribut annuel.
Quarta pars manipuli	La quatrième partie du manipule
sparsa per commeatus,	*était* éparse par des congés
aut vaga in castris ipsis,	ou errante dans le camp même,
dum exsolveret mercedem	pourvu-qu'elle payât un prix
centurioni,	au centurion,
neque quisquam	ni qui-que-ce soit [considération),
habebat pensi	n'avait de considéré (ne prenait en
modum oneris	la proportion du fardeau
neque genus quæstus :	ni le genre de bénéfice :
redimebant otium militare	ils s'achetaient le loisir militaire
per latrocinia et raptus	au-moyen-de brigandages et de ra-
aut ministeriis servilibus.	ou par des métiers serviles. [pines
Tum quisque miles	Puis chaque soldat
locupletissimus	très-riche
fatigari labore	être fatigué par le travail
ac sævitia,	et les mauvais-traitements,
donec emeret vacationem.	jusqu'-à-ce-qu'il achetât un congé.
Ubi exhaustus sumptibus	Dès-qu'épuisé par les dépenses
elanguerat insuper	il s'-était amolli en-outre
socordia,	par l'inaction,
redibat in manipulum	il revenait au manipule
inops pro locuplete	pauvre au-lieu-de riche,
et iners pro strenuo;	et indolent au-lieu-d'actif;
ac rursus alius atque alius,	et de-nouveau un autre et un autre,
corrupti	étant corrompus
eadem egestate	par la même pauvreté
ac licentia,	et *la même* licence; [tions
ruebant ad seditiones	ils se-précipitaient vers les sédi-
et discordias	et les discordes,
et ad extremum bella civilia.	et à la fin *vers* les guerres civiles.
Sed Otho ne	Mais Othon de-peur-que
averteret animos	il *ne* détournât les esprits
centurionum	des centurions

rionum animos averteret, fiscum suum vacationes annua exsoluturum promisit, rem haud dubie utilem et a bonis postea principibus perpetuitate disciplinæ firmatam. Laco præfectus, tanquam in insulam seponeretur, ab evocato, quem ad cædem ejus, Otho præmiserat, confossus; in Marcianum Icelum ut in libertum palam animadversum.

XLVII. Exacto per scelera die novissimum malorum fuit lætitia. Vocat senatum prætor urbanus[1], certant adulationibus ceteri magistratus, accurrunt patres : decernitur Othoni tribunicia potestas et nomen Augusti et omnes principum honores, annitentibus cunctis abolere convicia ac probra, quæ promiscue jacta hæsisse animo ejus nemo sensit : omisisset offensas an distulisset, brevitate imperii in incerto fuit. Otho cruento adhuc foro per stragem jacentium in Capitolium atque inde in Palatium vectus concedi

payerait de son trésor impérial les congés annuels : règlement d'une utilité incontestable, et que les bons princes ont consacré depuis par une pratique constante. On feignit de reléguer dans une île le préfet Lacon; mais un évocat envoyé par Othon l'attendit sur la route, et le perça de son glaive. Marcianus Icélus n'étant qu'un affranchi, on l'exécuta publiquement.

XLVII. La journée s'était passée dans le crime; le dernier des maux fut de la finir dans la joie. Le préteur de la ville convoque le sénat; les autres magistrats font assaut de flatteries. Les sénateurs accourent; on décerne à Othon la puissance tribunitienne, le nom d'Auguste et tous les honneurs des princes. C'est à qui fera oublier ses invectives et ses insultes; et personne ne s'aperçut que ces traits, lancés confusément, fussent restés dans le cœur d'Othon. Avait-il pardonné l'injure ou différé la vengeance ? la brièveté de son règne n'a pas permis de le savoir. Othon s'avance au travers du Forum encore ensanglanté et des cadavres gisants sur la poussière. Porté au Capitole et de là au palais, il permit

largitione vulgi,	par une largesse (de) faite à la
promisit suum fiscum	promit son fisc [multitude
exsoluturum	devoir payer
vacationes annuas,	les congés annuels,
rem utilem	chose utile
haud dubie	non d'une-manière-douteuse
et firmatam a bonis principibus	et confirmée par les bons princes
perpetuitate disciplinæ.	par la continuité de la règle.
Præfectus Laco,	Le préfet Lacon,
tanquam seponeretur	comme-s'il était relégué
in insulam,	dans une île,
confossus ab evocato,	*fut* percé par un évocat,
quem Otho præmiserat	qu'Othon avait envoyé-devant
ad cædem ejus ;	pour le meurtre de lui ;
animadversum palam	*il fut* sévi ouvertement
in Marcianum Icelum	contre Marcianus Icélus
ut in libertum.	comme contre un affranchi.
XLVII. Die exacto	XLVII. Le jour ayant été passé
per scelera	au-milieu des crimes
novissimum malorum	le dernier des maux
fuit lætitia.	fut la joie.
Prætor urbanus	Le préteur urbain
vocat senatum,	appelle le sénat,
ceteri magistratus	tous-les-autres magistrats
certant adulationibus,	rivalisent en flatteries,
patres accurrunt :	les sénateurs accourent :
potestas tribunicia	la puissance tribunitienne
decernitur Othoni	est décernée à Othon
et nomen Augusti	et (ainsi que) le nom d'Auguste
et omnes honores principum,	et tous les honneurs des princes,
cunctis annitentibus	tous s'-efforçant
abolere convicia ac probra,	d'effacer les injures et les outrages,
quæ jacta promiscue	lesquels lancés confusément
nemo sensit	personne ne s'-aperçut
hæsisse animo ejus :	être restés dans l'âme de lui :
fuit in incerto	il fut dans l'incertitude
brevitate imperii	par-suite-de la brièveté du règne
omisisset offensas	s'il avait oublié *ces* offenses
an distulisset.	ou-s'il avait différé *de les venger*.
Otho vectus	Othon porté
foro adhuc cruento	par le forum encore sanglant
per stragem jacentium	à travers l'abatis de *corps* gisant
in Capitolium	dans le Capitole
atque inde in Palatium	et de-là dans le palais

corpora sepulturæ cremarique permisit. Pisonem Verania uxor ac frater Scribonianus, Titum Vinium Crispina filia composuere, quæsitis redemptisque capitibus, quæ venalia interfectores servaverant.

XLVIII. Piso unum et tricesimum ætatis annum explebat, fama meliore quam fortuna. Fratres ejus Magnum Claudius, Crassum Nero interfecerant : ipse diu exul, quadriduo Cæsar, properata adoptione ad hoc tantum majori fratri prælatus est, ut prior occideretur. Titus Vinius quinquaginta septem annos variis moribus egit. Pater illi prætoria familia, maternus avus e proscriptis. Prima militia infamis : legatum Calvisium Sabinum habuerat, cujus uxor mala cupidine visendi situm castrorum, per noctem mili-

qu'on enlevât les corps et qu'ils fussent mis au bûcher. Pison fut enseveli par sa femme Vérania et Scribonianus son frère; Vinius, par sa fille Crispina. Il fallut chercher et acheter leurs têtes, que les meurtriers avaient gardées pour les vendre.

XLVIII. Pison achevait la trente et unième année d'une vie dont la renommée est plus à envier que la fortune. Deux de ses frères avaient péri, Magnus par la main de Claude, Crassus par celle de Néron. Lui-même longtemps exilé, quatre jours César, n'eut sur son frère aîné la préférence d'une adoption précipitée, que pour être tué le premier. Vinius vécut cinquante-sept ans avec des mœurs diverses. Son père était d'une famille honorée de la préture; son aïeul maternel avait été proscrit sous les triumvirs. Ses premières armes, qu'il fit sous Calvisius Sabinus, le laissèrent déshonoré. La femme de ce chef, follement curieuse de voir l'intérieur du camp, s'y glissa de nuit en habit de soldat,

permisit	permit
corpora concedi	les corps être remis
sepulturæ	pour la sépulture
cremarique.	et être brûlés.
Uxor Verania	*Sa* femme Vérania
ac frater Scribonianus	et *son* frère Scribonianus
composuere Pisonem,	ensevelirent Pison,
filia Crispina	sa fille Crispina
Titum Vinium,	*ensevelit* Titus Vinius,
capitibus quæsitis	*leurs* têtes ayant été cherchées
redemptisque,	et ayant été rachetées,
quæ interfectores	lesquelles *têtes* les meurtriers
servaverant venalia.	avaient gardées à-vendre.
XLVIII. Piso explebat	XLVIII. Pison accomplissait
unum et tricesimum annum	la trente et unième année
ætatis,	de *son* âge,
fama meliore	avec une réputation meilleure
quam fortuna.	que *sa* fortune.
Interfecerant	*Claude et Néron* avaient tué
fratres ejus	les frères de lui
Claudius Magnum,	Claude *avait tué* Magnus,
Nero Crassum :	Néron *avait tué* Crassus :
ipse diu exul,	lui-même longtemps exilé,
Cæsar quatriduo,	César l'espace-de-quatre-jours,
prælatus est fratri majori	fut préféré à *son* frère aîné
adoptione properata	par une adoption précipitée
ad hoc tantum,	pour cela seulement,
ut occideretur prior.	pour qu'il fût tué le premier.
Titus Vinius egit	Titus Vinius passa (vécut)
quinquaginta septem annos	cinquante-sept ans
moribus variis.	avec des mœurs diverses.
Pater illi	Le père à lui
familia prætoria,	*était* d'une famille de-préteurs,
avus maternus	*son* aïeul maternel
e proscriptis.	*était* des proscrits.
Infamis	*Il avait été* décrié
prima militia :	par *sa* première campagne :
habuerat legatum	il avait eu *pour* général
Calvisium Sabinum,	Calvisius Sabinus,
cujus uxor	dont la femme
mala cupidine visendi	par le mauvais désir d'aller-voir
situm castrorum,	la disposition d'un camp,
ingressa per noctem	étant entrée pendant la nuit
habitu militari,	sous un costume militaire,

tari habitu ingressa, cum vigilias et cetera militiæ munia eadem lascivia temerasset, in ipsis principiis stuprum ausa est : criminis hujus reus Titus Vinius arguebatur. Igitur jussu Gaii Cæsaris oneratus catenis, mox mutatione temporum dimissus, cursu honorum inoffenso legioni post præturam præpositus probatusque, servili deinceps probro respersus est tanquam scyphum aureum in convivio Claudii furatus, et Claudius postera die soli omnium Vinio fictilibus ministrari jussit. Sed Vinius pro consule Galliam Narbonensem severe integreque rexit; mox Galbæ amicitia in abruptum tractus, audax, callidus, promptus et, prout animum intendisset, pravus aut industrius, eadem vi. Testamentum Titi Vinii magnitudine opum irritum; Pisonis supremam voluntatem paupertas firmavit.

et après avoir, avec la même indiscrétion, affronté les gardes et porté sur tous les détails du service des regards téméraires, elle osa se prostituer dans l'enceinte même des aigles, et Vinius fut accusé d'être son complice. L'empereur Gaïus le fit charger de chaînes ; mais bientôt les temps changèrent, et Vinius, redevenu libre, parcourut sans obstacle la carrière des honneurs. Il eut, après sa préture, le commandement d'une légion, et s'y fit estimer. Dans la suite il fut entaché d'un opprobre fait pour des esclaves : on le soupçonna d'avoir volé une coupe d'or à la table de Claude; et le lendemain Claude ordonna que, de tous les convives, le seul Vinius fût servi en vaisselle de terre. Proconsul de la Gaule narbonnaise, il la gouverna toutefois avec fermeté et désintéressement. Bientôt la faveur de Galba le précipita sans retour ; audacieux, rusé, entreprenant, et, selon qu'il tournait l'activité de son âme, portant dans le bien ou dans le mal une égale énergie. Le testament de Vinius demeura sans effet à cause de ses grandes richesses; la pauvreté de Pison protégea ses dernières volontés.

cum temerasset	lorsqu'elle eut profané *par sa pré-*
vigilias	les postes-des-gardes [*sence*
et cetera munia	et les autres fonctions
militiæ	du service-militaire
eadem lascivia,	avec la même effronterie,
ausa est stuprum	osa *commettre* un adultère
in principiis ipsis.	dans le quartier-général lui-même.
Titus Vinius arguebatur	Titus Vinius était accusé
reus hujus criminis.	*comme* coupable de ce crime.
Igitur oneratus catenis	Donc chargé de chaînes
jussu Gaii Cæsaris,	par l'ordre de Gaius César,
mox dimissus	puis relâché
mutatione temporum,	par-suite du changement des temps,
præpositus legioni	préposé à une légion
post præturam	après la préture
cursu honorum	par une carrière d'honneurs
inoffenso	non-traversée
probatusque,	et approuvé (s'étant fait estimer),
respersus est deinceps	il fut couvert ensuite
probro servili,	d'un opprobre servile,
tanquam furatus,	comme ayant dérobé
scyphum aureum	une coupe d'-or
in convivio Claudii,	dans un festin de Claude,
et Claudius	et Claude
die postera	le jour suivant
jussit ministrari	ordonna être servi
fictilibus	dans des *vases* de terre
Vinio soli omnium.	à Vinius seul de tous.
Sed Vinius pro consule	Mais Vinius proconsul
rexit Galliam Narbonensem	gouverna la Gaule narbonnaise
severe integreque ;	sévèrement et intègrement ;
mox tractus in abruptum	puis entraîné dans l'abîme
amicitia Galbæ,	par l'amitié de Galba,
audax, callidus, promptus,	audacieux, rusé, résolu,
et, prout	et, selon-que
intendisset animum,	il avait dirigé *son* esprit,
pravus aut industrius,	pervers ou actif,
eadem vi.	avec la même force.
Testamentum Titi Vinii	Le testament de Titus Vinius
irritum	*fut* nul
magnitudine	par-suite-de la grandeur
opum ;	des richesses ;
paupertas firmavit	la pauvreté confirma
supremam voluntatem Pisonis.	la dernière volonté de Pison.

XLIX. Galbæ corpus diu neglectum et licentia tenebrarum plurimis ludibriis vexatum dispensator Argius e prioribus servis humili sepultura in privatis ejus hortis contexit. Caput per lixas calonesque suffixum laceratumque ante Patrobii tumulum (libertus is Neronis punitus a Galba fuerat) postera demum die repertum et cremato jam corpori admixtum est. Hunc exitum habuit Servius Galba, tribus et septuaginta annis quinque principes prospera fortuna emensus et alieno imperio felicior quam suo. Vetus in familia nobilitas [1], magnæ opes : ipsi medium ingenium, magis extra vitia quam cum virtutibus. Famæ nec incuriosus nec venditator; pecuniæ alienæ non appetens, suæ parcus, publicæ avarus; amicorum libertorumque, ubi in bonos incidisset, sine reprehensione patiens, si mali forent, usque ad culpam ignarus. Sed claritas

XLIX. Le corps de Galba, longtemps abandonné, fut, dans la licence des ténèbres, le jouet de mille outrages. Enfin Argius, intendant de ce prince et l'un de ses anciens esclaves, lui donna dans les jardins qu'il avait avant d'être empereur une humble sépulture. Sa tête, que des vivandiers et des valets d'armée avaient attachée à une pique et déchirée cruellement, fut retrouvée le lendemain seulement devant le tombeau de Patrobius, un affranchi de Néron puni par Galba. On en mêla les cendres à celles du corps, qui déjà était brûlé. Telle fut la fin de Servius Galba, qui, dans une carrière de soixante-treize ans, traversa cinq règnes toujours favorisé de la fortune, et plus heureux sous l'empire d'autrui que sur le trône. Il tenait de sa famille une antique noblesse et une grande opulence; d'ailleurs génie médiocre, exempt de vices plutôt que vertueux; sans indifférence pour la renommée et sans ostentation de vaine gloire, ne désirant point le bien d'autrui, économe du sien, avare de celui de l'État; avec ses amis et ses affranchis, d'une faiblesse sans crime, quand ils se rencontraient gens de bien; d'un aveuglement inexcusable, s'ils étaient méchants. Au reste, il dut une chose à l'éclat de sa naissance et au

XLIX. Dispensator Argius
e prioribus servis
contexit humili sepultura
in hortis privatis ejus
corpus Galbæ
neglectum diu
et vexatum
plurimis ludibriis
licentia tenebrarum.
Caput suffixum
per lixas calonesque
laceratumque
repertum
die postera demum
ante tumulum Patrobii
(is libertus Neronis
fuerat punitus a Galba)
et admixtum est
corpori jam cremato.
Servius Galba
habuit hunc exitum,
emensus quinque principes
tribus et septuaginta annis
fortuna prospera
et felicior imperio alieno
quam suo.
Vetus nobilitas,
magnæ opes in familia :
ipsi ingenium medium,
magis extra vitia
quam cum virtutibus.
Nec incuriosus nec venditator
famæ ;
non appetens pecuniæ alienæ,
parcus suæ,
avarus publicæ ;
patiens amicorum
libertorumque
sine reprehensione,
ubi incidisset in bonos,
ignarus
usque ad culpam,
si forent mali.
Sed claritas natalium

XLIX. *Son* intendant Argius
de *ses* premiers (anciens) esclaves
couvrit d'une humble sépulture
dans les jardins privés de lui
le corps de Galba
négligé longtemps
et maltraité
par de nombreux outrages
par-suite-de la licence des ténèbres.
Sa tête attachée-à *une pique*
par des vivandiers et des goujats
et déchirée
fut trouvée
le jour suivant seulement
devant le tombeau de Patrobius
(celui-ci affranchi de Néron
avait été puni par Galba)
et fut réunie
au corps déjà brûlé.
Servius Galba
eut cette fin,   [règnes)
ayant traversé cinq princes (cinq
pendant soixante-treize ans
avec une fortune prospère   [trui
et plus-heureux sous le règne d'-au-
que par le sien.
Une ancienne noblesse,   [famille :
de grandes richesses dans *sa*
à lui-même un génie médiocre,
plus en-dehors des vices
qu'avec des vertus.
Ni insouciant ni *ne* faisant-parade
de la renommée ;
ne désirant pas l'argent d'-autrui,
économe du sien,
avare de *l'argent* public ;
endurant avec *ses* amis
et *ses* affranchis
sans (encourir de) blâme,
quand il était tombé sur des bons,
ignorant *de ce qu'ils faisaient*
jusqu'à la faute,
s'ils étaient méchants.
Mais l'illustration de *sa* naissance

natalium et metus temporem obtentui, ut, quod segnitia erat, sapientia vocaretur. Dum vigebat ætas, militari laude apud Germanias floruit. Pro consule Africam moderate, jam senior citeriorem Hispaniam pari justitia continuit, major privato visus, dum privatus fuit, et omnium consensu capax imperii, nisi imperasset.

L. Trepidam urbem ac simul atrocitatem recentis sceleris, simul veteres Othonis mores paventem novus insuper de Vitellio nuntius exterruit, ante cædem Galbæ suppressus, ut tantum superioris Germaniæ exercitum descivisse crederetur. Tum duos omnium mortalium impudicitia, ignavia, luxuria deterrimos velut ad perdendum imperium fataliter electos non senatus modo et eques, quis aliqua pars et cura rei publicæ, sed vulgus quoque palam mærere. Nec jam recentia sævæ pacis exempla, sed repetita

malheur des temps : c'est que l'indolence de son caractère passa pour sagesse. Dans la vigueur de l'âge, il s'illustra par les armes en Germanie. Proconsul, il gouverna l'Afrique avec modération, déjà vieux, il fit respecter à l'Espagne citérieure le même esprit de justice ; élevé par l'opinion au-dessus de la condition privée, tant qu'il n'en sortit pas ; et, de l'aveu de tous, digne de l'empire, s'il n'eût pas régné.

L. Rome effrayée tremblait à l'aspect du crime qui venait de l'ensanglanter, et au souvenir des anciennes mœurs d'Othon, lorsque pour surcroît de terreur elle apprit la révolte de Vitellius, dont on avait caché la nouvelle jusqu'à la mort de Galba, pour laisser croire que la défection se bornait à l'armée de la Haute-Germanie. C'est alors qu'on déplora la fatalité qui semblait avoir choisi pour perdre l'empire du monde les deux hommes les plus impudiques, les plus lâches, les plus dissolus. Et non seulement le sénat et les chevaliers, qui ont quelque part et prennent quelque intérêt aux affaires publiques, mais la multitude même éclatait en gémissements. On ne parlait plus des récentes cruautés d'une paix sanguinaire : c'est dans les guerres civiles

et metus temporum
obtentui,
ut quod erat segnitia,
vocaretur sapientia.
Dum ætas vigebat,
floruit laude militari
apud Germanias.
Pro consule
continuit Africam moderate,
jam senior
Hispaniam citeriorem
pari justitia,
visus major privato,
dum fuit privatus,
et capax imperii
consensu omnium,
nisi imperasset.
  L. Insuper novus nuntius
de Vitellio,
suppressus ante cædem Galbæ,
ut crederetur
exercitum tantum
Germaniæ superioris
descivisse,
exterruit urbem trepidam
ac paventem simul
atrocitatem sceleris recentis,
simul veteres mores
Othonis.
Tum non modo senatus
et eques,
quis aliqua pars
et cura rei publicæ,
sed vulgus quoque
mærere palam
duos deterrimos
omnium mortalium
impudicitia, ignavia, luxuria,
electos fataliter,
velut ad imperium perdendum.
Nec jam loquebantur
exempla recentia
pacis sævæ,
sed memoria bellorum civilium

et la crainte des (qu'inspiraient les)
furent à excuse,   [temps
de-sorte-que *ce* qui était indolence,
était appelé sagesse.
Tandis-que *son* âge était-vigoureux
il se-distingua par la gloire mili-
dans les Germanies.   [taire
Proconsul   [tion,
il contint l'Afrique avec-modéra-
déjà plus vieux
il contint l'Espagne citérieure
avec la même justice, [ticulier,
ayant paru plus-grand qu'un par-
tant-qu'il fut un particulier,
et capable (digne) de l'empire
du consentement de tous,
s'il n'eût pas été-empereur.
  L. En-outre un nouveau message
touchant Vitellius,
supprimé avant le meurtre de Galba
afin-que l'on crût
l'armée seulement
de la Germanie supérieure
avoir fait-défection,
épouvanta la ville alarmée
et effrayée en-même-temps
de l'atrocité du crime récent,
en-même-temps des anciennes
d'Othon.   [mœurs
Alors non seulement le sénat
et le chevalier (les chevaliers),
auxquels *était* quelque part
et souci de la chose publique,
mais la foule même
s'-affliger ouvertement
les deux plus-mauvais
de tous les mortels
par l'impudicité, la lâcheté, le luxe,
avoir été élus fatalement [perdu.
comme pour l'empire devant être
Ni ils ne parlaient plus
des exemples récents,
d'une paix cruelle,
mais le souvenir des guerres civiles

bellorum civilium memoria, captam totiens suis exercitibus urbem, vastitatem Italiæ, direptiones provinciarum, Pharsaliam ac Mutinam, Philippos et Perusiam, nota publicarum cladium nomina, loquebantur. Prope eversum orbem, etiam cum de principatu inter bonos certaretur, sed mansisse Gaio Julio, mansisse Cæsare Augusto victore imperium ; mansuram fuisse sub Pompeio Brutoque rem publicam : nunc pro Othone an pro Vitellio in templa ituros? utrasque impias preces, utraque detestanda vota inter duos, quorum bello solum id scires, deteriorem fore qui vicisset [1]. Erant qui Vespasianum et arma Orientis augurarentur ; et, ut potior utroque Vespasianus, ita bellum aliud atque alias clades horrebant. Et ambigua de Vespasiano fama ; solusque omnium ante se principum in melius mutatus est.

LI. Nunc initia causasque motus Vitelliani expediam.

qu'on allait chercher des souvenirs. Rome tant de fois prise par ses propres armées, la dévastation de l'Italie, le pillage des provinces, et Pharsale, et Philippes, et Pérouse, et Modène, tous ces noms illustrés par les désastres publics, étaient dans toutes les bouches. « On avait vu l'univers presque renversé de la secousse, alors même que c'étaient de grands hommes qui se disputaient le pouvoir. Et toutefois après la victoire de César, après la victoire d'Auguste, l'empire était resté debout. Sous Pompée et Brutus, la république n'aurait pas cessé d'être. Mais Othon, mais un Vitellius, pour lequel des deux irait-on dans les temples? Ah! toutes les prières seraient impies, tous les vœux sacriléges entre des rivaux dont le combat n'aboutirait qu'à montrer le plus méchant dans le vainqueur. » Quelques-uns voyaient de loin Vespasien, et l'Orient en armes. Mais si on préférait Vespasien aux deux autres, on frémissait à l'idée que c'était une guerre et des malheurs de plus. La réputation de Vespasien était d'ailleurs équivoque ; et de tous les princes, il est le premier que le trône ait rendu meilleur.

LI. J'exposerai maintenant la naissance et les causes du sou-

repetita,	étant repris,
urbem captam totiens	de la ville prise tant-de-fois
suis exercitibus,	par ses armées,
vastitatem Italiæ,	de la dévastation de l'Italie,
direptiones provinciarum,	des pillages des provinces,
Pharsaliam ac Mutinam,	de Pharsale et de Modène,
Philippos et Perusiam,	de Philippes et de Pérouse,
nomina nota	noms connus
cladium publicarum.	de désastres publics.
Orbem prope eversum,	Le monde *avoir été* presque bouleversé,
etiam cum certaretur	même lorsqu'on disputait
inter bonos	entre les bons
de principatu,	au-sujet-du premier-rang,
sed imperium mansisse	mais l'empire avoir subsisté
Gaio Julio,	Gaius Julius *étant vainqueur*,
mansisse	avoir subsisté
Cæsare Augusto victore,	César Auguste *étant* vainqueur,
rempublicam mansuram fuisse	la république avoir dû subsister
sub Pompeio Brutoque :	sous Pompée et Brutus :
nunc ituros	maintenant devoir aller (iraient-ils)
in templa	dans les temples
pro Othone an pro Vitellio?	pour Othon ou pour Vitellius?
utrasque preces	l'une-et-l'autre prière
impias,	*devoir être* impie,
utraque vota detestanda	l'un-et-l'autre vœu exécrable
inter duos	entre deux *rivaux*
bello quorum	par la lutte desquels
scires id solum	tu saurais cela seulement
fore deteriorem	celui-là devoir être le-plus-mauvais
qui vicisset.	qui aurait vaincu.
Erant qui augurarentur	Il *en* était qui pressentaient
Vespasianum et arma Orientis;	Vespasien et les armes de l'Orient;
et, ut Vespasianus	et, de-même-que Vespasien
potior utroque,	*était* préférable à l'un-et-à-l'autre,
ita horrebant	de-même ils redoutaient
aliud bellum atque alias clades.	une autre guerre et d'autres désastres.
Et fama	D'ailleurs la renommée
ambigua de Vespasiano ;	*était* équivoque au-sujet-de Vespasien
solusque omnium principum	et seul de tous les princes
ante se	avant lui
mutatus est in melius.	il fut changé en mieux.
LI. Nunc expediam	LI. Maintenant j'expliquerai
initia causasque	les commencements et les causes
motus Vitelliani.	du mouvement vitellien.

Cæso cum omnibus copiis Julio Vindice ferox præda gloriaque exercitus, ut cui sine labore ac periculo ditissimi belli victoria evenisset, expeditionum feracium[1] præmia quam stipendia malebat. Diu infructuosam et asperam militiam toleraverant ingenio loci cælique et severitate disciplinæ, quam in pace inexorabilem discordiæ civium resolvunt, paratis utrinque corruptoribus et perfidia impunita. Viri, arma, equi ad usum et ad decus supererant. Sed ante bellum centurias tantum suas turmasque noverant; exercitus finibus provinciarum discernebantur : tum adversus Vindicem contractæ legiones, seque et Gallias expertæ, quærere rursum arma novasque discordias; nec socios, ut olim, sed hostes et victos vocabant. Nec deerat pars Galliarum, quæ Rhenum accolit, easdem partes secuta ac tum

lèvement de Vitellius. Julius Vindex avait péri avec toutes ses troupes. Ivre de gloire et chargée de butin, l'armée qui, sans fatigue ni péril avait remporté cette riche victoire, ne parlait plus que d'expéditions lucratives : la solde n'était rien, elle voulait des dépouilles. Elle avait porté longtemps le poids d'un service ingrat et laborieux, dans un pays pauvre, sous un ciel âpre et une discipline sévère : or la discipline, inflexible dans la paix, se relâche dans les discordes civiles, où des deux côtés les corrupteurs sont tout prêts, et les traîtres impunis. Hommes, armes, chevaux; on en avait assez pour le besoin, assez même pour la représentation. Mais avant la guerre chaque soldat ne connaissait que sa centurie ou son escadron; les limites des provinces séparaient aussi les armées. Depuis que, réunies contre Vindex, les légions eurent appris à se connaître et elles-mêmes et les Gaules, elles cherchaient une nouvelle guerre, de nouvelles dissensions. Ce n'était plus comme auparavant le nom d'alliés qu'elles donnaient aux Gaulois, mais celui d'ennemis et de vaincus. La partie de la Gaule qui touche au Rhin partageait cet esprit. Elle avait embrassé la même cause que l'armée, et c'est de là que partaient

Julio Vindice cæso	Julius Vindex ayant été massacré
cum omnibus copiis,	avec toutes ses troupes,
exercitus ferox	l'armée fière
præda gloriaque	de butin et de gloire
malebat præmia	aimait-mieux les récompenses
expeditionum feracium	d'expéditions fructueuses
quam stipendia,	que les soldes (la solde),
ut cui	comme *une armée* à laquelle
evenisset	était échue
sine labore ac periculo	sans fatigue et danger
victoria belli ditissimi.	la victoire d'une guerre très-riche.
Toleraverant diu	Ils avaient supporté longtemps
militiam	un service
infructuosam et asperam	infructueux et rude
ingenio loci cœlique	par la nature du lieu et du ciel
et severitate disciplinæ,	et par la sévérité de la discipline,
quam inexorabilem in pace	laquelle inexorable dans la paix
discordiæ civium	les discordes des citoyens
resolvunt,	détendent,
corruptoribus paratis	des corrupteurs *étant* prêts
utrinque	de-l'un-et-l'autre-côté
et perfidia impunita.	et la perfidie *étant* impunie.
Viri, arma, equi	Hommes, armes, chevaux
supererant ad usum	étaient-en-abondance pour le besoin
et ad decus.	et pour l'ornement.
Sed ante bellum	Mais avant la guerre
noverant tantum	ils connaissaient seulement
suas centurias turmasque ;	leurs centuries et *leurs* escadrons ;
exercitus discernebantur	les armées étaient divisées
finibus provinciarum :	par les limites des provinces :
legiones contractæ tum	les légions ayant été réunies alors
adversus Vindicem,	contre Vindex, [les Gaules,
expertæ seque et Gallias,	ayant éprouvé et elles-mêmes et
quærere rursum	chercher de-nouveau
arma	des armes (des guerres)
novasque discordias ;	et de nouvelles discordes ;
nec vocabant	et ils n'appelaient plus *les Gaulois*
socios,	alliés,
ut olim,	comme autrefois,
sed hostes et victos.	mais ennemis et vaincus.
Nec pars Galliarum,	Ni la partie des Gaules,
quæ accolit Rhenum,	qui habite-près du Rhin,
deerat,	*ne* faisait-défaut, [*mée*
secuta easdem partes	ayant suivi le même parti *que l'ar-*

acerrima instigatrix adversum Galbianos ; hoc enim nomen, fastidito Vindice, indiderant. Igitur Sequanis Æduisque ac deinde, prout opulentia civitatibus inerat, infensi, expugnationes urbium, populationes agrorum, raptus penatium hauserunt animo, super avaritiam et arrogantiam, præcipua validiorum vitia, contumacia Gallorum irritati, qui remissam sibi a Galba quartam tributorum partem et publice donatos in ignominiam exercitus, jactabant. Acessit callide vulgatum, temere creditum, decumari legiones et promptissimum quemque centurionum dimitti. Undique atroces nuntii, sinistra ex urbe fama ; infensa Lugdunensis colonia et pertinaci pro Nerone fide[1] fecunda rumoribus ; sed plurima ad fingendum credendumque materies in ipsis castris, odio, metu, et, ubi vires suas respexerant, securitate.

maintenant les plus violentes instigations contre les Galbiens : tel est le nom que, par dédain pour Vindex, on avait donné au parti de ce chef. Animé contre les Séquanes, les Éduens et les autres cités, d'une haine qu'il mesurait à leur opulence, le soldat repaissait sa pensée de la prise des villes, de la désolation des campagnes, du pillage des maisons. A l'avarice et à l'arrogance, vices dominants de qui se sent le plus fort, se joignait, pour aigrir les esprits, l'insolence des Gaulois qui, en se vantant que Galba leur avait remis le quart des tributs et donné les récompenses publiques, prenaient plaisir à braver l'armée. Le mal s'accrut du bruit adroitement semé, légèrement accueilli, qu'on allait décimer les légions et congédier les centurions les plus braves. De toutes parts venaient des nouvelles menaçantes ; la renommée n'apportait de Rome que de sinistres récits ; la colonie lyonnaise était mécontente, et, dans son opiniâtre attachement à Néron, il n'était sorte de rumeurs dont elle ne fût la source. Mais le mensonge et la crédulité avaient dans les camps surtout un fonds inépuisable : la haine, la crainte, et, à côté de la crainte, la réflexion qui compte ses forces et se sent rassurée.

ac tum	et alors
instigatrix acerrima	instigatrice très-acharnée
adversus Galbianos;	contre les Galbiens;
indiderant enim	ils *leur* avaient donné en-effet
hoc nomen	ce nom
Vindice fastidito.	Vindex ayant été dédaigné.
Igitur infensi	Donc hostiles
Sequanis Æduisque	aux Séquanes et aux Éduens
ac deinde, prout opulentia	et ensuite, selon-que l'opulence
inerat civitatibus,	était-dans les cités,
hauserunt animo	ils avaient saisi par l'esprit
expugnationes urbium,	des prises-d'assaut de villes,
populationes agrorum,	des ravages de champs,
raptus penatium,	des pillages de pénates,
irritati,	ayant été irrités,
super avaritiam	outre *leur* avarice
et arrogantiam,	et *leur* arrogance,
vitia præcipua validiorum,	vices principaux des plus-forts,
contumacia Gallorum,	par l'insolence des Gaulois,
qui jactabant	qui publiaient
in ignominiam exercitus	pour l'affront de l'armée
quartam partem tributorum	la quatrième partie des tributs
remissam sibi a Galba	*avoir été* remise à eux par Galba
et donatos	et *soi avoir été* gratifiés
publice.	officiellement.
Accessit	A cela s'-ajouta *un bruit*
callide vulgatum,	habilement répandu,
temere creditum,	légèrement cru,
legiones decumari	les légions être décimées
et quemque centurionum	et chacun des centurions
promptissimum	très-résolu
dimitti.	être congédié. [bles,
Undique nuntii atroces,	De-toute-part des nouvelles terri-
fama sinistra ex urbe;	bruit sinistre *venant* de Rome;
colonia Lugdunensis infensa	la colonie lyonnaise hostile
et fide pertinaci	et d'une fidélité opiniâtre
pro Nerone	pour Néron
fecunda rumoribus;	*était* féconde en rumeurs;
sed materies plurima	mais la matière la-plus-abondante
ad fingendum credendumque	pour inventer et croire
in castris ipsis,	*était* dans le camp même,
odio, metu,	par-suite-de la haine, de la crainte,
et securitate,	et de la sécurité, [ces.
ubi respexerant suas vires.	dès-qu'ils avaient regardé leurs for

LII. Sub ipsas superioris anni Kalendas Decembres Aulus Vitellius inferiorem Germaniam ingressus hiberna legionum cum cura adierat : redditi plerisque ordines, remissa ignominia, allevatæ notæ; plura ambitione, quædam judicio, in quibus sordes et avaritiam Fontei Capitonis adimendis assignandisve militiæ ordinibus integre mutaverat. Nec consularis legati mensura, sed in majus omnia accipiebantur. Et *ut* Vitellius apud severos humilis, ita comitatem bonitatemque faventes vocabant, quod sine modo, sine judicio donaret sua, largiretur aliena; simul aviditate ei parendi [1], ipsa vitia pro virtutibus interpretabantur. Multi in utroque exercitu sicut modesti quietique,

LII. Entré dans la Basse-Germanie vers les kalendes de décembre de l'année précédente, Vitellius avait visité avec soin les quartiers d'hiver des légions, rendant la plupart des grades enlevés, remettant les peines ignominieuses, adoucissant les notes trop sévères; souvent par politique, quelquefois par justice. C'est ainsi que, condamnant la sordide avarice avec laquelle Capiton donnait ou ôtait les emplois militaires, il en répara les injustices avec une impartiale équité. Et ces actes, qui étaient après tout ceux d'un lieutenant consulaire, l'armée en exagérait l'importance. Pour les hommes graves, Vitellius était rampant; la prévention le trouvait affable: elle appelait bonté généreuse la profusion sans mesure ni discernement avec laquelle il donnait son bien, prodiguait celui des autres. J'ajouterai que le désir ardent de lui obéir faisait ériger ses vices mêmes en vertus. S'il y avait dans l'une et l'autre armée beaucoup d'esprits sages et paisibles,

LII.

LII. Aulus Vitellius	LII. Aulus Vitellius
ingressus	entré
Germaniam inferiorem	dans la Germanie inférieure
sub Kalendas ipsas	vers les calendes mêmes
Decembres	de-décembre
anni superioris	de l'année précédente
adierat cum cura	avait visité avec soin
hiberna	les quartiers-d'-hiver
legionum :	des légions :
ordines redditi	les grades *furent* rendus
plerisque,	à la plupart,
ignominia remissa,	les peines-infamantes remises,
notæ	les notes (peines-disciplinaires)
allevatæ ;	allégées ;
plura	*il avait fait* la plupart *de ces choses*
ambitione,	par désir-de-plaire,
quædam judicio,	quelques-unes par discernement,
in quibus mutaverat	dans lesquelles il avait changé
sordes et avaritiam	la ladrerie et l'avarice
Fontei Capitonis	de Fonteius Capiton
ordinibus militiæ	pour les grades de la milice
adimendis assignandisve	étant ôtés ou assignés
integre.	impartialement.
Nec omnia accipiebantur	Et tous *ces actes* n'étaient pas reçus
mensura	selon la mesure
legati consularis,	d'un lieutenant consulaire,
sed omnia	mais tous
in majus.	en plus-grand (tous exagérés).
Et ut Vitellius	Et de-même-que Vitellius
humilis	*était* bas
apud severos,	aux-yeux des *gens* sévères,
ita faventes	ainsi *ceux* qui *le* favorisaient
vocabant	appelaient
comitatem bonitatemque,	douceur et bonté,
quod donaret sua,	qu'il donnât ses *biens*,
largiretur aliena,	prodiguât *ceux* d'-autrui,
sine modo, sine judicio ;	sans mesure, sans discernement ;
simul aviditate	en-même-temps par avidité
parendi ei,	d'obéir à lui,
interpretabantur vitia ipsa	ils interprétaient *ses* vices mêmes
pro virtutibus.	en-guise de vertus.
Sicut multi	De-même-que-beaucoup *étaient*
in utroque exercitu	dans l'une-et-l'autre armée
modesti quietique,	modérés et paisibles,

ita mali et strenui. Sed profusa cupidine et insigni temeritate legati legionum Alienus Cæcina et Fabius Valens; e quibus Valens infensus Galbæ, tanquam detectam a se Verginii cunctationem, oppressa Capitonis consilia ingrate tulisset, instigare Vitellium, ardorem militum ostentans : ipsum celebri ubique fama, nullam in Flacco Hordeonio moram; adfore Britanniam, secutura Germanorum auxilia; male fidas provincias, precarium seni imperium et brevi transiturum : panderet modo sinum et venienti Fortunæ occurreret. Merito dubitasse. Verginium equestri familia, ignoto patre, imparem, si recepisset imperium, tutum, si recusasset : Vitellio tres patris consulatus, censuram, collegium Cæsaris[1] et imponere jam pridem imperatoris digna-

il n'y en avait pas moins de pervers et de remuants. Mais nulle ambition n'était plus effrénée, nulle audace plus entreprenante, que celle des commandants de légions Aliénus Cécina et Fabius Valens. Valens se trouvait mal récompensé d'avoir dénoncé les irrésolutions de Verginius, étouffé les complots de Capiton; et, pour se venger de Galba, il animait Vitellius en lui vantant l'ardeur des gens de guerre. Il lui montrait « sa renommée remplissant tout l'empire, Hordéonius incapable de lui opposer d'obstacle, la Bretagne et les auxiliaires de Germanie disposés à le seconder, la foi des provinces chancelante, la précaire autorité d'un vieillard toute prête à tomber de ses mains. Qu'avait-il à faire, sinon de tendre les bras à la fortune et d'aller au devant d'elle? Hésiter en un tel dessein convenait à Verginius, d'une famille de chevaliers, fils d'un père inconnu : l'empire accepté l'accablait; refusé, le laissait sans péril. Mais Vitellius! un père trois fois consul, censeur, collègue de César, avait depuis longtemps mis sur son ront l'éclat du rang suprême, et lui avait ravi la sécurité de la

ita	de-même *beaucoup étaient*
mali et strenui.	mauvais et remuants.
Sed legati legionum	Mais les lieutenants des légions
Alienus Cæcina	Aliénus Cécina,
et Fabius Valens	et Fabius Valens
cupidine profusa	*étaient* d'une ambition effrénée
et temeritate insigni ;	et d'une témérité insigne ;
e quibus Valens	parmi lesquels Valens
infensus Galbæ,	hostile à Galba
tanquam	comme-si [sance
tulisset ingrate	il avait supporté sans-reconnais-
cunctationem Verginii	l'hésitation de Verginius
detectam a se,	découverte par lui-même,
consilia Capitonis	*et* les desseins de Capiton
oppressa,	étouffés,
instigare Vitellium,	exciter Vitellius, [dats :
ostentans ardorem militum :	en *lui* montrant l'ardeur des sol-
ipsum fama	lui-même (Vitellius) d'une renom-
celebri ubique,	répandue partout, [mée
nullam moram	aucun obstacle
in Flacco Hordeonio ;	dans Flaccus Hordéonius ;
Britanniam adfore,	la Bretagne devoir arriver,
auxilia Germanorum	les auxiliaires d'entre les Germains
secutura ;	devoir suivre ;
provincias male fidas,	les provinces mal fidèles,
imperium precarium	l'empire *être* précaire
seni	pour un vieillard
et transiturum brevi ;	et devoir passer bientôt ;
panderet modo	qu'il ouvrît seulement
sinum	le pli-de-sa-robe
et occurreret	et qu'il se-présentât
Fortunæ venienti.	à la Fortune qui venait.
Verginium familia equestri,	Verginius d'une famille équestre,
patre ignoto,	d'un père inconnu,
imparem,	incapable,
si recepisset imperium,	s'il avait reçu l'empire,
tutum, si recusasset,	en-sûreté, s'il *l'*avait refusé,
dubitasse merito ;	avoir hésité avec-raison ;
tres consulatus,	les trois consulats,
censuram patris,	la censure de son père,
collegium Cæsaris	*et son* titre-de-collègue de César
et imponere jam pridem	et imposer depuis long-temps
Vitellio	à Vitellius
dignationem imperatoris	la dignité d'un empereur

tionem et auferre privati securitatem. Quatiebatur his segne ingenium, ut concupisceret magis quam ut speraret.

LIII. At in superiore Germania Cæcina, decorus juventa, corpore ingens, animi immodicus, scito sermone, erecto incessu, studia militum illexerat. Hunc juvenem Galba, quæstorem in Bætica, impigre in partes suas trangressum legioni præposuit; mox compertum publicam pecuniam avertisse ut peculatorem flagitari jussit. Cæcina ægre passus miscere cuncta et privata vulnera rei publicæ malis operire statuit. Nec deerant in exercitu semina discordiæ, quod et bello adversus Vindicem universus adfuerat, nec nisi occiso Nerone translatus in Galbam atque in eo ipso sacramento vexillis inferioris Germaniæ præventus erat. Et Treveri ac Lingones, quasque alias civitates atrocibus

condition privée. » Ces paroles étaient comme autant de secousses données à cette âme indolente, qui désirait cependant plus qu'elle n'espérait.

LIII. Dans la Haute-Germanie, Cécina, brillant de jeunesse, d'une taille imposante, d'une ambition sans mesure, avait par la séduction de ses discours et la noblesse de sa démarche gagné le cœur des soldats. Questeur en Bétique, il accourut des premiers sous les drapeaux de Galba, qui le mit à la tête d'une légion. Bientôt instruit qu'il avait détourné des deniers publics, ce prince ordonna qu'il fût traduit en justice. Cécina, plutôt que de le souffrir, résolut de tout bouleverser, et de cacher ses blessures privées sous les maux de l'État. L'armée renfermait déjà des semences de discorde. Elle avait marché tout entière contre Vindex, et n'était passée qu'après la mort de Néron sous l'obéissance de Galba. Encore avait-elle été devancée au serment par les détachements de la Basse-Germanie. De plus les Trévires, les Lingons et les autres peuples que Galba avait frappés d'édits menaçants ou

et auferre securitatem
privati.
Ingenium segne
quatiebatur his,
ut concupisceret
magis quam ut speraret.
LIII. At
in Germania superiore
Cæcina, decorus juventa,
ingens corpore,
immodicus animi,
illixerat studia
militum
sermone scito,
incessu erecto.
Galba præposuit legioni
hunc juvenem,
quæstorem in Bælica,
transgressum impigre
in suas partes ;
mox jussit
compertum avertisse
pecuniam publicam
flagitari
ut peculatorem.
Cæcina passus ægre
statuit miscere cuncta
et operire vulnera privata
malis rei publicæ.
Nec semina discordiæ
deerant in exercitu,
quod et adfuerat
universus
bello adversus Vindicem,
nec translatus in Galbam
nisi Nerone occiso,
atque erat præventus
in sacramento eo ipso
vexillis
Germaniæ inferioris.
Et Treveri ac Lingones,
quasque alias civitates
Galba perculerat
edictis atrocibus

et *lui* enlever la sécurité
d'un particulier.
Ce caractère indolent
était secoué par ces *propos*,
de-telle-sorte-qu'il convoitait
plus qu'il n'espérait.
LIII. Mais
dans la Germanie supérieure
Cécina, beau de jeunesse,
grand de corps, [bition),
immodéré d'esprit (dans son am-
avait gagné les penchants
des soldats
par un langage habile,
une démarche élevée (noble).
Galba préposa à une légion,
celui-ci jeune *encore*,
questeur dans la Bétique,
ayant passé promptement
dans son parti ;
puis il ordonna
lui convaincu d'avoir détourné
de l'argent public
être cité *en justice*
comme concussionnaire. [peine
Cecina ayant souffert *cela* avec-
résolut de bouleverser tout
et de couvrir *ses* blessures privées
par les maux de la chose publique.
Ni les semences de discorde
ne manquaient dans l'armée,
parce-que et elle avait assisté-
tout-entière
à la guerre contre Vindex,
et-n'avait pas passé à Galba
sinon Néron tué,
et avait été prévenue
dans le serment même
par des détachements
de la Germanie inférieure.
Et les Trévires et les Lingons,
et *les cités* lesquelles autres cités
Galba avait frappées
par des édits cruels

edictis aut damno finium Galba perculerat, hibernis legionum propius miscentur : unde seditiosa colloquia et inter paganos corruptior miles et in Verginium favor cuicumque alii profuturus.

LIV. Miserat civitas Lingonum vetere instituto dona legionibus dextras [1], hospitii insigne. Legati eorum in squalorem mœstitiamque compositi per principia, per contubernia, modo suas injurias, modo vicinarum civitatium præmia, et, ubi pronis militum auribus accipiebantur, ipsius exercitus pericula et contumelias conquerentes accendebant animos. Nec procul seditione aberant, cum Hordeonius Flaccus abire legatos, utque occultior digressus esset, nocte castris excedere jubet. Inde atrox rumor, affirmantibus plerisque interfectos, ac, ni sibi ipsi consulerent, fore ut acerrimi militum et præsentia conquesti per tenebras et

d'une diminution de territoire, voisins de cette armée, se mêlaient chaque jour à ses quartiers d'hiver. De là des entretiens séditieux, et l'esprit du soldat gâté par le commerce des habitants, et la popularité de Verginius prête à passer à qui voudrait en profiter.

LIV. La cité des Lingons, d'après un ancien usage, avait envoyé en présent aux légions deux mains entrelacées, symbole d'hospitalité. Ses députés, couverts de deuil et avec une contenance abattue, parcouraient la place d'armes, allaient de tentes en tentes, se plaignant tour à tour de leurs propres disgrâces et du bonheur des cités voisines ; puis, voyant le soldat prêter l'oreille, ils en venaient aux périls et aux humiliations de l'armée elle-même, et enflammaient ainsi les esprits. Déjà tout annonçait une sédition prochaine, lorsque Hordéonius Flaccus ordonna aux députés de retourner chez eux ; et, afin de cacher leur départ, il les fit sortir du camp pendant la nuit. De là d'affreux soupçons : on assura qu'ils avaient été massacrés, et que, si on n'y prenait garde, les plus braves soldats, tous ceux qui s'étaient permis quelques plaintes, seraient égorgés dans les ténèbres, à l'insu de *leur*

aut damno finium,
miscentur propius
hibernis legionum :
unde colloquia seditiosa
et miles corruptior
inter paganos
et favor in Verginium
profuturus
alii cuicumque.
   LIV. Civitas Lingonum
miserat
vetere instituto
dona legionibus
dextras, insigne hospitii.
Legati eorum
compositi in squalorem
mæstitiamque
conquerentes per principia,
per conturbernia,
modo suas injurias,
modo præmia
civitatium vicinarum,
et, ubi accipiebantur
auribus pronis
militum,
pericula et contumelias
exercitus ipsius,
accendebant animos.
Nec aberant procul
seditione,
cum Hordeonius Flaccus
jubet legatos abire,
utque digressus
esset occultior,
excedere castris nocte.
Inde rumor atrox,
plerisque affirmantibus
interfectos,
ac, ni consulerent ipsi
sibi,
fore ut acerrimi militum
et conquesti
præsentia
occiderentur per tenebras

ou d'une perte de territoire,
se mêlent de plus près
aux quartiers-d'-hiver des légions :
d'-où des entretiens séditieux
et le soldat plus corrompu
au-milieu des gens-du-pays
et la faveur pour Verginius
devant profiter
à un autre quelconque.
   LIV. La cité des Lingons
avait envoyé
selon une ancienne coutume
comme dons aux légions
des mains, symbole d'hospitalité.
Les députés d'eux
arrangés en extérieur-négligé
et en tristesse   [place-d'armes,
se-plaignant *en allant* dans la
dans les tentes,   [tre eux),
tantôt de leurs torts (des torts con-
tantôt des récompenses
des (accordées aux) villes voisines,
et, quand ils étaient accueillis
par les oreilles penchées (complai-
des soldats,   [santes)
des périls et des affronts
de l'armée elle-même,
enflammaient les esprits.
Ni ils n'étaient-éloignés loin
de la sédition,
lorsque Hordéonius Flaccus
ordonne les députés s'-en-aller,
et pour que le départ
fût plus secret,
sortir du camp la nuit.
De-là une rumeur affreuse,
la plupart assurant
les députés avoir été tués,
et, s'ils ne veillaient eux-mêmes
pour eux-mêmes,   [soldats
devoir arriver que les plus vifs des
et s'-étant plaints
des choses présentes   [bres
seraient tués à-la-faveur des téné-

inscitiam ceterorum occiderentur. Obstringuntur inter se tacito fœdere legiones, adsciscitur auxiliorum miles, primo suspectus tanquam circumdatis cohortibus alisque impetus in legiones pararetur, mox eadem acrius volvens, faciliore inter malos consensu ad bellum quam in pace ad concordiam.

LV. Inferioris tamen Germaniæ legiones sollemni[1] kalendarum Januariarum sacramento pro Galba adactæ, multa cunctatione et raris primorum ordinum vocibus, ceteri silentio proximi cujusque audaciam exspectantes, insita mortalibus natura, propere sequi quæ piget inchoare. Sed ipsis legionibus inerat diversitas animorum : primani quintanique turbidi adeo, ut quidam saxa in Galbæ imagines jecerint; quinta decima ac sexta decima legiones nihil ultra fremitum et minas ausæ initium erumpendi circumspectabant. At in superiore exercitu[2] quarta et duoetvicesima

camarades. Les légions se donnent secrètement leur foi. La ligue formée, on y reçoit les auxiliaires, qui, suspects d'abord, comme pouvant servir à écraser les légions ainsi enveloppées d'escadrons et de cohortes, furent bientôt les plus ardents à conspirer avec elles : tant l'accord des méchants pour la guerre est plus facile que leur union dans la paix!

LV. Cependant les légions de la Basse-Germanie prêtèrent à Galba le serment accoutumé des kalendes de janvier. Ce ne fut pas sans hésiter beaucoup, et des premiers rangs seulement partirent quelques acclamations isolées. Dans tous les autres, chacun attendait en silence qu'un plus hardi que soi commençât la révolte; car telle est la nature de l'homme : on se hâte de suivre un exemple que l'on n'oserait donner. Du reste, l'animosité n'était pas la même dans toutes les légions. La première et la cinquième étaient si agitées qu'on y lança des pierres contre les images de Galba. La quinzième et la seizième, sans rien hasarder que des menaces, regardaient autour d'elles si quelqu'un éclaterait. Le signal partit de l'armée du Haut-Rhin. Le jour même des kalendes de janvier, la quatrième et la vingt-deuxième légion, can-

et inscitiam ceterorum.
Legiones obstringuntur inter se
fœdere tacito,
miles auxiliorum
adsciscitur,
primo suspectus,
tanquam cohortibus alisque
circumdatis
impetus pararetur
in legiones,
mox volvens eadem
acrius,
consensu inter malos
faciliore ad bellum,
quam in pace ad concordiam.
  LV. Legiones tamen
Germaniæ inferioris adactæ
sacramento sollemni
kalendarum Januariarum,
multa cunctatione
et raris vocibus
primorum ordinum,
ceteri exspectantes silentio
audaciam cujusque proximi,
natura
insita mortalibus,
sequi propere
quæ piget inchoare.
Sed diversitas animorum
inerat legionibus ipsis :
primani
quintanique
adeo turbidi,
ut quidam jecerint saxa
in imagines Galbæ ;
legiones quinta decima
ac sexta decima
ausæ nihil ultra
fremitum et minas
circumspectabant
initium erumpendi.
At in exercitu superiore
legiones quarta
et duoetvicesima

et de (à) l'insu de tous-les-autres.
Les légions sont liées entre elles
par un pacte tacite,
le soldats des auxiliaires,
est appelé-comme *complice*,
d'abord suspect,   [drons
comme-si des cohortes et des esca-
étant placés-autour
une attaque était préparée
contre les légions,
puis roulant les mêmes *projets*
plus-vivement,
l'accord entre les méchants
étant plus-facile pour la guerre,
que dans la paix pour la concorde.
  LV. Les légions cependant
de la Germanie inférieure *furent*
par le serment annuel   [obligées
des kalendes de-janvier,
avec beaucoup d'hésitation
et de rares acclamations
des premiers rangs,
les autres attendant en silence
la hardiesse de celui plus proche,
cette disposition-naturelle
étant innée aux mortels,
de suivre promptement   [cer-
les choses qu'on a-peine à commen-
Mais la diversité des sentiments
était-dans les légions elles-mêmes :
les soldats-de-la-première
et-de-la-cinquième-légion
tellement agités,   [pierres
que quelques-uns jetèrent des
contre les images de Galba ;
les légions quinzième
et seizième
n'ayant osé rien au-delà
du murmure et des menaces
attendaient   [clater.
le commencement (le signal) d'é-
Mais dans l'armée supérieure
les légions quatrième
et vingt-deuxième

legiones, iisdem hibernis! tendentes, ipso kalendarum Januariarum die dirumpunt imagines Galbæ, quarta legio promptius, duoetvicesima cunctanter, mox consensu. Ac ne reverentiam imperii exuere viderentur, senatus populique Romani obliterata jam nomina sacramento advocabant, nullo legatorum tribunorumve pro Galba nitente, quibusdam, ut in tumultu, notabilius turbantibus. Non tamen quisquam in modum contionis aut suggestu locutus; neque enim erat adhuc cui imputaretur.

LVI. Spectator flagitii Hordeonius Flaccus consularis legatus aderat, non compescere ruentes, non retinere dubios, non cohortari bonos ausus, sed segnis, pavidus et socordia innocens. Quattuor centuriones duoetvicesimæ legionis, Nonius Receptus, Donatius Valens, Romilius Marcellus, Calpurnius Repentinus, cum protegerent Galbæ

tonnées dans le même lieu, brisèrent les images du prince. La quatrième était la plus décidée ; la vingt-deuxième suivit en hésitant ; bientôt leur ardeur fut égale. Et, afin qu'on ne pût pas dire qu'ils dépouillaient le respect dû à l'autorité suprême, ils invoquèrent dans leur serment les noms depuis longtemps oubliés du sénat et du peuple romain. Pas un des lieutenants ni des tribuns ne fit un effort en faveur de Galba. On en vit même dans ce tumulte se signaler par leur turbulence. Personne ne harangua cependant, ou ne monta sur une tribune : on n'avait point encore auprès de qui s'en vanter.

LVI. Spectateur de ce honteux attentat, le proconsul Hordéonius Flaccus regardait faire, n'osant ni réprimer les séditieux, ni retenir les indécis, ni encourager les bons ; mais lâche, tremblant, et d'une incapacité qui l'absout de trahison. Quatre centurions de la vingt-deuxième légion, Nonius Réceptus, Donatius Valens, Romilius Marcellus, Calpurnius Répentinus, défendaient les images

tendentes	campant
iisdem hibernis,	dans les mêmes quartiers-d'hiver,
die ipso	le jour même
kalendarum Januariarum	des calendes de-janvier
dirumpunt imagines Galbæ,	brisent les images de Galba,
quarta legio promptius,	la quatrième légion plus-résolûment,
duoctvicesima cunctanter,	la vingt-deuxième avec-hésitation,
mox consensu.	puis *toutes deux* avec accord.
Ac ne viderentur	Et de peur-qu'elles ne parussent
exuere reverentiam imperii,	dépouiller le respect de l'autorité,
advocabant sacramento	elles invoquaient par serment
nomina jam obliterata	les noms déjà oubliés
senatus populique Romani,	des sénateurs et du peuple romain,
nullo legatorum	aucun des lieutenants
tribunorumve	où des tribuns
nitente pro Galba,	ne s'-efforçant pour Galba,
quibusdam,	quelques-uns,
ut in tumultu,	comme *il arrive* dans le tumulte,
turbantibus	excitant-le-trouble
notabilius.	plus-notablement.
Non tamen quisquam	Ni cependant quelqu'un
locutus	*ne* parla
in modum contionis	en manière de harangue
aut suggestu;	ou sur le tribunal;
neque enim erat adhuc	ni en-effet il n'*y* avait encore
cui imputaretur.	à qui *cela* fût-mis-en-compte.
LVI. Hordeonius Flaccus	LVI. Hordéonius Flaccus
legatus consularis	lieutenant consulaire
aderat	était-présent
spectator flagitii,	spectateur du scandale,
non ausus compescere	n'ayant pas osé réprimer
ruentes,	*ceux* qui se-précipitaient,
non retinere dubios,	ni retenir les indécis
non cohortari bonos,	ni encourager les bons,
sed segnis, pavidus	mais lâche, tremblant
et innocens socordia.	et innocent par stupidité.
Quattuor centuriones	Quatre centurions
duoetvicesimæ legionis	de la vingt-deuxième légion,
Nonius Receptus,	Nonius Réceptus,
Donatius Valens,	Donatius Valens,
Romilius Marcellus,	Romilius Marcellus,
Calpurnius Repentinus,	Calpurnius Répentinus,
cum protegerent	comme ils défendaient
imagines Galbæ,	les images de Galba,

imagines, impetu militum abrepti vinctique. Nec cuiquam ultra fides aut memoria prioris sacramenti, sed quod in seditionibus accidit, unde plures erant, omnes fuere.

Nocte, quæ kalendas Januarias secuta est, in coloniam Agrippinensem [1] aquilifer quartæ legionis epulanti Vitellio nuntiat, quartam et duoetvicesimam legiones projectis Galbæ imaginibus in senatus ac populi Romani verba jurasse. Id sacramentum inane visum; occupari nutantem fortunam et offerri principem placuit. Missi a Vitellio ad legiones legatosque, qui descivisse a Galba superiorem exercitum nuntiarent; proinde aut bellandum adversus desciscentes aut, si concordia et pax placeat, faciendum imperatorem : et minore discrimine sumi principem quam quæri.

LVII. Proxima [2] legionis primæ hiberna erant et promp-

de Galba; les soldats les entraînent avec violence et les chargent de fers. Dès lors pas un qui restât fidèle, ou se souvînt de son premier serment. Il arriva ce qui arrive dans les séditions : tout se rangea du côté où était le grand nombre. La nuit d'après les kalendes de janvier, le porte-aigle de la quatrième légion se rend à Cologne, trouve Vitellius à table et lui annonce que la quatrième et la vingt-deuxième ont foulé aux pieds les images de Galba et juré obéissance au sénat et au peuple romain. Ce serment parut sans conséquence : on jugea qu'il fallait prévenir la fortune irrésolue et offrir un chef à l'empire. Vitellius fait savoir à ses légions et à ses lieutenants « que l'armée du Haut-Rhin vient d'abandonner Galba ; qu'il faut donc ou la combattre comme rebelle, ou, si l'on préfère la concorde et la paix, se hâter de faire un prince : or le péril est moindre à se donner un empereur qu'à le chercher. »

LVII. Les quartiers de la première légion étaient les plus voi-

abrepti impetu militum vinctique.	furent entraînés par l'impétuosité des soldats et enchaînés.
Nec fides aut memoria prioris sacramenti ultra cuiquam, sed quod accidit in seditionibus, omnes fuere unde plures erant.	Ni la foi ou le souvenir du premier serment [soit, ne *fut* au-delà (plus) à qui-que-ce-mais *ce* qui arrive dans les séditions, tous furent (passèrent) [étaient. du-côté-où les plus nombreux
Nocte, quæ secuta est kalendas Januarias, aquilifer quartæ legionis nuntiat in coloniam Agrippinensem Vitellio epulanti, legiones quartam et duoetvicesimam, imaginibus Galbæ projectis, jurasse in verba senatus ac populi Romani. Id sacramentum visum inane ; placuit fortunam nutantem occupari et principem offerri.	La nuit qui suivit les calendes de-janvier [gion, le porte-aigle de la quatrième lé-va-annoncer dans la colonie d'-Agrippine à Vitellius soupant, les légions quatrième et vingt-deuxième, [tées, les images de Galba ayant été je-avoir juré sur les paroles (au nom) du sénat et du peuple romain. Ce serment parut vain ; il plut (on fut d'avis) la fortune chancelante être prévenue et un prince être proposé.
Missi a Vitellio ad legiones legatosque, qui nuntiarent exercitum superiorem descivisse a Galba ; proinde aut bellandum adversus desciscentes, aut, si concordia et pax placeat, imperatorem faciendum : et principem sumi discrimine minore quam quæri.	*Des messagers furent* envoyés par Vitellius aux légions et aux lieutenants, qui annonçassent l'armée supérieure s'-être séparée de Galba ; ainsi-donc ou *être* à combattre contre *ceux* qui se-séparaient, ou, si la concorde et la paix plaisait (plaisaient), un empereur *être* à faire : et un prince être pris (accepté) avec un péril moindre qu'être cherché.
LVII. Hiberna primæ legionis erant proxima	LVII. Les quartiers-d'hiver de la première légion étaient les plus voisins

tissimus e legatis Fabius Valens. Is die proximo [1] coloniam Agrippinensem cum equitibus legionis auxiliariorumque ingressus imperatorem Vitellium consalutavit. Secutæ ingenti certamine ejusdem provinciæ legiones ; et superior exercitus, speciosis senatus populique Romani nominibus relictis, tertio nonas Januarias Vitellio accessit : scires illum priore biduo non penes rem publicam fuisse. Ardorem exercituum Agrippinenses, Treveri, Lingones æquabant, auxilia, equos, arma, pecuniam offerentes, ut quisque corpore, opibus, ingenio validus. Nec principes modo coloniarum aut castrorum, quibus præsentia ex affluenti et parta victoria magnæ spes, sed manipuli quoque et gregarius miles viatica sua et balteos phalerasque [2], insignia armorum argento decora, loco pecuniæ tradebant, instinctu et impetu et avaritia.

sins, et parmi les lieutenants, Fabius Valens était le plus ardent. Dès le lendemain il entra dans Cologne avec la cavalerie de la légion et celle des auxiliaires, et salua Vitellius empereur. Le reste de l'armée suivit avec une merveilleuse émulation, et celle du Haut-Rhin, laissant là ces noms spécieux de sénat et de peuple romain, se donna le trois janvier à Vitellius ; c'est assez dire que pendant les deux jours précédents elle n'était pas à la république. Les Agrippiniens, les Trévires, les Lingons, rivalisaient d'ardeur avec les gens de guerre, offrant troupes, chevaux, armes et argent. C'était à qui payerait de sa personne, de sa fortune, de ses talents ; et ce zèle ne se bornait pas aux principaux des colonies ou de l'armée qui, déjà dans l'abondance, espéraient encore de la victoire un plus riche avenir. Les manipules même et les simples soldats donnaient à défaut d'argent leurs provisions de route, leurs baudriers, leurs décorations et les métaux précieux qui garnissaient leurs armes, prodigues par entraînement, par passion, par intérêt.

et promptissimus e legatis Fabius Valens.
Is die proximo ingressus coloniam Agrippinensem cum equitibus legionis auxiliariorumque consalutavit Vitellium imperatorem.
Legiones ejusdem provinciæ secutæ ingenti certamine ; et exercitus superior, nominibus speciosis senatus populique Romani relictis, accessit Vitellio tertio Nonas Januarias : scires illum non fuisse penes rem publicam biduo priore.
Agrippinenses, Treveri, Lingones æquabant ardorem exercituum, offerentes auxilia, equos, arma, pecuniam, ut quisque validus, corpore, opibus, ingenio.
Nec modo principes coloniarum aut castrorum, quibus præsentia ex affluenti, et magnæ spes victoria parta, sed manipuli quoque et gregarius miles tradebant loco pecuniæ sua viatica et balteos phalerasque, insignia armorum decora argento, instinctu et impetu et avaritia.

et le plus résolu des lieutenants Fabius Valens.
Celui-ci le jour suivant étant entré dans la colonie d'-Agrippine avec les cavaliers de la légion et des auxiliaires salua-avec *eux* Vitellius empereur.
Les légions de la même province suivirent avec une grande émula-et l'armée supérieure, [tion ; les noms spécieux du sénat et du peuple romain étant laissés, se-rangea-du-côté de Vitellius le troisième *jour* des nones de-tu aurais su *par là* [janvier : elle n'avoir pas été au-pouvoir de la république l'espace-de-deux-jours précédent. les Agrippiniens, les Trévires, les Lingons égalaient l'ardeur des armées, offrant troupes-auxiliaires chevaux, armes, argent, selon-que chacun *était* fort par le corps, les ressources, l'ingéniosité.
Et-non seulement les principaux des colonies ou du camp, auxquels les *biens* présents [ment,) *étaient* d'abondance (surabondam-et *auxquels étaient* de grandes espérances [acquise, la victoire étant (si la victoire était) mais les manipules même et le simple soldat livraient au-lieu-d'argent *leurs* provisions-de-route et *leurs* baudriers et *leurs* phalères, les ornements de *leurs* armes embellis par l'argent, par entraînement et élan et par cupidité (calcul d'intérêt).

TACITE, HISTOIRES.

LVIII. Igitur laudata militum alacritate Vitellius ministeria principatus per libertos agi solita in equites Romanos disponit, vacationes centurionibus ex fisco[1] numerat, sævitiam militum plerosque ad pœnam exposcentium sæpius approbat, raro[2] simulatione vinculorum frustratur. Pompeius Propinquus procurator Belgicæ statim interfectus; Julium Burdonem Germanicæ classis præfectum astu subtraxit. Exarserat in eum iracundia exercitus, tanquam crimen ac mox insidias Fonteio Capitoni struxisset. Grata erat memoria Capitonis, et apud sævientes occidere palam, ignoscere non nisi fallendo licebat : ita in custodia habitus et post victoriam demum, sedatis jam militum odiis, dimissus est. Interim ut piaculum objicitur centurio Crispinus. Sanguine Capitonis se cruentaverat eoque et postulantibus manifestior et punienti vilior fuit.

LVIII. Vitellius, après avoir loué l'empressement des troupes, distribue à des chevaliers romains les charges du palais, jusquelà confiées à des affranchis. Il paye aux centurions, avec l'argent du fisc, le prix des congés. La fureur du soldat voulait des victimes : il lui en abandonna plusieurs; il lui en déroba à peine quelques-unes, sous prétexte de les mettre en prison. Pompéius Propinquus, procurateur de Belgique, fut un de ceux qu'il laissa tuer sur-le-champ. Il sauva par ruse Julius Burdon, commandant de la flotte romaine en Germanie. Ce chef était en butte à la colère de l'armée, qui l'accusait d'avoir supposé des crimes, puis dressé des embûches à Fontéius Capiton. La mémoire de Capiton était chérie; et avec ces furieux, si l'on pouvait tuer ouvertement, il fallait se cacher pour faire grâce. Burdon fut gardé en prison; et après la victoire, quand les haines furent calmées, on le relâcha. En attendant on livra pour victime expiatoire le centurion Crispinus, qui avait trempé ses mains dans le sang de Capiton, et qui par là était mieux désigné à la vengeance et coûta moins à sacrifier.

LVIII. Igitur Vitellius
alacritate militum laudata
disponit in equites Romanos
ministeria principatus
solita agi
per libertos,
numerat centurionibus ex fisco
vacationes,
approbat sæpius
frustratur raro
simulatione vinculorum,
sævitiam militum
exposcentium plerosque
ad pœnam.
Pompeius Propinquus
procurator Belgicæ
interfectus statim ;
subtraxit astu
Julium Burdonem.
præfectum classis Germanicæ.
Iracundia exercitus
exarserat in eum,
tanquam struxisset crimen
ac mox insidias
Fonteio Capitoni.
Memoria Capitonis
erat grata,
et licebat occidere palam
apud sævientes,
non ignoscere
nisi fallendo :
ita habitus est in custodia,
et dimissus
demum post victoriam,
odiis militum
sedatis jam.
Interim centurio Crispinus
objicitur ut piaculum.
Se cruentaverat
sanguine Capitonis,
eoque fuit et manifestior
postulantibus
et vilior
punienti.

LVIII. Donc Vitellius
l'ardeur des soldats ayant été louée
distribue entre chevaliers romains
les offices du principat
ayant-coutume d'être exercés
par des affranchis,
il paie aux centurions sur le fisc
les congés,
approuve plus (le plus) souvent
frustre rarement [prisonnement)
par une feinte de chaînes (d'em-
la cruauté des soldats
réclamant de nombreuses *victimes*
pour le châtiment.
Pompéius Propinquus
procurateur de la Belgique
fut tué sur-le-champ ;
il déroba par ruse *à leur fureur*
Julius Burdon,
préfet de la flotte germanique.
La colère de l'armée
s'-était allumée contre lui, [sation
comme-s'il avait dressé une accu-
et ensuite un piège
à Fonteius Capiton.
La mémoire de Capiton
était agréable, [ment
et il était-permis de tuer ouverte-
auprès de (avec) *eux* étant-furieux,
non de pardonner
sinon en *les* trompant :
ainsi il fut tenu en prison
et relâché
seulement après la victoire,
les haines des soldats
étant calmées alors.
Cependant le centurion Crispinus
est offert comme victime-expiatoire.
Il s'était ensanglanté
du sang de Capiton,
et par là il était et plus en-vue
pour *ceux* demandant *vengeance*
et de-moins-de-prix
pour *celui* qui punissait.

LIX. Julius deinde Civilis periculo exemptus, præpotens inter Batavos, ne supplicio ejus ferox gens alienaretur. Et erant in civitate Lingonum octo Batavorum cohortes, quartæ decimæ legionis auxilia, tum discordia temporum a legione digressæ, prout inclinassent, grande momentum sociæ aut adversæ. Nonium, Donatium, Romilium, Calpurnium centuriones, de quibus supra rettulimus, occidi jussit, damnatos fidei crimine, gravissimo inter desciscentes. Accessere partibus Valerius Asiaticus, Belgicæ provinciæ legatus, quem mox Vitellius generum adscivit, et Junius Blæsus, Lugdunensis Galliæ rector, cum Italica legione et ala Tauriana[1] Lugduni tendentibus. Nec in Ræticis copiis mora quo minus statim adjungerentur : ne in Britannia quidem dubitatum.

LX. Præerat Trebellius Maximus per avaritiam ac sordes

LIX. Julius Civilis fut sauvé du même péril. Cet homme était puissant parmi les Bataves, et l'on craignit que sa mort n'aliénât une nation si fière. Or, il y avait au pays des Lingons huit cohortes de ce peuple, formant les auxiliaires de la quatorzième légion, dont elles étaient séparées par le désordre des temps ; et elles ne pouvaient manquer, amies ou ennemies, de mettre un grand poids dans la balance. Les centurions Nonius, Donatius, Romilius, Calpurnius, dont j'ai parlé plus haut, furent mis à mort, comme coupables de fidélité, le plus grand des crimes aux yeux de la rébellion. Le parti se grossit de Valérius Asiaticus, lieutenant de la province belgique, dont Vitellius fit bientôt son gendre, et de Junius Blésus, gouverneur de la Gaule lyonnaise, qui livra la légion italique et la cavalerie de Turin, en cantonnement à Lyon. Les troupes de Rhétie ne tardèrent pas un instant à suivre cet exemple, et même en Bretagne personne n'hésita.

LX. Cette province avait pour chef Trébellius Maximus, méprisé

LIX. Deinde Julius Civilis
exemptus periculo,
præpotens inter Batavos,
ne gens ferox
alienaretur
supplicio ejus.
Et octo cohortes Batavorum,
auxilia
quartæ decimæ legionis,
erant in civitate Lingonum,
tum digressæ a legione
discordia temporum,
grande momentum
sociæ aut adversæ,
prout inclinassent.
Jussit centuriones,
Nonium, Donatium,
Romilium, Calpurnium,
de quibus rettulimus supra,
occidi,
damnatos crimine fidei,
gravissimo
inter desciscentes.
Partibus accessere
Valerius Asiaticus,
legatus provinciæ Belgicæ,
quem Vitellius
adscivit mox generum,
et Junius Blæsus,
rector Galliæ Lugdunensis,
cum legione Italica
et ala Tauriana,
tendentibus Lugduni.
Nec mora
in copiis Ræticis
quo minus adjungerentur
statim :
ne in Britannia quidem
dubitatum.
 LX. Trebellius Maximus
præerat
contemptus invisusque
exercitui
per avaritiam ac sordes,

LIX. Ensuite Julius Civilis
fut arraché au péril,
étant très-puissant chez les Bataves,
de-peur-que *cette* nation belli-
ne fût indisposée   [queuse
par le supplice de lui.
Et huit cohortes de Bataves,
auxiliaires
de la quatorzième légion,
étaient dans l'état des Lingons,
alors séparées de la légion
par le désordre des temps,
grand poids
alliées ou contraires,
selon-qu'elles auraient incliné.
Il ordonna les centurions
Nonius, Donatius,
Romilius, Calpurnius, [haut,
desquels nous avons parlé plus-
être tués,   [délité,
condamnés pour accusation de fi-
la plus grave
parmi *ceux* qui se-révoltent.
Au parti s'-ajoutèrent
Valérius Asiaticus,
lieutenant de la province belgique,
lequel Vitellius
s'-adjoignit bientôt *comme* gendre,
et Junius Blésus,
gouverneur de la Gaule lyonnaise,
avec la légion italique
et l'aile (la cavalerie) de-Turin,
campés à Lyon.
Ni retard *ne fut*
dans les troupes rhétiques
qu'elles ne se joignissent
immédiatement :
pas même en Bretagne
il ne fut hésité.
 LX. Trébellius Maximus
y commandait
méprisé et haï
de l'armée
pour *son* avarice et *sa* ladrerie,

contemptus exercitui invisusque. Accendebat odium ejus Roscius Cælius legatus vicesimæ legionis, olim discors, sed occasione civilium armorum atrocius proruperat. Trebellius seditionem et confusum ordinem disciplinæ Cælio, spoliatas et inopes legiones Cælius Trebellio objectabat, cum interim fœdis legatorum certaminibus modestia exercitus corrupta eoque discordiæ ventum, ut auxiliarium quoque militum conviciis proturbatus et, aggregantibus se Cælio cohortibus alisque, desertus Trebellius ad Vitellium perfugerit. Quies provinciæ, quanquam remoto consulari, mansit : rexere legati legionum, pares jure, Cælius audendo potentior.

LXI. Adjuncto Britannico exercitu, ingens viribus opibusque Vitellius duos duces, duo itinera bello destinavit : Fabius Valens allicere, vel, si abnuerent, vastare Gallias, et Cottianis Alpibus[1] Italiam irrumpere, Cæcina propiore

et haï de l'armée pour sa sordide avarice; et cette haine, Roscius Célius, commandant de la vingtième légion, l'enflammait de plus en plus. Dès longtemps ennemi du général, Célius avait profité des guerres civiles pour éclater avec plus de violence. Trébellius lui reprochait un esprit séditieux et le camp livré à la confusion ; et à son tour il reprochait à Trébellius la misère des légions dépouillées par ses rapines. Au milieu de ces honteuses querelles des chefs, la subordination périt dans l'armée; et le désordre fut tel que Trébellius, poursuivi par d'insolentes clameurs, même par les auxiliaires, abandonné des cohortes et de la cavalerie qui se rangèrent autour de son rival, se réfugia auprès de Vitellius. La province resta paisible, malgré l'éloignement du chef consulaire. Les lieutenants des légions gouvernaient avec des droits égaux et une puissance inégale : celle de Célius s'augmentait de son audace.

LXI. Accru de l'armée de Bretagne, muni de forces redoutables et d'immenses ressources, Vitellius désigna deux chefs de guerre et deux routes à tenir. Valens eut ordre de gagner les Gaules au parti, ou, si elles résistaient, de les ravager, et de pénétrer en Italie par les Alpes Cottiennes. Cécina prenant le chemin le plus

Roscius Cælius	Roscius Célius
legatus vicesimæ legionis	lieutenant de la vingtième légion
accendebat	enflammait
odium ejus,	la haine de (contre) lui,
discors olim,	en-désaccord depuis-longtemps,
sed proruperat atrocius	mais il avait éclaté plus violem-
occasione	par l'occasion [ment
armorum civilium.	des armes (guerres) civiles.
Trebellius objectabat Cælio	Trébellius reprochait à Célius
seditionem	sa sédition (son esprit séditieux)
et ordinem disciplinæ confusum,	et l'ordre du service troublé,
Cælius Trebellio	Célius *reprochait* à Trébellius
legiones spoliatas et inopes,	les légions dépouillées et pauvres,
cum interim	alors-que pendant-ce-temps
modestia exercitus	la subordination de l'armée [ses
corrupta certaminibus fœdis	*était* gâtée par les rivalités honteu-
legatorum,	des lieutenants
ventumque eo discordiæ	et on *en* vint à-ce-point de discorde
ut Trebellius	que Trébellius
proturbatus conviciis	chassé par les insultes
quoque militum auxiliarium,	même des soldats auxiliaires,
et desertus,	et abandonné,
cohortibus alisque	les cohortes et les escadrons
se aggregantibus Cælio,	se joignant à Célius,
perfugerit ad Vitellium.	s'-enfuit vers Vitellius. [sista,
Quies provinciæ mansit,	La tranquillité de la province sub-
quanquam consulari remoto :	quoique le consulaire étant éloigné :
legati legionum	les lieutenants des légions
rexere,	*la* gouvernèrent,
pares jure,	égaux en droit,
Cælius potentior audendo.	Célius plus puissant par l'audace.
LXI. Exercitu Britannico	LXI. L'armée britannique
adjuncto,	s'étant jointe *à lui*,
Vitellius	Vitellius
ingens viribus opibusque	grand en forces et en ressources
destinavit bello	désigna pour la guerre
duos duces, duo itinera :	deux chefs, deux routes :
Fabius Valens jussus	Fabius Valens reçut-l'ordre
allicere Gallias,	d'attirer les Gaules, [ger,
vel, si abnuerent, vastare,	ou, si elles refusaient, de *les* rava-
et irrumpere Italiam	et de pénétrer–en Italie
Alpibus Cottianis,	par les Alpes Cottiennes,
Cæcina degredi	Cécina de descendre
transitu propiore,	par un passage plus proche,

transitu Pœninis jugis [1] degredi jussus. Valenti inferioris exercitus electi cum aquila quintæ legionis [2] et cohortibus aliisque, ad quadraginta millia armatorum data; triginta millia Cæcina e superiore Germania ducebat, quorum robur legio unaetvicesima fuit. Addita utrique Germanorum auxilia, e quibus Vitellius suas quoque copias supplevit, tota mole belli secuturus.

LXII. Mira inter exercitum imperatoremque diversitas : instare miles, arma poscere, dum Galliæ trepident, dum Hispaniæ cunctentur : non obstare hiemem neque ignavæ pacis moras; invadendam Italiam, occupandam urbem; nihil in discordiis civilibus festinatione tutius, ubi facto magis quam consulto opus esset. Torpebat Vitellius et fortunam principatus inerti luxu ac prodigis epulis præsumebat, medio diei temulentus et sagina gravis cum ta-

court, devait descendre par les Alpes Pennines. L'élite de l'armée du Bas-Rhin, avec l'aigle de la cinquième légion et les auxiliaires tant à pied qu'à cheval, formèrent à Valens un corps de quarante mille hommes. Cécina en conduisit trente mille tirés de l'armée supérieure, et dont la force principale consistait dans la vingt-unième légion. A chacun de ces deux corps furent ajoutés des auxiliaires germains, dont Vitellius recruta aussi des troupes que lui-même allait mener à cette grande entreprise, voulant y peser de tout le poids de la guerre.

LXII. Il y avait entre l'armée et le général un merveilleux contraste. Le soldat impatient demande à combattre, tandis que la Gaule est en alarme, tandis que l'Espagne balance. Il veut : « qu'on brave l'hiver, qu'on ne s'arrête point à de lâches négociations; c'est l'Italie qu'il faut envahir, c'est Rome qu'il faut prendre; rien dans les discordes civiles n'est plus sûr que la célérité : il y faut des actions bien plus que des conseils ». Vitellius, dans un stupide engourdissement, préludait par l'affaissement de la mollesse et les excès de la table aux jouissances du rang suprême, ivre dès le milieu du jour et gorgé de nourriture. Et cependant

jugis Pœninis.	par les chaînes Pennines.
Electi exercitus inferioris	Des détachés de l'armée inférieure
cum aquila quintæ legionis	avec l'aigle de la cinquième légion
et cohortibus	et des cohortes
alisque	et des escadrons
ad quadraginta millia	jusqu'à quarante milliers
armatorum	d'*hommes* armés
data Valenti ;	*furent* donnés à Valens ;
Cæcina ducebat	Cécina *en* conduisait
triginta millia	trente milliers
e Germania superiore,	de la Germanie supérieure,
quorum robur fuit	dont la force fut
unaetvicesima legio.	la vingt-et-unième légion.
Auxilia Germanorum	Des troupes-auxiliaires de Germains
addita utrique,	*furent* ajoutées à l'un-et-à-l'autre,
e quibus Vitellius	desquels Vitellius
supplevit quoque suas copias,	recruta aussi ses troupes,
secuturus	devant suivre
tota mole belli.	avec toute la masse de la guerre.
LXII. Mira diversitas	LXII. Merveilleux contraste
inter exercitum	entre l'armée
imperatoremque :	et l'empereur :
miles instare,	le soldat presser,
poscere arma,	demander les armes (la bataille),
dum Galliæ trepident,	tandis-que les Gaules s'-agitent,
dum Hispaniæ	tandis-que les Espagnes
cunctentur ;	hésitent ;
non hiemem,	ni l'hiver,
neque moras ignavæ pacis	ni les retards d'une lâche paix
obstare ;	*ne* faire-obstacle ;
Italiam invadendam,	l'Italie devoir être envahie,
urbem occupandam ;	la ville devoir être occupée ;
nihil tutius festinatione	rien de plus sûr que la hâte
in discordiis civilibus,	dans les discordes civiles,
ubi esset opus facto	là-où il était besoin d'action
magis quam consulto.	plutôt que de délibération.
Vitellius torpebat	Vitellius était-engourdi
et præsumebat	et goûtait-à-l'-avance
fortunam principatus	la fortune du principat
luxu inerti	par une mollesse inactive
ac epulis prodigis,	et des festins ruineux,
temulentus medio diei,	ivre au milieu du jour,
et gravis sagina,	et appesanti par la graisse
cum tamen	alors-que cependant

men ardor et vis militum ultro ducis munia implebat,
ut si adesset imperator et strenuis vel ignavis spem
metumve adderet. Instructi intentique signum profectionis
exposcunt; nomen Germanici Vitellio statim additum;
Cæsarem se appellari etiam victor prohibuit. Lætum augu-
rium Fabio Valenti exercituique, quem in bellum agebat,
ipso profectionis die aquila leni meatu, prout agmen ince-
deret, velut dux viæ prævolavit, longumque per spatium
is gaudentium militum clamor, ea quies interritæ alitis
fuit, ut haud dubium magnæ et prosperæ rei omen acciperetur.

LXIII. Et Treveros quidem ut socios securi adiere :
Divoduri [1] (Mediomatricorum id oppidum est) quanquam
omni comitate exceptos subitus pavor rapuit [2]; raptis repente armis ad cædem innoxiæ civitatis, non ob prædam
aut spoliandi cupidine sed furore et rabie iere [3], causis

l'ardeur et l'enthousiasme des soldats, suppléant à l'inaction du
chef, animaient tout, comme si, présent lui-même, il eût excité
les braves par l'espérance, les lâches par la crainte. Les apprêts
terminés et chacun à son poste, on demande le signal du départ.
Vitellius reçut dès cet instant le surnom de Germanicus; quant au
nom de César, il le refusa même après la victoire. Un signe d'heureux augure apparut à Valens et à l'armée qu'il menait aux combats. Le jour même du départ, un aigle planant doucement devant les bataillons en marche, semblait par son vol leur indiquer
la route; et tels furent pendant un long espace les cris de joie du
soldat, telle la sécurité de l'intrépide oiseau, qu'on en tira le présage infaillible d'un grand et favorable succès.

LXIII. On passa chez les Trévires, comme chez des alliés, sans
la moindre inquiétude. A Divodurum, ville des Médiomatriques,
malgré l'accueil le plus obligeant, une terreur subite les saisit, et
l'on courut aux armes pour égorger un peuple innocent. Et ce
n'était ni la soif de s'enrichir, ni le plaisir de piller, mais une
fureur, une rage dont la cause était inconnue, et par là même le

ardor et vis militum	l'ardeur et la violence des soldats
implebat ultro	remplissait spontanément
munia ducis,	les devoirs du chef,
ut si imperator adesset	comme si le général était-présent
et adderet spem metumve	et ajoutait (donnait) espoir ou [crainte
strenuis vel ignavis.	aux actifs ou aux lâches.
Instructi intentique	Disposés et attentifs
exposcunt signum profectionis ;	ils réclament le signal du départ ;
nomen Germanici	le nom de Germanicus
additum statim Vitellio ;	*fut* ajouté aussitôt à Vitellius ;
etiam victor prohibuit	même vainqueur il défendit
se appellari Cæsarem.	soi être appelé César.
Lætum augurium	Heureux augure
Fabio Valenti exercituique	pour Fabius Valens et l'armée
quem agebat in bellum,	qu'il conduisait à la guerre,
die ipso profectionis	le jour même du départ
aquila prævolavit	un aigle vola-en-avant
velut dux viæ,	comme guide du chemin,
meatu leni,	avec un vol tempéré,
prout agmen incederet.	à-mesure-que l'armée avançait,
perque longum spatium	et pendant un long espace
is fuit clamor	tel fut le cri
militum gaudentium,	des soldats se-réjouissant,
ea quies	telle la tranquillité
alitis interritæ,	de l'oiseau non-effrayé,
ut acciperetur	que *cela* était reçu *comme*
omen haud dubium	un présage non douteux
rei magnæ et prosperæ	d'un événement grand et prospère.
LXIII. Et quidem adiere Treveros,	LXIII. Et de-fait ils arrivèrent-les Trévires, [chez
securi ut socios :	tranquilles comme chez des alliés :
Divoduri	à Divodurum
(id est oppidum	(c'est la place-forte
Mediomatricorum)	des Médiomatriques)
pavor subitus rapuit	une peur soudaine saisit *eux*
quanquam exceptos	quoique ayant été accueillis
omni comitate ;	avec toute affabilité ; [à-coup
armis repente raptis	*leurs* armes ayant été saisies tout-
iere ad cædem	ils allèrent au massacre
civitatis innoxiæ,	d'une cité innocente,
non ob prædam	non à-cause-du butin
aut cupidine spoliandi	ou par le désir de dépouiller
sed furore et rabie,	mais par folie et rage,
causis incertis,	les causes *en étant* incertaines,

incertis, eoque difficilioribus remediis, donec precibus ducis mitigati ab excidio civitatis temperavere; cæsa tamen ad quattuor millia hominum, isque terror Gallias invasit, ut venienti mox agmini universæ civitates cum magistratibus et precibus [1] occurrerent, stratis per vias feminis puerisque, quæque alia placamenta hostilis iræ non quidem in bello, sed pro pace tendebantur.

LXIV. Nuntium de cæde Galbæ et imperio Othonis Fabius Valens in civitate Leucorum [2] accepit. Nec militum animus in gaudium aut formidine permotus : bellum volvebat. Gallis cunctatio exempta est : in Othonem ac Vitellium odium par, ex Vitellio et metus. Proxima Lingonum [3] civitas erat, fida partibus. Benigne excepti modestia certavere, sed brevis lætitia fuit cohortium intemperie, quas a legione quarta decima, ut supra memoravimus, digressas

remède plus difficile. Sans les prières du général qui les calmèrent enfin, la ville était anéantie. Encore n'y eut-il pas moins de quatre mille hommes massacrés. Un tel effroi s'empara des Gaules, qu'à l'approche de l'armée les populations entières accouraient avec leurs magistrats pour demander grâce. On ne voyait que femmes et enfants prosternés sur la route; et toutes les autres images qui désarment la colère d'un ennemi, ces peuples, qui n'étaient pas en guerre, les étalaient pour obtenir la paix.

LXIV. La nouvelle de l'assassinat de Galba et de l'élévation d'Othon parvint à Valens dans le pays des Leuques. Le soldat n'en conçut ni joie ni frayeur; il ne rêvait que la guerre. Quant aux Gaulois leur incertitude n'avait plus de motifs; et, s'ils haïssaient également Vitellius et Othon, ils craignaient de plus Vitellius. La cité la plus voisine était celle des Lingons, dont on était sûr. Généreusement accueillie, l'armée lutta de bons procédés; mais cette joie fut courte à cause de l'indiscipline des cohortes, séparées, comme je l'ai déjà dit, de la quatorzième légion, et dont Valens

eoque remediis difficilioribus,	et par là les remèdes plus difficiles,
donec mitigati	jusqu'à-ce-que adoucis
precibus ducis	par les prières du chef
temperavere	ils s'-abstinrent
ab excidio civitatis ;	de la destruction de la ville ;
ad quattuor millia hominum	jusqu'à quatre milliers d'hommes
cæsa tamen,	*furent* massacrés cependant,
isque terror	et une telle terreur
invasit Gallias,	envahit les Gaules,
ut mox civitates universæ	qu'ensuite les villes entières
cum magistratibus et precibus	avec magistrats et prières
occurrerent agmini	se-présentaient à l'armée
venienti,	arrivant,
feminis puerisque,	enfants et femmes,
stratis per vias,	étant couchés sur les routes, [tent
aliaque placamenta quæ	et les autres apaisements qui *exis-*
iræ hostilis	de la colère ennemie
tendebantur	étaient tendus (présentés)
non quidem in bello,	non certes dans la guerre,
sed pro pace.	mais pour *obtenir* la paix.
LXIV. Fabius Valens	LXIV. Fabius Valens
accepit in civitate Leucorum	reçut dans la cité des Leuques
nuntium de cæde Galbæ	la nouvelle touchant le meurtre de
et imperio Othonis.	et l'empire d'Othon. [Galba
Nec animus militum	Ni l'esprit des soldats
permotus in gaudium	ne *fut* ému en joie
aut formidine :	ou par l'épouvante :
volvebat bellum.	il roulait la guerre *dans sa pensée*.
Cunctatio exempta est	L'hésitation fut ôtée
Gallis :	aux Gaulois :
odium par	haine égale *était à eux*
in Othonem et Vitellium,	contre Othon et Vitellius,
ex Vitellio et metus.	de Vitellius *était* aussi la crainte.
Civitas Lingonum	La cité des Lingons
erat proxima,	était la plus voisine,
fida partibus.	fidèle au parti.
Excepti benigne	Accueillis avec-bienveillance
certavere	ils (les soldats) luttèrent
modestia,	de modération,
sed lætitia fuit brevis	mais la joie fut courte
intemperie cohortium,	par l'indiscipline des cohortes,
quas digressas	lesquelles séparées
a quarta decima legione,	de la quatorzième légion,
ut memoravimus	comme nous l'avons raconté

exercitui suo Fabius Valens adjunxerat. Jurgia primum, mox rixa inter Batavos et legionarios, dum his aut illis studia militum aggregantur. Prope in prœlium exarsere, ni Valens animadversione paucorum oblitos jam Batavos imperii admonuisset. Frustra adversus Æduos quæsita belli causa : jussi pecuniam atque arma deferre gratuitos insuper commeatus. præbuere. Quod Ædui formidine, Lugdunenses gaudio [1] fecere. Sed legio Italica et ala Tauriana abductæ : cohortem octavam decimam Lugduni, solitis sibi hibernis, relinqui placuit. Manlius Valens legatus Italicæ legionis, quanquam bene de partibus meritus, nullo apud Vitellium honore fuit : secretis eum criminationibus infamaverat Fabius ignarum et, quo incautior deciperetur, palam laudatum.

avait accru ses forces. De mutuelles invectives amenèrent entre les Bataves et les légionnaires une querelle qui partagea l'armée et serait devenue un combat sanglant, si Valens, par quelques châtiments, n'eût rappelé les Bataves à l'obéissance qu'ils avaient oubliée. On chercha en vain un prétexte de guerre avec les Éduens. Sommés d'apporter de l'argent et des armes, ils y ajoutèrent gratuitement des vivres. Ce que les Éduens firent par crainte, Lyon le fit par enthousiasme. On en retira la légion italique et la cavalerie de Turin ; on y laissa la dix-huitième cohorte, dont ce lieu était le cantonnement ordinaire. Manlius Valens, commandant de la légion italique, quoique ayant bien mérité du parti, ne reçut de Vitellius aucune marque de faveur. Fabius Valens l'avait noirci par de secrètes délations, l'accusant à son insu, et, pour mieux le tromper, affectant de le louer.

supra,	plus-haut,
Fabius Valens adjunxerat	Fabius Valens avait réunies
suo exercitui.	à son armée.
Jurgia primum,	Des querelles d'abord *s'élevèrent*,
mox rixa	puis une rixe
inter Batavos et legionarios,	entre les Bataves et les légionnaires,
dum studia militum	tandis-que les penchants des soldats
aggregantur	s'attachent
his aut illis.	à ceux-ci ou à ceux-là.
Exarsere	Ils s'-enflammèrent
prope in prœlium,	presque jusqu'au combat,
ni Valens admonuisset	si Valens n'eût averti
animadversione paucorum	par le châtiment d'un petit-nombre
Batavos	les Bataves
oblitos jam	ayant oublié déjà [commandement].
imperii.	le commandement (l'obéissance au
Causa belli	Un prétexte de guerre
quæsita frustra	*fut* cherché en-vain
adversus Æduos :	contre les Éduens :
jussi deferre	ayant-reçu-ordre d'apporter
pecuniam atque arma	de l'argent et des armes
præbuere insuper	ils fournirent en-outre
commeatus gratuitos.	des vivres gratuits.
Lugdunenses fecere gaudio	Les Lyonnais firent avec joie
quod Ædui formidine.	ce que les Éduens *faisaient* par
Sed legio Italica	Mais la légion italique [peur.
et ala Tauriana	et l'escadron de-Turin
abductæ :	furent emmenés :
placuit	il plut (on décida)
octavam decimam cohortem	la dix-huitième cohorte
relinqui Lugduni	être laissée à Lyon,
hibernis	dans le quartier-d'-hiver
solitis sibi.	habituel à elle.
Manlius Valens,	Manlius Valens,
legatus legionis Italicæ,	lieutenant de la légion italique,
quanquam meritus bene	quoique ayant mérité bien
de partibus,	du parti,
fuit nullo honore	ne fut d'aucune considération
apud Vitellium :	auprès de Vitellius :
Fabius infamaverat	Fabius avait diffamé
secretis criminationibus	par de secrètes accusations
eum ignarum,	lui ignorant *de cela*,
et laudatum palam,	et loué ouvertement, [voyant.
quo deciperetur incautior.	afin qu'il fût trompé plus impré-

LXV. Veterem inter Lugdunenses *et Viennenses* discordiam proximum bellum[1] accenderat. Multæ in vicem clades, crebrius infestiusque, quam ut tantum propter Neronem Galbamque pugnaretur. Et Galba reditus Lugdunensium occasione iræ in fiscum verterat ; multus contra in Viennenses honor : unde æmulatio et invidia et uno amne discretis conexum odium. Igitur Lugdunenses exstimulare singulos militum et in eversionem Viennensium impellere, obsessam ab illis coloniam suam, adjutos Vindicis conatus, conscriptas nuper legiones in præsidium Galbæ referendo. Et ubi causas odiorum prætenderant, magnitudinem prædæ ostendebant ; nec jam secreta exhortatio, sed publicæ preces irent ultores, exscinderent sedem Gallici belli ; cuncta illic externa[2] et hostilia ; se coloniam Romanam et partem exercitus et prosperarum adversa-

LXV. Il régnait entre Vienne et Lyon d'anciennes discordes que la dernière guerre avait rallumées. Le sang versé de part et d'autre, le nombre et l'acharnement des combats, annonçaient d'autres motifs que le seul intérêt de Galba et de Néron. Galba d'ailleurs, tirant profit de sa vengeance, avait réuni au fisc les revenus de Lyon, tandis qu'il prodiguait aux Viennois toute sorte de faveurs. De là des rivalités, des jalousies, et, comme un seul fleuve sépare les deux peuples, des haines toujours aux prises. Les Lyonnais, s'adressant à chacun des soldats, les animent de leurs passions et les excitent à exterminer les Viennois, en leur rappelant que « ceux-ci ont assiégé leur colonie, secondé les projets de Vindex, levé tout récemment des légions pour soutenir Galba ». Et après avoir exposé ces motifs de haine, ils étalaient aux yeux du soldat la richesse du butin. Bientôt ce ne sont plus de secrètes exhortations : ils les conjurent publiquement « de marcher à une juste vengeance, d'anéantir ce foyer de la guerre des Gaules. Là, rien qui ne fût étranger et ennemi ; eux au contraire étaient une colonie romaine, une portion de l'armée, les compagnons de leurs prospérités et de leurs disgrâces. Ah ! si la

LXV. Proximum bellum accenderat veterem discordiam inter Lugdunenses et Viennenses. Multæ clades in vicem, crebrius infestiusque quam ut pugnaretur tantum propter Neronem Galbamque. Et Galba, occasione iræ verterat in fiscum reditus Lugdunensium; contra multus honor in Viennenses; unde æmulatio et invidia: et odium conexum discretis uno amne. Igitur Lugdunenses exstimulare singulos militum et impellere in eversionem Viennensium, referendo suam coloniam obsessam ab illis, conatus Vindicis adjutos, legiones conscriptas nuper in præsidium Galbæ. Et ubi prætenderant causas odiorum, ostendebant magnitudinem prædæ; nec jam exhortatio secreta, sed preces publicæ: irent ultores, exscinderent sedem belli Gallici: illic cuncta externa et hostilia; se coloniam Romanam et partem exercitus sociosque rerum prosperarum adversarumque;

LXV. La dernière guerre [corde avait enflammé une ancienne dis- entre les Lyonnais et les Viennois.   [d'autre, Beaucoup de défaites de-part-et plus fréquemment et avec-plus-d'acharnement que pour qu'il fût combattu seulement à-cause-de Néron et de Galba. D'ailleurs Galba par l'occasion de *sa* colère avait détourné dans le fisc les revenus des Lyonnais; au-contraire beaucoup d'honneurs pour les Viennois; d'-où rivalité et jalousie et haine unie   [fleuve. à *ces peuples* séparés par un seul Donc les Lyonnais exciter chacun des soldats et *les* pousser à la destruction des Viennois, en rappelant leur colonie assiégée par eux, les efforts de Vindex secondés, des légions enrôlées récemment pour le secours de Galba. Et après-qu'ils avaient exposé les causes de haines, ils montraient la grandeur du butin; et *ce* n'*était* plus déjà une exhortation secrète, mais des prières publiques : qu'ils allassent *en* vengeurs, qu'ils détruisissent le siège de la guerre gauloise; là-bas tout *être* étranger et hostile;   [maine eux-mêmes *être* une colonie ro- et une partie de l'armée et compagnons des affaires heureuses et mauvaises;

TACITE, HISTOIRES.   11

rumque rerum socios; si fortuna contra daret, iratis ne relinquerentur.

LXVI. His et pluribus in eundem modum perpulerant, ut ne legati quidem ac duces partium restingui posse iracundiam exercitus arbitrarentur, cum haud ignari discriminis sui Viennenses, velamenta et infulas præferentes, ubi agmen incesserat, arma, genua, vestigia prensando flexere militum animos; addidit Valens trecenos singulis militibus sestertios[1]. Tum vetustas dignitasque coloniæ valuit; et verba Fabi salutem incolumitatemque Viennensium commendantis æquis *mox* auribus accepta; publice tamen armis multati, privatis et promiscuis copiis juvere militem. Sed fama constans fuit ipsum Valentem magna pecunia emptum. Is diu sord'dus, repente dives mutationem fortunæ male tegebat, a??ensis egestate longa cupi-

fortune était contraire, seraient-ils don abandonnés à la merci de voisins furieux? »

LXVI. Ces discours et mille autres semblables avaient tellement animé les esprits, que les lieutenants eux-mêmes et les chefs du parti ne croyaient pas possible d'apaiser la colère de l'armée. Cependant les Viennois, trop certains du péril qui les menaçait, s'avancent sur son passage, tenant en main les bandelettes et les autres symboles de la douleur suppliante; et là, se jetant aux pieds des soldats, s'attachant à leurs armes, embrassant leurs genoux, ils viennent à bout de les fléchir. Valens ajouta un don de trois cents sesterces par tête; et alors on sentit ce que méritait d'égards une si ancienne colonie; alors les paroles de Valens, recommandant à ses troupes la vie et la sûreté des Viennois, trouvèrent des oreilles favorables. Toutefois le pays fut désarmé, et les particuliers fournirent aux soldats toute sorte de provisions. Ce fut un bruit accrédité, que Valens s'était fait acheter le premier pour une grosse somme d'argent. Longtemps misérable, devenu riche tout à coup, il déguisait mal son changement de fortune; effréné dans ses désirs, qu'avait allumés une longue pri-

si fortuna
daret contra,
ne relinquerentur
iratis.
LXVI. Perpulerant
his
et pluribus
in eundem modum,
ut ne legati quidem
ac duces partium
arbitrarentur
iracundiam exercitus
posse restingui,
cum Viennenses
haud ignari sui discriminis,
præferentes
velamenta et infulas,
ubi agmen incesserat
flexere animos militum,
prensando arma,
genua, vestigia ;
Valens addidit
trecenos sestertios
singulis militibus.
Tum vetustas
dignitasque coloniæ valuit,
et verba Fabi
commendantis salutem
incolumitatemqueViennensium
accepta mox
auribus æquis.
Multati tamen publice
armis,
juvere militem copiis
privatis et promiscuis.
Sed fama constans fuit,
Valentem ipsum emptum
magna pecunia.
Is diu sordidus,
dives repente
tegebat male
mutationem fortunæ,
immoderatis cupidinibus
accensis longa egestate,

si la fortune
donnait contre (était contraire),
qu'ils ne fussent pas abandonnés
à des *rivaux* irrités. [dats
LXVI. Ils avaient poussé *les sol-*
par ces *discours*
et plusieurs *autres*
en la même manière, [nants
tellement que pas même les lieute-
et les chefs du parti
ne pensaient
la colère de l'armée
pouvoir être éteinte,
lorsque les Viennois
n'ignorant pas leur péril,
portant-devant *eux*
voiles et bandelettes,
là-où l'armée s'-était avancée,
fléchirent les esprits des soldats
en saisissant *leurs* armes,
leurs genoux, *leurs* pieds ;
Valens ajouta
trois-cents sesterces
pour chaque soldat.
Alors l'ancienneté
et la dignité de la colonie prévalut,
et les paroles de Fabius
recommandant le salut
et la sûreté des Viennois
furent reçues bientôt
avec des oreilles bienveillantes.
Privés cependant officiellement
d'armes, [visions
ils aidèrent le soldat par des pro-
privées et mêlées (de toute espèce).
Mais le bruit constant fut,
Valens lui-même *avoir été* acheté
par un grand (beaucoup d') argent.
Celui-ci longtemps sale,
devenu riche tout-à-coup
cachait mal
son changement de fortune,
immodéré par des désirs
allumés par une longue privation,

dinibus immoderatus et, inopi juventa, senex prodigus. Lento deinde agmine per fines Allobrogum ac Vocontiorum[1] ductus exercitus, ipsa itinerum spatia et stativorum mutationes venditante duce, fœdis pactionibus adversus possessores agrorum et magistratus civitatium, adeo minaciter, ut Luco (municipium id Vocontiorum est) faces admoverit, donec pecunia mitigaretur. Quotiens pecuniæ materia deesset, stupris et adulteriis exorabatur. Sic ad Alpes perventum.

LXVII. Plus prædæ ac sanguinis per Cæcinam haustum. Irritaverant turbidum ingenium Helvetii, Gallica gens olim armis mox memoria nominis clara, de cæde Galbæ gnari et Vitellii imperium abnuentes. Initium bello fuit avaritia ac festinatio unaetvicesimæ legionis; rapuerant pecuniam missam in stipendium castelli, quod olim Hel-

vation, et, après une jeunesse indigente, vieillard prodigue. L'armée, poursuivant lentement sa route, traversa le pays des Allobroges et des Voconces; et pendant ce temps le général trafiquait des marches et des séjours, faisant avec les possesseurs des terres et les magistrats des villes de honteuses transactions, qu'il appuyait de menaces terribles. C'est ainsi qu'à Luc, municipe des Voconces, il tint des torches allumées contre la ville, jusqu'à ce qu'on l'eût apaisé avec de l'argent. Quand l'argent manquait, la prostitution et l'adultère étaient le prix qu'il mettait à sa clémence. On parvint de la sorte au pied des Alpes.

LXVII. Cécina ravit plus de dépouilles et versa plus de sang. Sa prompte et fougueuse colère s'était émue contre les Helvétiens, nation gauloise, célèbre jadis par le courage et le nombre de ses guerriers et maintenant par de glorieux souvenirs, qui, ne sachant pas encore le meurtre de Galba, refusait obéissance à Vitellius. La guerre fut allumée par l'avarice et la précipitation de la vingt-unième légion. Ce corps avait enlevé un convoi d'argent destiné à la solde d'une garnison qui depuis longtemps était fournie et

et senex prodigus,	et vieillard prodigue,
juventa inopi.	*sa* jeunesse *ayant été* pauvre.
Deinde exercitus ductus	Puis l'armée *fut* conduite
agmine lento	par une marche lente
per fines	à-travers le territoire
Allobrogum ac Vocontiorum,	des Allobroges et des Voconces,
duce venditante	*son* chef vendant
spatia ipsa itinerum	les longueurs mêmes des marches
et mutationes stativorum,	et les changements d'étapes,
fœdis pactionibus	par de honteuses conventions
adversus possessores agrorum	avec les possesseurs des terres
et magistratus civitatium,	et les magistrats des cités,
adeo minaciter,	tellement d'-une-façon-menaçante,
ut admoverit faces Luco	qu'il approcha les torches de Luc
(id est municipium	(c'est le municipe
Vocontiorum),	des Voconces),
donec mitigaretur	jusqu'à-ce-qu'il fût adouci
pecunia.	par de l'argent.
Quotiens	Toutes-les-fois-que
materia pecuniæ	la matière de l'argent
deesset,	manquait,
exorabatur stupris	il était fléchi par des prostitutions
et adulteriis.	et des adultères.
Perventum sic ad Alpes.	On parvint ainsi aux Alpes.
LXVII. Plus prædæ	LXVII. Plus de butin
ac sanguinis	et de sang
haustum per Cæcinam.	*fut* puisé par Cécina.
Helvetii, gens Gallica	les Helvètes, nation gauloise,
clara olim armis,	célèbre jadis par *ses* armes,
mox memoria nominis,	puis par le souvenir de *son* nom
ignari	ignorants
de cæde Galbæ,	au-sujet-du meurtre de Galba,
et abnuentes imperium	et repoussant l'autorité
Vitellii,	de Vitellius,
irritaverant	avaient irrité
ingenium turbidum.	*ce* caractère turbulent.
Avaritia ac festinatio	La cupidité et la précipitation
unaetvicesimæ legionis	de la vingt-unième légion
fuit initium	fut (furent) commencement
bello;	à la guerre;
rapuerant	ils (les soldats) avaient enlevé
pecuniam missam	l'argent envoyé
in stipendium castelli,	pour la paye d'une forteresse,
quod Helvetii	que les Helvètes

vetii suis militibus ac stipendiis tuebantur. Ægre id passi Helvetii, interceptis epistulis, quæ nomine Germanici exercitus ad Pannonicas legiones ferebantur, centurionem et quosdam militum in custodia retinebant. Cæcina belli avidus proximam quamque culpam, antequam pœniteret, ultum ibat. Mota propere castra, vastati agri, direptus longa pace in modum municipii exstructus locus, amœno salubrium aquarum usu frequens[1]; missi ad Rætica auxilia nuntii ut versos in legionem Helvetios a tergo aggrederentur.

LXVIII. Illi ante discrimen feroces, in periculo pavidi, quanquam primo tumultu Claudium Severum ducem legerant, non arma noscere, non ordines sequi, non in unum consulere. Exitiosum adversus veteranos prœlium, intuta obsidio dilapsis vetustate mœnibus; hinc Cæcina

entretenue par la nation helvétique. Les Helvétiens indignés avaient à leur tour intercepté les lettres qu'on portait de la part des légions du Rhin à celles de Pannonie, et retenaient prisonniers un centurion et quelques soldats. Avide de guerre, Cécina punissait la première faute commise, avant qu'on eût le temps de se repentir. Il lève le camp, ravage le pays, livre au pillage un lieu qui, à la faveur d'une longue paix, s'était accru en forme de ville, et dont les eaux, renommées par leur agrément et leur salubrité, attiraient une foule d'étrangers. Enfin, il envoie l'ordre aux auxiliaires cantonnés en Rhétie d'attaquer les Helvétiens par derrière, pendant que la légion les combattrait en face.

LXVIII. Intrépides avant le moment critique, les Helvétiens tremblèrent à la vue du péril. Dans le premier tumulte, ils avaient nommé Claudius Sévérus général; mais ils ne savaient ni manier leurs armes, ni garder leurs rangs, ni agir de concert. Un combat avec de vieilles troupes était leur perte; un siège ne se pouvait guère soutenir derrière des murs tombant de vétusté. D'un côté,

tuebantur olim	gardaient depuis-longtemps
suis militibus	avec leurs soldats
ac stipendiis.	et *leurs* payes.
Helvetii passi id	Les Helvètes ayant supporté cela
ægre,	avec-peine,
epistulis interceptis,	les lettres ayant été interceptées,
quæ ferebantur	lesquelles étaient portées
nomine exercitus Germanici	au nom de l'armée germanique
ad legiones Pannonicas,	aux légions pannoniques,
retinebant in custodia	retenaient en prison
centurionem	un centurion
et quosdam milites.	et quelques soldats.
Cæcina avidus belli	Cécina avide de guerre
ibat ultum	allait venger
quamque culpam proximam,	chaque faute la plus proche,
antequam pœniteret.	avant-qu'on se-repentît.
Castra mota propere,	Le camp *fut* levé à-la-hâte,
agri vastati,	les terres dévastées,
locus exstructus	un lieu élevé
in modum municipii	en manière de municipe
longa pace,	par une longue paix,
frequens	fréquenté
usu amœno	à-cause-de l'usage agréable
aquarum salubrium,	d'eaux salutaires,
direptus;	*fut* pillé;
nuntii missi	des messagers *furent* envoyés
ad auxilia Rætica	aux auxiliaires rhétiques,
ut aggrederentur a tergo	afin-qu'ils attaquassent par le dos
Helvetios	les Helvètes
versos in legionem.	tournés contre la légion.
LXVIII. Illi	LXVIII. Ceux-là (les Helvètes)
feroces ante discrimen,	belliqueux avant la crise,
pavidi in periculo,	craintifs dans le danger,
quanquam primo tumultu	quoique dans le premier tumulte
legerant ducem	ils eussent choisi *pour* chef
Claudium Severum,	Claudius Sévérus,
non noscere arma,	ne-pas connaître les armes,
non sequi ordines	ne-pas suivre les rangs,
non consulere in unum.	ne-pas délibérer en commun.
Prœlium adversus veteranos	Un combat *contre* des vétérans
exitiosum,	*eût été* funeste,
obsidio intuta	un siège non-sûr (insoutenable)
mœnibus dilapsis vetustate.	les murs étant ruinés par la vétusté.
Hinc Cæcina	D'un-côté Cécina

cum valido exercitu, indeRæticæ alæ cohortesque et ipsorum Rætorum juventus, sueta armis et more militiæ exercita. Undique populatio et cædes; ipsi medio vagi, abjectis armis, magna pars saucii aut palantes, in montem Vocetium[1] perfugere; ac statim immissa cohorte Thræcum depulsi et consectantibus Germanis Rætisque per silvas atque in ipsis latebris trucidati. Multa hominum millia cæsa, multa sub corona[2] venundata. Cumque dirutis omnibus Aventicum[3], gentis caput, justo agmine peteretur, missi qui dederent civitatem, et deditio accepta. In Julium Alpinum e principibus ut concitorem belli Cæcina animadvertit; ceteros veniæ vel sævitiæ Vitellii reliquit.

LXIX. Haud facile dictu est, legati Helvetiorum minus placabilem imperatorem an militem invenerint. Civitatis

Cécina les pressait avec une puissante armée; de l'autre, s'avançaient les escadrons et les cohortes de Rhétie, soutenus de la jeunesse même de ce canton, qui était aguerrie et formée aux exercices militaires. Ce n'était partout que dévastation et carnage. Dans ce vaste désordre, errant à l'aventure, jetant leurs armes, les Helvétiens, en grande partie blessés ou épars, se réfugièrent sur le mont Vocétius. Une cohorte de Thraces détachée contre eux les en chassa aussitôt. Dès lors, poursuivis sans relâche par les Germains et les Rhétiens, ils furent massacrés dans les bois et jusque dans les retraites les plus cachées. Plusieurs milliers d'hommes furent tués, plusieurs milliers vendus comme esclaves. Après avoir tout détruit, on marchait en bon ordre sur Aventicum, capitale du pays. Les habitants offrirent, par députés, de se rendre à discrétion, et cette offre fut acceptée. Cécina punit Julius Alpinus, un des principaux de la nation, comme auteur de la guerre. Il réserva les autres à la clémence ou aux rigueurs de Vitellius.

LXIX. On aurait peine à dire si ce fut l'empereur ou le soldat que les Helvétiens trouvèrent le plus inexorable. Les soldats veu-

cum exercitu valido, avec une armée puissante,
inde alæ d'un-autre côté les escadrons
cohortesque Ræticæ et les cohortes rhétiques
et juventus Rætorum ipsorum, et la jeunesse des Rhètes eux-mêmes
sueta armis accoutumée aux armes [vice.
et exercita more militiæ. et exercée par l'habitude du ser-
Undique populatio De-toute-part dévastation
et cædes; et carnage ;
ipsi vagi medio, eux-mêmes errants au milieu,
armis abjectis, *leurs* armes ayant été jetées,
magna pars une grande partie
saucii aut palantes, blessés ou débandés,
perfugere se-réfugièrent
in montem Vocetium; sur le mont Vocétius;
ac depulsi statim et chassés aussitôt
cohorte Thræcum par une cohorte de Thraces
immissa envoyée-contre *eux*
et Germanis Rætisque et les Germains et les Rhètes
consectantibus *les* poursuivant [forêts
trucidati per silvas *ils furent* égorgés au-milieu des
et in latebris ipsis. et dans *leurs* cachettes mêmes.
Multa millia hominum Beaucoup de milliers d'hommes
cæsa, *furent* massacrés
multa venundata sub corona. beaucoup vendus sous la couronne.
Cumque omnibus dirutis Et comme tout ayant été détruit
Aventicum, caput gentis, Aventicum, capitale de la nation,
peteretur était gagnée
agmine justo, par une armée régulière,
missi *des députés furent* envoyés
qui dederent civitatem, qui livrassent la cité,
et deditio accepta. et *leur* soumission *fut* reçue.
Cæcina animadvertit Cécina sévit
in Julium Alpinum contre Julius Alpinus
e principibus *l'un* des principaux
ut concitorem belli; comme instigateur de la guerre ;
reliquit ceteros veniæ il laissa les autres à l'indulgence
vel sævitiæ Vitellii. ou à la cruauté de Vitellius.

 LXIX. Haud est facile dictu, LXIX. Il n'est pas facile à être dit
legati Helveliorum *si* les députés des Helvètes
invenerint imperatorem trouvèrent l'empereur
an militem ou le soldat
minus placabilem. moins facile-à-apaiser.
Poscunt *Les soldats* réclament
excidium civitatis, la destruction de la ville,

excidium poscunt, tela ac manus in ora legatorum intentant. Ne Vitellius quidem verbis et minis temperabat, cum Claudius Cossus, unus ex legatis, notæ facundiæ, sed dicendi artem apta trepidatione occultans atque eo validior, militis animum mitigavit. Mox, ut est vulgus mutabile subitis et tam pronum in misericordiam, quam immodicum sævitia fuerat, effusis lacrimis et meliora constantius postulando impunitatem salutemque civitati impetravere.

LXX. Cæcina paucos in Helvetiis moratus dies, dum sententiæ Vitellii certior fieret, simul transitum Alpium parans, lætum ex Italia nuntium accipit alam Silianam[1], circa Padum agentem sacramento Vitellii accessisse. Pro consule Vitellium Siliani in Africa habuerant; mox a Nerone, ut in Ægyptum præmitterentur, exciti et ob bellum Vindicis revocati ac tum in Italia manentes,

lent qu'on extermine la nation; ils dressent la pointe de leurs armes contre le visage des députés, les insultent de la main. Vitellius lui-même n'épargnait ni les paroles menaçantes, ni les gestes, quand l'un de ces députés, Claudius Cossus, connu par son éloquence, mais qui sut cacher habilement son art sous un trouble qui le rendit plus puissant, parvint à calmer les soldats. Telle est la multitude, sensible à l'impression du moment, et aussi prompte à s'attendrir qu'elle avait été excessive dans sa cruauté. Ils implorèrent Vitellius les larmes aux yeux, et, plus persévérants dans une demande plus juste, ils obtinrent l'impunité et le salut d'une nation proscrite.

LXX. Après être demeuré quelques jours en Helvétie pour attendre la décision de Vitellius et se préparer au passage des Alpes, Cécina reçut d'Italie l'agréable nouvelle que l'aile de cavalerie Siliana, cantonnée sur le Pô, venait de prêter serment à Vitellius. Elle l'avait eu pour général en Afrique lorsqu'il y était proconsul. Mandée par Néron pour le précéder en Égypte, rappelée ensuite à cause du soulèvement de Vindex et restée en

intentant tela ac manus	dirigent *leurs* armes et *leurs* mains
in ora legatorum.	contre les visages des députés.
Ne Vitellius quidem	Pas même Vitellius [menaces,
temperabat verbis et minis,	ne s'-abstenait de paroles et de
cum Claudius Cossus,	lorsque Claudius Cossus,
unus ex legatis,	l'un des députés,
facundiæ notæ,	d'une éloquence connue,
sed occultans artem dicendi	mais cachant le talent de parler
trepidatione	sous un trouble
apta	approprié *aux circonstances*
atque eo validior,	et par cela plus puissant,
mitigavit animum militis.	adoucit l'esprit du soldat.
Mox, ut vulgus est	Puis, comme la multitude est
mutabile subitis	changeante dans les *situations*
et tam pronum	et aussi portée [imprévues
in misericordiam,	à la compassion,
quam fuerat immodicum	qu'elle avait été immodérée
sævitia,	dans *sa* fureur,
lacrimis effusis	des larmes ayant été répandues
et postulando	et en demandant
constantius	avec plus-de-persistance
meliora	des choses meilleures
impetravere civitati	ils obtinrent pour *leur* cité
impunitatem salutemque.	impunité et salut.
LXX. Cæcina	LXX. Cécina
moratus paucos dies	étant resté peu de jours
in Helvetiis,	chez les Helvètes,
dum fieret certior	jusqu'à-ce-qu'il devînt plus certain
sententiæ Vitellii,	de la décision de Vitellius,
parans simul	préparant en-même-temps
transitum Alpium,	le passage des Alpes,
accipit ex Italia	reçoit d'Italie
lætum nuntium	une heureuse nouvelle
alam Silianam,	l'aile (la cavalerie) silianienne,
agentem circa Padum,	séjournant autour du Pô, [lius.
accessisse sacramento Vitellii.	avoir accédé au serment de Vitel-
Siliani habuerant in Africa	Les Silianiens avaient eu en Afrique
Vitellium pro consule;	Vitellius *comme* proconsul;
mox exciti a Nerone	puis mandés par Néron [avant
ut præmitterentur	pour-qu'ils fussent envoyés-en-
in Ægyptum	en Égypte
et revocati	et ayant été rappelés
ob bellum Vindicis,	à-cause-de la guerre de Vindex,
ac tum manentes in Italia,	et alors restant en Italie,

instinctu decurionum, qui Othonis ignari, Vitellio obstricti robur adventantium legionum et famam Germanici exercitus attollebant, transiere in partes et ut donum aliquod novo principi firmissima transpadanæ regionis municipia Mediolanum ac Novariam et Eporediam et Vercellas adjunxere. Id Cæcinæ per ipsos compertum. Et quia præsidio alæ unius latissima Italiæ pars defendi nequibat, præmissis Gallorum Lusitanorumque et Britannorum cohortibus et Germanorum vexillis cum ala Petriana[1], ipse paulum cunctatus est, num Ræticis jugis in Noricum flecteret adversus Petronium Urbicum[2] procuratorem, qui concitis auxiliis et interruptis fluminum pontibus fidus Othoni putabatur. Sed metu ne amitteret præmissas jam cohortes alasque, simul reputans plus gloriæ retenta Italia, et ubicumque certatum foret, Nori-

Italie, elle fut entraînée par ses décurions, qui, ne connaissant pas Othon, et devant tout à Vitellius, ne parlaient que des forces redoutables qui s'avançaient à grands pas et de la haute renommée des légions germaniques. Ce corps fit donc sa soumission, et, pour offrir son présent au nouveau prince, il lui donna les meilleures places du pays au delà du Pô, Milan, Novarre, Ivrée, Verceilles. Cécina en fut instruit par eux-mêmes ; et, comme la plus vaste contrée de l'Italie ne pouvait être défendue par une seule division de gens à cheval, il y envoya ses cohortes de Gaulois, de Lusitaniens, de Bretons, et les vexillaires germains avec l'aile Pétriana. Il balança quelque temps s'il irait lui-même par les montagnes de Rhétie attaquer en Norique le procurateur Pétronius Urbicus, qu'on croyait dévoué à la cause d'Othon, parce qu'il rassemblait des forces et rompait les ponts. Mais il craignit de perdre les cohortes et la cavalerie envoyées en avant ; il pensa d'ailleurs qu'il y aurait plus de gloire à conserver l'Italie, et que quel que fût le théâtre des combats, la Norique serait une des

nstinctu decurionum,	à l'instigation des décurions,
qui ignari Othonis,	qui ignorants d'Othon,
obstricti Vitellio	attachés à Vitellius
attollebant robur	exaltaient la force
legionum adventantium	des légions approchant-à-grands-pas
et famam	et la renommée
exercitus Germanici,	de l'armée germanique,
transiere in partes	passèrent dans le parti
et adjunxere ut aliquod donum	et ils ajoutèrent comme un don
novo principi	au nouveau prince
municipia firmissima	les municipes les plus forts
regionis transpadanæ,	de la région transpadane,
Mediolanum ac Novariam	Milan et Novarre
et Eporediam et Vercellas.	et Ivrée et Verceilles.
Id compertum Cæcinæ	Cela *fut* su de Cécina
per ipsos.	par eux-mêmes.
Et quia	Et parce-que
pars latissima Italiæ	la partie la plus large de l'Italie
nequibat defendi	ne-pouvait être défendue
præsidio unius alæ,	par le secours d'un seul corps-de-
cohortibus Gallorum	des cohortes de Gaulois [cavalerie,
Lusitanorumque	et de Lusitaniens
et Britannorum	et de Bretons [de Germains
et vexillis Germanorum	et des étendards (des détachements)
cum ala Petriana	avec l'aile (la cavalerie) de-Pétrianus
præmissis,	ayant été envoyés-en-avant,
ipse cunctatus est paulum,	lui-même hésita un-peu,
num flecteret in Noricum	s'il se-détournerait vers la Norique
jugis Ræticis	par les chaînes rhétiques
adversus procuratorem	contre le procurateur
Petronium Urbicum,	Pétronius Urbicus,
qui, auxiliis concitis	qui, des auxiliaires ayant été réunis
et pontibus fluminum	et les ponts des fleuves
interruptis,	ayant été coupés,
putabatur fidus Othoni.	était réputé fidèle à Othon.
Sed metu ne amitteret	Mais par la crainte qu'il ne perdît
cohortes alasque	*ses* cohortes et *ses* escadrons
jam præmissas,	déjà envoyés-en-avant,
simul reputans	en-même-temps réfléchissant
plus gloriæ	plus de gloire *devoir être*
Italia retenta,	l'Italie ayant été conservée,
et ubicumque	et en-quelque-lieu-que
foret certatum,	il aurait été combattu,
Noricos cessuros	les Noriques devoir passer.

cos in cetera victoriæ præmia cessuros, Pœnino itinere subsignanum militem[1] et grave legionum agmen hibernis adhuc Alpibus traduxit.

LXXI. Otho interim contra spem omnium non deliciis neque desidia torpescere : dilatæ voluptates, dissimulata luxuria et cuncta ad decorem imperii composita, eoque plus formidinis afferebant falsæ virtutes et vitia reditura. Marium Celsum, consulem designatum, per speciem vinculorum sævitiæ militum subtractum, acciri in Capitolium jubet : clementiæ titulus e viro claro et partibus inviso petebatur. Celsus constanter servatæ erga Galbam fidei crimen confessus, exemplum ultro imputavit. Nec Otho quasi ignosceret, sed deos testes mutuæ reconciliationis adhibens[2], statim inter intimos amicos habuit, et mox bello inter duces delegit; mansitque Celso velut fataliter etiam

conquêtes de la victoire. Il prit donc le chemin des Alpes Pennines, et cette pesante infanterie légionnaire franchit, pendant que l'hiver y régnait encore, ces sommets escarpés.

LXXI. Othon cependant, contre l'attente générale, ne languissait pas dans les délices ni dans la mollesse. Il remit les plaisirs à un autre temps, et, dissimulant son goût pour la débauche, il sut mettre dans toute sa conduite la dignité du rang suprême : nouveau sujet de crainte pour qui songeait que ces vertus étaient fausses, et que les vices reviendraient. J'ai dit que, pour soustraire le consul désigné, Marius Celsus, à la fureur des soldats, il avait pris le prétexte de le mettre en prison. Il le fait appeler au Capitole. Il voulait se donner les honneurs de la clémence avec un homme d'un grand nom et odieux au parti qui l'avait élevé Celsus accepta courageusement le reproche d'avoir été fidèle à Galba, et s'en fit même un titre à la confiance d'Othon. L'empereur à son tour évita l'air d'un ennemi qui pardonne, et prenant les dieux à témoin de leur mutuelle réconciliation, il l'admit sur-le-champ au nombre de ses plus intimes amis, et bientôt après il le choisit pour l'un de ses généraux. Celsus, comme par une loi de sa destinée, lui garda une fidélité également constante, égale-

in cetera præmia victoriæ,	dans les autres avantages de la victoire,
traduxit itinere Pœnino militem subsignanum et agmen grave legionum Alpibus adhuc hibernis.	fit-passer par la route Pennine le soldat légionnaire et l'armée pesante des légions les Alpes *étant* encore dans-l'-hiver.
LXXI. Interim Otho contra spem omnium non torpescere deliciis neque desidia :	LXXI. Cependant Othon contre l'attente de tous ne-pas s'engourdir par les délices ni par la paresse :
voluptates dilatæ, luxuria dissimulata, et cuncta composita ad decorem imperii, falsæque virtutes et vitia reditura afferebant eo plus formidinis.	les plaisirs *furent* différés, la débauche dissimulée, et tout arrangé pour la convenance de l'empire, et *ses* fausses vertus et *ses* vices qui devaient revenir apportaient d'autant plus de terreur.
Jubet Marium Celsum, consulem designatum, subtractum sævitiæ militum per speciem vinculorum, acciri in Capitolium : titulus clementiæ petebatur e viro claro et inviso partibus.	Il ordonne Marius Celsus, consul désigné, soustrait à la fureur des soldats sous l'apparence de chaînes (de prison), être mandé au Capitole : la gloire de la clémence était cherchée de (dans la personne d')un homme illustre et odieux au parti.
Celsus confessus constanter crimen fidei servatæ erga Galbam, imputavit ultro exemplum.	Celsus ayant avoué avec-fermeté l'accusation de la foi gardée à-l'-égard-de Galba, porta-en compte (se fit honneur de) l'exemple *qu'il avait donné.*
Nec Otho quasi ignosceret, sed adhibens deos testes mutuæ reconciliationis, habuit statim inter amicos intimos, et delegit mox bello inter duces; fidesque integra et infelix mansit Celso velut fataliter	Et Othon non comme-s'il pardonnait, mais appelant les dieux *comme* témoins de *leur* mutuelle réconciliation, l'eut aussitôt parmi ses amis intimes, et *le* choisit ensuite pour la guerre parmi les chefs; et une fidélité entière et malheureuse resta à Celsus comme fatalement

pro Othone fides integra et infelix. Læta primoribus civitatis, celebrata in vulgus Celsi salus ne militibus quidem ingrata fuit, eandem virtutem admirantibus cui irascebantur.

LXXII. Par inde exultatio disparibus causis consecuta, impetrato Tigellini exitio. Sophonius Tigellinus obscuris parentibus, fœda pueritia, impudica senecta, præfecturam vigilum et prætorii et alia præmia virtutum, quia velocius erat, vitiis adeptus, mox crudelitatem, deinde avaritiam, virilia scelera, exercuit, corrupto ad omne facinus Nerone, quædam ignaro ausus, ac postremo ejusdem desertor ac proditor : unde non alium pertinacius ad pœnam flagitaverunt, diverso affectu, quibus odium Neronis inerat et quibus desiderium. Apud Galbam Titi Vinii potentia defensus prætexentis servatam ab eo filiam. Haud dubie servaverat, non clementia, quippe tot interfectis, sed effu-

ment malheureuse. Agréable aux grands, célébrée par le peuple, la grâce de Celsus ne déplut pas même aux soldats, admirateurs de cette même vertu qui excitait leur colère.

LXXII. Des transports semblables éclatèrent bientôt pour une cause différente, le châtiment de Tigellinus. Sophonius Tigellinus, né de parents obscurs, était flétri par une enfance prostituée et une vieillesse impudique. Parvenu au commandement des gardes nocturnes et des cohortes prétoriennes, enrichi de toutes les récompenses de la vertu, qu'il avait obtenues par le chemin bien plus court du vice, il ne tarda pas à signaler sa cruauté, puis son avarice, et à se montrer homme pour le crime; corrupteur de Néron, et qui, après l'avoir formé à tous les attentats et osé plus d'un forfait à son insu, finit par l'abandonner et le trahir. Aussi nul supplice ne fut-il demandé avec plus d'obstination, pour des motifs opposés, et par ceux qui haïssaient Néron et par ceux qui le regrettaient. Sous Galba, Vinius avait soutenu Tigellinus de son crédit, en représentant qu'il lui devait les jours de sa fille. Il est vrai qu'il l'avait sauvée de la mort, non par humanité (il en avait tué tant d'autres), mais pour se ménager un asile dans l'avenir

etiam pro Othone.
Salus Celsi
læta primoribus civitatis,
celebrata in vulgus,
fuit ingrata
ne militibus quidem,
admirantibus eandem virtutem
cui irascebantur.

LXXII. Inde exultatio par
consecuta causis disparibus,
exitio Tigellini impetrato.
Sophonius Tigellinus
parentibus obscuris,
pueritia fœda,
senecta impudica,
adeptus vitiis,
quia erat velocius,
præfecturam vigilum
et prætorii
et alia præmia virtutum,
exercuit mox crudelitatem,
deinde avaritiam,
scelera virilia,
Nerone corrupto
ad omne scelus,
ausus quædam
ignaro,
ac postremo desertor
ac proditor ejusdem :
unde, quibus
odium Neronis inerat,
et quibus desiderium,
non flagitaverunt alium
pertinacius
ad pœnam,
affectu diverso.
Defensus apud Galbam
potentia Titi Vinii
prætexentis filiam
servatam ab eo.
Servaverat haud dubie,
non clementia,
quippe tot interfectis,
sed effugium

aussi pour Othon.
Le salut de Celsus
agréable aux premiers de l'état,
célébré dans la multitude,
ne fut désagréable
pas même aux soldats,
admirant *cette* même vertu
contre laquelle ils étaient irrités.

LXXII. Puis un transport pareil
suivit par des causes différentes,
la perte de Tigellinus ayant été
Sophonius Tigellinus   [obtenue.
de parents obscurs,
d'une enfance souillée,
d'une vieillesse impudique,
ayant acquis par *ses* vices,
parce que *c'était* plus prompt *ainsi*,
la préfecture des veilleurs
et du prétoire
et d'autres récompenses des vertus,
exerça bientôt-après *sa* cruauté,
puis *son* avarice,
crimes virils,
Néron ayant été corrompu *par lui*
à *commettre* tout crime,
ayant osé certains *forfaits*
Néron l'ignorant,
et enfin déserteur
et traître du même *prince :*
d'-où, *ceux* auxquels
la haine de Néron était
et *ceux* auxquels *en était* le regret,
ne réclamèrent pas un autre
avec-plus-d'insistance
pour le châtiment,
avec un sentiment différent. [Galba
Il avait été défendu auprès de
par la puissance de Titus Vinius
alléguant *sa* fille
avoir été sauvée par lui.
Il *l*'avait sauvée assurément,
non par bonté,
tant d'*autres* en-effet ayant été tués,
mais *comme* moyen-de-salut

gium in futurum, quia pessimus quisque diffidentia præsentium mutationem pavens adversus publicum odium privatam gratiam præparat : unde nulla innocentiæ cura, sed vices impunitatis. Eo infensior populus, addita ad vetus Tigellini odium recenti Titi Vinii invidia, concurrere ex tota urbe in Palatium ac fora, et, ubi prima[1] vulgi licentia, in circum ac theatra effusi seditiosis vocibus strepere, donec Tigellinus accepto apud Sinuessanas aquas[2] supremæ necessitatis nuntio inter stupra concubinarum et oscula et deformes moras sectis novacula faucibus infamem vitam fœdavit etiam exitu sero et inhonesto.

LXXIII. Per idem tempus expostulata ad supplicium Calvia Crispinilla variis frustrationibus et adversa dissimulantis principis fama periculo exempta est. Magistra libidinum Neronis, transgressa in Africam ad instigandum

---

Car les plus grands scélérats se défient du présent, et, toujours en crainte des révolutions, ils aiment à se faire de la reconnaissance privée un appui contre la haine publique. De là un commerce d'impunité, où l'innocence n'est comptée pour rien. Le peuple en était d'autant plus implacable, et sa haine invétérée pour Tigellinus s'aggravait de son indignation récente contre Vinius. De toutes les parties de la ville on court au palais et dans les places; le cirque et les théâtres, où la licence de la multitude se déchaîne d'abord, retentissent de cris séditieux. Enfin, Tigellinus reçut aux eaux de Sinuesse l'arrêt qui lui ordonnait de mourir. Là, entouré de ses concubines et après avoir cherché dans leurs caresses et leurs embrassements de honteux délais, il se coupa la gorge avec un rasoir, et acheva de souiller une vie infâme par une mort tardive et déshonorée.

LXXIII. La clameur publique demandait en même temps le supplice de Calvia Crispinilla. Le prince, par différents subterfuges et une connivence qui ne lui fit pas honneur, la tira de ce danger. ntendante des plaisirs de Néron, cette femme était passée en Afrique pour exciter Macer à la révolte, et avait essayé ouverte-

n futurum,	pour l'avenir,
quia quisque pessimus	parce-que chacun très mauvais
diffidentia præsentium	par défiance des choses présentes
pavens mutationem	craignant un changement
præparat	acquiert-à-l'avance
gratiam privatam	de la reconnaissance privée
adversus odium publicum,	contre la haine publique;
unde nulla cura	d'-où nul souci
innocentiæ,	de l'innocence,
sed vices impunitatis.	mais échanges d'impunité.
Populus infensior eo,	Le peuple plus hostile par cela,
invidia recenti Titi Vinii	la haine récente pour Titus Vinius
addita ad vetus odium Tigellini,	ayant été ajoutée à l'ancienne animosité (contre) Tigellinus,
concurrere ex tota urbe,	accourir de toute la ville
in Palatium ac fora,	dans le palais et les places,
et effusi in circum ac theatra,	et répandus dans le cirque et les théâtres,
ubi licentia vulgi prima,	où la licence de la multitude *est* la première (éclate d'abord),
strepere vocibus seditiosis,	faire-du-bruit par des propos séditieux,
donec Tigellinus,	jusqu'à-ce que Tigellinus,
nuntio necessitatis supremæ accepto	la nouvelle de la nécessité suprême ayant été *reçue*
apud aquas Sinuessanas,	aux eaux de-Sinuesse,
inter stupra et oscula concubinarum	au-milieu des prostitutions et des baisers de concubines
et moras deformes,	et de retards honteux,
faucibus sectis novacula	la gorge ayant été coupée avec un rasoir
fœdavit etiam	souilla encore
vitam infamem	une vie infâme
exitu sero et inhonesto.	par une fin tardive et déshonorante
LXXIII. Per idem tempus Calvia Crispinilla	LXXIII. Dans le même temps Calvia Crispinilla
expostulata ad supplicium	réclamée pour le supplice
exempta est periculo	fut arrachée au péril
variis frustrationibus	par divers subterfuges
et fama adversa	et avec un bruit contraire (fâcheux)
principis dissimulantis.	du (pour le) prince qui dissimulait.
Magistra libidinum Neronis,	Directrice des débauches de Néron,
transgressa in Africam	ayant passé en Afrique
ad Clodium Macrum	pour Clodius Macer
instigandum in arma	devant être poussé aux armes

in arma Clodium Macrum famem [1] populo Romano haud obscure molita, totius postea civitatis gratiam obtinuit, consulari matrimonio subnixa et apud Galbam, Othonem, Vitellium illæsa, mox potens pecunia et orbitate, quæ bonis malisque temporibus juxta valent.

LXXIV. Crebræ interim et muliebribus blandimentis infectæ ab Othone ad Vitellium epistulæ offerebant pecuniam et gratiam et quemcunque quietis locum prodigæ vitæ legisset; paria Vitellius ostentabat : primo mollius, stulta utrinque et indecora simulatione, mox quasi rixantes stupra et flagitia in vicem objectavere, neuter falso. Otho, revocatis quos Galba miserat legatis, rursus ad utrumque Germanicum exercitum et ad legionem Italicam easque quæ Lugduni agebant copias specie senatus misit. Legati apud Vitellium remansere, promptius quam ut retenti

ment d'affamer le peuple romain; ce qui ne l'empêcha pas d'être plus tard en crédit auprès de la ville entière. Un mariage consulaire lui valut cette faveur; et, tranquille sous Galba, Othon, Vitellius, elle eut après eux toute la puissance d'une personne riche et sans héritiers, deux avantages aussi grands dans les meilleurs temps que dans les plus mauvais.

LXXIV. Othon cependant écrivait coup sur coup à Vitellius des lettres toutes pleines des avances les plus humiliantes, lui offrant argent, faveurs, et la retraite qu'il voudrait choisir pour s'y livrer en repos à ses profusions. Vitellius le tentait par les mêmes appâts. Bientôt aux mutuelles douceurs d'une stupide et honteuse dissimulation succédèrent les injures : ils se reprochèrent tous deux des impuretés et des crimes, et tous deux se rendaient justice. Othon fit revenir les députés de Galba, et en envoya d'autres sous le nom du sénat, aux armées de Germanie, à la légion italique et aux troupes cantonnées à Lyon. Ces députés restèrent dans le camp de Vitellius trop aisément pour y paraître captifs

molita haud obscure	ayant préparé non obscurément
famem populo Romano,	la famine pour le peuple romain,
obtinuit postea	elle eut ensuite
gratiam totius civitatis,	la faveur de toute la cité,
subnixa matrimonio consulari	appuyée-sur un mariage consulaire
et illæsa	et non-attaquée
apud Galbam,	auprès de (sous) Galba
Othonem, Vitellium,	Othon, Vitellius,
mox potens	plus-tard puissante [fants,
pecunia et orbitate,	par l'argent et le manque-d'-en-
quæ valent juxta	*avantages* qui valent également
temporibus bonis malisque.	dans les temps bons et mauvais.

LXXIV. Interim epistulæ ab Othone ad Vitellium crebræ et infectæ blandimentis muliebribus offerebant pecuniam et gratiam et locum quietis quemcunque legisset vitæ prodigæ; Vitellius ostentabat paria; primo mollius simulatione stulta et indecora utrinque, mox quasi rixantes objectavere in vicem stupra et flagitia, neuter falso. Otho, legatis revocatis quos Galba miserat, misit rursus specie senatus ad utrumque exercitum Germanicum et ad legionem Italicam easque copias quæ agebant Lugduni. Legati remansere apud Vitellium promptius quam ut viderentur retenti;

LXXIV. Cependant des lettres d'Othon à Vitellius fréquentes et imprégnées de cajoleries féminines *lui* offraient argent et faveur et un lieu de repos quelconque-que il aurait choisi pour une vie prodigue; Vitellius *lui* montrait (offrait) des *avantages* pareils; d'abord avec-plus-de-douceur par une hypocrisie sotte et déshonnête de-part-et-d'autre, puis comme se-querellant ils se reprochèrent tour-à-tour prostitutions et scandales, ni-l'unn-i-l'autre à-tort. [lés Othon, les députés ayant été rappe- que Galba avait envoyés, *en* envoya *d'autres* à-son-tour sous l'apparence (de nom) du sénat à l'une-et-l'autre armée germanique et à la légion italique et à ces troupes qui séjournaient à Lyon. Les députés restèrent auprès de Vitellius, [russent plus aisément que pour qu'ils pa- *avoir été* retenus;

viderentur; prætoriani, quos per simulationem officii legatis Otho adjunxerat, remissi antequam legionibus miscerentur. Addidit epistulas Fabius Valens nomine Germanici exercitus ad prætorias et urbanas cohortes, de viribus partium magnificas et concordiam offerentes; increpabat ultro, quod tanto ante[1] traditum Vitellio imperium ad Othonem vertissent.

LXXV. Ita promissis simul ac minis tentabantur, ut bello impares, in pace nihil amissuri; neque ideo prætorianorum fides mutata. Sed insidiatores ab Othone in Germaniam, a Vitellio in urbem missi. Utrisque frustra fuit, Vitellianis impune, per tantam hominum multitudinem mutua ignorantia fallentibus; Othoniani novitate vultus, omnibus in vicem gnaris, prodebantur. Vitellius litteras ad Titianum fratrem Othonis composuit, exitium ipsi filioque ejus minitans, ni incolumes sibi mater ac

---

Othon leur avait donné comme par honneur une suite de prétoriens; elle fut renvoyée avant d'avoir communiqué avec les légions. Valens lui remit des lettres au nom de l'armée de Germanie pour les cohortes de la ville et du prétoire; il y exaltait les forces du parti, et offrait aux cohortes paix et union. Il se plaignait même qu'elles eussent transporté à Othon l'empire donné si longtemps auparavant à Vitellius.

LXXV. Ainsi elles étaient attaquées à la fois par menaces et par promesses, comme trop faibles pour soutenir la guerre, et sûres de ne rien perdre en acceptant la paix. La fidélité des prétoriens n'en fut point ébranlée. Othon et Vitellius prirent le parti d'envoyer des assassins, l'un en Germanie, l'autre à Rome, et tous deux sans succès. Les émissaires de Vitellius demeurèrent impunis, perdus qu'ils étaient dans une si grande multitude d'hommes inconnus l'un à l'autre. Ceux d'Othon furent trahis par la nouveauté de leur visage au milieu de soldats qui se connaissaient tous. Vitellius écrivit à Titianus, frère d'Othon, que sa vie et celle de son fils lui répondraient de la sûreté de sa mère et de ses en-

prætoriani quos Otho	les prétoriens qu'Othon
adjunxerat legatis	avait adjoints aux députés
per simulationem officii,	sous prétexte d'honneur,
remissi antequam	*furent* renvoyés avant-que
miscerentur legionibus.	ils fussent mêlés aux légions.
Fabius Valens	Fabius Valens
addidit epistulas	*leur* donna-en-outre des lettres
nomine exercitus Germanici	au nom de l'armée germanique
ad cohortes prætorias	pour les cohortes prétoriennes
et urbanas,	et urbaines,
magnificas	*lettres* magnifiques
de viribus partium	sur les forces du parti,
et offerentes concordiam :	et offrant l'entente :
increpabat ultro	il *leur* reprochait en-outre
quod vertissent	qu'elles eussent tourné
ad Othonem	vers Othon
imperium traditum Vitellio	l'empire remis à Vitellius
tanto ante.	tellement auparavant
LXXV. Ita tentabantur	LXXV. Ainsi elles étaient tentées
promissis simul	par des promesses en-même-temps
ac minis,	et des menaces,
ut impares bello,	comme incapables de la guerre,
nihil amissuri in pace ;	ne devant rien perdre dans la paix
neque fides prætorianorum	ni la fidélité des prétoriens
mutata ideo.	*ne fut* changée pour-cela.
Sed insidiatores missi	Mais des assassins *furent* envoyés
ab Othone in Germaniam,	par Othon en Germanie,
a Vitellio in urbem.	par Vitellius dans la ville.
Fuit frustra	*Ce* fut inutilement
utrisque,	pour-les-uns-et-les-autres,
impune Vitellianis	impunément pour les Vitelliens
fallentibus	trompant (échappant aux regards),
per tantam multitudinem	au-milieu d'une si-grande multitude
hominum	d'hommes
ignorantia mutua ;	grâce-à l'ignorance mutuelle ;
Othoniani prodebantur	les Othoniens étaient trahis
novitate vultus,	par la nouveauté de *leur* visage,
omnibus gnaris in vicem.	tous *se* connaissant réciproquement
Vitellius composuit litteras,	Vitellius composa une lettre
ad Titianum	pour Titianus
fratrem Othonis,	frère d'Othon,
minitans exitium	menaçant de la mort
ipsi filioque ejus	lui-même et le fils de lui,
ni mater et liberi	à-moins-que *la* mère et les enfants

liberi servarentur. Et stetit domus utraque, sub Othone incertum an metu : Vitellius victor clementiæ gloriam tulit.

LXXVI. Primus Othoni fiduciam addidit ex Illyrico nuntius jurasse in eum Delmatiæ ac Pannoniæ et Mœsiæ legiones. Idem ex Hispania allatum, laudatusque per edictum Cluvius Rufus : et statim cognitum est conversam ad Vitellium Hispaniam. Ne Aquitania quidem, quanquam ab Julio Cordo in verba Othonis obstricta, diu mansit. Nusquam fides aut amor : metu ac necessitate huc illuc mutabantur. Eadem formido provinciam Narbonensem ad Vitellium vertit, facili transitu ad proximos et validiores. Longinquæ provinciæ et quicquid armorum mari dirimitur penes Othonem manebant, non partium studio, sed erat grande momentum in nomine urbis ac prætexto senatus,

fants. Les deux familles furent respectées. On doute si de la part d'Othon ce ne fut point un effet de la crainte ; Vitellius eut, comme vainqueur, la gloire de la clémence.

LXXVI. Le premier événement qui donna de la confiance à Othon fut l'avis reçu de l'Illyricum que les légions de Dalmatie, de Pannonie, de Mésie, venaient de lui jurer obéissance. Une nouvelle semblable arriva d'Espagne, et Cluvius Rufus en fut remercié par un édit. L'instant d'après, on sut que l'Espagne était passée sous l'autorité de Vitellius. L'Aquitaine, entraînée par Julius Cordus dans le parti d'Othon, lui fit un serment qu'elle ne garda pas davantage. Nulle part il n'y avait de fidélité ni d'affection : la crainte et la nécessité faisaient ou rompaient les engagements. La même crainte donna la province de Narbonne à Vitellius : on passe aisément à celui qui est le plus près et qu'on voit le plus fort. Les provinces éloignées et toutes les forces d'outremer restaient sous les lois d'Othon. Ce n'était point attachement à son parti ; mais Rome et le sénat étaient pour sa cause une re-

servarentur sibi incolumes.	ne fussent gardés pour lui sains-et-saufs.
Et utraque domus stetit,	Et l'une-et-l'autre maison subsista (fut respectée),
incertum sub Othone an metu :	il est incertain sous Othon si ce fut par crainte :
Vitellius victor tulit gloriam clementiæ.	Vitellius vainqueur remporta la gloire de la clémence.
LXXVI. Primus nuntios ex Illyrico	LXXVI. La première nouvelle venue de l'Illyricum
legiones Delmatiæ ac Pannoniæ et Mœsiæ jurasse in eum addidit fiduciam Othoni.	les légions de Dalmatie et de Pannonie et de Mésie avoir juré en lui ajouta de la confiance à Othon.
Idem allatum ex Hispania, Cluviusque Rufus laudatus per edictum :	La même nouvelle fut apportée d'Espagne, et Cluvius Rufus loué par un édit :
et statim cognitum est Hispaniam conversam ad Vitellium.	puis aussitôt-après on connut l'Espagne s'être tournée vers Vitellius.
Ne Aquitania quidem, quanquam obstricta ab Julio Cordo in verba Othonis, mansit diu.	Pas même l'Aquitaine, quoique liée par Julius Cordus sur les paroles d'Othon, ne resta longtemps fidèle.
Nusquam fides aut amor : mutabantur huc illuc metu ac necessitate.	Nulle-part fidélité ou affection : on changeait en-ce-sens-ci ou en-ce-sens-là par crainte et par nécessité.
Eadem formido vertit ad Vitellium provinciam Narbonensem, transitu facili ad proximos et validiores.	La même épouvante tourna vers Vitellius la province narbonnaise, le passage étant facile vers ceux qui sont les plus proches et plus forts.
Provinciæ longinquæ et quicquid armorum dirimitur mari manebant penes Othonem, non studio partium, sed grande momentum erat in nomine urbis ac prætexto senatus,	Les provinces éloignées et tout-ce-qui d'armes (d'armées) est séparé par la mer restaient au-pouvoir-d'Othon, non par zèle de parti, mais un grand poids était dans le nom de la ville (de Rome) et dans le prestige du sénat,

et occupaverat animos prior auditus. Judæicum exercitum Vespasianus, Suriæ legiones Mucianus sacramento Othonis adegere; simul Ægyptus omnesque versæ in Orientem provinciæ nomine ejus tenebantur. Idem Africæ obsequium, initio Carthagine orto : neque exspectata Vipstani Aproniani proconsulis auctoritate, Crescens, Neronis libertus (nam et hi malis temporibus partem se rei publicæ faciunt), epulum plebi ob lætitiam recentis imperii obtulerat, et populus pleraque sine modo festinavit. Carthaginem ceteræ civitates secutæ.

LXXVII. Sic distractis exercitibus ac provinciis, Vitellio quidem ad capessendam principatus fortunam bello opus erat, Otho ut in multa pace munia imperii obibat, quædam

commandation puissante. Son nom d'ailleurs s'était le premier emparé des esprits. Vespasien dans la Judée, en Syrie Mucien, reçurent pour Othon le serment de leurs troupes. L'Égypte et toutes les provinces orientales les reconnaissaient également. L'Afrique n'était pas moins soumise; c'est Carthage qui avait donné le signal. Sans attendre l'autorisation du proconsul Apronianus Vipstanus, Crescens, affranchi de Néron (car dans les temps malheureux cette espèce d'hommes se mêle aussi aux affaires publiques), avait offert à la multitude un banquet pour fêter l'avènement du nouveau prince; le peuple fit le reste avec la dernière précipitation. Les autres villes imitèrent Carthage.

LXXVII. Les armées et les provinces étant ainsi divisées, Vitellius avait certes besoin de la guerre pour se mettre en possession de la souveraine puissance; Othon en faisait tous les actes comme en pleine paix. Et dans ces actes il soutenait quelquefois la dignité

et occupaverat animos	et il s'-était emparé des esprits
auditus	son nom ayant été entendu
prior.	le premier.
Adegere	Vespasien et Mucien contraignirent
sacramento Othonis	au serment de (à) Othon
Vespasianus	Vespasien
exercitum Judæicum,	l'armée judaïque,
Mucianus legiones Suriæ;	Mucien les légions de Syrie;
simul Ægyptus	en-même-temps l'Égypte
omnesque provinciæ	et toutes les provinces
versæ in Orientem	tournées vers l'Orient
tenebantur nomine ejus.	étaient tenues par le nom de lui.
Idem obsequium Africæ,	Même soumission de l'Afrique,
initio orto	le commencement s'-en-étant élevé
Carthagine;	à Carthage;
neque auctoritate	ni l'autorisation
proconsulis Vipstani Aproniani	du proconsul Vipstanus Apronianus
exspectata,	ayant été attendue,
Crescens, libertus Neronis	Crescens, affranchi de Néron
(nam et hi	(car ceux-ci aussi
temporibus malis	dans les temps malheureux
se faciunt partem	se font partie
rei publicæ),	de la chose publique),
obtulerat epulum	avait offert un festin
plebi	à la multitude
ob lætitiam	à-cause-de la joie
recentis imperii,	du nouveau règne,
et populus	et le peuple
festinavit pleraque	hâta la plupart des choses
sine modo.	sans mesure.
Ceteræ civitates	Toutes-les autres cités
secutæ Carthaginem.	suivirent Carthage.
LXXVII. Exercitibus	LXXVII. Les armées
ac provinciis	et les provinces
distractis sic,	étant ainsi divisées,
opus erat bello Vitellio	besoin était de guerre à Vitellius
quidem	à la vérité
ad fortunam	pour la fortune (la dignité)
principatus	du principat
capessendam,	devant être saisie,
Otho obibat	Othon accomplissait
munia imperii,	les devoirs de l'empire
ut in multa pace,	comme dans une grande paix,
quædam	quelques-uns

ex dignitate rei publicæ, pleraque contra decus ex præsenti usu properando. Consul cum Titiano fratre in Kalendas Martias[1] ipse; proximos menses Verginio destinat ut aliquod exercitui Germanico delenimentum; jungitur Verginio Pompeius Vopiscus prætexto veteris amicitiæ, plerique Viennensium honori datum interpretabantur. Ceteri consulatus ex destinatione Neronis aut Galbæ mansere, Cælio ac Flavio Sabinis in *Kal.* Julias, Arrio Antonino et Mario Celso in Septembres, quorum honoribus ne Vitellius quidem victor intercessit. Sed Otho pontificatus auguratusque honoratis jam senibus cumulum dignitatis addidit, aut recens ab exilio reversos nobiles adulescentulos avitis aut paternis sacerdotiis in solacium recoluit. Redditus Cadio Rufo, Pedio Blæso, Scævino Prisco senatorius locus; repetundarum criminibus sub Claudio ac Nerone ceciderant :

de l'empire ; mais plus souvent encore il y dérogeait par le besoin de se hâter. Il se nomma consul avec Titianus, son frère, jusqu'aux kalendes de mars. Il désigna Verginius pour les deux mois suivants, voulant tenter par ce choix l'armée de Germanie. A Verginius il donna pour collègue Pompéius Vopiscus, sous prétexte d'honorer une ancienne amitié : beaucoup pensèrent que son vrai motif était de flatter les Viennois. Les autres consulats demeurèrent à ceux qu'avaient désignés Néron ou Galba : aux deux Sabinus, Célius et Flavius, jusqu'au premier juillet, à Marius Celsus et Arrius Antoninus, jusqu'au premier septembre. La victoire même de Vitellius ne changea rien à cet ordre. Othon décora d'un nouveau lustre des vieillards blanchis dans les honneurs, en les faisant augures ou pontifes ; et de jeunes nobles à peine revenus de l'exil rentrèrent, pour consolation de leur disgrâce, dans les sacerdoces d'un aïeul ou d'un père. La dignité sénatoriale fut rendue à Cadius Rufus, à Pédius Blésus, à Scévinus Priscus, condamnés sous Claude et Néron comme concussionnaires. On

ex dignitate rei publicæ,	selon la dignité de la chose publi-
properando pleraque	hâtant la plupart [que,
contra decus	contre la bienséance
ex usu præsenti.	selon l'utilité présente.
Ipse consul	Lui-même *fut* consul
cum fratre Titiano	avec *son* frère Titianus
in Kalendas Martias;	jusqu'aux calendes de-Mars;
destinat menses proximos	il destine les mois suivants
Verginio	à Verginius
ut aliquod delenimentum	comme une séduction
exercitui Germanico ;	pour l'armée germanique ;
Verginio jungitur	à Verginius est joint
Pompeius Vopiscus	Pompéius Vopiscus
prætexto veteris amicitiæ,	sous prétexte d'ancienne amitié,
plerique interpretabantur	la plupart interprétaient
datum honori	*cela avoir été* donné à l'honneur
Viennensium.	des Viennois.
Ceteri consulatus mansere	Les autres consulats restèrent
ex destinatione	selon la désignation
Neronis aut Galbæ,	de Néron ou de Galba,
Sabinis, Cælio ac Flavio	aux Sabinus, Célius et Flavius
in Kalendas Julias,	jusqu'aux calendes de-Juillet, [sus
Arrio Antonino et Mario Celso	à Arrius Antoninus et à Marius Cel-
in Septembres,	jusqu'à *celles* de-septembre,
honoribus quorum	aux honneurs desquels
ne quidem Vitellius victor	pas même Vitellius vainqueur
intercessit.	*ne* s'-opposa.
Sed Otho addidit	De-plus Othon ajouta
cumulum dignitatis	*comme* comble de dignité
senibus jam honoratis	à des vieillards déjà honorés
pontificatus	des pontificats
auguratusque,	et des charges-d'augure,
aut recoluit	ou il revêtit
in solacium	en-guise-de consolation
sacerdotiis	des sacerdoces
avitis aut paternis	d'-aïeul ou paternels
nobiles adulescentulos	de nobles jeunes-gens
reversos recens ab exilio.	revenus récemment de l'exil.
Locus senatorius redditus	Le rang sénatorial *fut* rendu
Cadio Rufo, Pedio Blæso,	à Cadius Rufus, à Pédius Blésus,
Scævino Prisco;	à Scévinus Priscus;
ceciderant	ils étaient tombés
sub Claudio ac Nerone	sous Claude et Néron
criminibus repetundarum :	par des accusations de concussion :

placuit ignoscentibus verso nomine, quod avaritia fuerat, videri majestatem, cujus tum odio etiam bonæ leges[1] peribant.

LXXVIII. Eadem largitione civitatium quoque ac provinciarum animos aggressus Hispaliensibus et Emeritensibus[2] familiarum adjectiones, *Lanciensibus*[3] universis civitatem Romanam, provinciæ Bæticæ Maurorum civitates dono dedit; nova Cappadociæ, nova jura Africæ, ostentui magis quam mansura. Inter quæ necessitate præsentium rerum et instantibus curis excusata ne tum quidem immemor amorum statuas Poppææ per senatus consultum reposuit; creditus est etiam de celebranda Neronis memoria agitavisse spe vulgum alliciendi. Et fuere qui imagines Neronis proponerent : atque etiam Othoni quibusdam diebus populus et miles, tanquam nobilitatem ac decus adstruerent, Neroni Othoni acclamavit. Ipse in suspenso tenuit, vetandi metu vel agnoscendi pudore.

voulut bien, en leur pardonnant, changer pour eux le nom des choses ; et ce qui avait été rapine s'appela lèse-majesté, mot odieux en haine duquel on laissait périr ainsi les meilleures lois.

LXXVIII. Ses grâces intéressées s'étendirent sur des villes même et sur des provinces. Les colonies d'Hispalis et d'Émérita furent accrues de nouvelles familles; il donna le droit de cité romaine à tous les habitants de Lancia, et fit présent à la province Bétique du pays des Maures. Il accorda de nouveaux priviléges à la Cappadoce, de nouveaux à l'Afrique; concessions faites pour éblouir plutôt que pour durer. Au milieu de ces actes, excusés par les nécessités présentes et la difficulté des conjonctures, trouvant encore des pensées pour de vaines amours, il fit relever par décret du sénat les statues de Poppée. On crut qu'il avait songé à rendre aussi des honneurs à la mémoire de Néron, dans la vue de s'attacher la multitude. Il est certain que quelques-uns exposèrent en public les images de ce prince : même dans certains jours, le peuple et le soldat, croyant donner au nouvel empereur plus de noblesse et de lustre, le saluèrent des noms réunis de Néron Othon. Il ne s'expliqua point sur ce titre, n'osant le refuser ou rougissant de l'accepter.

placuit ignoscentibus	il plut à *ceux* qui *leur* pardonnaient
nomine verso,	le nom *des choses* étant changé,
quod fuerat avaritia,	ce qui avait été cupidité,
videri majestatem,	passer-pour *lèse*-majesté,
cujus odio tum	en haine de laquelle alors
etiam bonæ leges peribant.	même les bonnes lois périssaient.
LXXVIII. Aggressus	LXXVIII. Ayant attaqué
eadem largitione	avec la même libéralité
animos civitatium quoque	les esprits des cités aussi
ac provinciarum	et des provinces
dedit dono Hispaliensibus	il donna en présent aux Hispaliens
et Emeritensibus	et aux Éméritains
adjectiones familiarum,	des adjonctions de familles,
Lanciensibus universis	aux Lanciens tous-ensemble
civitatem Romanam,	la bourgeoisie romaine,
provinciæ Bæticæ	à la province Bétique
civitates Maurorum ;	les cités des Maures ;
nova jura Cappadociæ,	de nouveaux droits à la Cappadoce,
nova Africæ,	de nouveaux à l'Afrique,
magis ostentui	plus pour la montre
quam mansura.	que devant durer.
Inter quæ excusata	Parmi lesquelles *mesures* excusées
necessitate rerum præsentium	par la nécessité des choses présen-
et curis instantibus	et par les soucis pressants [tes
ne tum quidem immemor	pas même alors oublieux
amorum	de *ses* amours
reposuit	il releva
per consultum senatus	par une délibération du sénat
statuas Poppææ ;	les statues de Poppée ;
creditus est etiam agitavisse	il fut cru même avoir songé
de memoria Neronis	touchant (à) la mémoire de Néron
celebranda	devant être célébrée [tude.
spe alliciendi vulgum.	dans l'espoir de séduire la multi-
Et fuere qui proponerent	Et il *y en* eut qui exposaient
imagines Neronis :	des images de Néron :
atque etiam quibusdam diebus	et même certains jours
populus et miles	le peuple et le soldat
acclamavit Neroni Othoni,	acclamèrent Néron Othon,
tanquam adstruerent	comme-si ils *lui* ajoutaient
nobilitatem ac decus.	noblesse et éclat.
Ipse tenuit in suspenso,	Lui-même tint *la chose* en suspens,
metu vetandi	par crainte de défendre
vel pudore	ou par honte
agnoscendi.	de reconnaître (d'accepter).

LXXIX. Conversis ad civile bellum animis externa sine cura habebantur. Eo audentius Rhoxolani, Sarmatica gens, priore hieme cæsis duabus cohortibus, magna spe Mœsiam irruperant, ad novem millia equitum, ex ferocia et successu prædæ magis quam pugnæ intenta. Igitur vagos et incuriosos tertia legio adjunctis auxiliis repente invasit. Apud Romanos omnia prœlio apta : Sarmatæ dispersi cupidine prædæ aut graves onere sarcinarum et lubrico itinerum adempta equorum pernicitate velut vincti cædebantur. Namque mirum dictu, ut sit omnis Sarmatarum virtus velut extra ipsos. Nihil ad pedestrem pugnam tam ignavum : ubi per turmas advenere, vix ulla acies obstiterit. Sed tum humido die et soluto gelu neque conti neque gladii, quos prælongos utraque manu regunt, usui, lapsantibus equis

LXXIX. Les esprits, tournés à la guerre civile, ne songeaient plus aux dangers du dehors. Enhardis par cette négligence, les Rhoxolans, nation sarmate, après avoir massacré l'hiver précédent deux cohortes romaines, s'étaient jetés pleins d'espérance sur la Mésie, au nombre de neuf mille cavaliers, tous animés d'une audace que doublait le succès, et plus occupés de butin que de combat. Pendant qu'ils erraient sans prévoyance, la troisième légion, soutenue des auxiliaires, les assaillit tout à coup. Du côté des Romains, tout était disposé pour l'action; les Sarmates, dispersés par l'ardeur de piller ou surchargés de bagages, et ne pouvant tirer parti de la vitesse de leurs chevaux dans des chemins glissants, se laissaient égorger comme des hommes enchaînés : car c'est une chose étrange à quel point tout le courage des Sarmates semble être hors d'eux-mêmes. Rien de si lâche pour combattre à pied; quand leurs bandes arrivent à cheval, il est peu de troupes en bataille capables de résister. C'était un jour de pluie et de dégel : ni les piques, ni ces longs sabres qu'ils tiennent à deux mains, ne pouvaient leur servir, à cause des faux pas de leurs chevaux et

HISTOIRES, LIVRE I.

LXXIX. Animis conversis ad bellum civile externa habebantur sine cura.	LXXIX. Les esprits étant tournés vers la guerre civile [traités les *affaires* étrangères étaient sans soin. [raison
Audentius eo Rhoxolani, gens Sarmatica duabus cohortibus cæsis hieme priore,	Plus audacieusement par cette les Roxholans, nation sarmate, deux cohortes ayant été massacrées l'hiver précédent,
irruperant Mœsiam magna spe, ad novem millia equitum, ex ferocia et successu magis intenta prædæ quam pugnæ.	avaient envahi la Mésie avec un grand espoir, jusqu'à neuf milliers de cavaliers, par suite de *leur* fierté et de *leur* plus attentifs au butin [succès qu'au combat.
Igitur tertia legio auxiliis adjunctis invasit repente vagos et incuriosos.	Donc la troisième légion des auxiliaires *lui* ayant été adjoints attaqua tout à coup *eux* errants et sans-souci.
Apud Romanos omnia apta prœlio : Sarmatæ dispersi cupidine prædæ aut graves onere sarcinarum, et pernicitate equorum adempta lubrico itinerum, cædebantur velut vincti.	Chez les Romains [le combat : toutes choses *étaient* prêtes pour les Sarmates dispersés par le désir du butin ou appesantis par le poids des bagages, et la vitesse des chevaux étant ôtée (perdue) par le glissant des chemins, étaient égorgés comme enchaînés.
Namque mirum dictu ut omnis virtus Sarmatarum sit velut extra ipsos.	Car *il est* étonnant à être dit comme toute la valeur des Sarmates [mêmes. est en-quelque-sorte hors-d'eux-
Nihil tam ignavum ad pugnam pedestrem ; ubi advenere per turmas, vix ulla acies obstiterit.	Rien de si lâche pour un combat à-pied ; [drons quand ils sont arrivés en esca- à peine aucune ligne-de-bataille aurait résisté.
Sed tum die humido et gelu soluto neque conti neque gladii ; quos prælongos regunt utraque manu, usui, equis lapsantibus	Mais alors la journée *étant* humide et la gelée étant relâchée ni les piques ni les épées, lesquelles très longues ils manient de l'une-et-l'autre main *n'étaient* à usage, *leurs* chevaux glissant

et catafractarum pondere. Id principibus et nobilissimo cuique tegimen, ferreis laminis aut præduro corio consertum, ut adversus ictus impenetrabile, ita impetu hostium provolutis inhabile ad resurgendum; simul altitudine et mollitia nivis hauriebantur. Romanus miles facilis lorica[1] et missili pilo aut lanceis assultans, ubi res posceret, levi gladio inermem Sarmatam (neque enim scuto defendi mos est) comminus fodiebat, donec pauci, qui prœlio superfuerant, paludibus abderentur. Ibi sævitia hiemis aut vulnerum[2] absumpti. Postquam id Romæ compertum, M. Aponius Mœsiam obtinens triumphali statua, Fulvus Aurelius et Julianus Tettius ac Numisius Lupus, legati legionum, consularibus ornamentis donantur, læto Othone et gloriam in se trahente, tanquam et ipse felix bello et suis ducibus suisque exercitibus rem publicam auxisset.

du poids de leurs cataphractes. C'est une armure que portent les chefs et la noblesse : des lames de fer ou des bandes du cuir le plus dur en forment le tissu ; mais, impénétrable aux coups, elle ôte au guerrier abattu par le choc des ennemis la facilité de se relever ; ajoutons la neige molle et profonde où ils s'engloutissaient. Le soldat romain, vêtu d'une cuirasse plus souple, envoyait son javelot ou chargeait avec la lance ; et, tirant au besoin sa courte épée, il en perçait le Sarmate découvert; car ce peuple ne connaît pas l'usage du bouclier. Enfin le peu qui échappèrent du combat se cachèrent dans des marais, où la rigueur du froid et les suites de leurs blessures les firent tous périr. Quand cette nouvelle fut connue à Rome, M. Aponius, gouverneur de Mésie, fut récompensé par une statue triomphale; Fulvus Aurélius, Julianus Tettius et Numisius Lupus, commandants de légions, reçurent les ornements consulaires. Othon se réjouissait, et, s'attribuant l'honneur de ce succès, il se faisait gloire d'être aussi un prince heureux à la guerre, et d'avoir par ses généraux et par ses armées agrandi la république.

et pondere catafractarum.
Id tegimen principibus
et cuique nobilissimo,
consertum laminis ferreis
aut corio præduro,
ut impenetrabile
adversus ictus,
ita inhabile ad resurgendum
provolutis
impetu hostium ;
simul hauriebantur
altitudine et mollitia nivis.
Miles Romanus
facilis lorica
et assultans pilo missili
aut lanceis,
ubi res posceret,
fodiebat comminus levi gladio
Sarmatam inermem
(neque enim est mos
defendi scuto),
donec pauci
qui superfuerant prœlio,
abderentur paludibus.
Ibi absumpti
sævitia hiemis aut vulnerum.
Postquam id compertum
Romæ,
Marcus Aponius
obtinens Mœsiam
statua triumphali,
Fulvus Aurelius
et Julianus Tettius
ac Numisius Lupus,
legati legionum,
donantur
ornamentis consularibus,
Othone læto,
et trahente gloriam in se,
tanquam et ipse
felix bello
et auxisset rem publicam
suis ducibus
suisque exercitibus.

et le poids des cataphractes.
C'*est* une armure pour les chefs
et pour chacun très noble,
entrelacée de lames de-fer
ou de cuir très-dur,
comme impénétrable
contre les coups,
aussi incommode pour se-relever
pour *ceux* abattus
par le choc des ennemis ; [Ils
en-même-temps ils étaient euglou-
par la profondeur et la mollesse de
Le soldat romain [la neige.
souple avec *sa* cuirasse [lancer
et assaillant avec le pilum facile-à-
ou avec des lances,
quand la circonstance *le* demandait,
perçait de-près de *sa* légère épée
le Sarmate désarmé
(ni en-effet il *n'est* coutume *a lu*
d'être protégé par un bouclier),
jusqu'à-ce-que peu
qui avaient survécu au combat,
se cachassent dans les marais.
Là *ils furent* détruits [blessures.
par la violence du froid ou des
Après-que cela *fut* su
à Rome,
Marcus Aponius
gouvernant la Mésie
est gratifié d'une statue triomphale,
Fulvus Aurélius
et Julianus Tettius
et Numisius Lupus,
lieutenants de légions,
sont gratifiés
des ornements consulaires,
Othon *étant* joyeux,
et attirant la gloire à lui,
comme-si et lui-même
avait été heureux dans la guerre
et avait accru la chose publique
par ses généraux
et par ses armées.

LXXX. Parvo interim initio, unde nihil timebatur, orta seditio prope Urbi excidio fuit. Septimam decimam cohortem e colonia Ostiensi in Urbem acciri Otho jusserat; armandæ ejus cura Vario Crispino tribuno e prætorianis data. Is quo magis vacuus quietis castris jussa exsequeretur, vehicula cohortis incipiente nocte onerari aperto armamentario jubet. Tempus in suspicionem, causa in crimen, affectatio quietis in tumultum evaluit, et visa inter temulentos arma cupidinem sui movere. Fremit miles et tribunos centurionesque proditionis arguit, tanquam familiæ senatorum ad perniciem Othonis armarentur, pars ignari et vino graves, pessimus quisque in occasionem prædarum, vulgus, ut mos est, cujuscunque motus novi cupidum; et obsequia meliorum nox abstulerat. Resistentem seditioni

LXXX. Cependant une circonstance indifférente fit naître, du côté dont on se défiait le moins, une sédition qui pensa tourner à la ruine de Rome. Othon avait ordonné qu'on amenât d'Ostie la dix-septième cohorte, et le soin de l'armer était remis à Varius Crispinus, l'un des tribuns du prétoire. Celui-ci, croyant exécuter plus paisiblement ses ordres pendant que tout serait tranquille dans le camp, fit ouvrir l'arsenal et charger à l'entrée de la nuit les voitures de la cohorte. L'heure parut suspecte, le motif criminel, et un excès de précaution devint une cause de tumulte. La vue des armes tenta les courages échauffés par le vin. Le soldat éclate en murmures et accuse de trahison les centurions et les tribuns : on armait, disaient-ils, les esclaves des sénateurs pour assassiner Othon. Et quelques-uns parlaient de la sorte sans y penser et troublés par l'ivresse; les méchants ne cherchaient qu'une occasion de pillage; la foule suivait son caractère, avide de tout ce qui est mouvement et nouveauté; quant aux gens sages, la nuit privait de leur bon exemple. Le tribun voulut résister aux séditieux; ils le massacrent avec les centurions les plus

LXXX. Interim seditio
orta
parvo initio,
unde nihil timebatur,
fuit prope excidio
Urbi.
Otho jusserat
septimam decimam cohortem
acciri e colonia Ostiensi
in Urbem ;
cura ejus armandæ
data Vario Crispino
tribuno e prætorianis.
Is quo exsequeretur jussa
magis vacuus
castris quietis,
jubet armamentario aperto
vehicula cohortis
onerari nocte incipiente.
Tempus evaluit
in suspicionem,
causa in crimen,
affectatio quietis
in tumultum,
et arma visa
inter temulentos
movere cupidinem sui.
Miles fremit
et arguit proditionis
tribunos centurionesque,
tanquam familiæ senatorum
armarentur
ad perniciem Othonis,
pars ignari
et graves vino,
quisque pessimus
in occasionem prædarum,
vulgus, ut mos est,
cupidum motus novi
cujuscunque,
et nox abstulerat
obsequia meliorum.
Obtruncant tribunum
resistentem seditioni

LXXX. Cependant une sédition
s'-étant élevée
d'un petit commencement,
d'-où rien n'était craint,
fut presque à ruine
à la ville.
Othon avait ordonné
la dix-septième cohorte
être mandée de la colonie d'-Ostie
dans la ville ;
le soin d'elle devant être armée
avait été donné à Varius Crispinus
tribun d'entre les prétoriens. [dres
Celui-ci afin-qu'il exécutât les or-
plus libre
le camp *étant* tranquille,
ordonne l'arsenal ayant été ouvert
les chariots de la cohorte
être chargés la nuit commençant.
Le temps se-fortifia (se tourna for-
en soupçon,   [tement)
la cause en motif-d'accusation,
la recherche de la tranquillité
en tumulte,
et les armes vues
au-milieu-de *gens* ivres
excitèrent le désir d'elles-mêmes.
Le soldat murmure
et accuse de trahison
tribuns et centurions,   [teurs
comme-si les esclaves des séna-
étaient armés
pour la perte d'Othon,
les uns ignorant *ce qu'ils faisaient*
et appesantis par le vin,
chacun le plus mauvais   [tin),
pour l'occasion des proies (du bu-
la multitude, comme coutume est,
avide d'un mouvement nouveau
quelconque,
et la nuit avait enlevé (paralysé)
les obéissances des meilleurs.
Ils massacrent le tribun
résistant à la sédition

tribunum et severissimos centurionum obtruncant; rapta arma, nudati gladii; insidentes equis Urbem ac palatium petunt.

LXXXI. Erat Othoni celebre convivium primoribus feminis virisque; qui trepidi, fortuitusne militum furor an dolus imperatoris, manere ac deprehendi an fugere et dispergi periculosius foret, modo constantiam simulare, modo formidine detegi, simul Othonis vultum intueri; utque evenit inclinatis ad suspicionem mentibus, cum timeret Otho, timebatur. Sed haud secus discrimine senatus quam suo territus et præfectos prætorii ad mitigandas militum iras statim miserat et abire propere omnes e convivio jussit. Tum vero passim magistratus projectis insignibus, vitata comitum et servorum frequentia, senes feminæque per te-

fermes, s'emparent des armes, montent à cheval, et courent l'épée nue à la main vers la ville et le palais.

LXXXI. Othon donnait un repas où se trouvaient beaucoup d'hommes et de femmes du premier rang. Les convives alarmés ne savent si cette furie de la soldatesque est l'ouvrage du hasard ou une ruse de l'empereur, s'il est plus dangereux de rester et d'être enveloppés ou de fuir et de se disperser. Tour à tour feignant la constance ou trahis par leur frayeur, ils cherchaient à lire sur le visage d'Othon; et, comme il arrive quand les âmes sont tournées à la défiance, Othon inspirait des craintes qu'il ressentait lui-même. Non moins effrayé du péril des sénateurs que du sien propre, il avait envoyé dès le premier moment les deux préfets du prétoire pour calmer la colère des soldats, et il fit sortir promptement les convives. Alors tout fuit en désordre : des magistrats, jetant les marques de leur dignité et se dérobant aux gens de leur suite, des vieillards, des femmes, erraient au

et severissimos centurionum;	et les plus sévères des centurions;
arma rapta,	les armes *furent* saisies,
gladii nudati;	les épées mises-à-nu;
insidentes equis	montés-sur des chevaux
petunt Urbem ac palatium.	ils gagnent la ville et le palais.
LXXXI. Convivium celebre	LXXXI. Un repas nombreux
feminis virisque	en femmes et en hommes
primoribus	du-premier-rang
erat Othoni;	était à Othon;
qui	lesquels *convives* [ble),
trepidi,	troublés (se demandant-avec-trou-
furorne militum	si la fureur des soldats
fortuitus,	*était* fortuite
an dolus imperatoris,	ou une ruse de l'empereur,
foret periculosius	s'il était plus dangereux
manere ac deprehendi	de rester et d'être pris
an fugere et dispergi,	ou de fuir et de se disperser,
modo simulare constantiam,	tantôt feindre l'assurance,
modo detegi formidine,	tantôt être trahi par la peur,
simul intueri	en-même-temps regarder-vers
vultum Othonis;	le visage d'Othon;
utque evenit	et comme il arrive
mentibus inclinatis	les esprits étant inclinés
ad suspicionem,	au soupçon,
cum Otho timeret,	alors-qu'Othon craignait,
timebatur.	il était craint.
Sed territus	Mais effrayé
haud secus	non autrement (non moins)
discrimine senatus	par le danger du sénat
quam suo,	que par le sien,
et miserat statim	et il avait envoyé aussitôt
præfectos prætorii	les préfets du prétoire
ad iras militum	pour les colères des soldats
mitigandas	devant être apaisées
et jussit omnes	et il ordonna tous les *convives*
abire propere e convivio.	sortir promptement du festin.
Tum vero passim	Mais alors çà-et-là
magistratus	des magistrats
insignibus projectis,	*leurs* insignes ayant été jetés,
frequentia	le grand-nombre [esclaves
comitum et servorum	de *leurs* compagnons et de *leurs*
vitata,	ayant été évité,
senes femineæque	des vieillards et des femmes
petivere per tenebras	gagnèrent au-milieu des ténèbres

nebras diversa urbis itinera, rari domos, plurimi amicorum tecta et ut cuique humillimus cliens, incertas latebras petivere.

LXXXII. Militum impetus ne foribus quidem palatii coercitus, quo minus convivium irrumperent, ostendi sibi Othonem expostulantes, vulnerato Julio Martiale tribuno et Vitellio Saturnino præfecto legionis dum ruentibus obsistunt. Undique arma et minæ, modo in centuriones tribunosque, modo in senatum universum, lymphatis cæco pavore animis, et quia neminem unum destinare iræ poterant, licentiam in omnes poscentibus, donec Otho contra decus imperii toro insistens precibus et lacrimis ægre cohibuit, redieruntque in castra inviti neque innocentes. Postera die velut capta urbe clausæ domus, rarus per vias

milieu des ténèbres et gagnaient à la hâte des quartiers opposés. Peu rentrèrent dans leurs maisons; la plupart se sauvèrent chez leurs amis ou cherchèrent sous le toit du plus obscur de leurs clients une retraite inconnue.

LXXXII. La violence des soldats ne respecta pas même les portes du palais; ils se précipitèrent dans la salle du festin en demandant à grands cris qu'on leur fît voir Othon. Le tribun Julius Martialis et Vitellius Saturninus, préfet d'une légion, furent blessés en essayant de les arrêter. De toutes parts les armes étincellent, les menaces retentissent, tantôt contre les centurions et les tribuns, tantôt contre le sénat tout entier. Une peur aveugle égarait les esprits; et comme ils ne pouvaient dire quelle victime exigeait leur colère, ils demandaient pleine licence contre tout le monde. Il fallut que le prince, oubliant la majesté de son rang, montât sur un lit de table, d'où, à force de larmes et de prières, il parvint avec peine à les contenir. Ils retournèrent au camp malgré eux, et n'y retournèrent pas innocents. Le lendemain, Rome offrit l'aspect d'une ville prise : les maisons étaient fermées,

itinera diversa urbis	des routes opposées de la ville,
rari domos,	de clairsemés (peu) *leurs* maisons,
plurimi tecta	les plus nombreux les demeures
amicorum,	de *leurs* amis,
et ut cliens humillimus	et selon-qu'un client très humble
cuique,	*était* à chacun,
latebras incertas.	des cachettes ignorées. [dats
LXXXII. Impetus militum	LXXXII. L'impétuosité des sol-
ne coercitus quidem	ne *fut* pas même arrêtée
foribus palatii,	par les portes du palais,
quo minus irrumperent	qu'ils ne pénétrassent dans
convivium,	la salle-du-festin,
expostulantes Othonem	exigeant Othon
ostendi sibi,	être montré à eux-mêmes,
tribuno Julio Martiale	le tribun Julius Martialis
vulnerato	ayant été blessé
et præfecto legionis	et (ainsi que) le préfet de la légion
Vitellio Saturnino,	Vitellius Saturninus,
dum obsistunt	tandis-qu'ils s'opposent
ruentibus.	aux *soldats* se-précipitant.
Undique	De-toutes-parts
arma et minæ	des armes et des menaces
modo in centuriones	tantôt contre les centurions
tribunosque,	et les tribuns,
modo in senatum universum,	tantôt contre le sénat tout-entier,
animis lymphatis	les esprits étant égarés
pavore cæco,	par une peur aveugle,
et quia poterant	et parce-qu'ils *ne* pouvaient
destinare iræ	désigner pour *leur* colère
neminem unum,	personne seul (en particulier),
poscentibus licentiam	demandant la licence
in omnes,	contre tous,
donec Otho	jusqu'à-ce-qu'Othon
contra decus	contrairement à la dignité
imperii	de l'empire
insistens toro	se-tenant-debout-sur un lit-de-table
cohibuit ægre	les arrêta avec-peine
precibus et lacrimis,	par des prières et des larmes,
redieruntque in castra	et ils retournèrent dans le camp
inviti neque innocentes.	malgré-eux et-non innocents.
Die postera	Le jour suivant
velut urbe capta	comme la ville ayant été prise
domus clausæ,	les maisons fermées,
populus rarus per vias,	le peuple rare dans les rues,

populus, mæsta plebs; dejecti in terram militum vultus ac plus tristitiæ quam pænitentiæ. Manipulatim allocuti sunt Licinius Proculus et Plotius Firmus præfecti, ex suo quisque ingenio mitius aut horridius. Finis sermonis in eo, ut quina millia nummum[1] singulis militibus numerarentur : tum Otho ingredi castra ausus. Atque illum tribuni centurionesque circumsistunt, abjectis militiæ insignibus otium et salutem flagitantes. Sensit invidiam miles et compositus in obsequium auctores seditionis ad supplicium ultro postulabat.

LXXXIII. Otho, quanquam turbidis rebus et diversis militum animis, cum optimus quisque remedium præsentis licentiæ posceret, vulgus et plures seditionibus et ambitioso imperio læti per turbas et raptus facilius ad civile bellum impellerentur, simul reputans non posse principa-

les rues désertes, le peuple consterné; et les regards des soldats baissés vers la terre annonçaient plus de mécontentement que de repentir. Les préfets Proculus et Plotius parlèrent aux différents manipules, chacun avec la douceur ou la sévérité de son caractère. La conclusion de ces discours fut de compter à chaque soldat cinq mille sesterces. Othon osa pour lors se hasarder dans leur camp : à son entrée, les centurions et les tribuns l'environnent, jettent à ses pieds les marques de leur grade et implorent comme une faveur le repos et la vie. Les soldats sentirent le reproche et, avec tous les dehors de la soumission, ils demandèrent les premiers qu'on livrât au supplice les auteurs du désordre.

LXXXIII. Othon voyait la tranquillité détruite et les soldats partagés de sentiments : les uns demandaient un prompt remède à la licence; le grand nombre, enclin aux séditions, aimait dans le pouvoir une ambitieuse faiblesse; et rien n'était plus efficace que le trouble et le pillage pour entraîner cette multitude à la guerre civile. Un empire acquis par le crime ne pouvait d'ailleurs être

plebs mæsta;	la multitude affligée;
vultus militum	les regards des soldats
dejecti in terram	baissés vers la terre
ac plus tristitiæ	et plus de mécontentement
quam pænitentiæ.	que de repentir.
Præfecti Licinius Proculus	Les préfets Licinius Proculus
et Plotius Firmus	et Plotius Firmus
allocuti sunt manipulatim,	*leur* parlèrent par-manipule,
quisque mitius	chacun plus doucement
aut horridius	ou plus durement
ex suo ingenio.	selon son caractère.
Finis sermonis in eo	La fin du discours *consista* en cela
ut quina millia nummum	que cinq milliers de sesterces
numerarentur	étaient comptés
singulis militibus :	à chaque soldat :
tum Otho ausus	alors Othon osa
ingredi castra.	entrer dans le camp.
Atque tribuni centurionesque	Et les tribus et les centurions
circumsistunt illum,	entourent lui,
insignibus militiæ	les insignes du service-militaire
abjectis	ayant été jetés
flagitantes otium	demandant le repos
et salutem.	et la vie. [*situation*
Miles sensit invidiam	Le soldat comprit l'odieux *de la*
et compositus in	et arrangé en (affectant la)
obsequium	soumission
postulabat ultro	il demandait de-lui-même
ad supplicium	pour le supplice
auctores seditionis.	les auteurs de la sédition.
LXXXIII. Otho,	LXXXIII. Othon,
quanquam rebus turbidis	quoique les choses étant troublées
et animis militum	et les sentiments des soldats
diversis,	divisés,
cum quisque optimus	attendu-que chacun le meilleur
posceret remedium	demandait un remède
licentiæ præsentis,	de la licence présente, [breux
vulgus et plures	*que* la multitude et les plus nom-
læti seditionibus	heureux des séditions
et imperio ambitioso	et d'un pouvoir cherchant-à-flatter
impellerentur facilius	étaient poussés plus facilement
ad bellum civile	à la guerre civile [ges,
per turbas et raptus,	au moyen-des troubles et des pilla-
reputans simul	songeant en-même-temps
principatum quæsitum scelere	un principat acquis par le crime

tum scelere quæsitum subita modestia et prisca gravitate retineri, sed discrimine urbis et periculo senatus anxius, postremo ita disseruit : « Neque ut affectus vestros in amorem mei accenderem, commilitones, neque ut animum ad virtutem cohortarer (utraque enim egregie supersunt), sed veni postulaturus a vobis temperamentum vestræ fortitudinis et erga me modum caritatis. Tumultus proximi initium non cupiditate vel odio[1], quæ multos exercitus in discordiam egere, ac ne detrectatione quidem aut formidine periculorum : nimia pietas vestra acrius quam considerate excitavit; nam sæpe honestas rerum causas, ni judicium adhibeas, perniciosi exitus consequuntur. Imus ad bellum : num omnes nuntios palam audiri, omnia consilia cunctis præsentibus tractari ratio rerum aut occasionum velocitas patitur? Tam nescire quædam milites

maintenu par une réforme soudaine et un retour à l'antique sévérité. Toutefois, alarmé de la position critique de Rome et des périls du sénat, il tint enfin ce discours : « Je ne suis venu, braves compagnons, ni pour réchauffer dans vos cœurs l'amour de ma personne, ni pour allumer le courage dans vos âmes; ces deux sentiments sont portés chez vous à un glorieux excès : c'est de tempérer le feu de ce courage, de mettre des bornes à cette affection, que je viens vous prier. Le dernier tumulte n'est l'œuvre ni de la cupidité ni de la haine, deux causes qui ont poussé tant d'armées à la discorde. La mauvaise volonté ou la crainte des périls n'y eurent pas plus de part. C'est votre attachement excessif qui, avec plus d'ardeur que de réflexion, a excité cet orage; car souvent les plus nobles intentions, si la prudence ne les dirige, ont de funestes succès. Nous allons à la guerre : faudra-t-il que toutes les nouvelles soient lues publiquement, que tous les conseils se tiennent en présence de l'armée? La conduite des affaires, le vol si rapide de l'occasion ne le permettent pas. Il est des choses que le soldat doit ignorer, comme il en est qu'il doit savoir. Oui, le

non posse retineri	ne pouvoir être conservé
modestia subita	par une modération soudaine
et prisca gravitate,	et l'ancienne gravité,
sed anxius	mais inquiet
discrimine urbis	de la situation-critique de la ville,
et periculo senatus,	et du péril du sénat,
disseruit postremo ita :	discourut enfin ainsi : [d'armes,
« Veni, commilitones,	« Je *ne* suis venu, compagnons-
neque ut accenderem	ni afin-que j'enflammasse
vestros affectus	vos sentiments
in amorem mei,	pour l'amour de moi,
neque ut cohortarer animum	ni pour-que j'exhortasse *votre* âme
ad virtutem	au courage,
(utraque enim	(*ces* deux *sentiments* en-effet
supersunt egregie),	surabondent particulièrement);
sed postulaturus a vobis	mais devant demander de vous
temperamentum	modération
vestræ fortitudinis	de votre valeur
et modum caritatis	et mesure d'affection
erga me.	envers moi. [multe
Initium proximi tumultus	Le commencement du dernier tu-
non cupiditate	n'*est* pas *né de* la cupidité
vel odio,	ou de la haine,
quæ egere in discordiam	qui ont poussé à la discorde
multos exercitus,	beaucoup d'armées,
ac ne quidem detrectatione	et pas-même du refus
aut formidine periculorum :	ou de la crainte des périls :
vestra pietas nimia	votre attachement excessif
excitavit acrius	*l*'a excité plus vivement
quam considerate ;	que prudemment ;
nam sæpe	car souvent
exitus perniciosi consequuntur	des succès funestes suivent
causas honestas rerum,	des causes honorables de choses,
ni adhibeas judicium.	si tu n'y appliques le jugement.
Imus ad bellum :	Nous allons à la guerre :
num ratio rerum	est-ce-que la conduite des affaires
aut velocitas occasionum	ou la rapidité des occasions
patitur omnes nuntios	souffre toutes les nouvelles
audiri palam,	être entendues publiquement,
omnia consilia tractari	tous les projets être traités
cunctis præsentibus ?	tous étant présents ?
Oportet milites	Il faut les soldats
tam nescire	aussi-bien ignorer
quam scire quædam ;	que savoir certaines choses ;

quam scire oportet; ita se ducum auctoritas, sic rigor disciplinæ habet, ut multa etiam centuriones tribunosque tantum juberi expediat. Si, cur jubeantur, quærere singulis liceat, pereunte obsequio etiam imperium intercidit. An et illic nocte intempesta rapientur arma? Unus alterve perditus ac temulentus (neque enim plures consternatione proxima insanisse crediderim) centurionis ac tribuni sanguine manus imbuet, imperatoris sui tentorium irrumpet?

LXXXIV. « Vos quidem istud pro me : sed in discursu ac tenebris et rerum omnium confusione patefieri occasio etiam adversus me potest. Si Vitellio et satellitibus ejus eligendi facultas detur quem nobis animum, quas mentes imprecentur[1], quid aliud quam seditionem et discordiam optabunt? ne miles centurioni, ne centurio tribuno obse-

respect des chefs et la rigueur de la discipline veulent que les centurions mêmes et les tribuns ne reçoivent souvent que des ordres. Si chacun peut s'enquérir des raisons de ce qu'on lui commande, la subordination périssant, l'autorité périt avec elle. Ira-t-on aussi, quand l'ennemi sera devant nous, courir aux armes au milieu de la nuit? Un ou deux misérables, égarés par l'ivresse (car je ne puis en soupçonner davantage d'une coupable frénésie), iront-ils tremper leurs mains dans le sang d'un tribun ou d'un centurion, forcer la tente de leur empereur?

LXXXIV. « C'est pour moi, je le sais, que s'armèrent vos bras ; mais ces courses tumultueuses, les ténèbres, la confusion, peuvent ouvrir au crime des chances contre moi. Si Vitellius et les satellites qui l'entourent pouvaient avec des imprécations nous inspirer au gré de leur haine, quel autre esprit nous souffleraient-ils que la discorde et la sédition? Combien ils voudraient voir le soldat désobéir au centurion, le centurion au tribun, afin que tous,

ita se habet	ainsi se comporte
auctoritas ducum,	l'autorité des chefs
sic rigor disciplinæ,	ainsi la rigueur de la discipline,
ut expediat	qu'il convient
etiam centuriones tribunosque	même les centurions et les tribuns
tantum juberi	seulement recevoir-des-ordres
multa.	dans beaucoup *de cas*.
Si liceat singulis	s'il était-permis à chacun
quærere cur	de chercher pourquoi
jubeantur,	ils reçoivent-des-ordres
obsequio pereunte	l'obéissance périssant
imperium etiam intercidit.	le commandement aussi tombe.
An et illic	Est-ce-que aussi là-bas
arma rapientur	les armes seront saisies
nocte intempesta?	la nuit *étant* profonde?
Unus alterve	*Est-ce qu'*un ou deux
perditus ac temulentus	pervers et ivres
(neque enim crediderim	(ni en-effet je n'aurais cru
plures insanisse	plus avoir été égarés-par-la-folie
consternatione proxima)	dans le trouble précédent)
imbuet manus sanguine	imprégneront *leurs* mains du sang
centurionis ac tribuni,	d'un centurion et d'un tribun,
irrumpet tentorium	pénétreront dans la tente
sui imperatoris?	de leur empereur?
LXXXIV. Vos quidem	LXXXIV. Vous certes
istud pro me :	*vous faites* cela pour moi:
sed	mais
in discursu	dans une course-en-différents-côtés
ac tenebris	et dans les ténèbres
et confusione	et dans la confusion
omnium rerum	de toutes choses
occasio potest patefieri	une occasion peut s'ouvrir
etiam adversus me.	même contre moi.
Si facultas detur	Si faculté était donnée
Vitellio et satellitibus ejus	à Vitellius et aux satellites de lui
eligendi quem animum,	de choisir quel esprit,
quas mentes imprecentur	quelles pensées ils souhaiteraient
nobis,	à nous,
quid aliud optabunt	quelle autre chose désireront-ils
quam seditionem	que la sédition
et discordiam?	et la discorde?
ne miles obsequatur	que le soldat n'obéisse pas
centurioni,	au centurion
ne centurio tribuno,	ni le centurion au tribun,

quatur, hinc confusi pedites equitesque in exitium ruamus. Parendo potius, commilitones, quam imperia ducum sciscitando res militares continentur et fortissimus in ipso discrimine exercitus est, qui ante discrimen quietissimus. Vobis arma et animus sit : mihi consilium et virtutis vestræ regimen relinquite. Paucorum culpa fuit, duorum pœna erit. Ceteri abolete memoriam fœdissimæ noctis; nec illas adversus senatum voces ullus usquam exercitus audiat. Caput imperii et decora omnium provinciarum[1] ad pœnam vocare non hercule illi, quos cum maxime Vitellius in nos ciet, Germani audeant. Ulline Italiæ alumni et Romana vere juventus, ad sanguinem et cædem depoposcerint ordinem, cujus splendore et gloria sordes et obscuritatem Vitellianarum partium præstringimus? Nationes aliquas occupavit Vitellius, imaginem quandam exercitus habet; senatus

cavaliers et fantassins confondus, courussent pêle-mêle à leur perte! C'est en *exécutant, braves compagnons, plutôt qu'en discutant les ordres de ses chefs, qu'on réussit à la guerre; et l'armée la plus soumise avant le combat est aussi la plus courageuse au moment du danger. Les armes et la vaillance, voilà votre partage; laissez-moi le conseil et le soin de diriger votre ardeur. Peu furent coupables; deux seulement seront punis. Que le reste abolisse à jamais la mémoire d'une nuit déshonorante, et que nulle autre armée ne sache quelles paroles ont été proférées contre le sénat. Dévouer aux supplices un ordre qui est la tête de l'empire, l'élite et l'honneur de toutes les provinces, non, c'est ce que n'oseraient pas même ces Germains que Vitellius soulève aujourd'hui contre nous. Et des enfants de l'Italie, une jeunesse vraiment romaine, demanderaient le sang et le massacre de ce corps glorieux dont la splendeur, illustrant notre cause, fait honte à l'obscure abjection du parti de Vitellius! Ce rebelle a surpris quelques nations, il a une apparence d'armée; mais le sénat est avec

hinc pedites equitesque	*que* par-suite fantassins et cavaliers
ruamus confusi	nous nous-élancions confondus
in exitium.	à *notre* perte.
Res militares, commilitones,	Les choses de-la-guerre, compagnons-d'armes,
continentur potius	sont contenues (consistent) plutôt
parendo	dans *le* obéir
quam sciscitando	que dans *le* questionner
imperia ducum,	sur les ordres des chefs,
et exercitus est fortissimus	et l'armée est la plus brave
in discrimine ipso,	dans le danger même,
qui quietissimus	laquelle *est* la plus calme
ante discrimen.	avant le danger.
Arma et animus	Que les armes et le courage
sit vobis :	soit (soient) à vous :
relinquite mihi consilium	laissez-moi la délibération
et regimen vestræ virtutis.	et la direction de votre valeur.
Culpa fuit paucorum,	La faute a été de peu,
pœna erit duorum.	le châtiment sera de deux.
Ceteri abolete memoriam	*Vous* les autres effacez le souvenir
noctis fœdissimæ ;	d'une nuit très-honteuse ;
nec ullus exercitus usquam	ni qu'aucune armée quelque-part
audiat illas voces	n'entende *parler de* ces paroles
adversus senatum.	contre le sénat.
Illi Germani,	Ces Germains,
quos Vitellius ciet in nos	que Vitellius soulève contre nous
cum maxime,	maintenant précisément,
non audeant hercule	n'oseraient pas par Hercule
vocare ad pœnam	appeler au châtiment
caput imperii	la tête de l'empire
et decora	et les illustrations
omnium provinciarum.	de toutes les provinces.
Ulline alumni Italiæ,	Est-ce-qu'aucuns nourrissons de l'Italie
et juventus vere Romana	et une jeunesse vraiment romaine
depoposcerint	auraient-demandé
ad sanguinem et cædem	pour le sang et le carnage
ordinem	un ordre
splendore et gloria cujus	par la splendeur et la gloire duquel
præstringimus	nous éblouissons
sordes et obscuritatem	la bassesse et l'obscurité
partium Vitellianarum ?	du parti vitellien ?
Vitellius occupavit	Vitellius a surpris
aliquas nationes ;	quelques nations ;
habet	il a
quandam imaginem exercitus ;	une certaine apparence d'armée ;

nobiscum est : sic fit ut hinc res publica, inde hostes rei publicæ constiterint. Quid? vos pulcherrimam hanc urbem domibus et tectis et congestu lapidum stare creditis? Muta ista et inanima intercidere ac reparari promiscua sunt : æternitas rerum et pax gentium et mea cum vestra salus incolumitate senatus firmatur. Hunc auspicato a parente et conditore Urbis nostræ institutum et a regibus usque ad principes continuum et immortalem, sicut a majoribus, accepimus, sic posteris tradamus; nam ut ex vobis senatores, ita ex senatoribus principes nascuntur. »

LXXXV. Et oratio apta ad perstringendos mulcendosque militum animos et severitatis modus (neque enim in plures quam in duos animadverti jusserat) grate accepta, compositique ad præsens qui coerceri non poterant. Non

nous, et par cela même la république est de ce côté, de l'autre ses ennemis. Pensez-vous que cette reine des cités consiste dans un assemblage de toits et de maisons, dans un amas de pierres? Ces ouvrages muets et inanimés périssent chaque jour, et chaque jour on les relève. L'éternité de l'empire, la paix de l'univers, mon salut et le vôtre, dépendent de la conservation du sénat. Institué sous les auspices des dieux par le père et le fondateur de Rome, il a duré florissant et immortel depuis les rois jusqu'aux Césars : transmettons-le à nos descendants tel que nous l'avons reçu de nos ancêtres. Car, si c'est de vos rangs que sortent les sénateurs, c'est du sénat que sortent les princes. »

LXXXV. Ce discours d'une autorité douce et réprimante à la fois, cette modération qui borna les sévérités au châtiment de deux coupables, furent reçus avec faveur, et calmèrent pour le moment des esprits que l'on ne pouvait contraindre. Rome cepen-

senatus est nobiscum :	le sénat est avec-nous :
sic fit ut	par-suite il arrive que
hinc res publica	d'un-côté la chose publique
inde hostes	de-l'-autre les ennemis
rei publicæ	de la chose publique
constiterint.	se sont-placés (se tiennent).
Quid? vos creditis	Quoi? vous pensez-vous
hanc urbem pulcherrimam	cette ville très belle
stare domibus et tectis	consister en maisons et en toits
et congestu lapidum?	et en amas de pierres?
Ista muta et inanima	Ces *objets* muets et inanimés
sunt promiscua	sont indifférents à (peuvent indif-
intercidere	tomber [féremment
ac reparari :	et être relevés :
æternitas rerum	l'éternité des choses (de l'empire)
et pax gentium	et la paix des nations
et mea salus cum vestra	et mon salut avec le vôtre
firmatur	est assuré (sont assurés)
incolumitate senatus.	par la conservation du sénat.
Sicut accepimus	De-même-que nous avons reçu
a majoribus,	de *nos* ancêtres,
sic tradamus	ainsi transmettons
posteris	à *nos* descendants
hunc institutum	ce *sénat* institué
auspicato	sous-d'heureux-auspices
a parente et conditore	par le père et le fondateur
nostræ Urbis,	de notre ville
et continuum et immortalem	et continu et immortel
a regibus usque ad principes;	des rois jusqu'aux empereurs;
nam ut senatores	car comme les sénateurs
nascuntur ex vobis,	naissent de vous,
principes ex senatoribus.	les princes *naissent* des sénateurs.
LXXXV. Et oratio apta	LXXXV. Et *ce* discours propre
ad animos militum	aux esprits des soldats
perstringendos	devant être saisis
mulcendosque	et devant être adoucis
et modus severitatis	et la modération de la sévérité
(neque enim jusserat	(ni en-effet il *n*'avait ordonné
animadverti in plures	être sévi contre plus
quam in duos)	que contre deux)
accepta grate,	*furent* accueillis avec-plaisir,
quique non poterant	et *ceux* qui ne pouvaient
coerceri	être réprimés
compositi ad præsens.	*furent* apaisés pour le présent.

tamen quies Urbi redierat: strepitus telorum et facies belli. Et, militibus ut nihil in commune turbantibus, ita sparsis per domos occulto habitu et maligna cura in omnes quos nobilitas aut opes aut aliqua insignis claritudo rumoribus objecerat, Vitellianos quoque milites venisse in Urbem ad studia partium noscenda plerique credebant; unde plena omnia suspicionum et vix secreta domuum sine formidine. Sed plurimum trepidationis in publico, ut quemque nuntium fama attulisset, animum vultumque conversis, ne diffidere dubiis ac parum gaudere prosperis viderentur. Coacto vero in curiam senatu arduus rerum omnium modus, ne contumax silentium, ne suspecta libertas; et privato Othoni nuper atque eadem dicenti[1] nota adulatio. Igitur versare sen-

dant n'était pas redevenue tranquille : le bruit des armes en bannissait le repos, et l'on voyait partout l'image de la guerre. Les soldats réunis n'excitaient plus de tumulte public; mais épars et déguisés, ils pénétraient dans les maisons, affectant un intérêt perfide pour ceux que leur noblesse, leur opulence, ou quelque éclatante distinction, avait exposés aux discours de la malignité. On crut même que des soldats de Vitellius s'étaient glissés dans Rome pour étudier l'esprit des différents partis. Aussi tout était plein de défiances, et le foyer domestique était à peine un asile contre la crainte. Mais c'est en public que la terreur était à son comble. A chaque nouvelle qu'apportait la renommée, on composait son esprit et son visage, de peur de laisser voir ou trop d'inquiétude si elle était fâcheuse, ou trop peu de joie si elle était bonne. Surtout dans les assemblées du sénat, rien de plus difficile que de ménager tellement sa conduite que le silence ne parût pas hostile et la liberté séditieuse. Quant à la flatterie, Othon, naguère homme privé et flatteur lui-même, en connaissait le mensonge. On retournait donc ses pensées, on les tourmentait de mille

Quies tamen	Le calme cependant
non redierat Urbi:	n'était pas revenu à la ville :
strepitus telorum,	le bruit des armes [tout.
et facies belli.	et l'aspect de la guerre *étaient par-*
Et, ut militibus	D'ailleurs, d'un côté les soldats
turbantibus nihil	ne troublant rien (n'excitant aucun
in commune,	en commun, [trouble)
ita sparsis	d'autre part étant répandus
per domos	dans les maisons
habitu occulto	sous un costume qui *les* cachait
et cura maligna	et avec un souci malveillant
in omnes quos nobilitas	contre tous *ceux* que leur noblesse
aut opes	ou *leurs* richesses
aut aliqua claritudo insignis	ou quelque illustration éclatante
objecerat rumoribus,	avait exposés aux rumeurs,
plerique credebant	la plupart croyaient
milites quoque Vitellianos	des soldats mêmes vitelliens
venisse in Urbem	être venu dans la ville
ad studia partium	pour les dispositions des parties
noscenda;	devant être étudiées ;
unde omnia	d'-où toutes choses
plena suspicionum	pleines de soupçons
et vix	et à-peine
secreta domuum	les intérieurs des familles
sine formidine.	sans crainte.
Sed plurimum trepidationis	Mais le plus de trouble
in publico,	*était* dans le public,
conversis	*tous* étant changés
animum vultumque,	d'esprit et de visage, [porté
ut fama attulisset	selon-que la renommée avait ap-
quemque nuntium,	chaque nouvelle,
ne viderentur	de-peur-qu'ils ne parussent
diffidere dubiis	se-défier des choses douteuses,
ac gaudere parum prosperis.	et se-réjouir trop-peu des prospères
Senatu vero	Le sénat d'autre part
coacto in curiam,	étant rassemblé dans la curie,
modus omnium rerum	la mesure de (en) toutes choses
arduus,	*était* difficile, [belle,
ne silentium contumax,	de-peur-que le silence ne *fût* re-
ne libertas suspecta;	que la liberté ne *fût* suspecte ;
et adulatio nota	en-outre la flatterie *était* connue
Othoni nuper privato	à Othon naguère particulier
atque dicenti eadem.	et disant les mêmes *flatteries*.
Igitur versare sententias	Donc retourner *leurs* pensées

tentias et huc atque illuc torquere, hostem ac parricidam Vitellium vocantes, providentissimus quisque vulgaribus conviciis, quidam vera probra jacere, in clamore tamen et ubi plurimæ voces, aut tumultus verborum sibi ipsi obstrepentes.

LXXXVI. Prodigia insuper terrebant diversis auctoribus vulgata : in vestibulo Capitolii omissas habenas bigæ, cui Victoria institerat, erupisse cella Junonis majorem humana speciem, statuam divi Julii in insula Tiberini amnis sereno et immoto die ab occidente in orientem conversam[1], prolocutum in Etruria bovem, insolitos animalium partus, et plura alia rudibus seculis etiam in pace observata, quæ nunc tantum in metu audiuntur. Sed præcipuus et cum præsenti exitio etiam futuri pavor subita inundatione Tiberis, qui immenso auctu proruto ponte sublicio ac

manières pour appeler Vitellius ennemi et parricide. Les plus prudents se bornaient à des invectives communes : quelques-uns hasardaient d'injurieuses vérités, mais parmi les clameurs de cent voix confuses, ou avec une volubilité bruyante qui couvrait leurs propres paroles.

LXXXVI. Des prodiges dont les récits venaient de sources diverses, redoublaient encore les alarmes. Dans le vestibule du Capitole, la Victoire laissa échapper, dit-on, les rênes de son char. Un fantôme d'une taille plus qu'humaine sortit tout à coup du sanctuaire de Junon; la statue de Jules César, placée dans l'île du Tibre, se trouva tournée, par un temps calme et serein, d'occident en orient; un bœuf parla dans l'Étrurie; plusieurs animaux engendrèrent des monstres. J'omets beaucoup d'autres merveilles, observées en pleine paix dans les siècles grossiers, et dont on n'entend parler maintenant que dans les temps d'alarmes. Mais un phénomène plus terrible et qui, à la peur de l'avenir, ajoutait le mal présent, fut le subit débordement du Tibre. Le fleuve, accru sans mesure, rompit le pont Sublicius, et, arrêté par cette masse de débris, il

et torquere huc atque illuc,
vocantes Vitellium
hostem ac parricidam,
quisque providentissimus
conviciis vulgaribus,
quidam jacere
vera probra,
tamen
in clamore
et ubi voces
plurimæ,
sibi obstrepentes ipsi
aut tumultus verborum.
LXXXVI. Insuper prodigia
vulgata auctoribus diversis
terrebant :
in vestibulo Capitolii
habenas bigæ,
cui Victoria institerat,
omissas,
speciem majorem
humana
erupisse cella Junonis,
statuam divi Julii
in insula amnis Tiberini
conversam ab occidente
in orientem
die sereno et immoto,
bovem prolocutum
iu Etruria,
partus animalium insolitos,
et plura alia
observata etiam in pace
seculis rudibus,
quæ nunc
audiuntur
tantum in metu.
Sed pavor præcipuus
et cum exitio præsenti
etiam futuri
Tiberis
subita inundatione,
qui ponte sublicio
proruto auctu immenso

et *les* tourner ici et là,
appelant Vitellius
ennemi et parricide,
chacun très-prévoyant.
avec des injures banales,
quelques-uns lancer
de réels reproches-infamants,
toutefois
dans le cri (au milieu des cris)
et là où les voix
sont les plus nombreuses, [mêmes
ou se couvrant-par-le-bruit eux-
dans la confusion des paroles.
LXXXVI. En-outre des prodiges
répandus par des auteurs divers
effrayaient :
dans le vestibule du Capitole
les rênes du char-à-deux-chevaux
sur lequel la Victoire était montée,
avoir été lâchées,
un fantôme plus grand
qu'un *fantôme* humain [non,
s'-être élancé du sanctuaire de Ju-
une statue du divin Jules
dans l'île du fleuve *du* Tibre
avoir été tournée de l'occident
vers l'orient
par un jour serein et calme,
un bœuf *avoir* parlé
en Étrurie, [ordinaires,
des enfantements d'animaux extra-
et plusieurs autres *phénomènes*
observés même dans la paix
dans les siècles grossiers,
qui maintenant
sont entendus (racontés)
seulement dans la crainte.
Mais le sujet-de-peur principal
et avec la ruine présente   [venir
sujet de peur même de (pour) l'a-
fut le Tibre
par une inondation subite,
qui le pont de-bois   [énorme
ayant été renversé par une crue

strage obstantis molis refusus, non modo jacentia et plana urbis loca, sed secura ejus modi casuum implevit; rapti e publico plerique, plures in tabernis et cubilibus intercepti. Fames in vulgus inopia quæstus et penuria alimentorum. Corrupta stagnantibus aquis insularum fundamenta, dein remeante flumine dilapsa. Utque primum vacuus a periculo animus fuit, id ipsum, quod paranti expeditionem Othoni campus Martius et via Flaminia iter belli esset obstructum, a fortuitis vel naturalibus causis in prodigium et omen imminentium cladium vertebatur.

LXXXVII. Otho lustrata urbe et expensis belli consiliis, quando Pœninæ Cottiæque Alpes et ceteri Galliarum aditus Vitellianis exercitibus claudebantur, Narbonensem Galliam

franchit ses rives et inonda non seulement les parties basses de la ville, mais les quartiers où l'on redoutait le moins un pareil fléau. Beaucoup de malheureux furent surpris dans les rues et entraînés; plus encore furent submergés dans leurs boutiques ou dans leurs lits. La famine se répandit parmi le peuple, causée par le défaut de commerce et la disette des vivres. Des maisons, dont le séjour des eaux avait ruiné les fondements, tombèrent quand le fleuve se retira. Dès que le péril eut cessé de préoccuper les esprits, on remarqua que, dans un moment où Othon se préparait à la guerre, le champ de Mars et la voie Flaminia, qui étaient son chemin pour entrer en campagne, lui avaient été fermés; et cet effet d'une cause fortuite ou naturelle parut un prodige, avant-coureur des revers qui le menaçaient.

LXXXVII. Après avoir purifié la ville et délibéré sur la conduite de la guerre, Othon, voyant les Alpes Pennines et Cottiennes, et les autres passages d'Italie en Gaule, fermés par les troupes de Vitellius, résolut d'attaquer la province narbonnaise. Il avait une

ac refusus strage molis obstantis, implevit non modo loca urbis jacentia et plana, sed secura casuum ejus modi ; plerique rapti e publico, plures intercepti in tabernis et cubilibus. Fames in vulgus inopia quæstus et penuria alimentorum. Fundamenta insularum corrupta aquis stagnantibus, dein dilapsa flumine remeante. Utque primum animus fuit vacuus a periculo, id ipsum, quod campus Martius et via Flaminia iter belli esset obstructum Othoni paranti expeditionem, vertebatur a causis fortuitis vel naturalibus in prodigium et omen cladium imminentium. LXXXVII. Otho urbe lustrata et consiliis belli expensis, quando Alpes Pœninæ Cottiæque et ceteri aditus Galliarum claudebantur exercitibus Vitellianis, statuit aggredi Galliam Narbonensem	et refoulés par l'abatis (les débris) de *cette* masse s'opposant *à son cours,* remplit non seulement les endroits de la ville unis et plats, mais ceux qui étaient sans-crainte d'accidents de cette sorte ; beaucoup *furent* enlevés de *la voie* publique, plus *furent* surpris dans *leurs* boutiques et (ou) dans *leurs* lits. La famine *se répandit* dans la multitude par le défaut de gain et la pénurie d'aliments. Des fondations d'îlôts-de-maisons *furent* gâtées (minées) par les eaux stagnantes, puis tombèrent-en-ruines le fleuve retournant *dans son lit.* Et dès-que pour-la-première-fois l'esprit fut dégagé du péril, cette *circonstance* même, que le champ de-Mars et la voie Flaminiene chemin de (pour aller à) la guerre avait été obstrué pour Othon préparant une expédition, était détourné de causes fortuites ou naturelles en prodige et en présage de désastres imminents. LXXXVII. Othon la ville ayant été purifiée et les plans de guerre ayant été pesés, vu-que les Alpes Pennines et Cottiennes et les autres avenues des Gaules étaient fermées par les armées vitelliennes, résolut d'attaquer la Gaule narbonnaise

aggredi statuit classe valida et partibus fida, quod reliquos cæsorum ad pontem Mulvium et sævitia Galbæ in custodia habitos in numeros legionis composuerat, facta et ceteris spe honoratioris in posterum militiæ. Addidit classi urbanas cohortes et plerosque e prætorianis, vires et robur exercitus atque ipsis ducibus consilium et custodes. Summa expeditionis Antonio Novello, Suedio Clementi primipilaribus, Æmilio Pacensi, cui ademptum a Galba tribunatum reddiderat, permissa. Curam navium Moschus libertus retinebat ad observandam honestiorum fidem [immutatus [1]]. Peditum equitumque copiis Suetonius Paulinus, Marius Celsus, Annius Gallus rectores designati. Sed plurima fides Licinio Proculo prætorii præfecto. Is urbanæ militiæ impiger, bellorum insolens, auctoritatem Paulini,

bonne flotte, et il s'était assuré de sa fidélité en tirant des prisons où la cruauté de Galba les avait retenus les soldats de marine échappés au massacre du pont Milvius, et en formant avec ces débris le cadre d'une légion. En même temps, il avait donné aux autres l'espoir de parvenir plus tard à un service plus honoré. Avec les troupes navales, il embarqua les cohortes urbaines et un grand nombre de prétoriens qui devaient être le nerf et la force de l'armée, les conseillers et les surveillants des généraux mêmes. La conduite de l'expédition fut confiée aux primipilaires Antonius Novellus et Suédius Clémens, et au tribun Émilius Pacensis, destitué par Galba, rétabli par Othon. L'affranchi Moscus conserva l'intendance de la flotte, avec une inspection secrète sur des hommes plus honorables que lui. Quant à l'armée de terre, Suétonius Paulinus, Marius Celsus et Annius Gallus furent désignés pour la commander. Mais l'homme de confiance était Licinius Proculus, préfet du prétoire. A Rome officier vigilant, à la guerre chef sans expérience. Proculus accusait tour à tour le crédit de

classe valida	sa flotte *étant* forte
et fida partibus,	et fidèle à *son* parti,
quod composuerat	par-ce-qu'il avait réuni
in numeros legionis	en cadres de légion
reliquos cæsorum	les restes des *soldats* égorgés
ad pontem Mulvium	auprès du pont Milvius
et habitos in custodia	et tenus en prison
sævitia Galbæ,	par la cruauté de Galba,
spe facta	l'espoir ayant été fait (donné)
et ceteris	aussi aux autres
in posterum	pour l'avenir
militiæ honoratioris.	d'un service plus-honoré.
Addidit classi	Il ajouta à la flotte
cohortes urbanas	les cohortes urbaines
et plerosque e prætorianis,	et la plupart des prétoriens,
vires et robur exercitus	forces et vigueur de l'armée
atque consilium et custodes	et conseil et gardes
ducibus ipsis.	pour les généraux eux-mêmes.
Summa	La direction-suprême
expeditionis	de l'expédition
permissa Antonio Novello,	*fut* confiée à Antonius Novellus,
Suedio Clementi	*et* à Suédius Clémens,
primipilaribus,	primipilaires,
Æmilio Pacensi	à Émilius Pacensis
cui reddiderat tribunatum	à qui il avait rendu le tribunat
ademptum a Galba.	enlevé par Galba.
Libertus Moscus retinebat	L'affranchi Moscus conservait
curam navium,	le soin des navires,
immutatus,	non-changé,
ad fidem	pour la fidélité
honestiorum	de *gens* plus honorables *que lui*,
observandam.	devant être surveillée.
Suetonius Paulinus	Suétonius Paulinus
Marius Celsus, Annius Gallus	Marius Celsus, Annius Gallus
designati rectores	*furent* désignés *comme* directeurs
copiis peditum	aux troupes des fantassins
equitumque.	et des cavaliers.
Sed plurima fides	Mais la-plus-grande confiance *était*
Licinio Proculo	en Licinius Proculus
præfecto prætorii.	préfet du prétoire.
Is impiger militiæ urbanæ,	Celui-ci actif dans le service urbain,
insolens bellorum,	sans-habitude des guerres,
criminando	accusant
auctoritatem Paulini,	l'autorité de Paulinus,

vigorem Celsi, maturitatem Galli, ut cuique erat, criminando, quod facillimum factu est, pravus et callidus bonos et modestos anteibat.

LXXXVIII. Sepositus per eos dies Cornelius Dolabella in coloniam Aquinatem[1], neque arta custodia neque obscura, nullum ob crimen, sed vetusto nomine et propinquitate Galbæ monstratus. Multos e magistratibus, magnam consularium partem Otho, non participes aut ministros bello, sed comitum specie secum expedire jubet, in quis et Lucium Vitellium eodem quo ceteros cultu, nec ut imperatoris fratrem nec ut hostis. Igitur motæ urbis curæ : nullus ordo metu aut periculo vacuus. Primores senatus ætate invalida et longa pace desides, segnis et oblita bellorum nobilitas, ignarus militiæ eques, quanto magis occultare et abdere pavorem nitebantur, manifestius pavidi. Nec deerant e

Suétonius, la vigueur de Celsus, la maturité de Gallus, et, en faisant un crime à chacun de ses avantages, il obtenait le facile triomphe de la méchanceté adroite sur la vertu modeste.

LXXXVIII. En ce même temps, Cornélius Dolabella fut confiné dans la colonie d'Aquinum et soumis à une surveillance qui n'était ni étroite ni déguisée. On ne trouvait aucun reproche à lui faire; mais l'ancienneté de son nom et sa parenté avec Galba le désignaient aux soupçons. Othon donna ordre à beaucoup de magistrats, à une grande partie des consulaires, de se tenir prêts à le suivre, non pour partager les périls ou les soins de la guerre, mais sous le seul prétexte de l'accompagner. De ce nombre était L. Vitellius : Othon fut le même pour lui que pour les autres, sans le traiter comme le frère ni d'un empereur ni d'un ennemi. Cependant les alarmes redoublèrent dans Rome : nul ordre qui fût à l'abri de la crainte ou du péril. Les premiers du sénat étaient affaiblis par l'âge et engourdis par une longue paix; la noblesse avait désappris la guerre au sein de l'oisiveté; les chevaliers ne l'avaient jamais sue; chacun s'efforçait de cacher et de renfermer sa frayeur, et leurs efforts ne faisaient que la trahir. Ce n'est pas

vigorem Celsi,	la vigueur de Celsus,
maturitatem Galli,	la maturité de Gallus,
ut erat	selon-qu'*une de ces qualités* était
cuique,	à chacun,
pravus et callidus	pervers et rusé [modestes,
anteibat bonos et modestos,	prenait-le-pas-sur les bons et les
quod est facillimum factu.	chose qui est très-facile à faire.

LXXXVIII. Per eos dies Cornelius Dolabella sepositus in coloniam Aquinatem, custodia neque arta neque obscura, ob nullum crimen, sed monstratus nomine vetusto et propinquitate Galbæ. Otho jubet multos e magistratibus, magnam partem consularium expedire secum, non participes aut ministros bello, sed specie comitum, in quis et Lucium Vitellium, eodem cultu quo ceteros, nec ut fratrem imperatoris nec ut hostis. Igitur curæ urbis motæ : nullus ordo vacuus metu aut periculo. Primores senatus ætate invalida et desides longa pace, nobilitas segnis et oblita bellorum eques ignarus militiæ, pavidi manifestius, quanto nitebantur magis occultare et abdere pavorem. Nec deerant

LXXXVIII. Pendant ces jours-là Cornélius Dolabella *fut* relégué dans la colonie aquinate, avec une surveillance ni étroite ni obscure, pour nul grief, mais désigné par *son* nom ancien et par la parenté de Galba. Othon ordonne beaucoup des magistrats, une grande partie des consulaires partir avec-lui, non *comme* prenant-part ou agents pour la guerre, mais sous le prétexte (le titre) de compagnons, parmi lesquels aussi Lucius Vitellius, avec le même traitement-honorable que tous-les-autres, [reur et-non comme le frère d'un empe- ni comme *celui* d'un ennemi. Donc les soucis de la ville *furent* excités : nul ordre n'*était* exempt de crainte ou de péril. Les premiers du sénat d'un âge affaibli et engourdis par une longue paix, la noblesse oisive et ayant oublié les guerres, le chevalier ignorant du service, *étaient* effrayés plus visiblement, d'autant qu'ils s'-efforçaient plus de cacher et de dissimuler *leur* frayeur. Ni *des gens* ne manquaient

contrario qui ambitione stolida conspicua arma, insignes equos, quidam luxuriosos apparatus conviviorum et irritamenta libidinum ut instrumentum belli mercarentur. Sapientibus quietis et rei publicæ cura; levissimus quisque et futuri improvidus spe vana tumens; multi afflicta fide in pace anxii[1], turbatis rebus alacres et per incerta tutissimi.

LXXXIX. Sed vulgus et magnitudine nimia communium curarum expers populus sentire paulatim belli mala, conversa in militum usum omni pecunia, intentis alimentorum pretiis, quæ motu Vindicis haud perinde plebem attriverant, secura tum urbe et provinciali bello, quod inter legiones Galliasque velut externum fuit. Nam ex quo divus Augustus res Cæsarum composuit, procul et in unius sollicitudinem aut decus populus Romanus bellaverat : sub Tiberio et Gaio

qu'on n'en vît au contraire, qui, par une folle vanité, achetaient de belles armes et de superbes chevaux, ou composaient leur équipage de guerre de tout l'attirail d'une table somptueuse et d'un luxe corrupteur. Les sages songeaient au repos et à la république; les esprits légers et imprévoyants s'enivraient de vaines espérances; une foule de gens ruinés, inquiets pendant la paix, se réjouissaient du désordre et trouvaient leur sûreté parmi les hasards.

LXXXIX. Du reste, la multitude et la partie du peuple étrangère aux soucis trop relevés de la politique, commençaient à ressentir les maux de la guerre. Les besoins de l'armée absorbaient tout l'argent; le prix des vivres était augmenté : deux fléaux que la révolte de Vindex n'avait pas fait éprouver au même point. Car alors Rome demeura tranquille, et la querelle, engagée aux extrémités d'une province, entre les légions et les Gaules, semblait une guerre étrangère. En effet, depuis que l'empereur Auguste eut affermi le pouvoir des Césars, le peuple romain n'avait livré que des combats lointains, sujets pour un seul d'inquiétude et de gloire : sous Tibère et sous Gaïus, les malheurs de la paix frap-

e contrario	au contraire
qui ambitione stolida	qui par une ostentation sotte [bles,
mercarentur arma conspicua,	achetaient des armes remarqua-
equos insignes,	des chevaux insignes, [tueux
quidam apparatus luxuriosos	quelques-uns des appareils somp-
conviviorum	de festins
et irritamenta libidinum	et des stimulants des passions
ut instrumentum belli.	comme un attirail de guerre.
Cura quietis et rei publicæ	Le souci du repos et de la chose
sapientibus ;	*était* aux sages ; [publique
quisque levissimus	chacun très-léger
et improvidus futuri	et imprévoyant de l'avenir
tumens vana spe ;	*était* gonflé d'un vain espoir ;
multi anxii in pace	beaucoup inquiets dans la paix
fide afflicta,	*leur* crédit étant ruiné,
alacres	*étaient* joyeux
rebus turbatis	les choses étant troublées [titudes.
et tutissimi per incerta.	et très-en-sûreté parmi les incer-
LXXXIX. Sed vulgus	LXXXIX. Mais la multitude
et populus expers	et le peuple étranger
curarum communium	aux soucis communs (publics)
magnitudine nimia	à-cause-de *leur* grandeur excessive,
sentire paulatim	sentir peu-à-peu
mala belli,	les maux de la guerre,
omni pecunia conversa	tout l'argent étant tourné
in usum militum,	à l'usage des soldats,
pretiis alimentorum	les prix des vivres
intentis,	étant augmentés, [Vindex
quæ motu Vindicis	*maux* qui lors du mouvement de
haud attriverant perinde	n'avaient pas accablé de-même
populum	le peuple,
urbe tum secura	la ville *étant* alors tranquille
et bello provinciali,	et la guerre *étant* provinciale,
quod fuit inter	laquelle eut-lieu entre
legiones Galliasque	les légions et les Gaules
velut externum,	comme *une guerre* étrangère.
Nam ex quo divus Augustus	Car depuis que le divin Auguste
composuit	eut organisé
res Cæsarum,	les affaires (l'empire) des Césars,
populus Romanus	le peuple romain
bellaverat procul	avait fait-la-guerre au-loin
et in sollicitudinem	et pour le souci
aut decus unius :	ou l'honneur d'un seul :
sub Tiberio et Gaio	sous Tibère et Gaïus

tantum pacis adversa *ad* rem publicam pertinuere[1]; Scriboniani contra Claudium incepta simul audita et coercita; Nero nuntiis magis et rumoribus quam armis depulsus. Tum legiones classesque et, quod raro alias, prætorianus urbanusque miles in aciem deducti; Oriens Occidensque et quicquid utrinque virium est a tergo, si ducibus aliis bellatum foret, longo bello materia. Fuere qui proficiscenti Othoni moras religionemque nondum conditorum ancilium[2] afferrent; aspernatus est omnem cunctationem ut Neroni quoque exitiosam : et Cæcina jam Alpes transgressus exstimulabat.

XC. Pridie Idus Martias, commendata patribus republica, reliquias Neronianarum sectionum[3] nondum in fiscum conversas revocatis ab exsilio concessit, justissimum donum et in speciem magnificum, sed festinata jam pridem exac-

pèrent seuls le public. L'entreprise de Scribonianus contre Claude était réprimée avant qu'on en sût la nouvelle. De simples messages, des bruits populaires, plutôt que les armes, renversèrent Néron. Mais ici les légions, les flottes, et, ce qui était presque sans exemple, les cohortes du prétoire et de la ville menées aux batailles, l'Orient et l'Occident apparaissant en seconde ligne avec toutes leurs forces, offraient, si l'on eût combattu sous d'autres chefs, la matière d'une longue guerre. Lorsque Othon voulut partir, quelques-uns lui opposèrent un scrupule religieux : les anciles n'étaient pas encore replacés dans le sanctuaire. Il rejeta tous les délais, comme ayant déjà causé la perte de Néron. Cécina d'ailleurs, arrivé en deçà des Alpes, l'aiguillonnait puissamment.

XC. La veille des ides de mars, après avoir recommandé la république au sénat, il abandonna aux citoyens rappelés de l'exil ce qui n'était pas encore entré dans l'épargne sur les biens repris aux donataires de Néron : présent des plus justes et en apparence des plus magnifiques, mais stérile en effet, tant on avait depuis

tantum adversa pacis	seulement les malheurs de la paix
pertinuere ad rempublicam :	s'-étendirent jusqu'à la république :
incepta Scriboniani	les tentatives de Scribonianus
contra Claudium	contre Claude [même-temps ;
audita et coercita simul ;	*furent* apprises et réprimées en-
Nero depulsus	Néron *fut* renversé
nuntiis et rumoribus	par des nouvelles et des rumeurs
magis quam armis.	plus que par les armes.
Tum legiones classesque	Alors les légions et les flottes
et, quod raro	et, *ce* qui *arrive* rarement
alias,	en-d'autres-circonstances,
miles prætorianus urbanusque	le soldat prétorien et urbain
deducti in aciem,	*furent* menés à la bataille,
Oriens Occidensque	l'Orient et l'Occident
et quicquid est virium	et tout-ce-qui est de forces
utrimque,	de-l'un-et-l'autre-côté [gne),
a tergo,	*étaient* en arrière (en seconde li-
materia longo bello,	matière pour une longue guerre,
si bellatum foret	si la-guerre-avait-été-faite
aliis ducibus.	par d'autres chefs.
Fuere qui afferrent	Il *y en* eut qui apportaient
Othoni proficiscenti	à Othon partant
moras religionemque	des-motifs-de-retard et le scrupule
ancilium	des boucliers-sacrés
nondum conditorum ;	non-encore enfermés ;
aspernatus est	il repoussa
omnem cunctationem,	toute hésitation,
ut exitiosam	comme *ayant été* funeste
quoque Neroni :	aussi à Néron :
et Cæcina	et Cécina
transgressus jam Alpes	ayant passé déjà les Alpes
exstimulabat.	l'aiguillonnait.
XC. Pridie idus Martias,	XC. La veille des ides de-Mars,
republica commendata	la république ayant été recom-
patribus,	aux sénateurs [mandée
concessit	il abandonna
revocatis ab exilio	aux *citoyens* rappelés de l'exil
reliquias sectionum	les restes des confiscations
Neronianarum	de-Néron [fisc,
nondum conversas in fiscum,	non-encore tournées (portées) au
donum justissimum	don très-juste
et magnificum in specie,	et magnifique en apparence,
sed sterili usu,	mais stérile dans l'usage,
exactione festinata	la perception ayant été hâtée

tione usu sterili. Mox vocata contione majestatem urbis et consensum populi ac senatus pro se attollens, adversum Vitellianas partes modeste disseruit, inscitiam potius legionum quam audaciam increpans, nulla Vitellii mentione, sive ipsius ea moderatio, seu scriptor orationis sibi metuens contumeliis in Vitellium abstinuit, quando, ut in consiliis militæ Suetonio Paulino et Mario Celso, ita in rebus urbanis Galeri Tracheli ingenio Othonem uti credebatur ; et erant qui genus ipsum orandi noscerent, crebro fori usu celebre et ad implendas populi aures latum et sonans. Clamor vocesque vulgi ex more adulandi nimiæ et falsæ : quasi dictatorem Cæsarem aut imperatorem Augustum prosequerentur, ita studiis votisque certabant, nec metu aut

longtemps pressé les restitutions. Ensuite il convoqua le peuple ; et, après avoir exalté la majesté de Rome et le consentement du sénat et du peuple romain déclarés pour sa cause, il discourut avec ménagement du parti contraire, accusant l'ignorance plutôt que l'audace des légions ; du reste, sans nommer Vitellius, soit modération de sa part, soit que l'auteur de la harangue se fût interdit toute invective par crainte pour lui-même. Car si, en matière de guerre, Othon prenait conseil de Suétonius et de Celsus, il passait aussi pour emprunter les talents de Galérius Trachélus dans les affaires civiles. On crut même reconnaître sa manière pompeuse, retentissante, faite pour emplir l'oreille, qu'un fréquent exercice du barreau avait rendue célèbre. Les acclamations du peuple, inspirées par la flatterie, en eurent l'exagération et la fausseté. Le dictateur César et l'empereur Auguste n'auraient pas excité un plus bruyant concert d'applaudissements et de vœux. Et ce n'était ni crainte ni amour : une émulation de servitude

jam pridem.	depuis longtemps. [quée
Mox contione vocata	Puis l'assemblée ayant été convo-
attollens majestatem urbis	exaltant la majesté de la ville
et consensum	et le consentement
populi ac senatus	du peuple et du sénat
pro se,	pour lui (en sa faveur),
disseruit modeste	il discourut avec-modération
adversum partes Vitellianas,	contre le parti vitellien,
increpans inscitiam	accusant l'ignorance
potius quam audaciam	plutôt que l'audace
legionum,	des légions,
nulla mentione Vitellii,	sans aucune mention de Vitellius,
sive ea moderatio	soit-que ce *fût* modération
ipsius,	de lui-même,
seu scriptor orationis	soit-que l'auteur de la harangue
metuens sibi	craignant pour lui-même
abstinuit contumeliis	se-fût abstenu d'outrages
in Vitellium,	contre Vitellius,
quando, ut credebatur	vu-que, de-même-qu'il était cru
Othonem uti	Othon se servir
in consiliis militiæ	dans les conseils de la guerre
Suetonio Paulino	de Suétonius Paulinus
et Mario Celso,	et de Marius Celsus,
ita	ainsi *il était cru se servir*
in rebus urbanis	dans les affaires urbaines
ingenio Galeri Tracheli;	du talent de Galérius Trachélus;
et erant qui	et *des gens* étaient qui
noscerent	reconnaissaient
genus ipsum orandi,	*sa* manière même de parler,
celebre usu crebro	célèbre par une pratique fréquente
fori,	du barreau,
et latum	et abondante
ad aures populi	pour les oreilles du peuple
implendas	devant être remplies
et sonans.	et retentissante.
Clamor vocesque vulgi	La clameur et les paroles de la foule
nimiæ et falsæ	*furent* excessives et fausses
ex more adulandi :	selon la coutume de flatter (de la
certabant ita	ils luttaient ainsi [flatterie) :
studiis votisque	d'empressements et de vœux,
quasi prosequerentur	comme-s'ils escortaient
dictatorem Cæsarem	le dictateur César
aut imperatorem Augustum,	ou l'empereur Auguste,
nec metu aut amore,	ni par crainte ou par amour,

amore, sed ex libidine servitii : ut in familiis, privata cuique stimulatio et vile jam decus publicum. Profectus Otho quietem urbis curasque imperii Salvio Titiano fratri permisit.

LIBER II

I. Struebat jam fortuna in diversa parte terrarum initia causasque imperio, quod varia sorte lætum rei publicæ aut atrox, ipsis principibus prosperum vel exitio[1] fuit. Titus Vespasianus e Judæa, incolumi adhuc Galba, missus a patre causam profectionis officium erga principem et maturam petendis honoribus juventam ferebat, sed vulgus fingendi avidum disperserat accitum in adoptionem. Materia sermonibus senium et orbitas principis et intemperantia civitatis, donec unus eligatur, multos destinandi. Augebat famam ipsius Titi ingenium quantæcumque fortunæ capax,

éveillait, comme dans les troupes d'esclaves, toutes les bassesses privées ; pour l'honneur public, on n'y songeait plus. Othon en partant confia le repos de la ville et les soins de l'empire à Salvius Titianus, son frère.

LIVRE II

I. Déjà la fortune jetait dans une autre partie du monde les fondements d'une domination nouvelle qui, dans la variété de ses destins, fit la joie ou la terreur de Rome, le bonheur ou la perte des princes qui l'exercèrent. Galba vivait encore lorsque Titus Vespasianus partit de Judée par l'ordre de son père. Le but avoué de son voyage était de féliciter le prince et de briguer les honneurs pour lesquels son âge était mûr. Mais le vulgaire, avide de conjectures, le disait appelé pour une illustre adoption. Ces bruits avaient leur source dans la vieillesse d'un empereur sans enfants, et dans l'empressement de la voix publique à nommer, pour un seul choix à faire, une foule de candidats. Tout concourait à désigner Titus, un génie au niveau de la plus haute fortune, les grâces

sed ex libidine servitii :	mais par passion de servitude :
ut in familiis,	comme dans les troupes-d'esclaves,
stimulatio privata cuique,	un stimulant particulier *était* à chacun,
et decus publicum jam vile.	et l'honneur public alors de-nul-prix.
Otho profectus	Othon parti
permisit fratri	confia à *son* frère
Salvio Titianio	Salvius Titianus
quietem urbis	le repos de la ville
curasque imperii.	et les soins de l'empire.

LIVRE II

I. Jam fortuna struebat in parte diversa terrarum	I. Déjà la fortune disposait dans une partie éloignée des terres
initia causasque imperio,	des commencements et des causes pour une domination,
quod sorte varia fuit lætum aut atrox rei publicæ,	laquelle par un sort varié fut heureuse ou terrible pour la chose publique,
prosperum vel exitio principibus ipsis.	prospère ou à perte pour les princes eux-mêmes.
Titius Vespasianus missus e Judæa a patre,	Titus Vespasianus envoyé de Judée par *son* père,
Galba adhuc incolumi,	Galba *étant* encore sauf, [part
ferebat causam profectionis	alléguait *comme* cause de *son* dé-
officium erga principem	le devoir envers le prince
et juventam maturam honoribus petendis,	et *sa* jeunesse mûre [cherchés, pour les honneurs devant être re-
sed vulgus avidum fingendi disperserat	mais la multitude avide d'inventer avait répandu *le bruit* [tion.
accitum in adoptionem.	*lui avoir été* appelé pour l'adop-
Senium et orbitas principis	La vieillesse et le manque-d'-enfants du prince
et intemperantia civitatis destinandi multos,	et le désir-immodéré de la cité d'*en* désigner plusieurs,
donec unus eligatur,	jusqu'à-ce-qu'un-seul soit choisi,
materia sermonibus.	*était* matière à bruits.
Ingenium Titi	Le génie de Titus
capax fortunæ quantæcumque	capable-de-porter une fortune quelque-grande-qu'elle-fût

decor oris cum quadam majestate, prosperæ Vespasiani res, præsaga responsa, et inclinatis ad credendum animis loco ominum etiam fortuita. Ubi Corinthi, Achaiæ urbe, certos nuntios accepit de interitu Galbæ (et aderant qui arma Vitellii bellumque affirmarent), anxius animo, paucis amicorum adhibitis, cuncta utrinque perlustrat : si pergeret in urbem, nullam officii gratiam in alterius honorem suscepti, ac se Vitellio sive Othoni obsidem fore ; sin rediret, offensam haud dubiam victoris, sed incerta adhuc victoria et concedente in partes patre filium excusatum ; sin Vespasianus rem publicam susciperet, obliviscendum offensarum de bello agitantibus.

II. His ac talibus inter spem metumque jactatum spes

du visage relevées par un certain air de grandeur, les exploits de Vespasien, des réponses prophétiques, et mille faits indifférents qui tiennent lieu d'oracles à la crédulité prévenue. Ce fut à Corinthe, en Achaïe, qu'il apprit avec certitude la mort de Galba. Quelques-uns même annonçaient comme indubitable le soulèvement de Vitellius et la guerre. Incertain de ce qu'il ferait, il assembla quelques amis et balança avec eux les conseils opposés : « S'il allait à Rome, on ne lui saurait nul gré d'un hommage apporté pour un autre, et lui-même deviendrait l'otage ou de Vitellius ou d'Othon. S'il retournait sur ses pas, il offensait infailliblement le vainqueur. Mais la victoire était encore indécise, et le père, en se déclarant pour un parti, porterait avec lui l'excuse de son fils. Que si Vespasien prenait l'empire pour lui-même, une offense n'était rien quand on songeait à la guerre. »

II. Dans ce combat de crainte et d'espérance, l'espérance l'em-

HISTOIRES, LIVRE II.

augebat	augmentait
famam ipsius,	la réputation de lui-même,
decor oris	*ainsi que* la beauté du visage
cum quadam majestate,	avec une certaine majesté,
res prosperæ	*et* les affaires prospères
Vespasiani,	de Vespasien,
responsa præsaga,	*et* des réponses prophétiques,
et etiam fortuita	et même des choses fortuites
loco ominum	en-guise de présages
animis inclinatis	les esprits étant inclinés
ad credendum.	à croire.
Ubi accepit Corinthi,	Dès-qu'il eut reçu à Corinthe,
urbe Achaiæ,	ville d'Achaïe,
nuntios certos	des nouvelles certaines
de interitu Galbæ	sur la mort de Galba [maient
(et aderant qui affirmarent	(et il *y* avait-là *des gens* qui affir-
arma Vitellii	les armes (la prise d'armes) de Vi-
bellumque),	et la guerre), [tellius
anxius animo,	inquiet par l'esprit,
paucis amicorum adhibitis,	peu d'amis ayant été appelés,
perlustrat cuncta	il parcourt (examine) toutes *les ré-*
utrinque :	dans-les-deux sens : [*solutions*
si pergeret in urbem,	s'il poursuivait *son voyage* à Rome,
nullam gratiam	aucun gré *ne devoir être*
officii suscepti	d'un devoir entrepris
in honorem alterius,	en l'honneur d'un autre,
ac se fore obsidem	et soi devoir être otage
Vitellio sive Othoni;	à Vitellius ou à Othon;
sin rediret,	si-au-contraire il retournait,
offensam victoris	le mécontentement du vainqueur
haud dubiam,	ne *devoir* pas *être* douteux,
sed victoria	mais la victoire
adhuc incerta	*étant* encore incertaine
et patre concedente	et le père passant
in partes	dans un parti
filium excusatum;	le fils *devoir être* excusé;
sin Vespasianus	si-au-contraire Vespasien
susciperet rem publicam,	se-chargeait-de la chose publique,
obliviscendum offensarum	*être* à oublier les mécontentements
agitantibus de bello.	pour *ceux* songeant à la guerre.
II. Spes vicit	II. L'espérance vainquit
jactatum his	*lui* ballotté par ces *motifs*
ac talibus	et par *d'autres* tels
inter spem metumque.	entre la crainte et l'espérance.

vicit. Fuerunt qui accensum desiderio Berenices reginæ vertisse iter crederent; neque abhorrebat a Berenice juvenilis animus, sed gerendis rebus nullum ex eo impedimentum. Lætam voluptatibus adulescentiam egit, suo quam patris imperio moderatior. Igitur oram Achaiæ et Asiæ ac læva maris prævectus, Rhodum et Cyprum insulas, inde Suriam audentioribus spatiis[1] petebat. Atque illum cupido incessit adeundi visendique templum Paphiæ Veneris, inclutum per indigenas advenasque. Haud fuerit longum initia religionis, templi ritum[2], formam deæ (neque enim alibi sic habetur) paucis disserere.

III. Conditorem templi regem Aerian vetus memoria, quidam ipsius deæ nomen id perhibent. Fama recentior tradit a Cinyra sacratum templum deamque ipsam con-

porta. Plusieurs attribuèrent son retour en Orient à un désir extrême de revoir Bérénice. Il est certain que son jeune cœur n'était pas insensible aux attraits de cette reine; mais sa passion ne le détournait pas de soins plus importants. Il permit à sa jeunesse les amusements de la volupté, plus retenu pendant son règne que sous celui de son père. Titus côtoya donc la Grèce et l'Asie, et, laissant à gauche la mer qui en baigne les rivages, il cingla par des routes plus hardies de l'île de Rhodes vers celle de Chypre, et de là en Syrie. A Chypre il fut curieux de visiter le temple de la Vénus de Paphos, célèbre par le concours des indigènes et des étrangers. Je ferai sur l'origine de ce culte, les cérémonies du temple, la forme de la déesse, qui n'est nulle part ainsi représentée, une courte digression.

III. Le fondateur du temple fut, suivant la tradition la plus ancienne, le roi Aérias; nom que quelques-uns prétendent au contraire être celui de la déesse. Une opinion plus moderne est que le temple fut consacré par Cinyras, au lieu même où aborda Vénus

Fuerunt qui crederent	Il *y en* eut qui croyaient
vertisse iter	*lui* avoir changé de route
accensum desiderio	enflammé par le regret
reginæ Berenices,	de la reine Bérénice,
neque animus juvenilis	ni *son* cœur jeune
abhorrebat a Berenice,	n'était-éloigné de Bérénice,
sed nullum impedimentum	mais aucun obstacle
ex eo	*ne survint* de ce *fait* [nistrées.
rebus gerendis.	pour les choses devant être admi-
Egit adulescentiam	Il passa une jeunesse
lætam voluptatibus,	joyeuse par les plaisirs,
moderatior suo imperio	plus retenu dans son règne
quam patris.	que *dans celui* de *son* père.
Igitur prævectus	Donc ayant côtoyé
oram Achaiæ et Asiæ	la côte d'Achaïe et d'Asie
ac læva maris,	et les *parties* à-gauche de la mer,
petebat insulas	il gagnait les îles
Rhodum et Cyprum,	*de* Rhodes et *de* Chypre,
inde Suriam	puis la Syrie
spatiis audentioribus.	par des distances plus hardies.
Atque cupido	Et le désir
adeundi visendique	d'aller-vers et de visiter
templum	le temple
Veneris Paphiæ	de la Vénus paphienne
inclutum	célèbre
per indigenas advenasque	parmi les indigènes et les étrangers
incessit illum.	s'-empara de lui.
Haud fuerit longum	Il n'aurait pas été long
disserere paucis,	de discourir en peu *de mots*
initia religionis,	sur les origines du culte,
ritum templi,	le rite (les cérémonies) du temple,
formam deæ	la forme de la déesse
(neque enim	(ni en-effet
habetur sic alibi).	elle *n*'est représentée ainsi ailleurs).
III. Vetus memoria	III. Une ancienne tradition
regem Aerian	*rapporte* le roi Aérias
conditorem templi,	*être* le fondateur du temple,
quidam perhibent	quelques-uns rapportent
id nomen	ce nom *être celui*
deæ ipsius.	de la déesse elle-même.
Fama recentior tradit	Un bruit plus récent transmet
templum sacratum	le temple *avoir été* consacré
a Cinyra	par Cinyras
deamque ipsam	et la déesse elle-même

ceptam mari huc appulsam; sed scientiam artemque haruspicum accitam et Cilicem Tamiram intulisse, atque ita pactum, ut familiæ utriusque posteri[1] cærimoniis præsiderent. Mox, ne honore nullo regium genus peregrinam stirpem antecelleret, ipsa quam intulerant scientia hospites cessere : tantum Cinyrades sacerdos consulitur. Hostiæ, ut quisque vovit, sed mares deliguntur; certissima fides hædorum fibris. Sanguinem aræ obfundere vetitum : precibus et igne puro[2] altaria adolentur, nec ullis imbribus quanquam in aperto[3] madescunt. Simulacrum deæ non effigie humana, continuus orbis latiore initio tenuem in ambitum metæ modo exsurgens; sed ratio in obscuro.

IV. Titus spectata opulentia donisque regum quæque

après que la mer l'eut conçue. On ajoute que la science des aruspices et les secrets de cet art y vinrent du dehors, apportés par le Cilicien Tamiras, et qu'il fut réglé que les descendants de ces deux familles présideraient de concert à tous les soins du culte. Bientôt, pour qu'il ne manquât à la maison royale aucune prééminence sur une race étrangère, les nouveaux venus renoncèrent à la science qu'ils avaient apportée, et le prêtre que l'on consulte est toujours un descendant de Cinyras. Toute victime est reçue, pourvu qu'elle soit mâle. C'est aux entrailles des chevreaux qu'on a le plus de confiance. Il est défendu d'ensanglanter les autels; des prières et un feu pur sont tout ce qu'on y offre, et, quoiqu'en plein air, jamais la pluie ne les a mouillés. La déesse n'est point représentée sous la figure humaine; c'est un bloc circulaire qui, s'élevant en cône, diminue graduellement de la base au sommet. La raison de cette forme est ignorée.

IV. Après avoir contemplé la richesse du temple, les offrandes

HISTOIRES, LIVRE II.

conceptam mari	ayant été conçue par la mer
appulsam huc ;	*avoir été* poussée là ;
sed scientiam	mais la science
artemque haruspicum	et l'art des aruspices
accitam,	*avoir été* amenés *du dehors,*
et Cilicem Tamiram	et le Cilicien Tamiras
intulisse,	*les* avoir introduits,
atque pactum ita,	et *avoir été* convenu ainsi,
ut posteri	que les descendants
utriusque familiæ	de l'une-et-l'autre famille
præsiderent cærimoniis.	présidassent aux cérémonies.
Mox, ne genus regium	Puis, de-peur-que la race royale
antecelleret	*ne* précédât *pas*
nullo honore	par aucun (par tout) honneur
stirpem peregrinam,	une souche (une famille) étrangère,
hospites cessere	les hôtes cédèrent
scientia ipsa	la science même
quam intulerant :	qu'ils avaient apportée :
tantum sacerdos	seulement le prêtre
Cinyrades	descendant-de-Cinyras
consulitur.	est consulté.
Hostiæ,	Les victimes *sont,*
ut quisque vovit,	selon-que chacun *les* a vouées,
sed mares deliguntur ;	mais les mâles sont choisis ;
fides certissima	la confiance la plus sûre [vreaux.
fibris hædorum.	*est* aux (dans les) fibres des che-
Vetitum	*Il est* défendu
obfundere aræ sanguinem ;	de verser-sur l'autel du sang ;
altaria adolentur	les autels sont chargés (honorés)
precibus et igne puro,	par les prières et un feu pur,
nec madescunt	et-ne s'-humectent
ullis imbribus	par aucunes pluies
quanquam in aperto.	quoique à découvert.
Simulacrum deæ	Le simulacre de la déesse
non effigie humana,	*n'est* pas de forme humaine,
orbis continuus	c'est un rond continu
initio latiore	d'une base plus large [mide
exsurgens modo metæ	s'élevant à la manière d'une pyra-
in ambitum tenuem ;	en un cercle mince ;
sed ratio	mais la raison *de cette forme*
in obscuro.	*est restée* dans l'obscurité.
IV. Titus	IV. Titus
opulentia spectata	la richesse ayant été contemplée
donisque regum	ainsi-que les offrandes des rois

alia lætum antiquitatibus Græcorum genus incertæ vetustati affingit, de navigatione primum consulit. Postquam pandi viam et mare prosperum accepit, de se per ambages interrogat cæsis compluribus hostiis. Sostratus (sacerdoti id nomen erat) ubi læta et congruentia exta magnisque consultis annuere deam videt, pauca in præsens et solita respondens, petito secreto futura aperit. Titus aucto animo ad patrem pervectus suspensis provinciarum et exercituum mentibus ingens rerum fiducia accessit.

Profligaverat bellum Judæicum Vespasianus, oppugnatione Hierosolymorum reliqua, duro magis et arduo opere ob ingenium montis et pervicaciam superstitionis, quam quo satis virium obsessis ad tolerandas necessitates superesset. Tres, ut supra memoravimus, ipsi Vespasiano legiones erant, exercitæ bello; quattuor Mucianus obtinebat in

des rois, et toutes ces antiquités que la vanité des Grecs fait remonter à des époques inconnues, Titus consulta d'abord sur sa navigation. Quand il eut appris que la route s'ouvrait devant lui et que la mer était propice, il sacrifia un grand nombre de victimes, et fit sur lui-même des questions enveloppées. Sostrate (c'était le nom du prêtre), voyant un accord parfait des signes les plus heureux, et sûr que la déesse avait pour agréable cette haute consultation, répond en peu de mots et dans le style ordinaire, puis il demande un entretien secret et déroule le tableau de l'avenir. Titus, plein d'un courage nouveau, rejoignit son père, et, dans un moment où l'esprit des armées et des provinces était en suspens, il jeta dans la balance des affaires tout le poids de sa propre confiance.

Vespasien avait amené à son terme la guerre de Judée; il ne restait plus qu'à forcer Jérusalem, rude et pénible entreprise, à cause de sa situation escarpée et de son fanatisme opiniâtre; car d'ailleurs les assiégés n'avaient plus contre le fer et la faim que de faibles ressources. J'ai déjà dit que Vespasien avait trois légions, aguerries par les combats. Mucien en commandait quatre et ne

quæque alia genus Græcorum	et les autres choses que la race des
lætum antiquitatibus	qui-se-plaît aux antiquités [Grecs
affingit vetustati incertæ,	attribue à une ancienneté incertai-
consulit primum	consulte d'abord [ne,
de navigatione.	au-sujet-de la navigation.
Postquam accepit	Après-qu'il eut appris
viam pandi	la route être ouverte
et mare prosperum,	et la mer *être* propice,
interrogat de se	il interroge sur lui-même
per ambages	par des détours [molées.
compluribus hostiis cæsis.	plusieurs victimes ayant été im-
Ubi Sostratus	Dès-que Sostrate
(id erat nomen sacerdoti)	(c'était le nom au prêtre)
videt exta læta	voit les entrailles favorables
et congruentia	et s'-accordant [ment
deamque annuere	et la déesse donner-son-assenti-
magnis consultis,	à de grands projets,
respondens in præsens	répondant pour le moment
pauca	des choses peu-nombreuses
et solita,	et habituelles,
secreto	un *entretien* secret
petito	ayant été demandé [turs.
aperit futura.	il *lui* découvre les *événements* fu-
Titus animo aucto	Titus *son* courage s'-étant accru
pervectus ad patrem	ayant été porté vers *son* père
accessit	s'-ajouta [dans les choses
ingens fiducia rerum	*comme* grand sujet-de-confiance
mentibus suspensis	pour les esprits en-suspens
provinciarum et exercituum.	des provinces et des armées.
Vespasianus profligaverat	Vespasien avait terminé
bellum Judaïcum,	la guerre judaïque,
oppugnatione Hierosolymorum	le siège de Jérusalem
reliqua,	restant;
opere duro et arduo	opération dure et ardue
magis ob ingenium montis	plus par la nature de la montagne
et pervicaciam superstitionis,	et l'opiniâtreté de la superstition
quam quo satis virium	que parce-que assez de forces
superesset obsessis	restait aux assiégés
ad necessitates tolerandas,	pour les besoins à supporter.
Tres legiones erant,	Trois légions étaient, [haut,
ut memoravimus supra,	comme nous *l'*avons rapporté plus-
Vespasiano ipsi,	à Vespasien lui-même,
exercitæ bello;	exercées par la guerre;
Mucianus obtinebat quattuor	Mucien *en* commandait quatre

pace, sed æmulatio et proximi exercitus gloria depulerat segnitiam, quantumque illis roboris discrimina et labor, tantum his vigoris addiderat integra quies et inexperti belli amor[1]. Auxilia utrique cohortium alarumque et classes regesque ac nomen dispari fama celebre.

V. Vespasianus acer militiæ anteire agmen, locum castris capere, noctu diuque consilio ac, si res posceret, manu hostibus obniti, cibo fortuito, veste habituque vix a gregario milite discrepans; prorsus, si avaritia abesset antiquis ducibus par. Mucianum e contrario magnificentia et opes et cuncta privatum modum supergressa extollebant; aptior sermone dispositu provisuque civilium rerum peritus : egregium principatus temperamentum, si demptis

---

faisait pas la guerre; mais l'émulation et la gloire de l'armée voisine les avaient sauvées de la mollesse, et autant les soldats de Vespasien s'étaient endurcis parmi les dangers et les travaux, autant les autres avaient acquis de cette vigueur que donnent le repos et le désir de faire la guerre pour la première fois. Les deux généraux avaient chacun de leur côté des auxiliaires, infanterie et cavalerie, des flottes, des rois, et à des titres divers un nom également célèbre.

V. Vespasien était un guerrier infatigable, toujours le premier dans les marches, choisissant lui-même les campements, opposant nuit et jour à l'ennemi ou sa prudence ou son bras, content de la plus vile nourriture, et dans ses vêtements et son extérieur se distinguant à peine du simple légionnaire, enfin, à l'avarice près, comparable aux capitaines de l'ancienne république. Mucien faisait voir des mœurs tout opposées. Un air de grandeur et d'opulence, un faste au-dessus de la condition privée, rehaussaient l'éclat de son rang. Plus adroit dans son langage, il excellait à disposer les ressorts et à préparer le succès des affaires civiles. Otez à chacun

in pace,	en paix,
sed æmulatio	mais l'émulation
et gloria exercitus proximi	et la gloire de l'armée voisine
depulerat segnitiam,	avait (avaient) chassé la mollesse,
quantumque discrimina	et autant les périls
et labor	et la fatigue
roboris illis,	*avaient ajouté* de force à ceux-là,
tantum quies integra	autant un repos non-entamé
et amor belli inexperti	et le désir de la guerre non-éprouvée
addiderat vigoris	avait (avaient) ajouté de vigueur
his.	à ceux-ci.
Auxilia cohortium	Des secours de cohortes
alarumque	et d'escadrons
et classes regesque	et des flottes et des rois
ac nomen celebre	et un nom célèbre
fama dispari	par une renommée différente
utrique.	*étaient* à-l'un-et-à-l'autre.
V. Vespasianus	V. Vespasien
acer militiæ	actif dans le service-militaire
anteire agmen,	marcher-à-la-tête de l'armée,
capere locum	choisir l'emplacement
castris,	pour le camp,
obniti hostibus	s'-opposer aux ennemis
noctu diuque consilio,	nuit et jour par le conseil,
ac, si res posceret,	et, si la circonstance *le* demandait,
manu,	par le bras,
cibo fortuito,	*content* d'une nourriture fortuite,
discrepans vix	différant à peine
a gregario milite	du simple soldat
veste habituque,	par le vêtement et l'extérieur,
prorsus, par antiquis ducibus,	enfin, égal aux anciens capitaines,
si avaritia abesset.	si l'avarice était-absente.
E contrario	Au contraire
magnificentia et opes	la magnificence et les richesses
et cuncta supergressa	et tout ayant dépassé
modum privatum	la mesure privée (d'un particulier)
extollebant Mucianum;	rehaussaient Mucien;
aptior sermone,	*il était* plus apte par (à) la parole,
peritus	habile-dans
rerum civilium	les choses civiles
dispositu	par le talent-d'-organisation
provisuque :	et par la prévoyance :
egregium temperamentum	remarquable mélange [cières),
principatus,	du principat (des **qualités** prin-

utriusque vitiis solæ virtutes miscerentur. Ceterum hic Suriæ, ille Judææ præpositus, vicinis provinciarum administrationibus invidia discordes, exitu demum Neronis positis odiis in medium consuluere, primum per amicos, dein præcipua concordiæ fides Titus prava certamina communi utilitate aboleverat, natura atque arte compositus alliciendis etiam Muciani moribus. Tribuni centurionesque et vulgus militum industria, licentia, per virtutes, per voluptates, ut cuique ingenium, adsciscebantur.

VI. Antequam Titus adventaret, sacramentum Othonis acceperat uterque exercitus, pernicibus, ut assolet, nuntiis et tarda mole civilis belli, quod longa concordia quietus Oriens tunc primum parabat. Namque olim validissima inter se civium arma in Italia Galliave viribus Occidentis

d'eux ses vices, et réunissez leurs vertus, de cet heureux mélange sortirait un prince accompli. Gouverneur l'un de Syrie, l'autre de Judée, et divisés par la jalousie, effet de ce voisinage politique, ils se rapprochèrent à la mort de Néron et concertèrent leurs démarches. Ce fut d'abord par l'entremise de quelques amis ; ensuite Titus, le principal lien de leur foi mutuelle, fit céder à l'intérêt commun de fâcheuses rivalités : esprit conciliateur que la nature et l'art avaient doué de séductions irrésistibles pour Mucien lui-même ; quant aux tribuns, aux centurions, aux soldats, il attirait diversement les différents caractères : régularité, licence, vertus, plaisirs, tout en lui concourait à gagner les cœurs.

VI. Avant le retour de Titus, les deux armées avaient prêté serment d'obéissance à Othon. De pareils ordres arrivent toujours avec rapidité, et les apprêts d'une guerre civile entraînent des lenteurs. C'était la première dont l'Orient, longtemps soumis et paisible, méditât le dessein. Jusqu'alors les plus formidables chocs de Romains contre Romains avaient commencé en Italie ou en Gaule, avec les forces de l'Occident. Pompée, Cassius, Brutus et

si vitiis utriusque demptis	si les vices de-l'un-et-l'autre ayant été ôtés [blées
virtutes solæ miscerentur.	les vertus seules étaient rassem-
Ceterum hic præpositus Suriæ, ille Judææ,	D'ailleurs celui-ci étant préposé à celui-là à la Judée, [la Syrie
discordes invidia administrationibus vicinis provinciarum,	divisés par la jalousie [nes à-cause-des administrations voisi- de provinces,
exitu demum Neronis odiis positis	à la mort seulement de Néron *leurs* haines ayant été déposées
consuluere in medium primum per amicos,	ils délibérèrent en commun d'abord par des amis,
dein Titus	puis Titus
fides præcipua concordiæ aboleverat utilitate communi certamina prava,	garantie principale de concorde avait effacé par l'intérêt général des rivalités mauvaises,
compositus natura atque arte moribus etiam Muciani alliciendis.	ayant été préparé par la nature et par l'art au caractère même de Mucien devant être séduit.
Tribuni centurionesque et vulgus militum adsciscebantur industria, licentia, per virtutes, per voluptates, ut ingenium cuique.	Les tribuns et les centurions et la multitude des soldats étaient appelés *à lui* (gagnés) par *son* activité, *sa* licence, par ses vertus, *ses* voluptés, [cun. selon-que le caractère *était* à cha-
VI. Antequam Titus adventaret,	VI. Avant-que Titus arrivât,
uterque exercitus acceperat sacramentum Othonis,	l'une-et-l'autre armée avait accepté le serment d' (à) Othon,
nuntiis pernicibus, ut assolet,	les nouvelles *étant* rapides, comme il est-coutume,
et mole belli civilis tarda,	et la masse de la guerre civile *étant* lente *à soulever*,
quod Oriens quietus longa concordia parabat tunc primum.	laquelle *guerre* l'Orient paisible par une longue concorde préparait alors pour-la première- [fois.
Namque olim arma validissima civium inter se cœpta in Italia Galliave viribus Occidentis;	Car autrefois les armes (les prises d'armes) les des citoyens entre eux [plus fortes *avaient été* commencées en Italie ou en Gaule avec les forces de l'Occident;

cœpta; et Pompeio, Cassio, Bruto, Antonio, quos omnes trans mare secutum est civile bellum, haud prosperi exitus fuerant, auditique sæpius in Suria Judæaque Cæsares quam inspecti. Nulla seditio legionum, tantum adversus Parthos minæ, vario eventu; et, proximo civili bello[1], turbatis aliis inconcussa ibi pax, dein fides erga Galbam. Mox, ut Othonem ac Vitellium scelestis armis res Romanas raptum ire vulgatum est, ne penes ceteros imperii præmia, penes ipsos tantum servitii necessitas esset, fremere miles et vires suas circumspicere : septem legiones statim et cum ingentibus auxiliis Suria Judæaque, inde continua Ægyptus duæque legiones, hinc Cappadocia Pontusque et quicquid castrorum Armeniis prætenditur[2], Asia et ceteræ provinciæ nec virorum inopes et pecunia opulentæ, quantum insu-

Antoine, que la guerre suivit au delà des mers, y eurent tous une fin malheureuse. La Syrie et la Judée connaissaient plus le nom des Césars que leur personne. Nul mouvement séditieux parmi les légions; pour toute guerre, des menaces contre les Parthes, suivies de succès partagés; dans les derniers troubles, une paix profonde quoique tout le reste s'émût, et sous Galba, une invariable fidélité. Mais quand on sut que Vitellius et Othon recouraient à des armes sacrilèges pour s'arracher l'empire, le soldat frémit à l'idée de voir en d'autres mains les profits de la domination, et de n'avoir pour sa part que l'esclavage à subir, et il commença dès ce moment à compter ses forces. Sept légions s'offraient d'abord, et avec elles les nombreuses milices de Judée et de Syrie; immédiatement après venait l'Égypte avec deux légions; d'un autre côté la Cappadoce, le Pont et tous les camps dont l'Arménie est bordée; ensuite l'Asie et les provinces voisines, où les hommes ne manquaient pas et l'argent abondait : puis tout ce que la mer enferme

et exitus haud prosperi	et des fins non heureuses
fuerant Pompeio,	avaient été à Pompée,
Cassio, Bruto, Antonio,	à Cassius, à Brutus, à Antoine,
quos omnes	lesquels tous
bellum civile secutum est	la guerre civile suivit
trans mare,	au-delà-de la mer,
Cæsaresque	et les Césars
auditi	*avaient* été entendus
in Suria Judæaque	en Syrie et en Judée
sæpius quam inspecti.	plus souvent que vus.
Nulla seditio legionum,	Nulle sédition des légions,
tantum minæ	seulement des menaces
adversus Parthos,	contre les Parthes,
eventu vario;	avec un succès varié;
et, proximo bello civili,	et, dans la dernière guerre civile,
aliis turbatis	les autres ayant été troublés
ibi pax inconcussa,	là la paix non-ébranlée,
dein fides erga Galbam.	puis fidélité envers Galba.
Mox, ut vulgatum est,	Puis, quand il eut été publié
Othonem ac Vitellium	Othon et Vitellius
ire raptum res Romanas	aller saisir les affaires romaines
armis scelestis,	par des armes criminelles,
miles fremere	le soldat murmurer
et circumspicere suas vires,	et examiner ses forces,
ne præmia	de peur-que les avantages
imperii	du pouvoir
penes ceteros,	*ne fussent* pour tous-les-autres,
necessitas servitii	*que* la nécessité de l'esclavage
esset penes ipsos tantum:	*ne* fût pour eux-mêmes seulement:
septem legiones	sept légions
statim	sur l'heure (sous la main)
et Suria Judæaque	et la Syrie et la Judée
cum ingentibus auxiliis,	avec de grandes troupes-auxiliaires,
inde Ægyptus continua	d'un-côté l'Égypte contiguë
duæque legiones,	et deux légions,
hinc Cappadocia	d'un-autre-côté la Cappadoce
Pontusque	et le Pont
et quicquid castrorum	et tout-ce-qui-de camps
prætenditur Armeniis,	est dressé-le-long des Arménies,
Asia	l'Asie
et ceteræ provinciæ	et toutes-les-autres provinces
nec inopes virorum	et-non dépourvues d'hommes
et opulentæ pecunia,	et riches en argent,
quantum insularum	*autant* d'îles que

larum mari cingitur, et parando interim bello secundum tutumque ipsum mare.

VII. Non fallebat duces impetus militum, sed bellantibus aliis placuit exspectari : bellorum civilium[1] victores victosque nunquam solida fide coalescere, nec referre, Vitellium an Othonem superstitem fortuna faceret; rebus secundis etiam egregios duces insolescere : discordiam his, ignaviam, luxuriem, et suismet vitiis alterum bello, alterum victoria periturum. Igitur arma in occasionem distulere, Vespasianus Mucianusque nuper, ceteri olim mixtis consiliis, optimus quisque amore rei publicæ; multos dulcedo prædarum stimulabat, alios ambiguæ domi res. Ita boni malique causis diversis, studio pari bellum omnes cupiebant.

VIII. Sub idem tempus Achaïa atque Asia falso exterritæ, velut Nero adventaret, vario super exitu ejus rumore

d'îles; enfin la mer elle-même, qui éloignait la guerre et en secondait les préparatifs.

VII. Cette disposition des soldats n'était pas ignorée des chefs; mais d'autres se faisant la guerre, on trouva bon d'attendre. « Jamais dans les luttes civiles entre vainqueurs ou vaincus l'union ne pouvait être solide, et peu importait qui de Vitellius ou d'Othon la fortune ferait survivre; la prospérité enivrait les plus grands capitaines; et ceux-ci n'avaient pour qualités qu'esprit de discorde, lâcheté, débauche; grâce à leurs vices, ils périraient l'un par la guerre, l'autre par la victoire. » Vespasien et Mucien remirent donc à une occasion favorable la prise d'armes qu'ils résolurent alors et que depuis longtemps leurs amis concertaient, les plus gens de bien par amour de la république, beaucoup par l'attrait du butin, d'autres à cause du dérangement de leurs affaires; car, bons et méchants, pour des motifs différents mais d'une ardeur égale, désiraient tous la guerre.

VIII. Vers la même époque, la Grèce et l'Asie furent épouvantées de la fausse nouvelle que Néron allait arriver. Les récits contra-

cingitur mari,	il *en* est ceint par la mer,
et mare ipsum	et la mer elle-même
secundum bello	favorable pour la guerre [valle
parando interim	devant être préparée dans-l'inter-
tutumque.	et sûre (offrant protection).
VII. Impetus militum	VII. L'ardeur des soldats
non fallebat duces,	n'échappait pas aux chefs,
sed aliis bellantibus	mais d'autres faisant-la-guerre
placuit exspectari :	il plut être attendu :
victores bellorum civilium	les vainqueurs des guerres civiles
victosque	et les vaincus
nunquam coalescere	ne jamais se-réunir
fide solida,	par une foi solide,
nec referre	et-ne-pas importer
fortuna faceret superstitem	*si* la fortune faisait survivant
Vitellium an Othonem ;	Vitellius ou Othon ;
etiam duces egregios	même les chefs remarquables
insolescere	s'-enorgueillir
rebus secundis ;	par les choses prospères ;
his discordiam,	à ceux-ci *être* la discorde,
ignaviam, luxuriem,	la lâcheté, la mollesse,
et suismet vitiis	et à-cause-de leurs vices
alterum periturum bello,	l'un devoir périr par la guerre,
alterum victoria.	l'autre par la victoire.
Igitur distulere in occasionem	Donc ils différèrent à une occasion
arma,	*les* armes (la prise d'armes),
Vespasianus Mucianusque	Vespasien et Mucien, [récemment,
consiliis mixtis nuper,	*leurs* résolutions étant concertées
ceteri olim,	les autres depuis-longtemps,
quisque optimus	chacun le meilleur
amore rei publicæ ;	par amour de la chose publique ;
dulcedo prædarum	la douceur des proies (du butin)
stimulabat multos,	*en* stimulait beaucoup, [son
res ambiguæ domi	des affaires chancelantes à la mai-
alios.	*en* *stimulaient* d'autres.
Ita boni malique	Ainsi bons et méchants
causis diversis,	par des motifs divers,
omnes cupiebant bellum	tous désiraient la guerre
studio pari.	avec une ardeur égale.
VIII. Sub idem tempus	VIII. Vers la même époque
Achaïa atque Asia	la Grèce et l'Asie
exterritæ falso,	*furent* effrayées à-tort,
velut Nero adventaret,	comme-si Néron arrivait,
rumore super exitu ejus	le bruit sur la fin de lui

eoque pluribus vivere eum fingentibus credentibusque. Ceterorum casus conatusque in contextu operis[1] dicemus : tunc servus e Ponto sive, ut alii tradidere, libertinus ex Italia, citharæ et cantus peritus, unde illi super similitudinem oris pronior ad fallendum fides, adjunctis desertoribus, quos inopia vagos ingentibus promissis corruperat, mare ingreditur; ac vi tempestatum Cythnum insulam detrusus et militum quosdam ex Oriente commeantium adscivit vel abnuentes interfici jussit et spoliatis negotiatoribus mancipiorum valentissimum quemque armavit. Centurionemque Sisennam dextras, concordiæ insignia, Suriaci exercitus nomine ad prætorianos ferentem variis artibus aggressus est, donec Sisenna, clam relicta insula, trepidus et vim metuens aufugeret. Inde late terror; multi ad celebritatem nominis erecti rerum novarum cupidine

dictoires qu'on faisait de sa mort avaient donné lieu au mensonge et à la crédulité de le supposer vivant. Il s'éleva plusieurs imposteurs dont je raconterai dans le cours de cet ouvrage les tentatives et la catastrophe. Celui-ci était un esclave du Pont, ou, selon d'autres, un affranchi d'Italie, habile à chanter et à jouer de la lyre, talent qui, joint à la ressemblance des traits, favorisait le succès de sa fraude. Il prend avec lui des déserteurs errants et sans ressource, qu'il avait séduits par de magnifiques promesses, et se met en mer. Poussé par la tempête dans l'île de Cythnos, il y trouva quelques soldats d'Orient qui venaient en congé; il les enrôle ou, à leur refus, les fait tuer. Il dépouille même les négociants et arme leurs esclaves les plus robustes. Le centurion Sisenna, au nom de l'armée de Syrie, portait aux prétoriens des mains jointes, symbole de concorde : le fourbe essaya sur lui toutes les séductions, jusqu'à ce que Sisenna, quittant secrètement l'île, se fût hâté de fuir dans la crainte qu'on n'en vînt à la force. De là une vaste terreur, accrue par le grand nombre d'esprits mécontents et avides de nouveauté qui se réveillèrent au bruit d'un

vario,	*étant* divers,
eoque pluribus	et par-suite plusieurs
fingentibus credentibusve	feignant ou croyant
eum vivere.	lui vivre. [vrage
Dicemus in contextu operis	Nous dirons dans la suite de l'ou-
casus conatusque	les aventures et les efforts
ceterorum :	de-tous-les-autres :
tunc servus e Ponto,	alors un esclave du Pont,
sive, ut alii tradidere,	ou, comme d'autres *l*'ont transmis,
libertinus ex Italia,	un affranchi d'Italie,
peritus citharæ et cantus,	habile-dans la lyre et le chant,
unde illi	d'où à lui
super similitudinem oris	outre la ressemblance du visage
fides pronior	un témoignage plus favorable
ad fallendum,	pour tromper, [*lui*,
desertoribus adjunctis,	des déserteurs ayant été adjoints *à*
quos vagos inopia	lesquels errants dans le besoin
corruperat	il avait séduits
ingentibus promissis,	par de grandes promesses,
ingreditur mare ;	entre-en (prend la) mer ; [pêtes
ac detrusus vi tempestatum	et poussé par la violence des tem-
insulam Cythnum	dans l'île *de* Cythnos
et adscivit	et il appela *à lui*
quosdam militum	certains d'entre les soldats
commeantium ex Oriente	partant-en-congé d'Orient
vel jussit abnuentes	ou il ordonna *ceux* qui refusaient
interfici	être tués [pouillés
et negotiatoribus spoliatis	et les négociants ayant été dé-
armavit	il arma
quemque mancipiorum	chacun des esclaves
valentissimum.	très robuste. [riés
Aggressusque est artibus variis	Et il attaqua par des moyens va-
centurionem Sisennam	le centurion Sisenna
ferentem ad prætorianos,	qui portait aux prétoriens,
nomine exercitus Suriaci,	au nom de l'armée syrienne,
dextras, insignia concordiæ,	des mains, marques de concorde,
donec Sisenna,	jusqu'à-ce-que Sisenna,
insula relicta clam,	l'île ayant été quittée en-cachette,
aufugeret trepidus	s'-enfuît éperdu
et metuens vim.	et craignant la violence.
Inde terror late ;	De-là la terreur au-loin ;
multi erecti	beaucoup *furent* éveillés
ad celebritatem nominis	à la célébrité du nom
cupidine rerum novarum	par le désir de choses nouvelles

et odio præsentium. Gliscentem in dies famam fors discussit.

IX. Galatiam ac Pamphyliam provincias Calpurnio Asprenati regendas Galba permiserat. Datæ e classe Misenensi duæ triremes ad prosequendum, cum quibus Cythnum insulam tenuit; nec defuere qui trierarchos nomine Neronis accirent. Is in mæstitiam compositus et fidem suorum quondam militum invocans, ut cum in Suria aut Ægypto sisterent, orabat. Trierarchi, nutantes sem dolo, alloquendos sibi milites et paratis omnium animis reversuros firmaverunt. Sed Asprenati cuncta ex fide nuntiata; cujus cohortatione expugnata navis et interfectus quisquis ille erat. Caput insigne oculis[1] comaque et torvitate vultus in Asiam atque inde Romam pervectum est.

X. In civitate discordi et ob crebras principum mutationes inter libertatem ac licentiam incerta parvæ quoque

nom si fameux. L'imposture s'accréditait chaque jour, quand le hasard en dissipa le prestige.

IX. Calpurnius Asprénas avait été nommé par Galba gouverneur de Galatie et de Pamphylie. Deux trirèmes, détachées de la flotte de Misène pour lui servir d'escorte, arrivèrent avec lui à Cythnos. On ne manqua pas d'appeler les triérarques auprès du prétendu Néron. Celui-ci, avec une douleur affectée, les conjure, par la foi anciennement jurée à leur empereur, de le conduire en Syrie ou en Égypte. Les triérarques, ébranlés ou feignant de l'être, promirent de parler aux soldats et de revenir après avoir disposé les esprits; mais ils rendirent un compte fidèle de tout à Asprénas. Sur l'exhortation de ce chef, le vaisseau fut forcé, et l'aventurier mis à mort sans qu'on s'informât de son nom. Son corps, où les yeux, la chevelure, la férocité du visage, étaient surtout remarquables, fut porté en Asie, puis à Rome.

X. Dans une ville en proie à la discorde, et où le changement réitéré de princes avait rendu la limite indécise entre la licence et

et odio præsentium.
Fors discussit famam
gliscentem in dies.
  IX. Galba permiserat
Calpurnio Asprenati
provincias
Galatiam ac Pamphyliam
regendas.
Duæ triremes
e classe Misenensi
datæ ad prosequendum,
cum quibus tenuit
insulam Cythnum ;
nec defuere
qui accirent trierarchos
nomine Neronis.
Is compositus in mæstitiam
et invocans fidem
militum quondam suorum,
orabat ut sisterent eum
in Suria aut Ægypto.
Trierarchi,
nutantes seu dolo
firmaverunt milites
alloquendos sibi
et reversuros
animis omnium paratis.
Sed cuncta nuntiata ex fide
Asprenati ;
cohortatione cujus
navis expugnata
et ille quisquis erat
interfectus.
Caput insigne
oculis comaque
et torvitate vultus
pervectum est in Asiam
atque inde Romam.
  X. In civitate discordi
et incerta inter
libertatem ac licentiam
ob mutationes crebras
principum
res quoque parvæ

et la haine des choses présentes.
Le hasard dissipa une renommée
grandissant *de jours* en jours.
  IX. Galba avait confié
à Calpurnius Asprénas
les provinces
de Galatie et *de* Pamphylie
devant être gouvernées.
Deux trirèmes
de la flotte de-Misène   [corter,
lui avaient été données pour *l'es-*
avec lesquelles il tint (aborda à)
l'île *de* Cythnos ;
et *des gens* ne manquèrent pas
qui appelaient les triérarques
au nom (de la part) de Néron.
Celui-ci arrangé en tristesse
et invoquant la fidélité
de soldats jadis siens,
priait qu'ils déposassent lui
en Syrie ou en Égypte.
Les triérarques,
chancelants ou-bien par ruse
assurèrent les soldats
devoir être harangués par eux
et *soi* devoir revenir   [parés.
les esprits de tous ayant été pré-
Mais tout *fut* annoncé fidèlement
à Asprénas ;
par l'exhortation duquel
le navire *fut* pris-de-force
et celui-là (le faux Néron) quel-
tué.   [qu'il-fût
La tête remarquable
par les yeux et la chevelure
et par la férocité du visage
fut portée en Asie
et de-là à Rome.
  X. Dans une ville divisée
et incertaine entre
la liberté et la licence
à-cause-des changements fréquents
de princes
des choses même petites

res magnis motibus agebantur. Vibius Crispus, pecunia, potentia, ingenio inter claros magis quam inter bonos, Annium Faustum, equestris ordinis, qui temporibus Neronis delationem factitaverat, ad cognitionem senatus vocabat : nam recenti Galbæ principatu censuerant patres, ut accusatorum causæ noscerentur. Id senatus consultum varie jactatum et, prout potens vel inops reus inciderat, infirmum aut validum, retinebatur adhuc terrori[1]. Sed propria vi Cripsus incubuerat delatorem fratris sui pervertere, traxeratque magnam senatus partem ut indefensum et inauditum dedi ad exitium postularent. Contra apud alios nihil æque reo proderat quam nimia potentia accusatoris : dari tempus, edi crimina, quamvis invisum ac nocentem more tamen audiendum censebant. Et valuere primo, dila-

la liberté, les moindres affaires excitaient de grandes agitations. Vibius Crispus, auquel sa fortune, son crédit, ses talents avaient acquis plus de renommée que d'estime, appelait Annius Faustus, chevalier romain, qui sous Néron faisait le métier de délateur, à se justifier devant le sénat. Car, par un décret rendu sous le règne de Galba, cet ordre avait autorisé les poursuites contre les accusateurs. Ce sénatus-consulte, respecté ou méconnu selon que l'accusé était faible ou puissant, était maintenu pour intimider les délateurs. Crispus ajoutait tout le poids de son crédit, pour accabler le délateur de son frère. Entraînée par lui, une grande partie du sénat demandait que, sans être défendu ni entendu, Faustus fût livré à la mort. Auprès de quelques autres, rien au contraire ne servait mieux l'accusé que le pouvoir excessif de l'accusateur. Ils pensaient qu'il fallait « lui donner du temps, produire les griefs, et, tout odieux et coupable qu'il était, l'entendre cependant par respect pour l'usage ». Ils l'emportèrent d'abord, et le juge-

agebantur	étaient menées
magnis motibus.	avec de grands mouvements.
Vibius Crispus,	Vibius Crispus,
magis inter claros	plutôt entre les illustres [esprit,
pecunia, potentia, ingenio,	par *son* argent, *sa* puissance, *son*
quam inter bonos,	qu'entre les bons
vocabat	appelait
ad cognitionem senatus	à l'enquête du sénat
Annium Faustum,	Annius Faustus,
ordinis equestris,	de l'ordre équestre,
qui temporibus Neronis	qui aux temps de Néron
factitaverat delationem :	avait pratiqué la délation :
nam principatu recenti	car sous le consulat récent
Galbæ	de Galba
patres censuerant	les sénateurs avaient décrété
ut causæ accusatorum	que les causes des accusateurs
noscerentur.	fussent connues (instruites).
Id senatus consultum	Ce sénatus-consulte
jactatum varie,	ballotté en-différents-sens,
et infirmum aut validum,	et faible ou puissant, [tré
prout reus inciderat	selon-qu'un accusé s'-était rencon-
potens vel inops,	puissant ou dénué-de-ressources,
retinebatur adhuc	était conservé encore
terrori.	pour la crainte (pour intimider)
Sed Crispus incubuerat	Mais Crispus s'-était appliqué
vi propria	avec une force particulière
pervertere delatorem	à renverser le délateur
sui fratris,	de *son* frère,
traxeratque	et il avait entraîné
magnam partem senatus	une grande partie du sénat
ut postularent	afin-qu'ils demandassent
indefensum et inauditum	*lui* non-défendu et non-entendu
dedi ad exitium.	être livré à la mort.
Contra apud alios	Au-contraire auprès d'autres
nihil proderat reo	rien ne servait à l'accusé
æque quam	également que (autant que) [teur :
potentia nimia accusatoris :	la puissance excessive de l'accusa-
censebant tempus dari,	ils étaient-d'avis du temps être
crimina edi,	les griefs être produits, [donné
quamvis invisum	et *l'accusé* quoique odieux
ac nocentem	et coupable
audiendum tamen	devoir être entendu cependant
more.	selon la tradition.
Et valuere primo,	D'ailleurs ils prévalurent d'abord,

taque in paucos dies cognitio ; mox damnatus est Faustus, nequaquam eo assensu civitatis, quem pessimis moribus meruerat : quippe ipsum Crispum easdem accusationes cum præmio exercuisse meminerant, nec pœna criminis, sed ultor displicebat.

XI. Læta interim Othoni principia belli, motis ad imperium ejus e Delmatia Pannoniaque exercitibus. Fuere quattuor legiones, e quibus bina[1] millia præmissa ; ipsæ modicis intervallis sequebantur, septima a Galba conscripta, veteranæ[2] undecima ac tertiadecima et præcipui fama quartadecimani rebellione Britanniæ compressa. Addiderat gloriam Nero eligendo[3] ut potissimos, unde longa illis erga Neronem fides et erecta in Othonem studia. Sed quo plus virium ac roboris, e fiducia tarditas inerat. Agmen legionum alæ cohortesque præveniebant. Et ex

ment fut remis à quelques jours plus tard. Faustus fut condamné, mais non avec cet assentiment de l'opinion publique que méritaient ses crimes. On se souvenait que Crispus avait comme lui fait trafic d'accusation, et, sans blâmer la vengeance, on haïssait le vengeur.

XI. Cependant la guerre eut pour Othon de favorables débuts, et les armées de Dalmatie et de Pannonie s'ébranlèrent à son commandement. Les légions étaient au nombre de quatre, sur lesquelles deux mille hommes de chaque légion partirent en avant : elles-mêmes suivaient à de médiocres intervalles. C'étaient la septième, levée par Galba, et trois vieux corps, la onzième, la treizième et la quatorzième, celle-ci fameuse entre les autres pour avoir réprimé le soulèvement de la Bretagne. Néron avait encore rehaussé la gloire de cette légion en l'appelant de préférence à son secours. De là vient qu'elle lui resta longtemps fidèle et embrassa avec chaleur le parti d'Othon. Mais si l'armée était forte et aguerrie, sa confiance en elle-même rendait sa marche plus lente ; le gros de chaque légion était précédé de ses cohortes auxiliaires et de sa cavalerie. Les forces parties

cognitioque dilata
in paucos dies;
mox Fabius damnatus est,
nequaquam eo assensu
civitatis
quem meruerat
moribus pessimis :
quippe meminerant
Crispum ipsum exercuisse
easdem accusationes
cum præmio,
nec pœna criminis,
sed ultor displicebat.
   XI. Interim
principia belli
læta Othoni,
exercitibus
e Delmatia Pannoniaque
motis ad imperium ejus.
Fuere quattuor legiones
e quibus bina millia
præmissa ;
ipsæ sequebantur
modicis intervallis
septima conscripta a Galba,
veteranæ
undecima ac tertiadecima
et quartadecimani
præcipui fama
rebellione Britanniæ
compressa.
Nero addiderat gloriam
eligendo
ut potissimos,
unde longa fides illis
erga Neronem
et studia erecta
in Othonem.
Sed tarditas inerat
e fiducia,
quo plus virium
ac roboris.
Alæ cohortesque
præveniebant agmen legionum.

et l'instruction *fut* différée
à peu de jours ;
puis Fabius fut condamné,
nullement avec cet assentiment
de la ville
qu'il avait mérité
par ses mœurs très-mauvaises :
car on se-souvenait
Crispus lui-même avoir exercé
les mêmes accusations
avec récompense,
et-non le châtiment du crime,
mais le vengeur déplaisait.
   XI. Cependant
les commencements de la guerre
furent heureux pour Othon,
les armées
de la Dalmatie et de la Pannonie
s'étant soulevées à l'ordre de lui.
Il *y* eut (avait) quatre légions
de chacune desquelles deux mille
furent envoyés-en-avant ; [*hommes*
elles-mêmes suivaient
à de médiocres distances,
la septième levée par Galba,
les anciennes
onzième et treizième
et les soldats-de-la-quatorzième
supérieurs par la renommée
la révolte de la Bretagne
ayant été comprimée.
Néron *leur* avait ajouté de la gloire
en *les* choisissant
comme préférables,
d'-où une longue fidélité à eux
à-l'-égard-de Néron
et *leurs* inclinations excitées
pour Othon.
Mais la lenteur était-en *eux*
résultant de la confiance,
par cela que plus de forces
et de vigueur *était en eux*.
Des escadrons et des cohortes
précédaient la marche des légions.

ipsa urbe haud spernenda manus quinque prætoriæ cohortes et equitum vexilla cum legione prima, ac deforme insuper auxilium, duo millia gladiatorum, sed per civilia arma etiam severis ducibus usurpatum. His copiis rector additus Annius Gallus, cum Vestricio Spurinna ad occupandas Padi ripas præmissus, quoniam prima consiliorum frustra ceciderant, transgresso jam Alpes Cæcina, quem sisti intra Gallias posse speraverat. Ipsum Othonem comitabantur speculatorum lecta corpora cum ceteris prætoriis cohortibus, veterani e prætorio, classicorum ingens numerus. Nec illi segne aut corruptum luxu iter, sed lorica ferrea usus et ante signa pedes ire, horridus, incomptus famæque dissimilis.

XII. Blandiebatur cœptis fortuna, possessa per mare et

de Rome n'étaient pas non plus à mépriser. Elles se composaient de cinq cohortes prétoriennes, des vexillaires de la cavalerie avec la première légion, enfin de deux mille gladiateurs; secours humiliant, mais que, dans les guerres civiles, des chefs sévères sur l'honneur n'avaient pas dédaigné. Ces troupes furent mises sous les ordres d'Annius Gallus et de Vestricius Spurinna, et envoyées en avant pour occuper les rives du Pô; car les premiers plans étaient déconcertés par l'arrivée en deçà des Alpes de Cécina, qu'on avait cru pouvoir arrêter dans les Gaules. Othon partit ensuite, accompagné de l'élite des spéculateurs, avec le reste des cohortes prétoriennes, les vétérans du prétoire, et un très grand nombre de soldats de marine. Et sa marche ne fut point celle d'un nonchalant ni d'un voluptueux : vêtu d'une cuirasse de fer, à pied devant les enseignes, son extérieur poudreux et négligé faisait mentir sa renommée.

XII. La fortune souriait à ses entreprises, et sa flotte, après avoir pris possession de la plus grande partie de l'Italie, avait

Et ex urbe ipsa	D'ailleurs de la ville même
manus haud spernenda,	une troupe non méprisable,
quinque cohortes prætoriæ	cinq cohortes prétoriennes
et vexilla	et des étendards (des détachements)
equitum	de cavaliers
cum prima legione,	avec la première légion,
ac insuper	et en-outre
duo millia gladiatorum,	deux milliers de gladiateurs,
auxilium deforme,	secours hideux,
sed usurpatum	mais employé [viles
per arma civilia	pendant les armes (les guerres) ci-
etiam ducibus severis.	même par des chefs sévères.
Annius Gallus	Annius Gallius
additus rector	fut donné comme directeur
his copiis,	à ces troupes,
præmissus	envoyé-en-avant
cum Vestricio Spurinna	avec Vestricius Spurinna
ad ripas Padi	pour les rives du Pô
occupandas,	devant être occupées, [tions
quoniam prima consiliorum	puisque les premières des résolu-
ceciderant frustra,	étaient tombées en-vain,
Cæcina, quem speraverat	Cécina, qu'*Othon* avait espéré
posse sisti	pouvoir être arrêté
intra Gallias,	dans-l'-intérieur des Gaules,
transgresso jam Alpes.	ayant passé déjà les Alpes.
Corpora lecta	Des corps (des hommes) choisis
speculatorum	de spéculateurs
cum ceteris cohortibus	avec les autres cohortes
prætoriis,	prétoriennes,
veterani e prætorio,	les vétérans du prétoire,
numerus ingens	un nombre considérable
classicorum	de soldats-de-marine
comitabantur Othonem ipsum.	accompagnaient Othon lui-même.
Nec iter illi	Ni la marche ne fut à lui
segne aut corruptum luxu;	lente ou gâtée par la débauche;
sed usus lorica ferrea	mais ayant usé d'une cuirasse de-fer
et ire pedes	et marcher piéton (à pied)
ante signa,	devant les étendards,
horridus, incomptus,	négligé, non-arrangé
dissimilisque famæ.	et différent de *sa* renommée
XII. Fortuna	XII. La fortune
blandiebatur cœptis,	favorisait les commencements,
majore parte Italiæ	la plus grande partie de l'Italie
possessa	ayant été possédée

naves majore Italiæ parte penitus usque ad initium maritimarum Alpium, quibus tentandis aggrediendæque provinciæ Narbonensi Suedium Clementem, Antonium Novellum, Æmilium Pacensem duces dederat. Sed Pacensis per licentiam militum vinctus; Antonio Novello nulla auctoritas; Suedius Clemens ambitioso imperio regebat, ut adversus modestiam disciplinæ corruptus, ita prœliorum avidus. Non Italia adiri nec loca sedesque patriæ videbantur : tanquam externa litora et urbes hostium urere, vastare, rapere, eo atrocius quod nihil usquam provisum adversum metus. Pleni agri, apertæ domus, occursantes domini juxta conjuges et liberos securitate pacis et belli malo circumveniebantur. Maritimas tum Alpes tenebat procurator Marius Maturus. Is concita gente (nec deest

pénétré jusqu'aux Alpes maritimes. Suédius Clémens, Antonius Novellus, Émilius Pacensis, étaient chargés de reconnaître ce pays et d'attaquer la Gaule narbonnaise. Mais Pacensis avait été mis aux fers par les soldats mutinés; Novellus était sans pouvoir; Clémens pliait pour commander, énervant la discipline, et pourtant avide de combats. Ce n'était pas en Italie, au sein de la terre natale, qu'ils semblaient aborder; on eût dit qu'ils attaquaient des rivages étrangers et des villes ennemies, brûlant, ravageant, pillant, avec un succès d'autant plus affreux que nulle part on n'était en garde contre le péril. Les campagnes étaient pleines de richesses, les maisons ouvertes; les propriétaires, suivis de leurs femmes et de leurs enfants, accouraient au devant des troupes avec la sécurité de la paix, et les horreurs de la guerre les enveloppaient tout à coup. Le procurateur Marius Maturus gouvernait alors la province des Alpes maritimes. Il appelle aux armes la

per mare et naves	au-moyen-de la mer et des navires
penitus	à-l'-intérieur
usque ad initium	jusqu'au commencement
Alpium maritimarum,	des Alpes maritimes,
quibus tentandis	pour lesquelles devant être tâtées
provinciæque Narbonensi	et pour la province narbonnaise
aggrediendæ	devant être attaquée
dederat duces	il avait donné *comme* chefs
Suedium Clementem,	Suédius Clémens,
Antonium Novellum,	Antonius Novellus,
Æmilium Pacensem.	Émilius Pacensis.
Sed Pacensis vinctus	Mais Pacensis *fut* enchaîné
per licentiam	par-suite-de l'indiscipline
militum;	des soldats;
nulla auctoritas	nulle autorité *n'était*
Antonio Novello;	à Antonius Novellus;
Suedius Clemens regebat	Suédius Clémens gouvernait
imperio	avec un commandement
ambitioso,	qui-cherchait-à-plaire,
ut corruptus	de-même-que corrompu [pline,
adversus modestiam disciplinæ,	à-l'égard-de la retenue de la disci-
ita avidus prœliorum.	de-même avide de combats.
Non Italia	Non l'Italie [patrie
nec loca sedesque patriæ	ni les lieux et les demeures de la
videbantur adiri:	*ne* paraissaient être abordés:
urere	*mais* brûler
tanquam litora externa	comme des rivages étrangers
et urbes hostium,	et des villes d'ennemis,
vastare, rapere,	dévaster, piller,
eo atrocius quod nihil	d'autant plus affreusement que rien
provisum usquam	*n'avait été* prévu en-aucun-lieu
adversum metus.	contre les alarmes.
Agri pleni,	Les champs pleins *de monde*,
domus apertæ,	les maisons ouvertes, [contre
domini occursantes	les propriétaires venant à-la-ren-
juxta conjuges	auprès de *leurs* femmes
et liberos	et de *leurs* enfants
securitate pacis	dans la sécurité de la paix
et circumveniebantur	et ils étaient enveloppés
malo belli.	par le mal de la guerre.
Procurator Marius Maturus	Le procurateur Marius Maturus
tenebat tum	occupait alors
Alpes maritimas.	les Alpes maritimes.
Is gente concita	Celui-ci la nation étant soulevée

juventus) arcere provinciæ finibus Othonianos intendit, sed primo impetu cæsi disjectique montani, ut quibus temere collectis, non castra, non ducem noscitantibus, neque in victoria decus esset neque in fuga flagitium.

XIII. Irritatus eo prœlio Othonis miles vertit iras in municipium Albintimilium [1]. Quippe in acie nihil prædæ, inopes agrestes et vilia arma, nec capi poterant, pernix genus et gnari locorum, sed calamitatibus insontium expleta avaritia. Auxit invidiam præclaro exemplo femina Ligus, quæ, filio abdito, cum simul pecuniam occultari milites credidissent, eoque per cruciatus interrogarent ubi filium occuleret, uterum ostendens latere respondit, nec ullis deinde terroribus aut morte constantiam vocis egregiæ mutavit.

nation, dont la jeunesse ne laissait pas d'être nombreuse, et se met en devoir de chasser les Othoniens de sa frontière. Mais au premier choc les montagnards furent battus et dispersés, comme devaient l'être des hommes rassemblés au hasard, qui ne connaissaient ni campement ni chef, qui n'attachaient ni honneur à la victoire ni honte à la fuite.

XIII. Irritée par ce combat, la fureur des Othoniens se tourna contre le municipe d'Albintimilium. La victoire avait été sans dépouilles, avec des paysans pauvres et grossièrement armés; des prisonniers, on n'en pouvait faire parmi des hommes si agiles et si au fait du pays : la cupidité se satisfit par le désastre d'une ville innocente. Le beau trait d'une Ligurienne accrut encore l'odieux de cette vengeance. Cette femme dérobait son fils aux recherches, et les soldats, s'imaginant qu'avec lui elle recélait de l'argent, la torturèrent pour qu'elle déclarât où elle cachait son enfant. « Là », répondit-elle en montrant son ventre : parole courageuse que ni la terreur ni la mort ne purent jamais lui faire démentir.

(nec juventus deest)	(et la jeunesse ne manque pas)
intendit	s'-efforce
arcere Othonianos	de repousser les Othoniens
finibus provinciæ,	des frontières de la province,
sed primo impetu	mais au premier choc [pièces
montani cæsi	les montagnards *furent* taillés-en-
disjectique,	et dispersés,
ut quibus	comme *gens* auxquels
collectis temere	rassemblés au hasard
noscitantibus non castra,	*ne* connaissant ni camp,
non ducem,	ni chef,
neque decus esset	ni honneur *ne* serait
in victoria	dans la victoire,
neque flagitium in fuga.	ni déshonneur dans la fuite.
XIII. Miles Othonis	XIII. Le soldat d'Othon
irritatus eo prœlio	irrité de ce combat
vertit iras in	tourna sa colère sur
municipium Albintimilium.	le municipe *d*'Albintimilium.
Quippe nihil prædæ	Car rien de (aucun) butin
in acie,	sur le champ-de-bataille,
agrestes inopes	les paysans *étaient* pauvres
et arma vilia,	et *leurs* armes de-nulle-valeur,
nec poterant capi,	et ils ne pouvaient être pris,
genus pernix	*étant* une race agile
et gnari locorum,	et connaissant les lieux,
sed avaritia expleta	mais la cupidité *fut* assouvie
calamitatibus insontium	par les désastres des innocents.
Femina Ligus	Une femme ligurienne
auxit	augmenta
invidiam	l'odieux *de cette conduite*
præclaro exemplo,	par un bel exemple,
quæ, filio abdito,	laquelle, *son* fils ayant été caché,
cum milites credidissent	comme les soldats avaient cru
pecuniam occultari	de l'argent être caché
simul,	en-même-temps,
eoque interrogarent	et *que* par-suite ils *l*'interrogeaient
per cruciatus	au-moyen de tortures
ubi occuleret filium,	où elle cachait *son* fils,
ostendens uterum,	montrant *son* ventre,
respondit latere,	répondit *lui y* être-caché,
nec deinde mutavit	ni ensuite ne changea
constantiam egregiæ vocis	la fermeté de *cette* belle parole
ullis terroribus	par aucunes terreurs (aucunes me-
aut morte.	ou par la mort. [naces]

XIV. Imminere provinciæ Narbonensi in verba Vitellii adactæ classem Othonis trepidi nuntii Fabio Valenti attulere : aderant legati coloniarum [1] auxilium orantes. Duas Tungrorum cohortes, quattuor equitum turmas, universam Treverorum alam cum Julio Classico præfecto misit, e quibus pars in colonia Forojuliensi retenta, ne omnibus copiis in terrestre iter versis vacuo mari classis accelararet. Duodecim equitum turmæ et lecti e cohortibus adversus hostem iere, quibus adjuncta Ligurum cohors [2], vetus loci auxilium, et quingenti Pannonii nondum sub signis. Nec mora prœlio, et acie ita instructa, ut pars classicorum mixtis paganis in colles mari propinquos exsurgeret, quantum inter colles ac litus æqui loci prætorianus miles expleret, in ipso mari ut annexa classis et pugnæ parata con-

XIV. Des courriers arrivés en toute hâte annoncèrent à Valens que la flotte d'Othon menaçait la province de Narbonne, qui avait reconnu Vitellius. En même temps des députés des colonies imploraient du secours. Il leur envoya le préfet Julius Classicus avec deux cohortes de Tongres, quatre compagnies à cheval du même pays, et toute l'aile des Trévires. Une partie de ces forces restèrent à Fréjus, de peur que, si toutes les troupes prenaient le chemin de terre, la flotte, voyant que la mer n'était pas gardée, ne tombât sur cette colonie. Douze compagnies de cavalerie et l'élite des cohortes allèrent chercher l'ennemi. On y ajouta une cohorte de Liguriens, depuis longtemps cantonnée dans le pays, et cinq cents Pannoniens qui n'étaient pas encore sous les drapeaux. Le combat ne tarda pas à se livrer, et voici quelle en fut l'ordonnance. Les soldats de marine, entremêlés d'habitants du pays, s'élevaient par échelons sur les collines qui bordent la mer; les prétoriens garnissaien tout l'espace qui s'étend du rivage au pied de ces collines; enfin, de la mer, où elle était rangée en bataille, la flotte semblait faire corps avec l'armée et présentait le long de

XIV. Nuntii trepidi
attulere
Fabio Valenti
classem Othonis
imminere
provinciæ Narbonensi
adactæ
in verba Vitellii :
legati coloniarum aderant
orantes auxilium.
Misit
duas cohortes Tungrorum,
quattuor turmas equitum,
alam universam Treverorum
cùm præfecto Julio Classico,
e quibus pars retenta
in colonia Forojuliensi,
ne omnibus copiis
versis in iter terrestre
mari vacuo
classis acceleraret.
Duodecim turmæ equitum
et lecti
e cohortibus
iere adversus hostem,
quibus adjuncta
cohors Ligurum,
auxilium vetus loci,
et quingenti Pannonii
nondum
sub signis.
Nec mora prœlio,
et acie instructa ita,
ut pars
classicorum
paganis mixtis
exsurgeret in colles
propinquos mari,
miles prætorianus expleret
quantum loci æqui
inter colles ac litus,
ut in mari ipso
classis annexa
et parata pugnæ

XIV. Des messagers empressés
apportèrent (annoncèrent)
à Fabius Valens
la flotte d'Othon
menacer
la province narbonnaise
qui avait été contrainte [Vitellius :
aux paroles (au serment) de (à)
les députés des colonies étaient-là
demandant secours.
Il envoya
deux cohortes de Tongres,
quatre escadrons de cavaliers,
l'aile entière des Trévires
avec le préfet Julius Classicus,
desquelles une partie *fut* retenue
dans la colonie de Fréjus,
de-peur-que toutes les troupes
étant tournées vers le chemin de-
la mer *étant* libre   [terre
la flotte n'arrivât-vite.
Douze escadrons de cavaliers
et des *hommes* choisis
parmi les cohortes
marchèrent contre l'ennemi,
auxquels *fut* ajoutée
une cohorte de Liguriens,
secours vieilli dans le pays
et cinq-cents Pannoniens
qui n'étaient pas-encore
sous les drapeaux.
Ni délai ne *fut* au combat,
et la bataille ayant été rangée ainsi,
qu'une partie
des soldats-de-marine
des gens-du-pays y étant mêlés
s'-élevait sur les collines
proches de la mer,
que le soldat prétorien remplissait
autant-que de terrain uni
est entre les collines et le rivage,
que sur la mer même
la flotte faisant-suite *à l'armée*
et prête au combat

versa et minaci fronte prætenderetur : Vitelliani, quibus minor peditum vis, in equite robur, Alpinos proximis jugis, cohortes densis ordinibus post equitem locant. Trevirorum turmæ obtulere se hosti incaute, cum exciperet contra veteranus miles, simul a latere saxis urgeret apta ad jaciendum etiam paganorum manus, qui sparsi inter milites, strenui ignavique, in victoria idem audebant. Additus percussis terror invecta in terga pugnantium classe. Ita undique clausi, deletæque omnes copiæ forent ni victorem exercitum attinuisset obscurum noctis, obtentui fugientibus.

XV. Nec Vitelliani quanquam victi quievere : accitis auxiliis securum hostem ac successu rerum socordius

la plage un front menaçant. Les Vitelliens, inférieurs en infanterie, et dont la cavalerie faisait la principale force, placèrent les Liguriens sur les hauteurs voisines, et rangèrent les cohortes en ordre serré derrière les troupes à cheval. Les cavaliers de Trèves s'offrirent à l'ennemi sans précaution, et furent reçus en face par les vieux prétoriens, tandis que sur leur flanc tombait une grêle de pierres lancées par les gens du pays, aussi bons que des soldats pour ce genre de combat, et qui, mêlés aux troupes régulières et animés par la victoire, montraient, braves ou lâches, une égale résolution. Les Vitelliens chancelaient : la flotte mit la terreur à son comble en se portant sur leurs derrières. Enfermée de toute part, l'armée entière eût péri, si l'obscurité de la nuit n'avait arrêté la poursuite des vainqueurs et couvert la fuite des vaincus.

XV. Les Vitelliens, quoique battus, ne restèrent pas en repos : ils appellent des secours et fondent sur l'ennemi que le succès

prætenderetur	était rangée-devant *le rivage*
fronte conversa	avec un front tourné *vers la terre*
et minaci :	et menaçant :
Vitelliani,	les Vitelliens,
quibus minor vis	auxquels *était* une moindre force
peditum,	de fantassins,
robur	*auxquels* la puissance
in equite,	*était* dans le cavalier,
locant Alpinos	placent les Alpins
jugis proximis,	sur les hauteurs les plus proches,
cohortes ordinibus densis	*et* les cohortes en rangs serrés
post equitem.	derrière le cavalier.
Turmæ Trevirorum	Les escadrons des Trévires
se obtulere hosti	s'offrirent à l'ennemi
incaute,	sans-précaution,
cum miles veteranus	tandis-que le soldat vétéran
exciperet contra,	*les* recevait en-face,
simul a latere	qu'en-même-temps de côté
manus paganorum	la troupe des gens-du-pays [tiles
apta etiam ad jaciendum	propre aussi à lancer *des projec-*
urgeret saxis,	*les* pressait par des pierres,
qui sparsi	lesquels *gens du pays* répandus
inter milites,	au-milieu des soldats,
strenui ignavique,	braves et (ou) lâches,
audebant idem	osaient la même chose (autant)
in victoria.	dans la victoire. [ébranlés
Terror additus percussis	Une peur *fut* ajoutée aux *soldats*
classe invecta	la flotte s'étant portée
in terga pugnantium.	sur les derrières des combattants.
Ita clausi	Ainsi *ils furent* enfermés
undique,	de-toute-part,
omnesque copiæ	et toutes les troupes
forent deletæ,	auraient été détruites, [rêté
ni obscurum noctis attinuisset	si l'obscurité de la nuit n'avait ar-
exercitum victorem,	l'armée victorieuse,
obtentui fugientibus.	*étant* à couverture aux fuyants.
XV. Nec Vitelliani	XV. Ni les Vitelliens
quanquam victi	quoique vaincus
quievere :	*ne* restèrent-en-repos :
auxiliis accitis	des secours ayant été mandés
invadunt hostem	ils attaquent l'ennemi
securum	dans-la-sécurité
ac agentem socordius	et vivant avec-plus-de-mollesse
successu rerum.	par-suite du succès des choses.

agentem invadunt. Cæsi vigiles, perrupta castra, trepidatum apud naves, donec sidente paulatim metu, occupato juxta colle defensi, mox irrupere. Atrox ibi cædes, et Tungrarum cohortium præfecti, sustentata diu acie, telis obruuntur. Ne Othonianis quidem incruenta victoria fuit, quorum improvide secutos conversi equites circumvenerunt. Ac velut pactis indutiis, ne hinc classis, inde eques subitam formidinem inferrent, Vitelliani retro Antipolim, Narbonensis Galliæ municipium, Othoniani Albigaunum interioris Liguriæ revertere.

XVI. Corsicam ac Sardiniam ceterasque proximi maris insulas fama victricis classis in partibus Othonis tenuit. Sed Corsicam prope afflixit Decimi Pacarii procuratoris temeritas, tanta mole belli nihil in summam profutura, ipsi

rendait imprévoyant. Les sentinelles furent égorgées, le camp forcé, l'alarme jetée sur la flotte ; enfin, la frayeur se calmant peu à peu, l'armée surprise occupa une hauteur voisine, d'où elle s'élança bientôt sur les agresseurs. Le carnage fut horrible. Les préfets des cohortes de Tongres, après avoir longtemps soutenu leurs troupes ébranlées, périrent accablés de traits, et ce ne fut pas pour les Othoniens une victoire non sanglante. Quelques-uns poursuivaient sans précaution : la cavalerie tourna bride et les enveloppa. Ensuite, comme si l'on eût fait une trêve pour se délivrer des alarmes soudaines que se donnaient l'une à l'autre la flotte et la cavalerie, les Vitelliens se replièrent sur Antibes, municipe de la Gaule narbonnaise, les Othoniens sur Albigaunum, bien avant dans la Ligurie.

XVI. La renommée de la flotte victorieuse retint dans le parti d'Othon la Corse, la Sardaigne et les autres îles de cette mer. Toutefois le procurateur Décimus Pacarius pensa bouleverser la Corse par une témérité qui, sans pouvoir jamais influer sur le succès d'une si grande guerre, aboutit à le perdre. Ennemi d'Othon,

Vigiles cæsi,	Les sentinelles *furent* massacrées,
castra perrupta,	le camp forcé,
trepidatum apud naves,	du-trouble-fut auprès des vaisseaux,
donec metu sidente paulatim,	jusqu'à-ce-que la crainte s'-apaisant peu-à-peu,
defensi colle occupato juxta,	ayant été protégés [cupée auprès, par une colline qu'ils avaient oc-
mox irrupere.	ensuite ils s'-élancèrent.
Ibi cædes atrox,	Alors le carnage *fut* horrible,
et præfecti	et les préfets
cohortium Tungrarum	des cohortes Tongres
obruuntur telis,	sont accablés de traits, [temps.
acie sustentata diu.	la bataille ayant été soutenue long-
Ne Othonianis quidem	Pas même pour les Othoniens
victoria fuit incruenta,	la victoire *ne* fut non-sanglante,
quorum	desquels *Othoniens*
equites conversi,	les cavaliers ayant fait-conversion
circumvenerunt	enveloppèrent [précaution.
secutos improvide.	*ceux* qui avaient poursuivi sans-
Ac velut indutiis pactis,	Et comme une trêve ayant été conclue,
ne hinc classis,	de-peur-que d'un-côté la flotte,
inde eques	de-l'autre-côté le cavalier
inferrent formidinem subitam,	*ne* portassent une terreur subite;
Vitelliani revertere retro	les Vitelliens revinrent en-arrière
Antipolim,	à Antibes,
municipium	municipe
Galliæ Narbonensis,	de la Gaule narbonnaise,
Othoniani Albigaunum	les Othoniens à Albigaunum,
Liguriæ interioris.	de la Ligurie intérieure.
XVI. Fama	XVI. La renommée
classis victricis	de la flotte victorieuse
tenuit in partibus Othonis	retint dans le parti d'Othon
Corsicam ac Sardiniam	la Corse et la Sardaigne
ceterasque insulas	et toutes-les-autres îles
maris proximi.	de la mer voisine.
Sed temeritas	Mais la témérité
procuratoris Decimi Pacarii	du procurateur Décimus Pacarius
profutura nihil	*témérité ne* devant servir en rien
in summam	au résultat-final
tanta mole	*dans* une si-grande masse
belli,	de guerre,
exitiosa ipsi,	funeste à lui-même,
afflixit prope Corsicam.	abattit (ruina) presque la Corse.

exitiosa. Namque Othonis odio juvare Vitellium Corsorum viribus statuit, inani auxilio, etiam si provenisset. Vocatis principibus insulæ consilium aperit, et contra dicere ausos, Claudium Pyrrhicum trierarchum Liburnicarum ibi navium [1], Quintium Certum equitem Romanum, interfici jubet : quorum morte exterriti qui aderant, simul ignara et alieni metus socia imperitorum turba in verba Vitellii juravere. Sed ubi dilectum agere Pacarius et inconditos homines fatigare militiæ muneribus occepit, laborem insolitum perosi infirmitatem suam reputabant : insulam esse quam incolerent, et longe Germaniam viresque legionum; direptos vastatosque classe etiam quos cohortes alæque protegerent. Et aversi repente animi, nec tamen aperta vi : aptum tempus insidiis legere. Digressis qui Pacarium

il voulut aider Vitellius des forces de son gouvernement; vaine assistance, quand même elle aurait été effective. Il convoqua les principaux de l'île et leur exposa son dessein. Claudius Pyrrichus, qui commandait la station des galères, et Quintius Certus, chevalier romain, ayant osé le combattre, il les fit tuer. Épouvantée de leur mort, l'assemblée prêta serment à Vitellius et fut suivie de la foule ignorante, qui cédait en aveugle à une peur étrangère. Mais, quand Pacarius eut commencé à faire des levées et à soumettre ces hommes presque sauvages aux pénibles exercices du soldat, alors, maudissant une fatigue inaccoutumée, ils songèrent à leur faiblesse : « C'était une île qu'ils habitaient ; la Germanie était loin d'eux, avec la masse des légions; et la flotte n'avait-elle pas pillé, ravagé les pays mêmes que protégeaient les escadrons et les cohortes ? » Ces réflexions aliénèrent tout à coup les esprits. Cependant on n'eut pas recours à la force ouverte. On épia le moment d'une surprise, et, à l'heure où tout le monde était retiré de

Namque odio Othonis	Car par haine d'Othon
statuit juvare Vitellium	il résolut d'aider Vitellius
viribus Corsorum,	avec les forces des Corses,
auxilio inani,	secours faible,
etiam si provenisset.	même si *la chose* eût réussi.
Aperit consilium	Il découvre *son* projet [convoqués,
principibus insulæ vocatis,	aux principaux de l'île ayant été
et jubet	et il ordonne
Claudium Pyrrhicum	Claudius Pyrrhicus
trierarchum ibi	triérarque là
navium Liburnicarum,	des navires liburnes,
Quintium Certum,	Quintius Certus,
equitem Romanum,	chevalier romain,
ausos dicere contra,	ayant osé parler contre,
interfici :	être mis-à-mort :
morte quorum	par la mort desquels
qui aderant	*ceux* qui étaient-présents
exterriti,	ayant été effrayés, [biles
simul turba imperitorum	en-même-temps la foule des inha-
ignara	ignorante
et socia metus alieni	et associée à une peur étrangère
juravere in verba Vitellii.	jurèrent sur les paroles de Vitellius.
Sed ubi Pacarius occepit	Mais quand Pacarius eut commencé
agere dilectum	à faire une levée
et fatigare muneribus militiæ	et à fatiguer des devoirs de la milice
homines inconditos,	*ces* hommes indisciplinés,
perosi	ayant maudit
laborem insolitum,	une fatigue inaccoutumée,
reputabant suam infirmitatem :	ils songeaient à leur faiblesse :
esse insulam.	être (c'était) une île
quam incolerent,	qu'ils habitaient,
et Germaniam	et la Germanie
viresque legionum	et les forces des légions
longe ;	*être* loin ;
etiam quos	même *ceux* que [tégeaient
cohortes alæque protegerent	des cohortes et des escadrons pro-
direptos vastatosque	*avoir été* pillés et dévastés
classe.	par la flotte. [à-coup,
Et animi aversi repente,	Et les esprits *furent* aliénés-tout-
nec tamen	ni cependant *ils n'agirent*
vi aperta :	par force ouverte :
legere tempus	ils choisirent un moment
aptum insidiis.	propre à une embuscade.
Qui frequentabant Pacarium	*Ceux* qui fréquentaient Pacarius

frequentabant, nudus et auxilii inops balineis interficitur; trucidati et comites. Capita ut hostium ipsi interfectores ad Othonem tulere, neque eos aut Otho præmio affecit aut puniit Vitellius, in multa colluvie rerum majoribus flagitiis permixtos.

XVII. Aperuerat jam Italiam bellum, quod transmiserat[1], ut supra memoravimus, ala Siliana, nullo apud quemquam Othonis favore, nec quia Vitellium mallent, sed longa pax ad omne servitium fregerat faciles occupantibus et melioribus incuriosos. Florentissimum Italiæ latus quantum inter Padum Alpesque camporum et urbium, armis Vitellii (namque et præmissæ a Cæcina cohortes advenerant) tenebatur. Capta Pannoniorum cohors apud Cremonam, intercepti centum equites ac mille classici inter Placentiam Ticinumque. Quo successu Vitellianus miles non jam flumine aut ripis arcebatur; irritabat quin etiam Batavos transrhe-

---

sa maison, Pacarius, nu et sans défense, fut tué dans le bain. Les amis de sa suite furent massacrés après lui. Les meurtriers portèrent eux-mêmes leurs têtes à Othon, comme les trophées d'une victoire. Du reste ni Othon ne les récompensa, ni Vitellius ne les punit : dans la confusion générale de toutes choses, des crimes plus grands les firent oublier.

XVII. La cavalerie Siliana, comme je l'ai déjà dit, avait ouvert les barrières de l'Italie, et y avait transporté la guerre. Othon n'avait dans le pays aucun ami : ce n'est pas non plus que les habitants préférassent Vitellius ; mais une longue paix les avait rompus à toute espèce de servitude, et ils se donnaient au premier occupant, sans s'inquiéter s'il était le plus digne. La plus florissante contrée de l'Italie, tout ce que le Pô d'un côté, les Alpes de l'autre, embrassent de villes et de campagnes, était occupé par les armes de Vitellius ; car les cohortes détachées par Cécina étaient aussi arrivées. Une cohorte de Pannoniens fut faite prisonnière à Crémone ; cent cavaliers et mille soldats de marine furent enveloppés entre Plaisance et Ticinum ; et ces succès animèrent les Vitelliens au point que le fleuve ne pouvait déjà plus les arrêter. Un obstacle comme le Pô ne faisait même qu'irriter l'audace

digressis,	étant sortis,
nudus et inops auxilii	nu et privé de secours
interficitur balineis ;	il est tué dans le bain ; [gés.
et comites trucidati.	ses compagnons aussi *furent* égor-
Interfectores ipsi	Les meurtriers eux-mêmes
tulere ad Othonem	portèrent à Othon
capita ut hostium,	*leurs* têtes comme celles d'ennemis,
neque aut Otho	ni ou Othon [compense
affecit eos præmio	*ne* frappa (n'honora) eux d'une ré-
aut Vitellius puniit,	ou Vitellius *ne* les punit,
permixtos majoribus flagitiis	mêlés à de plus grands forfaits
in multa colluvie rerum.	dans une grande confusion de cho-

XVII. Jam bellum / XVII. Déjà la guerre [ses.
aperuerat Italiam, / avait ouvert l'Italie,
quod ala Siliana / laquelle *guerre* la cavalerie Siliana
transmiserat, / *y* avait transportée, [haut,
ut memoravimus supra, / comme nous *l'*avons rappelé plus-
nullo favore Othonis / nulle faveur de (pour) Othon [soit,
apud quemquam, / *n'existant* auprès de qui-que-ce
nec quia mallent Vitellium, / et-non qu'ils préférassent Vitellius,
sed longa pax / mais une longue paix
fregerat ad omne servitium / avait rompu à tout esclavage
faciles / *eux* faciles *à prendre*
occupantibus / pour *ceux* qui s'en emparaient
et incuriosos melioribus. / et insouciants pour les meilleurs.
Latus florentissimum Italiæ, / Le côté le plus florissant de l'Italie,
quantum camporum et urbium / autant-que de plaines et de villes
inter Padum Alpesque, / *est* entre le Pô et les Alpes,
tenebatur armis Vitellii / était tenu par les armes de Vitellius
(namque et cohortes / (car les cohortes aussi
præmissæ a Cæcina / envoyées-en-avant par Cécina
advenerant). / étaient arrivées).
Cohors Pannoniorum / Une cohorte de Pannoniens
capta apud Cremonam, / *fut* prise auprès de Crémone,
centum equites / cent cavaliers
ac mille classici / et mille soldats-de-marine
intercepti inter / *furent* surpris entre
Placentiam Ticinumque. / Plaisance et Ticinum.
Quo successu / Par-suite duquel succès
miles Vitellianus / le soldat vitellien
non jam arcebatur / n'était plus retenu
flumine aut ripis ; / par le fleuve ou par les rives ;
quin etiam Padus ipse / bien plus le Pô lui-même
irritabat Batavos / irritait les Bataves

nanosque Padus ipse, quem repente contra Placentiam transgressi, raptis quibusdam exploratoribus, ita ceteros terruere, ut adesse omnem Cæcinæ exercitum trepidi ac falsi nuntiarent.

XVIII. Certum erat Spurinnæ (is enim Placentiam obtinebat) necdum venisse Cæcinam, et, si propinquaret, coercere inter munimenta militem, nec tres prætorias cohortes et mille vexillarios[1] cum paucis equitibus veterano exercitui objicere; sed indomitus miles et belli ignarus, correptis signis vexillisque, ruere et retinenti duci tela intentare, spretis centurionibus tribunisque; quin prodi Othonem et accitum Cæcinam clamitabant. Fit temeritatis alienæ comes Spurinna, primo coactus, mox velle simulans, quo plus auctoritatis inesset consiliis, si seditio mitesceret.

XIX. Postquam e conspectu[2] Padus et nox appetebat,

des Bataves et des troupes venues de l'autre rive du Rhin. Ils le passèrent brusquement vis-à-vis de Plaisance, enlevèrent quelques coureurs, et frappèrent les autres d'une telle épouvante qu'ils s'enfuirent en répandant la fausse nouvelle que toute l'armée de Cécina était derrière eux.

XVIII. Spurinna, qui occupait Plaisance, avait la certitude que Cécina n'était pas encore arrivé; bien résolu d'ailleurs, s'il s'approchait, à retenir le soldat dans les retranchements et à ne pas hasarder trois cohortes prétoriennes et mille vexillaires avec une poignée d'hommes à cheval contre une armée entière de vieilles troupes. Mais les soldats, sans frein et sans expérience, enlèvent les enseignes et les drapeaux et courent en avant, présentant la pointe de leurs armes au général qui s'efforce de les arrêter, et bravant centurions et tribuns. Ils criaient même à la trahison, et prétendaient qu'on avait appelé Cæcina. Cette témérité qui n'était pas la sienne, Spurinna s'y prête enfin, d'abord malgré lui, ensuite en feignant de l'approuver afin que ses conseils en eussent plus d'autorité, si la sédition devenait moins violente.

XIX. On n'était pas encore en vue du Pó; la nuit approchant

transrhenanosque, | et les transrhénans,
quem transgressi repente | lequel ayant passé tout-à-coup
contra Placentiam, | en-face-de Plaisance,
quibusdam exploratoribus | quelques éclaireurs
raptis, | ayant été enlevés, [autres
terruere ita ceteros, | ils effrayèrent tellement tous-les
ut trepidi ac falsi | que des *gens* éperdus et trompés
nuntiarent | annonçaient
omnem exercitum Cæcinæ | toute l'armée de Cécina
adesse. | être-présente.

XVIII. Erat certum | XVIII. C'était chose certaine
Spurinnæ | pour Spurinna
(is enim obtinebat Placentiam) | (celui-là en-effet occupait Plaisance)
necdum Cæcinam venisse, | et pas-encore Cécina *n*'être venu,
et, si propinquaret, | et, s'il approchait,
coercere | *c'était chose arrêtée* de retenir
militem | le soldat
inter munimenta, | en-dedans-des fortifications,
nec objicere | et de ne pas opposer
tres cohortes prætorias | trois cohortes prétoriennes
et mille vexillarios | et mille vexillaires
cum paucis equitibus | avec peu de cavaliers
exercitui veterano; | à une armée vétérane;
sed miles indomitus | mais le soldat non-dompté
et ignarus belli, | et ignorant de la guerre,
signis vexillisque correptis, | les enseignes et les drapeaux ayant
ruere | se-précipiter [été saisis
et intentare tela | et montrer-avec-menace *leurs* ar-
duci retinenti, | au chef qui *les* retenait, [mes
centurionibus tribunisque | les centurions et les tribuns
spretis; | ayant été méprisés; [blés
quin clamitabant | bien-plus ils criaient-à-cris-redou-
Othonem prodi | Othon être trahi
et Cæcinam accitum. | et Cécina *avoir été* appelé.
Spurinna fit comes | Spurinna se-fait compagnon
temeritatis alienæ, | de la témérité d'-autrui,
primo coactus, | d'abord forcé,
mox simulans velle, | puis feignant de vouloir,
quo plus auctoritatis | afin-que-par-là plus d'autorité
inesset consiliis, | fût-dans *ses* conseils,
si seditio mitesceret. | si la sédition s'-adoucissait.

XIX. Postquam Padus | XIX. Après-que le Pô
e conspectu | *fut* hors de la vue
et nox appetebat, | et *comme* la nuit approchait,

vallari castra placuit. Is labor urbano militi[1] insolitus contundit animos. Tum vetustissimus quisque castigare credulitatem suam, metum ac discrimen ostendere, si cum exercitu Cæcina patentibus campis tam paucas cohortes circumfudisset. Jamque totis castris modesti sermones, et inserentibus se centurionibus tribunisque laudari providentia ducis, quod coloniam virium et opum validam robur ac sedem bello legisset. Ipse postremo Spurinna non tam culpam exprobrans quam rationem ostendens, relictis exploratoribus, ceteros Placentiam reduxit minus turbidos et imperia accipientes. Solidati muri, propugnacula addita, auctæ turres, provisa parataque non arma modo, sed obsequium et parendi amor, quod solum illis partibus defuit, cum virtutis haud pæniteret.

XX. At Cæcina, velut relicta post Alpes sævitia ac licentia, modesto agmine per Italiam incessit. Ornatum ipsius

d'ailleurs, on jugea nécessaire de se retrancher. Ce travail, nouveau pour une milice accoutumée à l'oisiveté de Rome, abattit les courages. Les plus vieux soldats s'accusent de crédulité ; ils peignent avec effroi le danger qu'on aurait couru si Cécina, déployant son armée dans ces vastes plaines, eût enveloppé un si petit nombre de cohortes. Déjà on parlait dans tout le camp un langage modeste, et les centurions et les tribuns, se mêlant aux entretiens, louaient la prudence du général qui avait choisi une colonie forte et opulente pour boulevard et pour centre de la guerre. Enfin Spurinna lui-même, après leur avoir fait sentir leur faute, moins par reproches que par raison, laisse en arrière des éclaireurs et ramène à Plaisance le reste de sa troupe, moins turbulente alors et soumise au commandement. On répara les murailles ; on y ajouta de nouvelles fortifications ; on exhaussa les tours ; on prit soin de s'assurer des armes, et outre les armes, cet esprit d'obéissance et de subordination, qui manqua seul à ce parti où le courage ne manquait pas.

XX. Cécina, comme s'il eût laissé au delà des Alpes la licence et la cruauté, maintint dans sa marche en Italie une exacte disci-

placuit castra vallari.	il plut le camp être retranché.
Is labor	Ce travail
insolitus militi urbano	nouveau pour le soldat urbain
contundit animos.	brise les courages.
Tum quisque vetustissimus	Alors chacun le plus vieux
castigare suam credulitatem,	blâmer sa crédulité,
ostendere metum et discrimen,	montrer de la peur et le péril,
si Cæcina cum exercitu	si Cécina avec son armée
circumfudisset	avait enveloppé
tam paucas cohortes	si peu de cohortes
campis patentibus.	dans des plaines ouvertes.
Jamque totis castris	Et déjà dans tout le camp
sermones modesti,	des propos modestes,
et centurionibus tribunisque	et les centurions et les tribuns
se inserentibus,	se mêlant *aux soldats*,
providentia ducis laudari,	la prévoyance du chef être louée,
quod legisset	de-ce-qu'il avait choisi
robur ac sedem bello	*comme* force et siège pour la guerre
coloniam validam	une colonie puissante
virium et opum.	en forces et en ressources.
Postremo Spurinna ipse	Enfin Spurinna lui-même
non exprobrans tam	ne *leur* reprochant pas tant
culpam	*leur* faute
quam ostendens rationem,	que montrant la raison,
exploratoribus relictis	des éclaireurs ayant été laissés,
reduxit Placentiam	ramena à Plaisance *les autres*
minus turbidos	moins turbulents
et accipientes imperia.	et recevant les ordres.
Muri solidati,	Les murs *furent* raffermis,
propugnacula addita,	des défenses-extérieures ajoutées,
turres auctæ,	les tours augmentées (élevées),
non modo arma	non seulement des armes
provisa parataque,	amassées-d'avance et préparées,
sed obsequium	mais la soumission
et amor parendi,	et l'amour d'obéir,
quod solum defuit	ce qui seul manqua
illis partibus,	à ce parti-là,
cum haud pæniteret	attendu-qu'il ne se-plaignait pas
virtutis.	de courage (de manque de courage).
XX. At Cæcina,	XX. Mais Cécina,
velut sævitia ac licentia	comme la cruauté et la licence
relicta post Alpes,	ayant été laissées derrière les Alpes,
incessit per Italiam	s'avança à travers l'Italie
agmine modesto.	par une marche disciplinée.

municipia et coloniæ in superbiam trahebant, quod versicolori sagulo, bracas indutus, togatos alloqueretur; uxoremque ejus Saloninam, quanquam in nullius injuriam insignis equo ostroque veheretur, tanquam læsi gravabantur, insita mortalibus natura recentem aliorum felicitatem acribus oculis [1] introspicere modumque fortunæ a nullis magis exigere quam quos in æquo viderunt. Cæcina Padum transgressus, tentata Othonianorum fide per colloquium et promissa, iisdem petitus, postquam pax et concordia speciosis et irritis nominibus jactata sunt, consilia curasque in oppugnationem Placentiæ magno terrore vertit, gnarus, ut initia belli provenissent, famam in cetera fore.

XXI. Sed primus dies impetu magis quam veterani exercitus artibus transactus : aperti incautique muros su-

pline. Son costume déplut toutefois aux villes municipales et aux colonies. On regardait comme un signe d'orgueil qu'en parlant à des hommes revêtus de la toge il portât les braies gauloises et le sagum rayé. Sa femme Salonine, montant un superbe cheval et assise sur la pourpre, offensait aussi les regards. Ce luxe n'était injurieux à personne; mais l'homme est ainsi fait : il considère d'un œil d'envie les fortunes récentes, et on n'exige jamais plus de modestie dans l'élévation que de ceux qu'on a vus de niveau avec soi. Cécina ayant passé le Pô essaya, pour ébranler la foi des Othoniens, les négociations et les promesses, et fut attaqué par les mêmes armes. Après qu'on eut vainement échangé les offres spécieuses de paix et de concorde, il ne songea plus qu'à préparer contre Plaisance une attaque formidable. Il savait combien un premier succès influerait sur l'opinion pour tout le reste de la guerre.

XXI. Le premier jour les Vitelliens, pour une vieille armée, attaquèrent avec moins d'art que d'impétuosité. Ils s'approchèrent des murailles, à découvert et sans précaution, gorgés de nourri-

Municipia et coloniæ	Les municipes et les colonies
trahebant in superbiam	tiraient (interprétaient) en orgueil
ornatum ipsius,	l'ornement de lui-même,
quod sagulo versicolori,	parce-qu'avec une casaque rayée,
indutus bracas,	vêtu de braies,
alloqueretur togatos,	il parlait-à des *gens* en-toge,
tanquamque læsi	et comme offensés [de lui
gravabantur uxorem ejus,	ils supportaient-avec-peine l'épouse
Saloninam,	Salonine,
quanquam veheretur	quoiqu'elle *ne* fût portée
insignis equo	remarquable par *son* cheval
ostroque	et par *sa* pourpre
in injuriam	pour l'injure [injurieuse),
nullius,	de personne (sans aucune intention
natura insita	*ce* penchant étant inné-chez
mortalibus	les mortels
introspicere	d'examiner-à-fond
oculis acribus	avec des yeux perçants
felicitatem recentem aliorum,	le bonheur récent des autres,
exigereque modum	et de *n*'exiger la mesure
fortunæ	de (dans) la fortune
a nullis magis quam	d'aucuns plus que *de ceux* [veau).
quos viderunt in æquo.	qu'ils ont vus à égalité (à leur ni-
Cæcina transgressus Padum,	Cécina ayant traversé le Pô,
fide Othonianorum	la fidélité des Othoniens
tentata	ayant été tâtée
per colloquium et promissa,	par entrevue et promesses, [yens,
petitus iisdem,	ayant été attaqué par les mêmes mo-
postquam pax et concordia	après-que la paix et la concorde
jactata sunt	eurent été agitées [nes,
nominibus speciosis et irritis,	avec des paroles pompeuses et vai-
vertit consilia curasque	tourna *ses* desseins et *ses* soins
in oppugnationem Placentiæ	vers le siège de Plaisance [reur,
magno terrore,	avec (en répandant) une grande ter-
gnarus,	sachant,
ut initia belli	selon-que les débuts de la guerre
provenissent,	auraient réussi [reste.
famam fore in cetera.	la renommée devoir être pour le
XXI. Sed primus dies	XXI. Mais le premier jour
transactus magis impetu	se-passa plutôt avec impétuosité
quam artibus	qu'avec les moyens
exercitus veterani :	d'une armée vétérane :
subiere muros	ils s'-approchèrent des murs
aperti incautique	découverts et sans-précaution

biere, cibo vinoque præpraves. In eo certamine pulcherrimum amphitheatri opus situm extra muros conflagravit, sive ab oppugnatoribus incensum, dum faces et glandes et missilem ignem[1] in obsessos jaculantur, sive ab obsessis, dum retorta ingerunt. Municipale vulgus pronum ad suspiciones fraude illata ignis alimenta credidit a quibusdam ex vicinis coloniis invidia et æmulatione, quod nulla in Italia moles tam capax foret. Quocumque casu accidit, dum atrociora metuebantur, in levi habitum, reddita securitate, tanquam nihil gravius pati potuissent, mærebant. Ceterum multo suorum cruore pulsus Cæcina, et nox parandis operibus absumpta. Vitelliani pluteos cratesque et vineas suffodiendis muris protegendisque oppugnatoribus, Othoniani sudes et immensas lapidum ac plumbi ærisque moles per-

ture et de vin. Pendant le combat, un très bel amphithéâtre situé hors de la ville fut réduit en cendres. On ignore si ce furent les assiégeants ou les assiégés qui le brûlèrent en se lançant mutuellement des torches, des globes ardents, des traits enflammés. Le peuple, avec la malignité soupçonneuse des petites villes, s'imagina que des matières combustibles y avaient été portées secrètement par quelques habitants des colonies voisines, jaloux de ce que cet édifice était le plus vaste qu'il y eût en Italie. Quelle que soit la cause du désastre, tant qu'on en craignit de plus grands, on le trouva léger; la sécurité revenue, on le déplora comme la plus grande des calamités. Au reste, Cécina fut repoussé avec beaucoup de pertes, et la nuit se passa en préparatifs. Les Vitelliens disposent des claies, des mantelets et d'autres abris pour se couvrir en sapant les murs ou en donnant l'assaut. Les Othoniens se munissent de pieux aiguisés et font d'énormes amas de pierres, de plomb et d'airain pour détruire les travaux des

præggraves cibo vinoque.	très-alourdis par la nourriture et le [vin.
In eo certamine	Dans ce combat
opus pulcherrimum	l'ouvrage très beau
amphitheatri	d'un amphithéâtre
situm extra muros	situé hors des murs
conflagravit	brûla-complètement
incensum	incendié
sive ab oppugnatoribus,	soit par les assiégeants,
dum jaculantur in obsessos	tandis-qu'ils jettent sur les assiégés
faces et glandes	des torches et des balles
et ignem missilem	et du feu projectile,
sive ab obsessis,	soit par les assiégés,
dum ingerunt	tandis-qu'ils lancent [assiégeants.
retorta.	ces *armes* retournées *contre les*
Vulgus municipale	La multitude municipale
pronum ad suspiciones	encline aux soupçons
credidit alimenta ignis	crut les aliments du feu
illata fraude	*avoir été* apportés par perfidie
a quibusdam	par certains
ex coloniis vicinis	des colonies voisines
invidia et æmulatione,	par jalousie et rivalité,
quod nulla moles in Italia	parce-qu'aucune masse en Italie
foret tam capax.	n'était aussi vaste. [arrivé,
Quocumque casu accidit,	Par quelque accident que *cela* soit
habitum in levi,	cela *fut* tenu en chose légère,
dum atrociora	tant-que des choses plus affreuses
metuebantur,	étaient redoutées
securitate reddita,	la sécurité ayant été rendue,
mœrebant,	ils s'-*en* affligeaient
tanquam potuissent	comme-s'ils *n*'avaient pu
pati nihil gravius.	souffrir rien de plus grave.
Ceterum Cæcina pulsus	D'ailleurs Cécina *fut* repoussé
multo cruore suorum,	avec beaucoup de sang des siens,
et nox absumpta	et la nuit *fut* employée
operibus parandis.	à des travaux devant être préparés.
Vitelliani expediunt	Les Vitelliens mettent-en-état
pluteos, cratesque	des parapets, et des claies,
et vineas	et des mantelets
muris suffodiendis	pour les murs devant être sapés
oppugnatoribusque	et pour les assiégeants
protegendis,	devant être protégés,
Othoniani sudes	les Othoniens des pieux
et moles immensas lapidum	et des masses énormes de pierres
ac plumbi ærisque	et de plomb et d'airain

fringendis *operibus*[1] obruendisque hostibus expediunt. Utrinque pudor, utrinque gloria, et diversæ exhortationes hinc legionum et Germanici exercitus robur, inde urbanæ militiæ et prætoriarum cohortium decus attollentium ; illi ut segnem et desidem et circo ac theatris corruptum militem, hi peregrinum et externum increpabant. Simul Othonem ac Vitellium celebrantes culpantesve uberioribus inter se probris quam laudibus stimulabantur.

XXII. Vixdum orto die plena propugnatoribus mœnia, fulgentes armis virisque campi ; densum legionum agmen, sparsa auxiliorum manus, altiora murorum sagittis aut saxis incessere, neglecta aut ævo fluxa comminus aggredi. Ingerunt desuper Othoniani pila librato magis et certo ictu adversus temere subeuntes cohortes Germanorum,

assaillants ou les écraser eux-mêmes. La honte, la gloire, également senties des deux côtés, s'y expriment par des exhortations contraires. Ici c'est la force des légions et de l'armée de Germanie, là c'est l'honneur des gardiens de Rome et des cohortes prétoriennes qu'on exalte à l'envi. Les uns traitent leurs ennemis de lâches, corrompus dans l'oisiveté du cirque et du théâtre, les autres d'étrangers et de barbares. Les noms de Vitellius et d'Othon, célébrés ou maudits (et la matière était plus riche pour l'invective que pour l'éloge), achevaient d'enflammer les courages.

XXII. Le jour à peine levé, les remparts étaient couverts de défenseurs, la plaine resplendissait de l'éclat des armes et des guerriers. Les gros bataillons légionnaires, les pelotons épars des alliés, font voler au haut des murs les flèches et les pierres, attaquent de près les endroits négligés par l'ennemi ou dégradés par le temps. Les Othoniens, mieux placés pour balancer leurs javelines et assurer leurs coups, accablent d'en haut les cohortes des Germains qui, nus à la manière de leur pays, s'avançaient

operibus perfringendis	pour les ouvrages devant être brisés
hostibusque	et pour les ennemis
obruendis.	devant être écrasés.
Utrinque pudor,	De-part-et-d'autre le point-d'-honneur,
utrinque gloria,	de-part-et-d'autre la gloire,
et exhortationes diversæ	et les exhortations contraires
attollentium	de *ceux* qui exaltaient
hinc robur legionum	d'un-côté la force des légions
et exercitus Germanici	et de l'armée germanique,
inde decus	de-l'autre-côté l'honneur
militiæ urbanæ	de la milice-urbaine
et cohortium prætoriarum ;	et des cohortes prétoriennes ;
illi increpabant	ceux-là accusaient *leur* ennemi
ut militem segnem	comme un soldat oisif
et desidem	et lâche
et corruptum circo	et corrompu par le cirque
ac theatris,	et les théâtres,
hi	ceux-ci *accusaient le leur comme*
peregrinum et externum.	étranger et barbare.
Simul	En-même-temps
celebrantes culpantesve	célébrant ou accusant
Othonem ac Vitellium	Othon et Vitellius
probris inter se	les outrages *qu'ils échangeaient*
uberioribus	*étant* plus abondants
quam laudibus	que les éloges
stimulabantur.	ils étaient excités.
XXII. Die vixdum orto,	XXII. Le jour à-peine levé
mœnia plena	les remparts *étaient* pleins
propugnatoribus,	de défenseurs,
campi fulgentes	les plaines étincelantes
armis virisque ;	d'armes et d'hommes ;
agmen densum legionum,	le corps serré des légions,
manus sparsa auxiliorum,	la troupe éparse des auxiliaires,
incessere sagittis	assaillir avec des flèches
aut saxis	ou des pierres
altiora murorum,	les *parties* plus hautes des murs,
aggredi comminus	attaquer de-près
neglecta aut fluxa ævo.	les *parties* négligées ou dégradées par le temps.
Othoniani	Les Othoniens
ingerunt desuper pila	jettent d'en-haut des javelots
ictu magis librato	avec un coup plus mesuré
et certo	et *plus* sûr
adversus cohortes Germanorum	contre les cohortes des Germains
subeuntes temere	s'-avançant témérairement

cantu truci et more patrio nudis corporibus super humeros scuta quatientium. Legionarius pluteis et cratibus tectus subruit muros, instruit aggerem, molitur portas : contra prætoriani dispositos ad id ipsum molares ingenti pondere ac fragore provolvunt. Pars subeuntium obruti, pars confixi et exsangues aut laceri, cum augeret stragem trepidatio, eoque acrius e mœnibus vulnerarentur, rediere, infracta partium fama. Et Cæcina pudore cœptæ temere oppugnationis, ne irrisus ac vanus iisdem castris assideret, trajecto rursus Pado, Cremonam petere intendit. Tradidere sese abeunti Turullius Cerialis cum compluribus classicis et Julius Briganticus cum paucis equitum, hic præfectus alæ, in Batavis genitus, ille primipilaris et Cæcinæ haud alienus, quod ordines in Germania duxerat.

témérairement avec des chants sauvages et en agitant leurs boucliers au-dessus de leurs têtes. Le légionnaire, à l'abri de ses claies et de ses toits mobiles, sape les murs, élève des terrasses, bat les portes. Les prétoriens les attendaient avec des quartiers de roc, dont les masses pesantes roulèrent sur eux à grand bruit. Une partie des assaillants périrent écrasés. Les autres, percés de traits, épuisés de sang ou déchirés de blessures, dans un désordre qui augmentait leurs pertes et encourageait l'ennemi à redoubler ses coups, firent une retraite fâcheuse pour la renommée de ce parti. Cécina, honteux d'une attaque si mal concertée, ne voulut point languir devant une ville qui se riait de son impuissance. Il repasse le Pô et prend sa route vers Crémone. A son départ, Turullius Cérialis vint se livrer à lui avec un grand nombre de soldats de marine, et Julius Briganticus avec quelques chevaux. Celui-ci, né chez les Bataves, commandait une aile de cavalerie. L'autre était un primipilaire, déjà connu de Cécina pour avoir servi dans le même grade à l'armée du Rhin.

quatientium scuta	en agitant *leurs* boucliers
super humeros	au-dessus-de *leurs* épaules
cantu truci	avec un chant sauvage
et corporibus nudis,	et les corps nus
more patrio.	selon la coutume nationale.
Legionarius tectus	Le légionnaire couvert
pluteis et cratibus	par les parapets et les claies
subruit muros,	sape les murs,
instruit aggerem,	élève une terrasse,
molitur portas :	ébranle les portes :
contra prætoriani provolvunt	de-leur-côté les prétoriens roulent
ingenti pondere	avec un grand poids
ac fragore	et *un grand* fracas
molares dispositos	des *pierres* meulières disposées
ad id ipsum.	pour cela même.
Pars subeuntium	Une partie de *ceux* qui s'-avançaient
obruti,	*furent* écrasés,
pars confixi	une partie *furent* percés,
et exsangues aut laceri,	et épuisés-de-sang ou déchirés,
cum-trepidatio	attendu-que le désordre
augeret stragem,	augmentait le carnage, [murs
vulnerarenturque e mœnibus	et *qu'*ils étaient blessés du-haut des
eo acrius,	d'autant plus vivement,
rediere	ils revinrent
fama partium	la renommée du parti
infracta.	étant affaiblie.
Et Cæcina pudore	Et Cécina avec honte
oppugnationis cœptæ temere,	du siège entrepris étourdiment,
ne assideret	afin-qu'il ne restât-pas-coi
iisdem castris	dans le même camp
irrisus ac vanus,	raillé et impuissant, [veau
Pado trajecto rursus,	le Pô ayant été traversé de-nou-
intendit petere Cremonam.	s'-efforça de gagner Crémone.
Turullius Cerialis	Turullius Cérialis
cum compluribus classicis	avec plusieurs soldats-de-marine
et Julius Briganticus	et Julius Briganticus
cum paucis equitum	avec peu de cavaliers
sese tradidere abeunti,	se livrèrent à *lui* partant,
hic præfectus alæ,	celui-ci commandant de cavalerie,
genitus in Batavis,	né chez les Bataves,
ille primipilaris	celui-là primipilaire
et haud alienus Cæcinæ,	et non étranger à Cécina,
quod duxerat ordines	parce-qu'il avait commandé des
in Germania.	en Germanie. [compagnies

XXIII. Spurinna, comperto itinere hostium, defensam Placentiam quæque acta et quid Cæcina pararet, Annium Gallum per litteras docet. Gallus legionem primam in auxilium Placentiæ ducebat, diffisus paucitati cohortium, ne longius obsidium et vim Germanici exercitus parum tolerarent. Ubi pulsum Cæcinam pergere Cremonam accepit, ægre coercitam legionem et pugnandi ardore usque ad seditionem progressam Bedriaci sistit. Inter Veronam Cremonamque situs est vicus duabus jam Romanis cladibus[1] notus infaustusque.

Iisdem diebus a Marcio Macro haud procul Cremona prospere pugnatum; namque, promptus animi, Marcius transvectos navibus gladiatores in adversam Padi ripam repente effudit. Turbata ibi Vitellianorum auxilia, et, ceteris Cremonam fugientibus, cæsi qui restiterant, sed re-

XXIII. Assuré du chemin que prenait l'ennemi, Spurinna mande à Gallus la belle défense de Plaisance, ce qui s'est passé jusqu'alors, et le dernier mouvement de Cécina. Gallus amenait la première légion au secours de la ville, dans la crainte qu'avec peu de cohortes elle ne pût soutenir un long siège, ni résister aux forces de l'armée de Germanie. Quand il sut que Cécina repoussé marchait vers Crémone, il contint non sans peine sa légion que l'ardeur de combattre emportait jusqu'à la révolte, et prit position à Bédriac. C'est un bourg situé entre Vérone et Crémone, et que le sang romain a flétri déjà deux fois d'une funeste célébrité.

Pendant ces mêmes jours, Marcius Macer eut, non loin de Crémone, une affaire avantageuse. Cet officier, brave et entreprenant embarque des gladiateurs et les jette brusquement sur l'autre rive du Pô. Les auxiliaires vitelliens prennent l'épouvante et s'enfuient à Crémone : ce qui résista fut taillé en pièces. Mais Macer arrêta

XXIII. Spurinna, itinere hostium comperto, docet per litteras Annium Gallum Placentiam defensam, quæque acta, et quid Cæcina pararet. Gallus ducebat primam legionem in auxilium Placentiæ, diffisus paucitati cohortium, ne tolerarent parum obsidium longius et vim exercitus Germanici. Ubi accepit Cæcinam pulsum pergere Cremonam, sistit Bedriaci legionem coercitam ægre et progressam usque ad seditionem ardore pugnandi. Vicus jam notus infaustusque duabus cladibus Romanis est situs inter Veronam Cremonamque.

Iisdem diebus pugnatum prospere a Marcio Macro haud procul a Cremona; namque Marcius, promptus animi, effudit repente in ripam adversam Padi gladiatores transvectos navibus. Ibi auxilia Vitellianorum turbata, et, ceteris fugientibus Cremonam, qui restiterant cæsi,

XXIII. Spurinna, [nue, la marche des ennemis étant con- instruit par une lettre Annius Gallus Plaisance *avoir été* défendue, et quelles choses *s'étaient* passées, et quel *projet* Cécina préparait. Gallus conduisait la première légion au secours de Plaisance, s'-étant défié du petit-nombre des cohortes, de-peur-qu'elles ne supportassent peu (mal) un siège plus long · et la force de l'armée germanique. Dès-qu'il eut appris Cécina repoussé marcher vers Crémone, il arrête à Bédriac la légion retenue avec-peine et s'-étant avancée jusqu'à la sédition par l'ardeur de combattre. *Ce* bourg maintenant connu et funeste par deux désastres romains est situé entre Vérone et Crémone.

Dans les mêmes jours il *fut* combattu heureusement par Marcius Macer non loin de Crémone; car Marcius, résolu de caractère, répandit tout-à-coup sur la rive opposée du Pô des gladiateurs transportés dans des barques. Là les troupes-auxiliaires des Vitel- *furent* mises en-désordre, [liens et, les autres fuyant à Crémone, [sacrés, ceux qui étaient restés *furent* mas-

pressus vincentium impetus, ne novis subsidiis firmati hostes fortunam prœlii mutarent. Suspectum id Othonianis fuit omnia ducum facta prave æstimantibus. Certatim, ut quisque animo ignavus, procax ore, Annium Gallum et Suetonium Paulinum et Marium Celsum [nam eos quoque Otho præfecerat] variis criminibus incessebant. Acerrima seditionum ac discordiæ incitamenta, interfectores Galbæ scelere et metu vecordes miscere cuncta modo palam turbidis vocibus, modo occultis ad Othonem litteris, qui humillimo cuique credulus, bonos metuens trepidabat, rebus prosperis incertus et inter adversa melior. Igitur Titianum fratrem accitum bello præposuit.

XXIV. Interea Paulini et Celsi ductu res egregie gestæ. Angebant Cæcinam nequiquam omnia cœpta et senescens

l'impétuosité des vainqueurs, de peur que l'ennemi, renforcé de nouvelles troupes, ne fît changer la fortune. Sa prudence fut suspecte aux Othoniens qui prêtaient de coupables motifs à toutes les actions de leurs chefs. Il n'était pas un misérable au cœur lâche, à la bouche insolente, qui n'imputât crime sur crime à Gallus, à Suétonius, à Celsus; car ces deux derniers avaient aussi reçu des commandements. Les plus ardents à souffler la discorde et la sédition étaient les meurtriers de Galba. Livrés au délire du crime et de la terreur, ils semaient le désordre tantôt par des cris de révolte, tantôt par des lettres secrètes à Othon. Et celui-ci, crédule pour le dernier des soldats, défiant avec les honnêtes gens, était sans cesse en alarme, inquiet au milieu des succès, et soutenant mieux la mauvaise fortune que la bonne. Il appela de Rome son frère Titianus et lui remit la conduite de la guerre.

XXIV. Dans l'intervalle, l'armée eut, sous les ordres de Suétonius et de Celsus, de brillants avantages. Cécina se tourmentait de voir échouer toutes ses entreprises et la réputation de son

sed impetus vincentium repressus,	mais l'impétuosité des vainqueurs *fut* arrêtée,
ne hostes firmati subsidiis novis,	de-peur-que les ennemis fortifiés par des renforts nouveaux,
mutarent fortunam prœlii.	*ne* changeassent la fortune du combat.
Id fuit suspectum Othonianis æstimantibus prave omnia facta ducum.	Cela fut suspect aux Othoniens appréciant défavorablement tous les actes de *leurs* chefs.
Ut quisque ignavus animo, procax ore, incessebant certatim criminibus variis Annium Gallum et Suetonium Paulinum et Marium Celsum (nam Otho præfecerat eos quoque).	Selon-que chacun *était* lâche de cœur, insolent de bouche, ils attaquaient à-l'-envi par des accusations diverses Annius Gallius et Suétonius Paulinus et Marius Celsus (Car Othon [*troupes*]. avait préposé ceux-là aussi *aux*
Incitamenta acerrima seditionum ac discordiæ, interfectores Galbæ vecordes scelere et metu miscere cuncta modo palam vocibus turbidis, modo litteris occultis ad Othonem,	Stimulants les plus vifs des séditions et de la discorde, les meurtriers de Galba égarés par la scélératesse et la peur troubler tout tantôt ouvertement par des propos séditieux, tantôt par des lettres secrètes à Othon,
qui credulus cuique humillimo, metuens bonos trepidabat,	qui crédule à-l'égard-de chacun le plus bas, craignant les bons s'-alarmait,
incertus rebus prosperis et melior inter adversa.	incertain dans les choses prospères et meilleur au-milieu des choses adverses.
Igitur præposuit bello fratrem Titianum accitum	Donc il préposa à la guerre *son* frère Titianus mandé.
XXIV. Interea res gestæ egregie ductu Paulini et Celsi.	XXIV. Cependant [ment des choses *furent* faites heureuse-sous la conduite de Paulinus et de Celsus.
Omnia cœpta nequiquam et fama sui exercitus senescens	Toutes *ses entreprises* commencées en-vain et la renommée de son armée vieillissant (s'amoindrissant)

exercitus sui fama. Pulsus Placentia, cæsis nuper auxiliis, etiam per concursum exploratorum, crebra magis quam digna memoratu prœlia, inferior, propinquante Fabio Valente, ne omne belli decus illuc concederet, recuperare gloriam avidius quam consultius properabat. Ad duodecimum a Cremona (locus Castorum [1] vocatur) ferocissimos auxiliarium imminentibus viæ lucis occultos composuit; equites procedere longius jussi et irritato prœlio sponte refugi festinationem sequentium elicere, donec insidiæ coorerentur. Proditum id Othonianis ducibus, et curam peditum Paulinus, equitum Celsus sumpsere. Tertiædecimæ legionis vexillum, quattuor auxiliorum cohortes et quingenti equites in sinistro locantur, aggerem viæ [2] tres prætoriæ cohortes altis ordinibus obtinuere, dextra fronte prima legio incessit cum duabus auxiliaribus cohortibus et quin-

armée périr de jour en jour. Repoussé de Plaisance, battu dans ses auxiliaires, faible jusque dans les rencontres d'éclaireurs (combats plus fréquents que dignes d'êtres rapportés) il voyait approcher Valens avec la crainte que tout l'honneur de la guerre n'allât à ce nouveau chef. Il voulut promptement ressaisir sa gloire et mit à ce projet plus d'ardeur que de prudence. A douze milles de Crémone est un lieu nommé les Castors. C'est là que, dans les bois qui dominent la route, il cache les plus intrépides de ses auxiliaires. La cavalerie eut ordre de se porter en avant, d'engager le combat et de fuir aussitôt, afin d'offrir une amorce à la témérité de l'ennemi, jusqu'à ce que l'embuscade se levât pour l'écraser. Ce plan fut découvert aux généraux d'Othon. Suétonius se chargea de guider l'infanterie, Celsus la cavalerie. Le détachement de la treizième légion, quatre cohortes auxiliaires, cinq cents chevaux, furent placés à la gauche; trois cohortes prétoriennes en ordre profond occupèrent la chaussée; à la droite marchait la première légion avec deux cohortes auxiliaires et cinq

angebant Cæcinam.	tourmentaient Cécina.
Pulsus Placentia,	Repoussé de Plaisance,
auxiliis cœsis nuper,	ses auxiliaires ayant été massacrés
inferior etiam	inférieur même [récemment,
per concursum exploratorum	dans la rencontre des éclaireurs
prœlia magis crebra	combats plus fréquents
quam digna memoratu,	que dignes d'être rapportés,
Fabio Valente propinquante,	Fabius Valens approchant,
ne omne decus	de-peur-que tout l'honneur
belli	de la guerre
concederet illuc,	ne passât-là (à celui-là),
properabat recuperare gloriam	il se-hâtait de recouvrer *sa* gloire
avidius quam consultius.	plus avidement que prudemment.
Ad duodecimum	A la douzième *borne*
a Cremona	à-partir-de Crémone
(locus vocatur Castorum)	(ce lieu est appelé *lieu* des Castors)
composuit	il installa
ferocissimos auxiliarium	les plus belliqueux des auxiliaires
occultos lucis	cachés dans des bois
imminentibus viæ,	dominant la route ;
equites jussi	les cavaliers reçurent-l'-ordre
procedere longius,	de s'-avancer plus au-loin,
et prœlio irritato	et le combat ayant été attisé
refugi sponte	reculant volontairement
elicere festinationem	de provoquer la précipitation
sequentium	de ceux qui *les* poursuivraient, [vît.
donec insidiæ coorerentur.	jusqu'-à-ce-que l'embuscade se-le-
Id proditum	Ce *plan fut* livré
ducibus Othonianis,	aux généraux othoniens, [ment)
et sumpsere curam	et ils prirent le soin (le commande-
Paulinus peditum,	Paulinus des fantassins,
Celsus equitum.	Celsus des cavaliers.
Vexillum	L'étendard (le détachement)
tertiædecimæ legionis,	de la treizième légion,
quattuor cohortes auxiliorum,	quatre cohortes d'auxiliaires,
et quingenti equites	et cinq-cents cavaliers
locantur in sinistro,	sont placés à gauche,
tres cohortes prætoriæ	trois cohortes prétoriennes
obtinuere aggerem viæ	occupèrent la chaussée de la voie
ordinibus altis,	en rangs profonds,
fronte dextra	sur le front droit
incessit prima legio	s'-avança la première légion
cum duabus cohortibus	avec deux cohortes
auxiliaribus	auxiliaires

gentis equitibus ; super hos ex prætorio auxiliisque mille equites, cumulus prosperis aut subsidium laborantibus, ducebantur.

XXV. Antequam miscerentur acies, terga vertentibus Vitellianis, Celsus doli prudens repressit suos : Vitelliani temere exsurgentes, cedente sensim Celso, longius secuti ultro in insidias præcipitantur; nam a lateribus cohortes, legionum adversa frons, et subito discursu terga cinxerant equites. Signum pugnæ non statim a Suetonio Paulino pediti datum : cunctator natura, et cui cauta potius consilia cum ratione quam prospera ex casu placerent, compleri fossas[1], aperiri campum, pandi aciem jubebat, satis cito incipi victoriam ratus, ubi provisum foret ne vincerentur. Ea cunctatione spatium Vitellianis datum in vineas nexu traducum[2] impeditas refugiendi ; et modica silva adhære-

cents autres chevaux. Enfin mille cavaliers, tant auxiliaires que prétoriens, venaient en dernière ligne pour achever la victoire ou rétablir au besoin le combat.

XXV. Avant que les deux armées fussent aux mains, la cavalerie vitellienne tourna le dos. Prévenu du stratagème, Celsus retint l'impétuosité des siens. Bientôt l'infanterie sort inconsidérément de ses bois, et, en poursuivant trop loin Celsus qui se retirait au petit pas, elle se jette elle-même dans une embuscade. Sur ses flancs elle trouvait les cohortes ; les troupes légionnaires étaient en face, et la cavalerie, s'avançant rapidement à droite et à gauche, les avait déjà tournées par derrière. Suétonius ne fit pas donner aussitôt ses gens de pied. Aimant à prendre son temps, et préférant une marche prudemment régulière aux plus belles chances de succès, il fit combler les fossés et découvrir la campagne afin de pouvoir y déployer ses lignes. Il était assez tôt, selon lui, pour commencer à vaincre, quand on s'était assuré de n'être pas vaincu. Ce délai permit aux Vitelliens de se réfugier dans des vignes dont les rameaux attachés d'un arbre à l'autre embarrassaient le terrain, et auprès desquelles était un petit bois

et quingentis equitibus;
super hos mille equites
ex prætorio auxiliisque
ducebantur,
cumulus prosperis,
aut subsidium laborantibus.
 XXV. Antequam acies
miscerentur,
Vitellianis vertentibus terga,
Celsus prudens doli
repressit suos;
Vitelliani exsurgentes temere,
Celso cedente sensim,
secuti longius
præcipitantur ultro
in insidias;
nam a lateribus cohortes,
frons legionum adversa,
et equites cinxerant
terga
discursu
subito.
Signum pugnæ
non datum statim pediti
a Suetonio Paulino :
cunctator natura
et cui consilia cauta
cum ratione
placerent potius quam
prospera ex casu,
jubebat fossas compleri,
campum aperiri,
aciem pandi,
ratus victoriam
incipi satis cito,
ubi provisum foret
ne vincerentur.
Ea cunctatione
spatium datum Vitellianis
refugiendi in vineas
impeditas nexu
traducum;
et modica silva
adhærebat,

et cinq-cents cavaliers;
outre ceux-ci mille cavaliers
de la garde-prétorienne et des
étaient conduits, [auxiliaires
comble aux *affaires* prospères.
ou renfort pour *les soldats* pliant.
 XXV. Avant-que les armées
fussent mêlées,
les Vitelliens tournant le dos,
Celsus connaissant la ruse,
arrêta les siens; [rément,
les Vitelliens se-levant inconsidé-
Celsus reculant peu-à-peu,
ayant poursuivi trop loin
se précipitent d'eux-mêmes
dans une embuscade; [tes,
car sur les côtés *étaient* les cohor-
le front des légions *en-face*,
et les cavaliers avaient entouré
le dos (les derrières) [gauche
par un mouvement-à-droite-et-à-
soudain.
Le signal du combat [fantassin
ne *fut* pas donné sur-le-champ au
par Suétonius Paulinus :
temporiseur par nature [prudents
et en *homme* auquel les conseils
avec calcul
plaisaient plutôt que [hasard,
les choses prospères *venant* du
il ordonnait les canaux être com-
la plaine être découverte, [blés,
l'armée être déployée,
persuadé la victoire
être commencée assez tôt, [ses
dès-que mesures-auraient-été-pri-
pour qu'ils ne fussent pas vaincus.
Par cette temporisation
loisir *fut* donné aux Vitelliens
de se-réfugier dans les vignes
embarrassées par l'enlacement
de branches-allant-d'un-pied-à-
et un petit bois [l'autre;
y touchait,

bat, unde rursus ausi promptissimos prætorianorum equitum interfecere; vulneratus rex Epiphanes impigre pro Othone pugnam ciens.

XXVI. Tum Othonianus pedes erupit; protrita hostium acie, versi in fugam etiam qui subveniebant; nam Cæcina non simul cohortes, sed singulas acciverat, quæ res in prœlio trepidationem auxit, cum dispersos nec usquam validos pavor fugientium abriperet. Orta et in castris seditio, quod non universi ducerentur : vinctus præfectus castrorum Julius Gratus, tanquam fratri apud Othonem militanti proditionem ageret, cum fratrem ejus, Julium Frontonem tribunum, Othoniani sub eodem crimine vinxissent. Ceterum ea ubique formido fuit apud fugientes, occursantes, in acie, pro vallo, ut deleri cum

De là, hasardant une nouvelle attaque, ils tuèrent les cavaliers prétoriens que leur courage expose le plus. Le roi Épiphane fut blessé en faisant pour Othon des prodiges de valeur.

XXVI. Alors l'infanterie othonienne se montra tout à coup. Elle écrase le gros des ennemis et met en fuite les troupes de réserve à mesure qu'elles arrivent. Car Cécina, au lieu de faire agir à la fois toutes ses cohortes, les avait appelées successivement, et cette faute mit le comble au désordre, les fuyards entraînant dans leur déroute ces corps séparés et qui nulle part ne se trouvaient en force. Elle excita même une sédition dans le camp : irrités qu'on ne les fît pas marcher en masse, les soldats mirent aux fers le préfet de camp Julius Gratus, l'accusant d'intelligence avec son frère qui était au service d'Othon ; tandis que ce frère lui-même, Julius Fronton, tribun militaire, était arrêté sur les mêmes soupçons par les Othoniens. Au reste, dans ces bandes qui se croisaient pour fuir ou pour avancer, sur le champ de bataille devant les retranchements, partout, l'épouvante fut si grande, au dire universel des deux partis, que Cécina pouvait être détruit avec

unde ausi rursus	d'-où ayant osé *s'élancer* de-nou-
interfecere promptissimos	ils tuèrent les plus résolus [veau
equitum prætorianorum ;	des cavaliers prétoriens ;
rex Epiphanes vulneratus	le roi Épiphane *fut* blessé
ciens pugnam impigre	en excitant le combat activement
pro Othone.	pour Othon.
XXVI. Tum	XXVI. Alors
pedes Othonianus	le fantassin othonien
erupit ;	s'-élança ; [sée,
acie hostium protrita,	la ligne des armées ayant été écra-
etiam qui subveniebant	même *ceux* qui venaient-au-se-
versi in fugam ;	*furent* tournés en fuite ; [cours
nam Cæcina acciverat	car Cécina avait appelé
non cohortes simul,	non les cohortes *toutes* ensemble,
sed singulas,	mais les-unes-après-les-autres,
quæ res	laquelle mesure
auxit trepidationem	augmenta le trouble
in prœlio,	dans le combat,
cum pavor fugientium	attendu-que la peur des fuyards
abriperet dispersos	entraînait *ces renforts* séparés
nec usquam validos.	et nulle-part forts (en force).
Seditio	Une sédition
orta et in castris,	s'-éleva même dans le camp,
quod non ducerentur	parce-qu'ils n'étaient pas menés
universi :	tous-ensemble :
Julius Gratus	Julius Gratus
præfectus castrorum vinctus,	préfet du camp *fut* enchaîné,
tanquam ageret proditionem	comme-s'il pratiquait la trahison
fratri militanti	pour *son* frère servant
apud Othonem,	auprès d'Othon,
cum Othoniani	alors-que les Othoniens
vinxissent	avaient enchaîné
sub eodem crimine	sous la même accusation
fratrem ejus,	le frère de lui,
tribunum Julium Frontonem.	le tribun Julius Fronton.
Ceterum ea fuit ubique	Du-reste telle fut partout
formido	l'épouvante
apud fugientes,	chez les *Vitelliens* fuyant,
occursantes,	se-rencontrant
in acie,	dans le champ-de-bataille,
pro vallo,	devant le retranchement,
ut percrebuerit	qu'il se-répandit
in utrisque partibus	dans l'un-et-l'autre parti
Cæcinam potuisse deleri	Cécina avoir pu être détruit

universo exercitu Cæcinam potuisse, ni Suetonius Paulinus receptui cecinisset, utrisque in partibus percrebruerit. Timuisse se Paulinus ferebat tantum insuper laboris atque itineris [1], ne Vitellianus miles recens e castris fessos aggrederetur et perculsis nullum retro subsidium foret. Apud paucos ea ducis ratio probata, in vulgus adverso rumore fuit.

XXVII. Haud perinde id damnum Vitellianos in metum compulit quam ad modestiam composuit, nec solum apud Cæcinam, qui culpam in militem conferebat seditioni magis quam prœlio paratum; Fabii quoque Valentis copiæ (jam enim Ticinum venerat), posito hostium contemptu et recuperandi decoris cupidine, reverentius et æqualius duci parebant. Gravis alioquin seditio exarserat, quam altiore initio (neque enim rerum a Cæcina gestarum ordinem interrumpi oportuerat) repetam. Cohortes Batavorum, quas

toute son armée, si Suétonius n'eût pas sonné la retraite. Suétonius alléguait la fatigue et la marche qu'il eût fallu soutenir encore et la crainte que le Vitellien, sortant frais et reposé de son camp, ne tombât sur une troupe harassée, qui en cas d'échec, n'avait aucun appui derrière elle. Approuvé du petit nombre, ce calcul du chef fut interprété en mal par la multitude.

XXVII. Ce mauvais succès ôta moins le courage aux Vitelliens qu'il ne leur inspira le respect du devoir; et ce ne fut pas seulement dans le camp de Cécina (qui rejetait toute la faute sur une soldatesque plus disposée à se révolter qu'à se battre), ce fut encore dans l'armée de Valens, arrivée dès lors à Ticinum, que le soldat, cessant de mépriser l'ennemi et jaloux de recouvrer son honneur, obéit désormais au général avec une docilité plus égale et plus respectueuse. Une sédition violente avait précédemment éclaté parmi ces troupes; j'en reprendrai le récit d'un peu plus haut, n'ayant pas voulu interrompre l'ordre des opérations de Cécina. Les cohortes bataves, qui s'étaient séparées de la quator-

cum exercitu universo,	avec l'armée tout-entière,
ni Suetonius Paulinus	si Suétonius Paulinus
cecinisset receptui.	n'eût sonné pour la retraite.
Paulinus ferebat	Paulinus alléguait
se timuisse	soi avoir craint
tantum laboris atque itineris,	tant de fatigue et de marche
insuper,	en-plus,
ne miles Vitellianus	de-peur-que le soldat vitellien
recens e castris	sorti récemment du camp
aggrederetur fessos	n'attaquât *ses troupes* fatiguées
et nullum subsidium	et *qu'*aucun appui
foret retro perculsis.	*ne* fût derrière *à elles* ébranlées.
Ea ratio ducis	Ce calcul du chef
probata apud paucos	approuvé auprès de peu
fuit rumore adverso	fut d'un bruit défavorable
in vulgus.	*en se répandant* dans la foule.
XXVII. Id damnum	XXVII. Cette perte (cet échec)
haud compulit perinde	ne poussa pas de-même (poussa
Vitellianos in metum	les Vitelliens à la crainte [moins]
quam composuit	qu'elle *ne les* disposa
ad modestiam,	à la modération,
nec solum apud Cœcinam,	et-non seulement auprès de Cécina,
qui conferebat culpam	qui reportait la faute
in militem magis paratum	sur le soldat plus prêt
seditioni quam prœlio ;	à la sédition qu'au combat ;
copiæ quoque Fabii Valentis	les troupes même de Fabius Valens
(jam enim	(déjà en-effet
venerat Ticinum),	il était arrivé à Ticinum),
contemptu hostium posito	le mépris des ennemis étant déposé
et cupidine decoris	et par désir de l'honneur
recuperandi,	devant être recouvré,
parebant duci	obéissaient à *leur* chef
reverentius	plus respectueusement
et æqualius.	et plus régulièrement.
Alioquin gravis seditio	D'ailleurs une grave sédition
exarserat,	s'-était allumée *auparavant*,
quam repetam	laquelle je reprendrai
initio altiore	à un commencement plus haut
(neque enim oportuerat	(ni-en-effet il *n'*avait (n'aurait) fallu
ordinem rerum	la suite des choses
gestarum a Cæcina	accomplies par Cécina
interrumpi).	être interrompue).
Cohortes Batavorum,	Les cohortes des Bataves,
quas rettulimus	lesquelles nous avons rapportées

bello Neronis[1] e quarta decima legione digressas, cum
Britanniam peterent, audito Vitellii motu in civitate Lingonum Fabio Valenti adjunctas rettulimus, superbe agebant, ut cujusque legionis tentoria accessissent, coercitos a
se quartadecimanos, ablatam Neroni Italiam atque omnem
belli fortunam in ipsorum manu sitam jactantes. Contu-
meliosum id militibus, acerbum duci, corrupta jurgiis aut
rixis disciplina; ad postremum Valens e petulantia etiam
perfidiam suspectabat.

XXVIII. Igitur nuntio allato pulsam Trevirorum alam
Tungrosque a classe Othonis et Narbonensem Galliam
circumiri, simul cura socios tuendi et militari astu cohortes turbidas ac, si una forent, prævalidas dispergendi,
partem Batavorum ire in subsidium jubet. Quod ubi audi-
tum vulgatumque, mærere socii, fremere legiones orbari

zième légion pendant la guerre de Vindex, et qui, allant en Bretagne et apprenant en route le mouvement de Vitellius, s'étaient
jointes à Valens dans le pays des Lingons, faisaient voir un inso-
lent orgueil. Elles parcouraient les tentes du légionnaire, se vantant d'avoir contenu la quatorzième légion, d'avoir enlevé à Néron
l'Italie, de tenir en leurs mains le sort de la guerre. Cette jactance était injurieuse aux soldats et offensait le général. Les dis-
putes et les querelles rompirent les liens de la discipline, et
Valens finit par craindre que l'insolence n'amenât après soi la
trahison.

XXVIII. Dans ces conjonctures, instruit que l'armée navale
d'Othon avait repoussé les Trévires et les Tongres et menaçait la
Gaule narbonnaise, il voulut tout à la fois et protéger les alliés,
et diviser par une ruse militaire des cohortes turbulentes dont la
réunion était trop redoutable. Il ordonne à une partie des Bataves
d'aller au secours de la province. Au premier bruit de cet ordre,
les auxiliaires s'affligent, les légions murmurent : « On leur ôtait

HISTOIRES, LIVRE II. 295

digressas bello Neronis	détachées pendant la guerre de Né-[ron
e quarta decima legione,	de la quatorzième légion,
motu Vitellii	le mouvement de Vitellius
audito,	ayant été appris,
cum peterent Britanniam,	lorsqu'elles gagnaient la Bretagne,
adjunctas Fabio Valenti	s'étant jointes à Fabius Valens
in civitate Lingonum,	dans la cité des Lingons,
agebant superbe,	se-comportaient orgueilleusement,
jactantes	répétant [chées des tentes
ut accessissent tentoria	à-mesure-qu'elles s'-étaient appro-
cujusque legionis,	de chaque légion, [gion
quartadecimanos	les-*soldats*-de-la-quatorzième-lé-
coercitos a se,	*avoir* été contenus par eux,
Italiam ablatam Neroni	l'Italie *avoir été* enlevée à Néron
atque omnem fortunam belli	et toute la fortune de la guerre
sitam	*être* placée
in manu ipsorum.	dans la main d'eux-mêmes. [dats,
Id contumeliosum militibus,	Cela *était* injurieux pour les sol-
acerbum duci,	désagréable pour le chef,
disciplina corrupta	la discipline *était* gâtée
jurgiis aut rixis;	par des querelles ou des rixes;
ad postremum Valens	à la fin Valens
suspectabat etiam perfidiam	soupçonnait même la perfidie
e petulantia.	par-suite-de *leur* insolence.
XXVIII. Igitur	XXVIII. Donc
nuntio allato,	la nouvelle ayant été apportée
alam Trevirorum	l'aile (la cavalerie des Trévires)
pulsam	*avoir été* repoussée
Tungrosque	et (ainsi que) les Tongres
et Galliam Narbonensem	et la Gaule narbonnaise
circumiri,	être entourés,
a classe Othonis,	par la flotte d'Othon, [tion
simul cura	en-même-temps par la préoccupa-
tuendi socios	de défendre les alliés
et astu militari	et par une ruse militaire
dispergendi cohortes turbidas	de (pour) disperser des cohortes
ac praevalidas,	et très-fortes, [turbulentes
si forent una,	si elles étaient ensemble,
jubet partem Batavorum,	il ordonne une partie des Bataves,
ire in subsidium.	aller au secours *des alliés*.
Quod ubi auditum	Lequel *ordre* dès-qu'il *fut* appris
vulgatumque,	et répandu,
socii mærere,	les alliés *de* s'-affliger,
legiones fremere	les légions *de* murmurer

se fortissimorum virorum auxilio; veteres illos et tot bellorum victores, postquam in conspectu sit hostis, velut ex acie abduci; si provincia Urbe et salute imperii potior sit, omnes illuc sequerentur : sin victoriæ [sanitas] sustentaculum [columen] in Italia verteretur, non abrumpendos ut corpori validissimos artus.

XXIX. Hæc fortiter jactando, postquam immissis lictoribus Valens coercere seditionem cœptabat, ipsum invadunt, saxa jaciunt, fugientem sequuntur. Spolia Galliarum et Viennensium aurum[1], pretia[2] laborum suorum, occultari clamitantes, direptis sarcinis tabernacula ducis ipsamque humum pilis et lanceis rimabantur; nam Valens servili veste apud decurionem equitum tegebatur. Tum Alfenus Varus præfectus castrorum, deflagrante paulatim sedi-

l'appui des plus braves guerriers; ces vieux soldats vainqueurs dans tant de guerres, on attendait que l'ennemi fût en présence pour les arracher du champ de bataille. Si une province était préférable à Rome et au salut de l'empire, pourquoi donc ne pas y mener toute l'armée? mais si l'Italie seule offrait à la victoire de la solidité, des soutiens, une garantie, pourquoi couper à un corps ses membres les plus vigoureux?

XXIX. La violence de leurs plaintes était au comble, lorsque Valens, ayant fait avancer ses licteurs pour réprimer la sédition, est assailli lui-même et poursuivi à coups de pierres. Ils l'accusent à grands cris de cacher les dépouilles des Gaules, l'or des Viennois, le prix de leurs travaux : en même temps ils pillent les bagages, fouillent dans la tente du général, remuent jusqu'à la terre avec leurs javelines et leurs lances; pour Valens, il se cachait sous des habits d'esclave chez un décurion de cavalerie. Le préfet de camp Alfénus Varus, voyant l'ardeur de la sédition

se orbari auxilio	soi être privées du secours
virorum fortissimorum ;	des hommes les plus braves ;
illos veteres	ces *soldats* vieux
et victores tot bellorum	et vainqueurs de tant de guerres
abduci velut	être emmenés en-quelque-sorte
ex acie,	du champ-de-bataille,
postquam hostis	après-que l'ennemi
sit in conspectu ;	est en vue ;
si provincia sit potior	si une province était préférable
Urbe et salute imperii,	à la ville et au salut de l'empire,
omnes sequerentur	que tous suivissent
illuc :	dans-cette-direction :
sin	si-au-contraire
sanitas sustentaculum	la solidité, le soutien,
columen victoriæ	l'appui de la victoire
verteretur in Italia,	se trouvait en Italie,
artus validissimos	les membres les plus vigoureux
non abrumpendos	ne devoir pas être coupés
ut corpori.	comme à un corps. [proférait]
XXIX. Jactando	XXIX. En proférant (tandis qu'il
fortiter	avec-force
hæc,	ces *plaintes*,
postquam lictoribus	après-que des licteurs
immissis,	ayant été envoyés,
Valens cœptabat	Valens entreprenait (eut entrepris)
coercere seditionem,	de réprimer la sédition,
invadunt ipsum,	ils *l'*assaillent lui-même,
jaciunt saxa,	*lui* jettent des pierres,
sequuntur fugientem.	*le* poursuivent fuyant.
Clamitantes	Criant-à-cris-redoublés
spolia Galliarum	les dépouilles des Gaules
et aurum Viennensium,	et l'or des Viennois,
pretia suorum laborum,	prix de leurs travaux,
occultari,	être cachés *par lui*,
sarcinis direptis	les bagages ayant été pillés
rimabantur tabernacula ducis	ils fouillaient la tente du chef
humumque ipsam	et le sol même
lanceis et pilis ;	avec des lances et des javelines ;
nam Valens veste servili	car Valens en habit d'-esclave
tegebatur	était caché
apud decurionem equitum.	chez un décurion de cavaliers.
Tum Alfenus Varus,	Alors Alfénus Varus,
præfectus castrorum,	préfet du camp,
seditione deflagrante paulatim	la sédition s'-éteignant peu-à-peu,

tione, addit consilium, vetitis obire vigilias centurionibus, omisso tubæ sono, quo miles ad belli munia cietur. Igitur torpere cuncti, circumspectare inter se attoniti et id ipsum, quod nemo regeret, paventes, silentio, patientia, postremo precibus ac lacrimis veniam quærebant. Ut vero deformis et flens et præter spem incolumis Valens processit, gaudium, miseratio, favor : versi in lætitiam, ut est vulgus utroque immodicum, laudantesque gratantesque circumdatum aquilis signisque in tribunal ferunt. Ille utili moderatione non supplicium cujusquam poposcit, ac, ne dissimulans suspectior foret, paucos incusavit, gnarus civilibus bellis plus militibus quam ducibus licere.

XXX. Munientibus castra apud Ticinum de adversa Cæcinæ pugna allatum, et prope renovata seditio, tanquam

s'amortir peu à peu, acheva de l'éteindre par un stratagème : il défendit aux centurions de visiter les postes, aux trompettes de sonner les exercices ordinaires. Les soldats frappés de stupeur se regardent l'un l'autre avec un muet étonnement. L'idée même d'être sans chef les épouvante. Le silence et la résignation bientôt suivis de prières et de larmes, demandaient grâce pour eux. Mais lorsque Valens dans un indigne appareil, les yeux en pleurs et vivant, lui qu'ils croyaient mort, parut à leurs regards, sa vue excita la joie, l'attendrissement, l'enthousiasme. La multitude va d'un excès à l'autre : dans leurs nouveaux transports ils le louent, le félicitent, et le portent, environné des drapeaux et des aigles, sur son tribunal. Modéré par politique, Valens ne demanda le supplice de personne ; et, pour ne pas dissimuler au point d'exciter la défiance, il se plaignit de quelques-uns : il savait que la guerre civile donne aux soldats plus de licence qu'aux chefs.

XXX. Comme ils retranchaient un camp auprès de Ticinum, la nouvelle de l'échec éprouvé par Cécina pensa renouveler la sédi-

addit consilium,	ajoute un expédient,
centurionibus vetitis	les séditions ayant reçu-la-défense
obire vigilias,	de visiter les sentinelles,
sono tubæ,	le son de la trompette
quo miles cietur	par lequel le soldat est appelé
ad munia belli,	aux devoirs de la guerre,
omisso.	étant laissé-de-côté.
Igitur cuncti torpere,	Donc tous être-engourdis,
circumspectare inter se	se regarder entre eux
attoniti,	étonnés,
et paventes id ipsum,	et effrayés de cela même
quod nemo regeret,	que personne-ne *les* gouvernât,
quærebant veniam	ils cherchaient le pardon
silentio, patientia,	par le silence, la résignation,
postremo precibus	enfin par des prières
ac lacrimis.	et par des larmes.
Ut vero Valens	Mais dès-que Valens
processit	s'avança (parut)
deformis et flens	hideux et pleurant [rance,
et incolumis præter spem,	et sain-et-sauf contre *toute* espé-
gaudium, miseratio,	la joie, la compassion,
favor;	la faveur *éclatèrent*;
versi in lætitiam,	tournés en joie, [sure
ut vulgus est immodicum	comme la multitude est sans-me-
utroque,	dans l'un-et-l'autre *sens*,
laudantesque gratantesque,	et louant et félicitant
ferunt in tribunal	ils *le* portent au tribunal
circumdatum aquilis signisque.	entouré d'aigles et d'étendards.
Ille moderatione utili	Celui-ci par une modération utile
non poposcit supplicium	ne réclama le supplice
cujusquam,	de qui-que-ce-fût,
ac, ne foret suspectior	et, de-peur-qu'il ne fût plus suspect
dissimulans,	en dissimulant,
incusavit paucos,	il *en* accusa peu,
gnarus plus licere	sachant plus être-permis
militibus quam ducibus	aux soldats qu'aux chefs
bellis civilibus.	dans les guerres civiles.
XXX. Allatum	XXX. *La nouvelle fut* apportée
de pugna adversa	touchant le combat contraire
Cæcinæ	de Cécina
munientibus castra	à *eux* fortifiant un camp
apud Ticinum,	auprès de Ticinum, [velée,
et seditio prope renovata,	et la sédition *fut* presque renou-
tanquam defuissent	comme-s'ils avaient manqué

fraude et cunctationibus Valentis prœlio defuissent : nolle requiem, non exspectare ducem, anteire signa, urgere signiferos. Rapido agmine Cæcinæ junguntur. Improspera Valentis fama apud exercitum Cæcinæ erat : expositos se tanto pauciores integris hostium viribus querebantur, simul in suam excusationem, et adventantium robur per adulationem attollentes ne ut victi et ignavi despectarentur. Et quanquam plus virium, prope duplicatus legionum auxiliorumque numerus erat Valenti, studia tamen militum in Cæcinam inclinabant, super benignitatem animi qua promptior habebatur, etiam vigore ætatis, proceritate corporis et quodam inani favore. Hinc æmulatio ducibus : Cæcina ut fœdum ac maculosum, ille ut tumidum ac vanum irridebant. Sed condito odio eandem utilitatem fovere,

tion ; ils accusaient la perfidie et les délais de Valens de les avoir fait manquer au combat. Ils partent sans vouloir de repos, sans attendre le général, devançant les enseignes pressant ceux qui les portent, et vont par une marche rapide se joindre à Cécina. Le nom de Valens n'était pas en honneur auprès de l'armée que ce chef commandait. Elle se plaignait que, si peu nombreuse en comparaison de l'autre, on l'eût exposée seule à toutes les forces ennemies. C'était une excuse que les soldats cherchaient pour eux-mêmes, et une flatterie par laquelle ils relevaient la supériorité des nouveaux venus afin de n'en pas être méprisés comme des vaincus et des lâches. Il est vrai que Valens était le plus fort, ayant presque le double de légions et d'auxiliaires ; mais l'affection des troupes penchait du côté de Cécina. Outre la générosité dont on lui faisait honneur, il avait pour lui la vigueur de l'âge, une haute taille, et je ne sais quel caprice de l'opinion. Ce fut une source de jalousie entre les deux chefs. Cécina tournait Valens en ridicule comme un homme vil et chargé de souillures et Valens peignait Cécina comme un présomptueux gonflé d'orgueil. Toutefois ils renfermaient leurs haines et se dévouaient sans réserve

prœlio	au combat [tions
fraude et cunctationibus	par la perfidie et les temporisa-
Valentis :	de Valens :
nolle requiem,	ne-pas-vouloir de repos,
non exspectare ducem,	ne-pas attendre le général,
anteire signa,	devancer les enseignes,
urgere signiferos.	presser les porte-enseignes.
Junguntur Cæcinæ	Ils sont joints à Cécina
agmine rapido.	par une marche rapide.
Fama Valentis	La renommée de Valens
erat improspera	était mauvaise
apud exercitum Cæcinæ;	dans l'armée de Cécina;
querebantur	ils se-plaignaient
se expositos	soi *avoir été* exposés
tanto pauciores	tellement moins-nombreux
viribus integris hostium,	aux forces entières des ennemis,
simul in suam excusationem	en-même-temps pour leur excuse,
et attollentes per adulationem	et relevant par flatterie
robur adventantium,	la force des arrivants,
ne despectarentur	afin-qu'ils ne fussent pas méprisés
ut victi et ignavi.	comme vaincus et lâches.
Et quanquam plus virium,	Et quoique plus de forces,
numerus prope duplicatus	un nombre presque doublé
legionum auxiliorumque	de légions et d'auxiliaires
erat Valenti,	fût à Valens, [dats
studia tamen militum	les sentiments cependant des sol-
inclinabant in Cæcinam,	penchaient pour Cécina,
super benignitatem animi,	outre la bienveillance d'âme
qua habebatur	par laquelle il paraissait
promptior,	plus disposé. [l'âge,
etiam vigore ætatis,	aussi à cause de la vigueur de
proceritate corporis	de la hauteur du corps
et quodam favore	et d'une certaine faveur
inani.	vaine (sans raison).
Hinc æmulatio ducibus :	De-là rivalité entre les chefs :
irridebant	ils se-moquaient *l'un de l'autre*
Cæcina	Cécina *de Valens*
ut fœdum	comme *d'un homme* infâme
et maculosum,	et souillé,
ille	celui-là (Valens) *de Cécina*,
ut tumidum	comme *d'un homme* orgueilleux
ac vanum.	et vain.
Sed odio condito	Mais *leur* haine étant renfermée
fovere eandem utilitatem,	ils soutinrent le même intérêt,

crebris epistulis sine respectu veniæ probra Othoni objectantes, cum duces partium Othonis, quamvis uberrima conviciorum in Vitellium materia, abstinerent.

XXXI. Sane ante utriusque exitum, quo egregiam Otho famam, Vitellius flagitiosissimam meruere, minus Vitellii ignavæ voluptates quam Othonis flagrantissimæ libidines timebantur. Addiderat huic terrorem atque odium cædes Galbæ, contra illi initium belli nemo imputabat. Vitellius ventre et gula sibi inhonestus, Otho luxu, sævitia, audacia, rei publicæ exitiosior ducebatur.

Conjunctis Cæcinæ ac Valentis copiis nulla ultra penes Vitellianos mora quin totis viribus certarent : Otho consultavit trahi bellum an fortunam experiri placeret.

au même intérêt, ne cessant d'écrire contre Othon mille invectives en hommes qui renonçaient au pardon ; tandis que les généraux othoniens, auxquels Vitellius offrait une si riche matière, s'abstenaient envers lui de toute injure.

XXXI. Il est vrai de le dire : avant que la mort eût rétabli dans l'estime publique la renommée d'Othon et mis le comble à l'infamie de Vitellius, on redoutait moins les stupides voluptés du dernier que les ardentes passions de son rival. Othon inspirait la terreur et la haine comme meurtrier de Galba ; personne au contraire n'imputait à Vitellius le commencement de la guerre. Celui-ci, par sa gourmandise et son intempérance, était ennemi de lui-même : Othon, par son luxe, sa cruauté, son audace, semblait menacer l'État de plus de calamités.

Les troupes de Cécina et de Valens une fois réunies, rien ne s'opposait plus de la part des Vitelliens à une bataille générale. Othon délibéra s'il devait traîner la guerre en longueur ou tenter la fortune.

objectantes probra	reprochant *ses* turpitudes
Othoni	à Othon,
epistulis crebris	par des lettres fréquentes,
sine respectu veniæ,	sans arrière-pensée de pardon,
cum duces	tandis-que les chefs
partium Othonis	du parti d'Othon
abstinerent,	s'-abstenaient,
quamvis materia conviciorum	quoique la matière des injures
in Vitellium	contre Vitellius
uberrima.	*étant* (fût) très abondante.
XXXI. Sane	XXXI. Certes
ante exitum utriusque,	avant la fin de-l'un-et-de-l'autre,
quo meruere	par laquelle ils méritèrent
Otho egregiam famam,	Othon une belle renommée
Vitellius flagitiosissimam,	*et* Vitellius la plus honteuse,
ignavæ voluptates Vitellii	les lâches voluptés de Vitellius
timebantur minus	étaient craintes moins,
quam libidines flagrantissimæ	que les passions très ardentes
Othonis.	d'Othon.
Cædes Galbæ	Le meurtre de Galba
addiderat huic	avait ajouté à celui-ci
terrorem atque odium,	terreur et haine,
contra nemo imputabat	au-contraire personne *n*'imputait
illi	à celui-là
initium belli.	le commencement de la guerre.
Vitellius ducebatur	Vitellius était regardé-comme
inhonestus sibi	déshonnête pour lui-même
ventre	par *son* estomac
et gula,	et *sa* bouche (sa gourmandise),
Otho exitiosior	Othon *comme* plus funeste
rei publicæ	à la chose publique [audace.
luxu, sævitia, audacia.	par *sa* débauche, *sa* cruauté, *son*
Copiis	Les troupes
Cæcinæ ac Valentis	de Cécina et de Valens
conjunctis,	ayant été réunies,
nulla mora ultra	aucun retard ne *fut* plus
penes Vitellianos	chez les (de la part des) Vitelliens
quin certarent	qu'ils ne combattissent
totis viribus:	avec toutes *leurs* forces:
Otho consultavit	Othon délibéra
placeret	s'il plaisait (si on était d'avis)
bellum trahi	la guerre être prolongée
an experiri	ou de tenter
fortunam.	la fortune.

XXXII. Tunc Suetonius Paulinus dignum fama sua ratus, qua nemo illa tempestate militaris rei callidior habebatur, de toto genere belli censere, festinationem hostibus, moram ipsis utilem disseruit : exercitum Vitellii universum advenisse, nec multum virium a tergo, quoniam Galliæ tumeant et deserere Rheni ripam irrupturis tam infestis nationibus non conducat; Britannicum militem hoste et mari distineri; Hispanias armis non ita redundare; provinciam Narbonensem incursu classis et adverso prœlio contremuisse; clausam Alpibus et nullo maris subsidio[1] transpadanam Italiam atque ipso transitu exercitus vastam; non frumentum usquam exercitui, nec exercitum sine copiis retineri posse; jam Germanos, quod genus

XXXII. Alors Suétonius, qui passait pour le plus habile capitaine de son temps, crut devoir à sa réputation de parler sur tout l'ensemble de la guerre, et soutint qu'il convenait à l'ennemi de se hâter, à Othon de temporiser. Il représenta « que l'armée de Vitellius était arrivée tout entière; que d'ailleurs elle avait peu d'appui derrière elle, la révolte couvant dans les Gaules et la prudence ne permettant pas d'abandonner la rive du Rhin aux irruptions de tant de peuples ennemis; que la guerre et l'Océan tenaient les soldats de Bretagne éloignés; que les forces n'abondaient pas en Espagne; que l'invasion de la flotte et un combat malheureux avaient consterné la province narbonnaise; que l'Italie transpadane était fermée par les Alpes, sans ressources du côté de la mer, ravagée enfin par le seul passage des troupes, que nulle part on n'y trouverait de vivres, et que sans vivres une armée se dissipait bientôt; qu'à l'égard des Germains, portion la plus

HISTOIRES, LIVRE II.

XXXII. Tunc
Suetonius Paulinus
ratus dignum
sua fama,
qua nemo
illa tempestate
habebatur
callidior rei militaris,
censere de
genere toto
belli,
disseruit,
festinationem utilem hostibus,
moram ipsis,
exercitum Vitellii
advenisse universum,
nec multum virium
a tergo,
quoniam Galliæ tumeant,
et non conducat
deserere ripam Rheni
nationibus tam infestis
irrupturis ;
militem Britannicum
distineri hoste
et mari ;
Hispanias
non redundare ita armis ;
provinciam Narbonensem
contremuisse
incursu classis,
et prœlio adverso ;
Italiam transpadanam
clausam Alpibus,
et nullo subsidio maris,
atque vastam
transitu ipso
exercitus ;
non frumentum usquam
exercitui,
nec exercitum posse retineri
sine copiis ;
jam Germanos,
quod genus militum

XXXII. Alors
Suétonius Paulinus
persuadé *qu'il était* digne
de sa renommée,
grâce à laquelle personne
en ce temps-là
n'était regardé-comme
plus habile dans la chose militaire,
d'opiner sur
la manière (la conduite) entière
de la guerre,
discourut *sur ce point*,
la hâte *être* utile aux ennemis,
le retard à eux-mêmes,
l'armée de Vitellius
être arrivée tout-entière,
ni beaucoup de forces
ne rester par derrière,
attendu-que les Gaules fermentent,
et *qu'*il n'est-pas-bon
d'abandonner la rive du Rhin
des nations si hostiles
devant faire-irruption ;
le soldat britannique
être tenu-éloigné par l'ennemi
et la mer ;
les Espagnes
ne-pas regorger tellement d'armes ;
la province narbonnaise
avoir tremblé-tout-entière
par l'incursion d'une flotte
et par un combat contraire ;
l'Italie transpadane
être fermée par les Alpes,
et sans aucun secours de la mer,
et dévastée
par le passage-même (seul)
de l'armée,
non du blé quelque-part
pour l'armée, [nue
ni une armée *ne* pouvoir être rete-
sans provisions ;
en-outre les Germains,
laquelle espèce de soldats

militum apud hostes atrocissimum sit, tracto in æstatem bello, fluxis corporibus, mutationem soli cælique haud toleraturos. Multa bella impetu valida per tædia et moras evanuisse. Contra ipsis omnia opulenta et fida, Pannoniam, Mœsiam, Delmatiam, Orientem cum integris exercitibus, Italiam et caput rerum urbem senatumque et populum, nunquam obscura nomina, etiam si aliquando obumbrentur; publicas privatasque opes et immensam pecuniam, inter civiles discordias ferro validiorem; corpora militum aut Italiæ sueta æstibus [1]; objacere flumen Padum, tutas viris murisque urbes; e quibus nullam hosti cessuram Placentiæ defensione exploratum; proinde duceret bellum. Paucis diebus quartamdecimam legionem, magna ipsam

effrayante des forces ennemies, il suffirait d'atteindre l'été pour voir leurs corps affaissés succomber au changement de sol et de climat; que plus d'une guerre dont le premier choc eût été redoutable s'était évanouie à travers les lenteurs et les retardements. » A ce tableau il opposait la cause d'Othon, « partout florissante et sûre de ses appuis; la Pannonie, la Mésie, la Dalmatie, l'Orient étaient à eux avec l'intégrité de leurs forces; ils avaient l'Italie et Rome, la tête de l'empire, le sénat et le peuple, noms dont l'éclat ne périrait jamais, dût-il être éclipsé quelquefois; d'immenses richesses, soit publiques, soit privées et l'argent plus puissant que le fer dans les discordes civiles; enfin des soldats faits aux chaleurs de l'Italie, le fleuve du Pô pour les couvrir, des villes bien défendues et bien fortifiées, dont pas une ne céderait à l'ennemi, comme le prouvait assez l'exemple de Plaisance. Il fallait donc faire durer la guerre : dans peu de jours, la quatorzième légion arriverait avec les troupes de Mésie et tout l'as-

sit atrocissimum	est la plus redoutable
apud hostes,	chez les ennemis,
bello tracto	la guerre ayant été traînée
in æstatem,	jusqu'à l'été,
haud toleraturos,	ne pas devoir supporter,
corporibus fluxis,	*leurs* corps *étant* mous,
mutationem soli cælique.	le changement de sol et de ciel.
Multa bella	Beaucoup de guerres
valida impetu	redoutables par le choc
evanuisse	s'-être évanouies
per tædia	au-milieu des dégoûts
et moras.	et des retards.
Contra omnia ipsis	Au-contraire tout *être* à eux-mêmes
opulenta et fida,	riche et sûr,
Pannoniam, Mœsiam,	la Pannonie, la Mésie,
Delmatiam,	la Dalmatie,
Orientem	l'Orient
cum exercitibus integris,	avec *ses* armées entières,
Italiam	l'Italie [monde)
et urbem caput rerum	et la ville tête des choses (du
senatumque et populum,	et le sénat et le peuple,
nomina nunquam obscura,	noms jamais obscurs,
etiam si obumbrentur	mêmes s'ils sont couverts d'-ombre
aliquando;	quelquefois;
opes publicas privatasque	des ressources publiques et privées
et pecuniam immensam,	et un argent immense,
validiorem ferro	plus puissant que le fer
inter discordias civiles;	au-milieu des discordes civiles;
aut	d'autre-part
corpora militum	les corps des soldats
sueta æstibus Italiæ;	habitués aux chaleurs de l'Italie;
flumen Padum	le fleuve *du* Pô
objacere,	être-placé-devant,
urbes	des villes *être à eux*,
tutas viris murisque;	sûres par les hommes et les murs;
e quibus nullam	desquelles aucune
cessuram hosti	*ne* devoir céder à l'ennemi
exploratum	*avoir été* prouvé
defensione Placentiæ;	par la défense de Plaisance;
proinde duceret bellum.	qu'ainsi-donc il traînât la guerre.
Paucis diebus	Dans peu de jours
quartamdecimam	la quatorzième,
legionem,	légion, [nommée,
ipsam magna fama,	*étant* elle-même d'une grande re-

fama, cum Mœsiacis copiis affore : tum rursus deliberaturum, et, si prœlium placuisset, auctis viribus certaturos.

XXXIII. Accedebat sententiæ Paulini Marius Celsus; idem placere Annio Gallo paucos ante dies lapsu equi afflicto, missi qui consilium ejus sciscitarentur rettulerant. Otho pronus ad decertandum ; frater ejus Titianus et præfectus prætorii Proculus, imperitia properantes, fortunam et deos et numen Othonis adesse consiliis, affore conatibus testabantur ; neu quis obviam ire sententiæ auderet, in adulationem concesserant. Postquam pugnari placitum, interesse pugnæ imperatorem an seponi melius foret, dubitavere. Paulino et Celso jam non adversantibus, ne principem objectare periculis viderentur, iidem illi deterioris consilii auctores perpulere, ut Brixellum concederet ac dubiis prœliorum exemptus summæ rerum et imperii se

cendant de sa renommée ; alors on tiendrait un nouveau conseil, et, si le combat était résolu, on combattrait avec des forces plus nombreuses. »

XXXIII. Celsus partageait l'opinion de Suétonius. On envoya prendre l'avis de Gallus, malade depuis quelques jours d'une chute de cheval, et sa réponse fut la même. Othon penchait pour le combat. Son frère Titianus et le préfet du prétoire Proculus, impatients par ignorance, protestaient que la fortune, les dieux et le génie d'Othon présidaient à ses conseils, prendraient part à ses efforts ; et pour échapper aux contradicteurs, ils se réfugiaient dans la flatterie. Quand la bataille fut résolue, on délibéra si l'empereur devait y assister ou se tenir à l'écart. Suétonius et Celsus ne voulurent pas qu'il leur fût reproché de mettre en péril la vie du prince ; ils se turent, et ceux qui avaient déjà fait prévaloir le plus mauvais conseil décidèrent Othon à se rendre à Brixellum, où, sans craindre les chances des combats, il se réserverait pour la direction suprême de la guerre et les

affore cum copiis
Mœsiacis :
tum deliberaturum rursus,
et si prœlium placuisset,
certaturos
viribus auctis

XXXIII. Marius Celsus
accedebat sententiæ Paulini ;
missi qui sciscitarentur
consilium ejus
rettulerant idem placere
Annio Gallo
afflicto ante paucos dies
lapsu equi.
Otho pronus ad decertandum;
frater ejus Titianus,
et præfectus prætorii Proculus,
properantes imperitia,
testabantur fortunam et deos
et numen Othonis
adesse consiliis,
affore conatibus;
neu quis auderet
ire obviam sententiæ,
concesserant in adulationem.
Postquam placitum pugnari,
dubitavere
foret melius
imperatorem
interesse pugnæ
an seponi.
Paulino et Celso
jam non adversantibus
ne viderentur
objectare principem periculis,
illi iidem auctores
deterioris consilii
perpulere,
ut concederet Brixellum,
ac exemptus
dubiis prœliorum
reservaret se ipsum
summæ
rerum et imperii.

devoir arriver avec les troupes
mésiennes :
alors devoir délibérer de-nouveau,
et si le combat avait plu,
eux devoir lutter
leurs forces ayant été accrues.

XXXIII. Marius Celsus
se-rangeait à l'avis de Paulinus;
des *gens* envoyés qui demandassent
l'avis de lui,   [plaire
avaient rapporté le même *parti*
à Annius Gallus
abattu peu de jours avant
par une chute de cheval.
Othon *était* porté à combattre ;
le frère de lui Titianus
et le préfet du prétoire Proculus,
étant-pressés par ignorance,
attestaient la fortune et les dieux
et le génie-divin d'Othon
assister à *ses* conseils,
devoir assister à *ses* efforts ;
et-de-peur-que quelqu'un n'osât
aller contre *leur* avis,
ils s'-étaient retirés dans la flatterie.
Après-qu'il eut plu être combattu,
ils hésitèrent (se demandèrent)
s'il était mieux
l'empereur
assister au combat
ou être placé-à-l'écart.
Paulinus et Celsus
ne faisant-plus-opposition,
de-peur-qu'ils *ne* parussent
exposer le prince aux dangers,
ces mêmes auteurs
du plus mauvais conseil
le déterminèrent,
à-ce-qu'il se-retirât à Brixellum,
et *qu'*arraché
aux hasards des combats
il réservât lui-même
pour la direction-suprême
des affaires et de l'empire.

ipsum reservaret. Is primus dies Othonianas partes afflixit ; namque et cum ipso prætoriarum cohortium et speculatorum equitumque valida manus discessit, et remanentium fractus animus, quando suspecti duces et Otho, cui uni apud militem fides, dum et ipse non nisi militibus credit, imperia ducum in incerto reliquerat.

XXXIV. Nihil eorum Vitellianos fallebat, crebris, ut in civili bello, transfugiis ; et exploratores cura diversa sciscitandi sua non occultabant. Quieti intentique Cæcina ac Valens, quando hostis imprudentia rueret, quod loco sapientiæ est, alienam stultitiam opperiebantur, inchoato ponte transitum Padi simulantes adversus oppositam gladiatorum manum, ac ne ipsorum miles segne otium tereret. Naves pari inter se spatio, validis utrimque trabibus conexæ, adversum in flumen dirigebantur, jactis super

soins de l'empire. Ce premier jour fut mortel à la cause d'Othon. Avec lui partit un corps considérable de prétoriens, de spéculateurs, de cavaliers, et ce qui resta perdit courage. Les chefs étaient suspects à l'armée ; et Othon, en qui seul les soldats avaient confiance, ne se fiant lui-même qu'aux soldats, avait laissé l'autorité des généraux incertaine et précaire.

XXXIV. Aucun de ces détails n'échappait aux Vitelliens, grâce à la désertion si commune dans les guerres civiles : ajoutons que les espions curieux des secrets du parti contraire, ne cachaient pas les leurs. Tranquilles et sur leurs gardes, Cécina et Valens voyant l'ennemi courir aveuglément à sa ruine, prirent une résolution qui tient lieu de sagesse, celle d'attendre la folie d'autrui. Ils commencèrent un pont, comme pour aller au delà du Pô attaquer les gladiateurs campés vis à vis d'eux : ils voulaient empêcher aussi que le soldat ne s'engourdît dans le repos. Des barques placées à d'égales distances, liées ensemble par de fortes poutres et dirigées contre le courant, étaient retenues par des ancres qui

Is primus dies	Ce premier-jour
afflixit partes Othonianas;	ruina le parti othonien;
namque et manus valida	car et une troupe puissante
cohortium prætoriarum	de cohortes prétoriennes
et speculatorum equitumque	et de spéculateurs et de cavaliers
dicessit cum ipso,	s'-éloigna avec lui-même,
et animus remanentium	et le courage de *ceux* qui restaient
fractus,	*fut* brisé, [suspects,
quando duces suspecti,	attendu-que les chefs *leur* étaient
et Otho,	et *qu'*Othon,
cui uni fides	à (en) qui seul confiance *était*
apud milites,	chez les soldats, [pas
dum et ipse non credit	tandis-que lui-même aussi ne se-fie
nisi militibus,	si-ce-n'est aux soldats,
reliquerat in incerto	avait laissé dans l'incertitude
imperia ducum.	les pouvoirs des chefs.
XXXIV. Nihil eorum	XXXIV. Rien de ces *détails*
fallebat Vitellianos,	*n'*échappait aux Vitelliens,
transfugiis crebris,	les désertions *étant* fréquentes
ut in bello civili;	comme *il arrive* en guerre civile;
et exploratores	et les espions
cura sciscitandi	par le souci d'apprendre [traire)
diversa	les *affaires* contraires (du parti con-
non occultabant sua.	ne cachaient pas les leurs.
Cæcina ac Valens	Cécina et Valens
quieti ac intenti,	tranquilles et attentifs,
quando hostis rueret	vu-que l'ennemi se-précipitait
imprudentia,	avec imprudence,
opperiebantur	attendaient
stultitiam alienam,	la sottise d'-autrui,
quod est loco sapientiæ,	*ce* qui est en place de sagesse,
ponte inchoato	un pont ayant été commencé,
simulantes transitum Padi	feignant le passage du Pô
adversus manum gladiatorum	contre la troupe de gladiateurs
oppositam,	placée-en-face, [mêmes
ac ne miles ipsorum	et de-peur-que le soldat d'eux-
tereret otium segne.	*ne* consumât un loisir inactif.
Naves	Des barques
pari spatio inter se,	à égale distance en elles,
conexæ utrinque	liées-ensemble des-deux-côtés
trabibus validis,	par des poutres puissantes,
dirigebantur	étaient dirigées
in flumen adversum,	contre le fleuve en-face (le courant)
super ancoris jactis,	*reposant* sur des ancres jetées,

ancoris, quæ firmitatem pontis continerent; sed ancorarum funes non extenti fluitabant, ut augescente flumine inoffensus ordo navium attolleretur. Claudebat pontem imposita turris et in extremam navem educta, unde tormentis ac machinis hostes propulsarentur. Othoniani in ripa turrim struxerant saxaque et faces jaculabantur.

XXXV. Et erat insula [1] amne medio, in quam gladiatores navibus molientes, Germani nando perlabebantur. Ac forte plures transgressos completis Liburnicis per promptissimos gladiatorum Macer aggreditur; sed neque ea constantia gladiatoribus ad prœlia quæ militibus, nec perinde nutantes e navibus quam stabili gradu e ripa vulnera derigebant. Et cum variis trepidantium inclinationibus mixti remiges propugnatoresque turbarentur, desilire in vada [2] ultro Germani, retentare puppes, scandere foros aut

assuraient la solidité de l'ouvrage. On avait laissé flottants les câbles de ces ancres, afin que, si les eaux croissaient, tout ce rang de bateaux pût sans être rompu s'élever avec le fleuve. Une tour construite sur la dernière barque fermait l'entrée du pont et contenait des machines et des balistes pour écarter l'ennemi. Les Othoniens avaient élevé sur la rive, une autre tour, d'où ils lançaient des pierres et des torches.

XXXV. Au milieu du fleuve était une île que les gladiateurs voulaient gagner en bateau : les Germains les prévinrent à la nage. Comme il se trouvaient en force, Macer remplit ses barques de ce qu'il avait de plus résolu et les fit attaquer. Mais les gladiateurs n'ont pas dans une action l'intrépidité du soldat; et de leurs bateaux vacillants ils n'ajustaient pas comme l'ennemi de sa rive où il avait le pied ferme. Dans les balancements causés par une foule en désordre qui se jetait sur un bord puis sur l'autre, rameurs et combattants se mêlent et s'embarrassent. Les Germains sautent dans l'eau, tirent les poupes en arrière, s'élancent sur les

quæ continerent
firmitatem pontis;
sed funes ancorarum
fluitabant non extenti,
ut flumine augescente
ordo navium attolleretur
inoffensus.
Turris imposita
et educta in extremam navem,
unde hostes propulsarentur
tormentis ac machinis,
claudebat pontem.
Othoniani struxerant turrim
in ripa
jaculabanturque saxa et faces.

XXXV. Et medio amne
erat insula
in quam perlabebantur
gladiatores
molientes navibus,
Germani nando.
Ac forte Macer aggreditur
per promptissimos gladiatorum
Liburnicis
completis
transgressos plures;
sed neque ea constantia
gladiatoribus
ad prœlia
quæ militibus,
nec nutantes
derigebant vulnera
e navibus
perinde quam e ripa
gradu stabili.
Et cum remiges
propugnatoresque mixti
turbarentur
variis inclinationibus
trepidantium,
Germani desilire ultro
in vada,
retentare puppes,
scandere foros

qui maintissent
la solidité du pont ;
mais les câbles des ancres
flottaient non étendus,
afin-que le fleuve grossissant
la ligne des navires s'élevât
non-heurtée (sans accident).
Une tour placée-sur *le pont*
et élevée sur le dernier navire,
d'où les ennemis fussent repoussés
par des balistes et des machines,
fermait le pont.
Les Othoniens avait bâti une tour
sur la rive,
et lançaient pierres et torches.

XXXV. Et au milieu du fleuve
était une île
dans laquelle se-glissaient
les gladiateurs
faisant-effort avec des barques,
les Germains en nageant.
Et par hasard Macer attaque
par les plus résolus des gladiateurs
les *navires* liburnes
ayant été remplis   [breux ;
les Germains passés plus nom-
mais ni cette (la même) solidité
n'était aux gladiateurs
pour les combats
qu'aux soldats,
ni chancelants   [leurs coups)
ils *ne* dirigeaient les blessures
de *leurs* navires
de-même que *les autres* de la rive
d'un pas assuré.
Et comme rameurs
et combattants mêlés
étaient troublés
par les divers changements-de-côté
de *ceux* en-désordre,   [mêmes
les Germains de sauter d'-eux-
dans les bas-fonds,
tirer-en-arrière les poupes,
escalader les bancs

comminus[1] mergere; quæ cuncta in oculis utriusque exercitus quanto lætiora Vitellianis, tanto acrius Othoniani causam auctoremque cladis detestabantur.

XXXVI. Et prœlium quidem, abruptis quæ supererant navibus, fuga diremptum; Macer *ad* exitium poscebatur, jamque vulneratum eminus lancea strictis gladiis invaserant, cum intercursu tribunorum centurionumque protegitur. Nec multo post Vestricius Spurinna jussu Othonis, relicto Placentiæ modico præsidio, cum cohortibus[2] subvenit; dein Flavium Sabinum consulem designatum Otho rectorem copiis misit quibus Macer præfuerat, læto milite ad mutationem ducum et ducibus ob crebras seditiones tam infestam militiam aspernantibus.

XXXVII. Invenio apud quosdam auctores belli pavore seu fastidio utriusque principis, quorum flagitia ac dedecus

bancs ou s'accrochent aux bateaux et les submergent. Ce spectacle se donnait sous les yeux de l'un et de l'autre parti : et plus il réjouissait les Vitelliens, plus les Othoniens chargeaient d'imprécations l'auteur de leur désastre.

XXXVI. Le combat finit par la fuite des navires qui purent s'en arracher. On demandait la mort de Macer. Déjà il avait reçu de loin un coup de lance, et on fondait sur lui l'épée nue à la main, lorsque les tribuns et les centurions accoururent et le couvrirent de leurs corps. Bientôt après, Spurinna, sur l'ordre d'Othon, ayant laissé à Plaisance un simple détachement, arrive avec ses cohortes. Othon envoya ensuite le consul désigné Flavius Sabinus commander les troupes qu'avait eues Macer, à la grande joie des soldats, qui aimaient à changer de chefs, tandis que les chefs, lassés de tant de séditions, avaient en dégoût ces périlleux commandements.

XXXVII. Je trouve dans quelques auteurs qu'effrayées des maux de la guerre, ou également dégoûtées de deux princes dont la voix publique proclamait chaque jour plus hautement les bas-

aut mergere	ou couler *les barques*
comminus,	avec-la-main,
cuncta quæ	toutes choses qui *se passant*
in oculis	sous les yeux
utriusque exercitus,	de l'une-et-l'autre armée,
quanto lætiora	*d'autant* qu'*elles étaient* plus gaies
Vitellianis,	pour les Vitelliens, [niens
tanto acrius Othoniani	d'autant plus vivement les Otho-
detestabantur causam	détestaient la cause
auctoremque cladis.	et l'auteur de *cette* défaite.

XXXVI. Et prœlium quidem
diremptum fuga,
navibus quæ supererant
abruptis;
Macer
poscebatur ad exitium,
jamque invaserant
gladiis strictis
vulneratum eminus lancea,
cum protegitur
intercursu
tribunorum centurionumque.
Nec multo post
Vestricius Spurinna
jussu Othonis,
modico præsidio
relicto Placentiæ,
subvenit cum cohortibus;
dein Otho misit
Flavium Sabinum
consulem designatum
rectorem copiis
quibus Macer præfuerat,
milite læto
ad mutationem ducum,
et ducibus aspernantibus
militiam tam infestam
ob seditiones crebras.

XXXVI. Et le combat certes
fut séparé (terminé) par la fuite,
les navires qui restaient [*Bataves*;
ayant été arrachés *des mains des*
Macer
était réclamé pour la mort,
et déjà ils avaient attaqué
les épées ayant été dégaînées
lui blessé de-loin par une lance,
lorsqu'il est protégé
par l'intervention
des tribuns et des centurions.
Et-non beaucoup après
Vestricius Spurinna
par l'ordre d'Othon,
une faible garnison
ayant été laissée à Plaisance,
arrive-au secours avec *ses* cohortes;
ensuite Othon envoya
Flavius Sabinus
consul désigné
comme chef aux (des) troupes
auxquelles Macer avait commandé,
le soldat *étant* joyeux
au changement des chefs,
et les chefs refusant
un service si dangereux
à-cause des séditions fréquentes.

XXXVII. Invenio
apud quosdam auctores
exercitus pavore belli
seu fastidio
utriusque principis,
quorum flagitia

XXXVII. Je trouve
chez certains auteurs
les armées par crainte de la guerre
ou par dégoût
de l'un-et-l'autre prince,
dont les turpitudes

apertiore in dies fama noscebantur, dubitasse exercitus, num posito certamine vel ipsi in medium consultarent, vel senatui permitterent legere imperatorem, atque eo duces Othonianos spatium ac moras suasisse, præcipua spe Paulini, quod vetustissimus consularium et militia clarus gloriam nomenque Britannicis expeditionibus meruisset. Ego ut concesserim apud paucos tacito voto quietem pro discordia, bonum et innocentem pro pessimis ac flagitiosissimis expetitum, ita neque Paulinum, qua prudentia fuit, sperasse corruptissimo seculo tantam vulgi moderationem reor, ut, qui pacem belli amore turbaverant, bellum pacis caritate deponerent; neque aut exercitus linguis moribusque dissonos in hunc consensum potuisse coalescere, aut legatos ac duces magna ex parte

sesses et la honte, les deux armées balancèrent si elles ne poseraient pas les armes pour élire de concert un empereur ou en remettre le choix au sénat. C'est dans cette vue, ajoute-t-on, que les chefs othoniens avaient conseillé des lenteurs et des délais dont la principale chance était pour Suétonius, le plus ancien des consulaires, capitaine habile, et auquel ses exploits en Bretagne avaient mérité un nom glorieux. Je le reconnaîtrai volontiers : quelques-uns, dans leurs vœux secrets, préféraient sans doute la paix à la discorde, un prince bon et vertueux aux plus méchants et aux plus déshonorés des hommes ; mais je ne crois pas que Suétonius, avec ses lumières, et dans un siècle aussi corrompu, ait assez compté sur la modération de la multitude pour espérer que ceux qui avaient troublé la paix par amour de la guerre renonceraient à la guerre par enthousiasme pour la paix ; et il me semble difficile que des armées différentes de mœurs et de langage se soient accordées dans un si grand dessein, ou que des lieutenants ou des chefs, dont la plupart se sen-

ac dedecus noscebantur	et le déshonneur étaient connus
fama apertiore	par une renommée plus ouverte
in dies,	de jours en jours,
dubitasse	avoir hésité
num certamine posito	si la rivalité étant déposée
vel ipsi consultarent	ou elles-mêmes délibéreraient
in medium,	en commun,
vel permitterent senatui	ou remettraient au sénat
legere imperatorem,	le soin de choisir un empereur,
atque eo duces Othonianos	et pour cela les généraux othoniens
suasisse	avoir conseillé
spatium ac moras,	le délai et les retards, [cipal,
spe Paulini præcipua,	l'espoir de Paulinus étant le prin-
quod vetustissimus	parce-que étant le plus ancien
consularium	des consulaires
et clarus militia	et illustre par le service-militaire
meruisset gloriam nomenque	il avait mérité gloire et renom
expeditionibus Britannicis.	par les expéditions britanniques.
Ego ut concesserim	Moi de-même-que j'aurais accordé
apud paucos,	chez un petit-nombre,
quietem	le repos avoir été souhaité
pro discordia	au-lieu-de la discorde
voto tacito,	par un vœu secret,
bonum et innocentem	un prince bon et vertueux
expetitum	avoir été souhaité [plus infâmes,
pro pessimis ac flagitiosissimis,	au lieu des plus mauvais et des
ita reor	de-même je pense
neque Paulinum,	ni Paulinus,
prudentia qua fuit,	de la sagacité dont il fut,
sperasse	avoir espéré
seculo corruptissimo	dans un siècle très corrompu
tantam moderationem	une si-grande modération
vulgi,	de la multitude, [paix
ut, qui turbaverant pacem	que, ceux qui avaient troublé la
amore belli,	par amour de la guerre,
deponerent bellum	déposassent la guerre (les armes)
caritate pacis;	par attachement pour la paix ;
neque aut exercitus	ni je ne pense ou des armées
dissonos linguis moribusque	différentes par les langues et les
potuisse coalescere	avoir pu s'-unir [mœurs
in hunc consensum,	pour cet accord,
aut legatos ac duces	ou des lieutenants et des chefs,
conscios sibi	ayant-conscience-en eux-mêmes
ex magna parte	en grande partie (pour la plupart)

luxus, egestatis, scelerum sibi conscios, nisi pollutum obstrictumque meritis suis principem passuros.

XXXVIII. Vetus ac jam pridem insita mortalibus potentiæ cupido cum imperii magnitudine adolevit erupitque : nam rebus modicis æqualitas facile habebatur; sed ubi subacto orbe et æmulis urbibus regibusve excisis securas opes concupiscere vacuum fuit, prima inter patres plebemque certamina exarsere. Modo turbulenti tribuni, modo consules prævalidi, et in urbe ac foro tentamenta civilium bellorum; mox e plebe infima C. Marius et nobilium sævissimus L. Sulla victam armis libertatem in dominationem verterunt. Post quos Cn. Pompeius occultior, non melior; et nunquam postea nisi de principatu quæsitum. Non discessere ab armis in Pharsalia ac Philippis civium legiones, nedum Othonis ac Vitellii exercitus[1] sponte posituri bellum fuerint : eadem illos deum ira,

taient abîmés par le luxe, l'indigence ou le crime, eussent souffert un prince qu'une communauté de souillures et des liens de reconnaissance ne leur eussent pas asservi.

XXXVIII. La passion du pouvoir, de tout temps enracinée au cœur des mortels, grandit avec la république et rompit enfin toutes les barrières. Tant que l'État fut borné, l'égalité se maintint facilement; mais après la conquête du monde, quand les cités et les rois qui nous disputaient l'empire furent abattus, et que l'ambition put à loisir convoiter les fruits d'une grandeur désormais hors d'atteinte, alors s'allumèrent les premières discordes du peuple et du sénat. Ce furent tantôt des tribuns factieux, tantôt des consuls trop absolus. La ville et le Forum servirent de théâtre aux essais de la guerre civile. Marius, né dans les derniers rangs, Sylla, le plus cruel des nobles, substituèrent à la liberté vaincue par les armes la domination de la force. Après eux Pompée cacha mieux ses voies, sans être meilleur. Depuis ce temps il n'y eut pas de lutte qui ne fût une question de pouvoir. Ni Pharsale ni Philippes ne virent se séparer sans combat des légions toutes de citoyens; comment les armées d'Othon et de Vitellius auraient-elles volontairement déposé les armes? C'était

luxus, egestatis,	de la débauche, de la pauvreté,
scelerum,	de crimes,
passuros principem	avoir dû souffrir un prince
nisi pollutum	sinon souillé
obstrictumque suis meritis.	et lié *à eux* par leurs services.
XXXVIII. Cupido potentiæ	XXXVIII. La passion du pouvoir
vetus ac insita jam pridem	ancienne et plantée depuis long-
mortalibus	chez les mortels [temps
adolevit erupitque	grandit et éclata
cum magnitudine imperii :	avec la grandeur de l'empire :
nam rebus modicis	car les affaires étant modérées
æqualitas habebatur facile;	l'égalité était gardée facilement;
sed ubi orbe	mais dès-que le monde
subacto	ayant été conquis
et urbibus regibusve æmulis	et les villes ou les rois *nos* rivaux
excisis	ayant été détruits
fuit vacuum concupiscere	il fut loisible de convoiter
opes	des ressources (une puissance)
securas,	sûres,
prima certamina exarsere	les premières luttes s'-allumèrent
inter patres plebemque.	entre les patriciens et le peuple.
Modo tribuni turbulenti,	Tantôt des tribuns turbulents,
modo consules prævalidi,	tantôt des consuls trop-puissants,
et in urbe ac foro	et dans la ville et le forum
tentamenta bellorum civilium:	des essais de guerres civiles;
mox Caius Marius	puis Caius Marius
e plebe infima	de la populace infime
et Lucius Sulla	et Lucius Sylla
sævissimus nobilium	le plus cruel des nobles
verterunt in dominationem	tournèrent en tyrannie
libertatem victam armis.	la liberté vaincue par les armes.
Post quos Cneus Pompeius	Après lesquels Cnéus Pompée
occultior, non melior;	plus dissimulé, non meilleur;
et nunquam postea	et jamais dans-la-suite
quæsitum	*il ne fut* cherché
nisi de principatu.	sinon au-sujet du premier-rang.
Legiones civium	Des légions *composées* de citoyens
non discessere ab armis	ne s'-éloignèrent pas des armes
in Pharsalia ac Philippis,	à Pharsale et à Philippes;
nedum exercitus	bien-loin-que les armées
Othonis et Vitellii	d'Othon et de Vitellius
fuerint posituri bellum	aient été devant déposer la guerre
sponte;	spontanément;
eadem ira deum,	la même colère des dieux,

eadem hominum rabies, eædem scelerum causæ in discordiam egere. Quod singulis velut ictibus transacta sunt bella, ignavia principum factum est. Sed me veterum novorumque morum reputatio longius tulit : nunc ad rerum ordinem redeo.

XXXIX. Profecto Brixellum Othone honor imperii penes Titianum fratrem, vis ac potestas penes Proculum præfectum ; Celsus et Paulinus, cum prudentia eorum nemo uteretur, inani nomine ducum alienæ culpæ prætendebantur ; tribuni centurionesque ambigui, quod spretis melioribus deterrimi valebant ; miles alacer, qui tamen jussa ducum interpretari quam exsequi mallet. Promoveri ad quartum a Bedriaco castra placuit, adeo imperite, ut, quanquam verno tempore anni et tot circum amnibus, penu-

toujours la colère des dieux, toujours la rage des hommes, toujours le besoin du crime, qui les poussait à la discorde. Si chaque guerre fut terminée du premier coup, la lâcheté des chefs en est la seule cause. Mais la considération des vieilles et des nouvelles mœurs m'a entraîné trop loin ; je reviens à l'ordre des faits.

XXXIX. Depuis le départ d'Othon pour Brixellum, les honneurs du commandement étaient à son frère Titianus, et le préfet Proculus en exerçait le pouvoir. Celsus et Suétonius, dont personne n'employait les lumières, servaient sous le vain nom de généraux à couvrir les fautes d'autrui. Les tribuns et les centurions, voyant le mérite dédaigné et la préférence donnée aux plus indignes, étaient froids et indifférents. Le soldat, bouillant d'ardeur, aimait mieux toutefois interpréter les ordres de ses chefs que de les exécuter. On résolut d'aller camper à quatre milles en avant de Bédriac, et on le fit avec si peu de précaution, qu'au printemps, et dans un pays coupé de rivières, l'armée souffrit du

eadem rabies hominum,	la même rage des hommes,
eædem causæ scelerum	les mêmes causes de crimes
egere illos	poussèrent eux
in discordiam.	à la discorde.
Quod bella	Quant-à-ce que-les guerres
transacta sunt	furent terminées
velut singulis ictibus,	comme par un coup pour-chacune,
factum est	*cela* arriva
ignavia principum.	par la lâcheté des princes.
Sed reputatio morum	Mais la considération des mœurs
veterum novorumque	anciennes et nouvelles
tulit me longius;	a emporté moi trop loin;
nunc redeo	maintenant je reviens
ad ordinem rerum.	à l'ordre des faits.

XXXIX. Othone profecto Brixellum, honor imperii penes fratrem Titianum, vis ac potestas penes præfectum Proculum; Celsus et Paulinus, cum nemo uteretur prudentia eorum, prætendebantur culpæ alienæ nomine inani ducum; tribuni centurionesque ambigui, quod melioribus spretis deterrimi valebant; miles alacer, qui tamen mallet interpretari jussa ducum quam exsequi. Placuit castra promoveri ad quartum a Bedriaco, adeo imperite, ut, quanquam tempore verno anni et tot amnibus circum,

XXXIX. Othon étant parti pour Brixellum, l'honneur du commandement *était* entre-les-mains-de *son* frère Titianus, la force et le pouvoir entre-les-mains du préfet Proculus; Celsus et Paulinus, comme personne ne se-servait de l'expérience d'eux, [couvrir] étaient placés-devant (servaient à la faute d'-autrui avec le titre vain de généraux; les tribuns et les centurions *étaient* douteux, parce-que les meilleurs étant méprisés les plus mauvais prévalaient; le soldat ardent, *tel* que cependant il aimait-mieux interpréter les ordres des chefs que *les* exécuter. Il plut le camp être avancé à la quatrième *borne* à-partir-de Bedriac, si maladroitement, que, quoique dans la saison printanière et tant de fleuves *étant* autour,

ria aquæ fatigaréntur. Ibi de prœlio dubitatum, Othone per litteras flagitante ut maturarent, militibus ut imperator pugnæ adesset poscentibus; plerique copias trans Padum agentes acciri postulabant. Nec perinde dijudicari potest, quid optimum factu fuerit quam pessimum fuisse quod factum est.

XL. Non ut ad pugnam sed ad bellandum profecti confluentes Padi et Aduæ fluminum sedecim inde millium spatio distantes petebant. Celso et Paulino abnuentibus militem itinere fessum, sarcinis gravem objicere hosti non omissuro[1], quo minus expeditus et vix quattuor millia progressus aut incompositos in agmine aut dispersos et vallum molientes aggrederetur, Titianus et Proculus, ubi consiliis vincerentur, ad jus imperii transibant. Aderat sane citus equo Numida cum atrocibus mandatis, qui-

---

manque d'eau. Là on délibéra sur la bataille à livrer. Othon écrivait en termes pressants qu'on se hâtât de combattre; la plupart voulaient qu'on fît venir les troupes restées au delà du Pô. Il est moins facile de dire quel était le meilleur parti à prendre, que de juger qu'on prit le plus mauvais.

XL. Ils se mirent en marche comme pour une expédition et non pour un combat, se rendant à seize milles de distance, au confluent de l'Adda et du Pô. Celsus et Suétonius refusaient d'exposer des soldats fatigués de la route et surchargés de bagages devant un ennemi qui ne manquerait pas d'accourir avec ses seules armes et de les attaquer, après avoir lui-même fait à peine quatre milles, pendant le désordre de la marche ou quand ils seraient dispersés pour travailler aux retranchements. Titianus et Proculus, vaincus par le raisonnement en appelaient à l'autorité. Il est vrai qu'un Numide venait d'arriver à toute bride avec un message

fatigarentur	ils étaient fatigués
penuria aquæ.	par le manque d'eau.
Dubitatum ibi	Il fut hésité (délibéré) là
de prœlio,	sur le combat,
Othone flagitante per litteras	Othon pressant par lettres
ut maturarent,	afin-qu'ils se-hâtassent,
militibus poscentibus	les soldats demandant
ut imperator adesset pugnæ ;	que l'empereur assistât au combat ;
plerique postulabant	la plupart exigeaient [Pô
copias agentes trans Padum	les troupes stationnées au delà-du
acciri.	être appelées.
Nec potest dijudicari	Et il ne peut être jugé
quid fuerit optimum factu	quelle chose fut la meilleure à faire
perinde quam	de-même qu'*il peut être jugé*
quod factum est	la chose qui fut faite.
fuisse pessimum.	avoir été la plus mauvaise.
XL. Profecti	XL. Partis
non ut ad pugnam	non comme pour un combat
sed ad bellandum	mais pour faire-campagne
petebant confluentes	ils gagnaient les confluents
fluminum Padi et Aduœ	des fleuves *du* Pô et *de* l'Adda
distantes inde	distants de-là
spatio sedecim millium.	d'un espace de seize milles.
Celso et Paulino abnuentibus	Celsus et Paulinus refusant
objicere	d'opposer
militem fessum itinere,	un soldat fatigué par la marche,
gravem sarcinis,	appesanti par les bagages,
hosti non omissuro,	à un ennemi ne devant pas négliger,
quo minus aggrederetur	qu'il n'attaquât (d'attaquer)
expeditus	*étant* leste (sans bagages)
et progressus	et s'-étant avancé
vix quatuor millia	d'à-peine quatre milles
aut incompositos	*des adversaires* ou désordonnés
in agmine	dans *leur* marche
aut dispersos	ou dispersés
et molientes vallum,	et travaillant au retranchement,
Titianus et Proculus,	Titianus et Proculus,
ubi vincerentur	quand ils étaient vaincus
consiliis,	par les conseils,
transibant	passaient
ad jus imperii.	au droit du commandement. [liers,
Numida equo	Un Numide de l'ordre des cheva-
aderat sane citus	arrivait effectivement prompt
cum mandatis atrocibus,	avec des instructions menaçantes,

bus Otho increpita ducum segnitia rem in discrimen mitti jubebat, æger mora et spei impatiens.

XLI. Eodem die ad Cæcinam operi pontis intentum duo prætoriarum cohortium tribuni colloquium ejus postulantes venerant : audire condiciones ac reddere parabat, cum præcipites exploratores adesse hostem nuntiavere. Interruptus tribunorum sermo, eoque incertum fuit insidias an proditionem vel aliquod honestum consilium cœptaverint. Cæcina, dimissis tribunis, revectus in castra datum jussu Fabii Valentis pugnæ signum et militem in armis invenit. Dum legiones de ordine agminis sortiuntur, equites prorupere, et, mirum dictu, a paucioribus Othonianis quo minus in vallum impingerentur, Italicæ legionis virtute deterriti sunt : ea strictis mucronibus redire

impérieux où Othon, accusant la paresse de ses généraux, leur ordonnait d'engager une action décisive. Attendre lui était un supplice ; espérer, un état insupportable.

XLI. Le même jour, pendant que Cécina surveillait les travaux du pont, deux tribuns des cohortes prétoriennes se présentent et lui demandent un entretien. Il se préparait à entendre leurs conditions et à proposer les siennes, quand des éclaireurs accourent à pas précipités et annoncent l'ennemi. Le discours des tribuns fut interrompu, et il resta douteux si c'était une ruse de guerre, un projet de défection, ou quelque louable dessein qui les avait amenés. Cécina congédie les tribuns, retourne au camp et trouve le signal du combat donné par Valens et le soldat sous les armes. Pendant qu'on tire au sort le rang de chaque légion, la cavalerie s'élance en avant ; et, chose étonnante, une poignée d'Othoniens la rejetait sur les palissades, si le courage de la légion italique n'eût arrêté sa fuite : ces braves la reçoivent à la pointe de l'épée, lui font faire volte-face, et la contraignent [de retourner à la

quibus Otho	par lesquelles Othon
segnitia ducum	la paresse des chefs
increpita	étant gourmandée
jubebat rem mitti	ordonnait la chose être envoyée
in discrimen,	en action-décisive,
æger mora	*étant* malade du retard
et impatiens spei.	et incapable d'attente.
XLI. Eodem die	XLI. Le même jour
duo tribuni	deux tribuns
cohortium prætoriarum	des cohortes prétoriennes
venerant ad Cæcinam	étaient venus vers Cécina
intentum operi pontis	attentif au travail d'un pont
postulantes colloquium ejus :	demandant une entrevue de lui :
parabat audire	il se-préparait à entendre
condiciones	*leurs* propositions [pondre),
ac reddere,	et à *en* rendre *d'autres* (à y ré-
cum exploratores	lorsque des éclaireurs
præcipites	accourant-précipitamment
nuntiavere hostem adesse.	annoncèrent l'ennemi arriver.
Sermo tribunorum	Le discours des tribuns
interruptus,	*fut* interrompu,
eoque fuit incertum	et par cela il fut incertain
cœptaverint insidias	s'ils entreprirent un piège
an proditionem	ou une trahison
vel aliquod consilium	ou quelque dessein
honestum.	honorable.
Cæcina,	Cécina,
tribunis dimissis,	les tribuns ayant été congédiés,
revectus in castra,	ramené dans le camp,
invenit signum pugnæ	trouva le signal du combat
datum jussu Fabii Valentis	donné par l'ordre de Fabius Valens
et militem in armis.	et le soldat en armes. [sort
Dum legiones sortiuntur,	Tandis-que les légions tirent-au-
de ordine agminis,	sur l'ordre de bataille,
equites prorupere,	les cavaliers s'-élancèrent-en-avant
et, mirum dictu,	et, chose merveilleuse à dire,
deterriti sunt virtute	ils furent empêchés par le courage
legionis Italicæ	de la légion italique
quo minus impingerentur	qu'ils ne fussent rejetés
in vallum	sur le retranchement [breux
ab Othonianis paucioribus :	par des Othoniens moins-nom-
ea mucronibus strictis	cette *légion* les épées dégaînées
coegit pulsos	força *les cavaliers* repoussés
redire	de retourner

pulsos et pugnam resumere coegit. Disposita Vitellianarum legionum acies sine trepidatione; etenim quanquam vicino hoste aspectus armorum densis arbustis prohibebatur. Apud Othonianos pavidi duces, miles ducibus infensus, mixta vehicula et lixæ, et præruptis utrinque fossis via quieto quoque agmini angusta. Circumsistere alii signa sua, quærere alii; incertus undique clamor accurrentium, vocitantium; ut cuique audacia vel formido, in primam postremamve aciem prorumpebant aut relabebantur [1].

XLII. Attonitas subito terrore mentes falsum gaudium in languorem vertit, repertis qui descivisse a Vitellio exercitum ementirentur. Is rumor ab exploratoribus Vitellii dispersus, an in ipsa Othonis parte seu dolo seu forte surrexerit, parum compertum. Omisso pugnæ ardore Othoniani ultro salutavere; et hostili murmure

charge. Les légions vitelliennes firent leurs dispositions sans aucun désordre : l'ennemi était tout près; mais des bosquets touffus dérobaient la vue de ses armes. Chez les Othoniens, les chefs étaient déconcertés, les soldats animés contre les chefs, les chariots et les vivandiers mêlés avec les troupes; enfin la route, bordée de deux tranchées profondes était trop étroite même pour une marche paisible. Les uns environnent leurs drapeaux, d'autres les cherchent. Ce ne sont de toutes parts que clameurs confuses de gens qui accourent ou s'appellent; chacun, suivant son audace ou sa frayeur, se précipite aux premiers rangs ou recule aux derniers.

XLII. A cet étourdissement d'une terreur soudaine succéda une fausse joie qui alanguit les courages : un bruit se répand que l'armée de Vitellius vient de l'abandonner. Ce mensonge fut-il imaginé par les espions de Vitellius? fut-il l'ouvrage de la perfidie ou du hasard chez les Othoniens eux-mêmes? on l'ignore; mais, leur feu s'éteignant tout à coup, ils se mettent à saluer l'ennemi, qui répond par un cri de guerre. La plupart des leurs

et resumere pugnam.	et de reprendre le combat.
Acies legionum Vitellianarum	La ligne des légions vitelliennes
disposita sine trepidatione;	*fut* disposée sans trouble;
etenim aspectus armorum	en-effet la vue des armes
prohibebatur	était empêchée
arbustis densis,	par des bosquets épais,
quanquam hoste vicino.	quoique l'ennemi *étant* proche.
Apud Othonianos	Chez les Othoniens
duces pavidi,	les chefs tremblants,
miles infensus ducibus,	le soldat hostile aux chefs,
vehicula et lixæ mixta,	les chariots et les vivandiers mêlés
et fossis præruptis	et des fossés escarpés
utrinque,	*étant* des-deux-côtés
via angusta	une voie étroite
agmini quoque quieto.	pour une marche même paisible.
Alii circumsistere sua signa,	Les uns entourer leurs enseignes,
alii quærere;	les autres *les* chercher;
undique clamor incertus	de-toute-part la clameur confuse
accurrentium,	de *gens* accourant,
vocitantium;	criant-sans-cesse;
ut audacia vel formido	selon-que l'audace ou la frayeur
cuique,	*étaient* à chacun,
prorumpebant	ils s'-élançaient
in primam postremamve aciem	au premier ou au dernier rang
aut relabebantur.	ou refluaient-en-arrière.
XLII. Falsum gaudium	XLII. Une fausse joie
vertit in languorem	tourna en langueur
mentes attonitas	*leurs* esprits qui avaient été frappés
terrore subito,	d'une terreur soudaine,
repertis	*des gens* s'étant trouvés
qui ementirentur	qui disaient-faussement
exercitum descivisse a Vitellio.	l'armée s'-être séparée de Vitellius.
Parum compertum	Il *fut* peu avéré
is rumor dispersus	*si* ce bruit *fut* répandu
ab exploratoribus Vitellii,	par les éclaireurs de Vitellius,
an surrexerit	ou s'il s'-éleva
in parte ipsa Othonis	dans le parti même d'Othon
seu dolo seu forte.	soit par ruse ou par hasard. [tre)
Ardore pugnæ	l'ardeur du combat (pour combat-
omisso	étant laissée
Othoniani salutavere	les Othoniens saluèrent
ultro;	d'eux-mêmes;
et excepti	et accueillis
murmure hostili,	par un murmure hostile

excepti, plerisque suorum ignaris quæ causa salutandi, metum proditionis fecere. Tum incubuit hostium acies, integris ordinibus, robore et numero præstantior; Othoniani, quanquam dispersi, pauciores, fessi, prœlium tamen acriter sumpsere. Et per locos arboribus ac vineis impeditos non una pugnæ facies : comminus, eminus, catervis et cuneis concurrebant. In aggere viæ collato gradu, corporibus et umbonibus niti, omisso pilorum jactu, gladiis et securibus galeas loricasque perrumpere : noscentes inter se, ceteris conspicui, in eventum totius belli certabant.

XLIII. Forte inter Padum viamque patenti campo duæ legiones congressæ sunt, pro Vitellio unaetvicesima, cui cognomen Rapaci, vetere gloria insignis, e parte Othonis prima Adjutrix, non ante[1] in aciem deducta, sed ferox et

ignoraient pourquoi ce salut et se crurent trahis. En cet instant l'armée vitellienne les charge avec l'avantage de l'ordre, de la force et du nombre. Les Othoniens, épars, moins nombreux, fatigués, ne laissèrent pas d'engager une lutte vigoureuse. Le champ de bataille, embarrassé d'arbres et de vignes, offrait un spectacle varié : on s'attaque et de près et de loin, par masses ou en pointe; sur la chaussée, on se joint, on se bat corps à corps, on se heurte du bouclier; aucun ne pense à lancer sa javeline; la hache et l'épée fendent les casques, percent les cuirasses. Là, connu de ses camarades, en vue au reste de l'armée, chacun des soldats combat comme s'il était responsable du succès de la guerre.

XLIII. Le hasard mit deux légions aux prises dans une plaine découverte entre le Pô et la route. C'était du côté de Vitellius la vingt et unième appelée *Rapax*, dès longtemps signalée par ses exploits, et du côté d'Othon la première *Adjutrix*, n'ayant jamais paru en bataille rangée, mais pleine d'ardeur, et pour qui la gloire

plerisque suorum ignaris	la plupart des leurs ignorant
quæ causa salutandi,	quel *était* le motif de (pour) saluer,
fecere metum	firent *naître* la crainte
proditionis.	de la trahison.
Tum acies hostium	Alors l'armée des ennemis
incubuit,	se-jeta-sur *eux*,
ordinibus integris,	*les* rangs *étant* entiers,
præstantior	supérieure
robore et numero ;	par la force et le nombre ;
Othoniani, quanquam dispersi,	les Othoniens, quoique dispersés,
pauciores, fessi,	moins-nombreux, fatigués,
sumpsere tamen prœlium	prirent (engagèrent) cependant le
acriter.	vivement. [combat
Et facies pugnæ	Et l'aspect du combat
non una	n'*était* pas uniforme
per locos impeditos	à-travers des lieux embarrassés
arboribus ac vineis :	d'arbres et de vignes :
concurrebant	on se-rencontrait
comminus, eminus,	de près, de loin,
catervis et cuneis.	en masses-profondes et en coins.
In aggere viæ	Sur la chaussée de la route,
gradu	le pied
collato,	étant rapproché (pied contre pied),
niti corporibus	s'-efforcer avec les corps
et umbonibus,	et les boucliers,
jactu pilorum omisso,	le jet des javelines étant négligé,
perrumpere galeas loricasque	fendre les casques et les cuirasses
gladiis et securibus ;	avec des épées et des haches ;
noscentes inter se,	*se* connaissant entre eux,
conspicui ceteris,	visibles à tous-les-autres,
certabant in eventum	ils combattaient pour l'issue
totius belli.	de toute la guerre.
XLIII. Forte duæ legiones	XLIII. Par hasard deux légions
congressæ sunt	se-rencontrèrent
inter Padum viamque	entre le Pô et la route
campo patenti,	dans une plaine ouverte,
pro Vitellio unaetvicesima,	pour Vitellius la vingt-et-unième,
cui Rapaci cognomen,	à laquelle Rapax *était* surnom,
insignis gloria vetere,	distinguée par une gloire ancienne,
e parte Othonis	du côté d'Othon
prima Adjutrix	la première Adjutrix,
non deducta ante	n'ayant pas été menée auparavant
in aciem,	au combat,
sed ferox	mais belliqueuse

novi decoris avida. Primani stratis unaetvicesimanorum principiis aquilam abstulere; quo dolore accensa legio et impulit rursus primanos, interfecto Orfidio Benigno legato, et plurima signa vexillaque ex hostibus rapuit. A parte alia propulsa quintanorum impetu tertia decima legio; circumventi plurium accursu quartadecimani. Et ducibus Othonis jam pridem profugis Cæcina ac Valens subsidiis suos firmabant. Accessit recens auxilium, Varus Alfenus cum Batavis, fusa gladiatorum manu, quam navibus transvectam oppositæ cohortes in ipso flumine trucidaverant ; ita victores latus hostium invecti.

XLIV. Et media acie perrupta fugere passim Othoniani Bedriacum petentes. Immensum id spatium [1]; obstructæ strage corporum viæ, quo plus cædis fuit; neque enim

avait tout l'attrait de la nouveauté. Celle-ci culbute les premiers rangs de la vingt et unième et lui enlève son aigle. La vingt et unième, outrée de cet affront, repousse à son tour la première, tue Orfidius Bénignus son commandant, et lui prend beaucoup d'enseignes et de drapeaux. D'un autre côté la treizième légion fut enfoncée par le choc de la cinquième, et le détachement de la quatorzième fut entouré par des forces supérieures. Les généraux d'Othon étant depuis longtemps en fuite, tandis que Cécina et Valens faisaient sans cesse avancer de nouvelles troupes. Un renfort important leur arriva : c'était Alfénus avec les cohortes bataves qui venaient de défaire les gladiateurs. Comme ce corps passait le Pô sur des barques, elles l'avaient reçu de la rive opposée, et massacré sur le fleuve même : ainsi victorieuses, elles se portèrent sur le flanc de l'ennemi.

XLIV. Rompus par leur centre, les Othoniens s'enfuirent en désordre pour regagner Bédriac. L'espace était immense, les chemins obstrués de morts : ce qui donna le temps de tuer davan-

et avida decoris novi.
Primani
principiis
unaetvicesimanorum
stratis,
abstulere aquilam ;
quo dolore legio accensa
et impulit rursus
primanos,
legato Orfidio Benigno
interfecto,
et rapuit ex hostibus
plurima signa vexillaque.
Ab alia parte
tertia decima legio
propulsa impetu
quintanorum ;
quartadecimani
circumventi
accursu plurium.
Et ducibus Othonis
profugis jam pridem
Cæcina ac Valens
firmabant suos
subsidiis.
Varus Alfenus, cum Batavis.
accessit recens auxilium,
manu gladiatorum
fusa,
quam transvectam navibus
cohortes oppositæ
trucidaverant
in flumine ipso ;
ita victores
invecti latus
hostium.
XLIV. Et media acie
perrupta
Othoniani fugere passim
petentes Bedriacum.
Id spatium immensum ;
viæ obstructæ
strage corporum,
quo plus cædis fuit ;

et avide d'un honneur nouveau.
Les soldats-de-la-première-légion
les premiers-rangs
de-ceux-de-la-vingt-et-unième
ayant été renversés,
enlevèrent une aigle ; [mée
par lequel dépit la légion enflam-
et poussa en-arrière
ceux-de-la-première,
le lieutenant Orfidius Bénignus
ayant été tué,
et saisit aux ennemis [peaux.
de très nombreux enseignes et dra-
D'un autre-côté
la treizième légion
fut repoussée par l'impétuosité
de-ceux-de-la-cinquième ;
ceux-de-la-quatorzième
furent enveloppés
par l'arrivée de plus nombreux.
Et les généraux d'Othon
étant-en-fuite depuis longtemps,
Cécina et Valens
fortifiaient les leurs
par des renforts.
Varus Alfénus, avec les Bataves,
arriva comme dernier secours,
la troupe des gladiateurs
ayant été dispersée, [ques
laquelle transportée dans des bar-
les cohortes placées-en-face
avaient égorgée
dans le fleuve même ;
ainsi vainqueurs
ils se portèrent sur le flanc
des ennemis. [bataille.
XLIV. Et le milieu de-la-ligne-de
ayant été rompu
les Othoniens s'-enfuirent çà-et-là
gagnant Bédriac.
Cette distance était énorme ;
les routes étaient obstruées
par un abatis de corps,
par quoi plus de carnage fut ;

civilibus bellis capti in prædam vertuntur. Suetonius Paulinus et Licinius Proculus diversis itineribus castra vitavere, Vedium Aquilam tertiæ decimæ legionis legatum iræ militum inconsultus pavor obtulit. Multo adhuc die vallum ingressus clamore seditiosorum et fugacium circumstrepitur; non probris, non manibus abstinent; desertorem proditoremque increpant, nullo proprio crimine ejus, sed more vulgi suum quisque flagitium aliis objectantes. Titianum et Celsum nox juvit, dispositis jam excubiis compressisque militibus, quos Annius Gallus consilio, precibus, auctoritate flexerat, ne super cladem adversæ pugnæ suismet ipsi cædibus sævirent; sive finis bello venisset, seu resumere arma mallent, unicum victis in consensu levamentum. Ceteris fractus animus; prætorianus miles

tage; car dans les guerres civiles on ne compte pas sur les prisonniers pour enrichir la victoire. Suétonius et Proculus, par des routes diverses, évitèrent le camp. Védius Aquila, commandant de la treizième légion, courut, dans l'égarement de la peur, s'offrir à la colère des soldats. Entré, encore de grand jour, dans les retranchements, il est assailli par les clameurs des séditieux et des fuyards. Outrages, violences, rien ne lui est épargné; les mots de déserteur et de traître retentissent à son oreille : non qu'il fût plus coupable qu'un autre; mais, quand tout le monde a failli, chacun rejette sur autrui sa honte personnelle. La nuit favorisa Celsus et Titianus : ils trouvèrent les sentinelles posées et le tumulte assoupi. Gallus, à force de prières, de conseils, de fermeté, avait su persuader aux soldats « de ne pas aggraver les désastres d'un combat malheureux en tournant leur furie contre eux-mêmes; que soit que la guerre fût arrivée à sa fin, ou qu'ils aimassent mieux reprendre les armes, l'unique adoucissement à leur défaite était toujours la concorde ». Tout était consterné; les seuls prétoriens

HISTOIRES, LIVRE II. 333

neque enim in bellis civilibus capti	ni en-effet dans les guerres civiles les prisonniers
vertuntur in prædam.	*ne* sont tournés (changés) en butin.
Suetonius Paulinus	Suétonius Paulinus
et Licinius Proculus	et Licinius Proculus
vitavere castra	évitèrent le camp
itineribus diversis.	par des chemins différents.
Pavor inconsultus	Une peur irréfléchie
obtulit iræ militum	offrit à la colère des soldats
Vedium Aquilam legatum	Védius Aquila lieutenant
tertiæ decimæ legionis.	de la treizième légion.
Die adhuc multo	Le jour *étant* encore grand
ingressus vallum	étant entré dans le retranchement
circumstrepitur clamore	il est entouré par la clameur
seditiosorum et fugacium ;	de séditieux et de fuyards ;
non abstinent probris,	ils ne s'-abstiennent pas d'injures,
non manibus ;	ni de mains (de voies de fait) ;
increpant desertorem	ils *le* traitent *de* déserteur
proditoremque,	et *de* traître,
nullo crimine proprio ejus,	sans aucun grief particulier de (contre) lui,
sed more vulgi	mais selon la coutume de la multitude
objectantes aliis	reprochant aux autres
quisque suum flagitium.	chacun sa *propre* turpitude.
Nox juvit	La nuit aida (protégea)
Titianum et Celsum,	Titianus et Celsus,
excubiis jam dispositis	les sentinelles étant déjà disposées
militibusque compressis,	et les soldats ayant été calmés,
quos Annius Gallus	lesquels Annius Gallus
flexerat	avait fléchis
consilio, precibus,	par conseil, prières,
auctoritate,	autorité,
ne super cladem	de-peur-qu'outre le désastre
pugnæ adversæ	d'un combat contraire
ipsi sævirent	eux-mêmes *ne* sévissent
suismet cædibus ;	par leurs-propres massacres ;
sive finis venisset bello,	soit-que la fin fût venue à la guerre,
seu mallent	soit-qu'ils aimassent-mieux
resumere arma,	reprendre les armes,
unicum levamentum victis in consensu.	le seul soulagement *être* aux vaincus dans la concorde.
Animus fractus ceteris ;	Le courage *était* abattu aux autres ;
miles prætorianus	le soldat prétorien
fremebat	murmurait

non virtute se, sed proditione victum fremebat : ne Vitellianis quidem incruentam fuisse victoriam, pulso equite, rapta legionis aquila; superesse cum ipso Othone militum quod trans Padum fuerit, venire Mœsicas legiones, magnam exercitus partem Bedriaci remansisse : hos certe nondum victos, et, si ita ferret, honestius in acie perituros. His cogitationibus truces aut pavidi extrema desperatione ad iram sæpius quam in formidinem stimulabantur.

XLV. At Vitellianus exercitus ad quintum a Bedriaco lapidem consedit, non ausis ducibus eadem die oppugnationem castrorum; simul voluntaria deditio sperabatur; sed expeditis et tantum ad prœlium egressis munimentum fuere arma et victoria. Postera die, haud ambigua Othoniani exercitus voluntate et, qui ferociores fuerant, ad

s'écriaient en frémissant « que ce n'était pas le courage, mais la trahison, qui les avait vaincus ; qu'ils avaient après tout laissé à l'ennemi une victoire ensanglantée, témoin sa cavalerie repoussée, une des légions dépouillée de son aigle. Ne restait-il pas d'ailleurs auprès d'Othon lui-même tout ce qu'il y avait de soldats au delà du Pô? Les légions de Mésie arrivaient ; une grande partie de l'armée n'avait pas quitté Bédriac ; ceux-là du moins n'étaient pas encore vaincus ; et, dût-on périr, l'honneur voulait que ce fût sur le champ de bataille ». Tour à tour échauffés par ces réflexions ou effrayés de leur détresse, ces courages aigris ressentaient plus souvent l'aiguillon de la colère que celui de la peur.

XLV. L'armée vitellienne s'arrêta à cinq milles de Bédriac. Les chefs n'osèrent pas risquer le même jour l'attaque du camp; ils comptaient d'ailleurs sur une soumission volontaire. Sortis sans bagages, et uniquement pour combattre, leurs armes et la victoire leur tinrent lieu de retranchements. Le lendemain, les dispositions des Othoniens n'étaient plus équivoques, et jusqu'aux plus

se victum	soi *avoir été* vaincu
non virtute	non par le courage
sed proditione ;	mais par la trahison ;
ne Vitellianis quidem	pas même pour les Vitelliens
victoriam fuisse incruentam,	la victoire avoir été non-sanglante,
equite pulso,	le cavalier ayant été repoussé,
aquila legionis	l'aigle d'une légion
rapta ;	ayant été enlevée,
quod militum fuerit	*tout ce* qui de soldats avait été
trans Padum	au-delà du Pô
superesse cum Othone ipso,	survivre avec Othon lui-même,
legiones Mœsicas venire,	les légions mésiennes arriver,
magnam partem exercitus	une grande partie de l'armée
remansisse Bedriaci :	être restée à Bédriac : [core
hos certe nondum	ceux-ci du-moins n'*avoir* pas-en-
victos,	*été* vaincus,
et, si ferret ita,	et, si le *sort* le comportait ainsi,
perituros	*eux* devoir périr
honestius	plus honorablement
in acie.	sur le champ-de-bataille.
His cogitationibus	Par-suite-de ces réflexions
truces	menaçants
aut pavidi	ou tremblant
desperatione extrema	d'un désespoir extrême
stimulabantur ad iram	ils étaient poussés à la colère
sæpius quam in formidinem.	plus souvent que dans l'épouvante
XLV. At exercitus Vitellianus	XLV. Mais l'armée vitellienne
consedit ad quintum lapidem	s'-arrêta à la cinquième borne
a Bedriaco,	à-partir-de Bédriac,
ducibus non ausis	les chefs n'ayant pas risqué
eadem die	le même jour
oppugnationem castrorum ;	l'attaque du camp ;
simul	en-même temps
deditio voluntaria	une reddition volontaire
sperabatur ;	était espérée :
sed arma et victoria	d'ailleurs *leurs* armes et la victoire
fuere munimentum	furent *comme* retranchement
expeditis	à *eux* sans-bagages
et egressis tantum ad prœlium.	et sortis seulement pour le combat.
Die postera,	Le jour suivant,
voluntate exercitus Othoniani	la volonté de l'armée othonienne
haud ambigua	n'*étant* pas douteuse
et, qui fuerant	et *ceux* qui avaient été
ferociores,	plus belliqueux,

pænitentiam inclinantibus missa legatio; nec apud duces Vitellianos dubitatum, quo minus pacem concederent. Legati paulisper retenti; ea res hæsitationem attulit ignaris adhuc an impetrassent. Mox remissa legatione patuit vallum[1]. Tum victi victoresque in lacrimas effusi, sortem civilium armorum misera lætitia detestantes; iisdem tentoriis alii fratrum, alii propinquorum vulnera fovebant; spes et præmia in ambiguo, certa funera et luctus, nec quisquam adeo mali expers, ut non aliquam mortem mæreret. Requisitum Orfidii legati corpus honore solito crematur; paucos necessarii ipsorum sepelivere, ceterum vulgus super humum relictum.

XLVI. Opperiebatur Otho nuntium pugnæ nequaquam trepidus et consilii certus. Mæsta primum fama, dein profugi e prœlio perditas res patefaciunt. Non exspectavit

fougueux inclinaient au repentir; une députation fut envoyée pour demander la paix. Les généraux vitelliens ne balancèrent pas à l'accorder; les députés furent retenus quelque temps, et ce retard causa un moment d'hésitation dans l'armée othonienne, qui ne savait si sa demande était accueillie. Enfin les députés reviennent et les portes du camp sont ouvertes. Alors vainqueurs et vaincus fondent en larmes, et maudissent, dans l'épanchement d'une joie douloureuse, les calamités de la guerre civile. Confondus dans les mêmes tentes, ils pansaient les blessures l'un d'un frère, l'autre d'un parent. Espoir, récompenses, tout cela était douteux; rien d'assuré, que les funérailles et le deuil ; et pas un n'était assez exempt des communes douleurs pour n'avoir pas à pleurer quelque mort. On rechercha le corps du lieutenant Orfidius, et il reçut les honneurs du bûcher. Quelques-uns furent ensevelis par leurs amis ou leurs proches ; le reste fut laissé gisant sur la terre.

XLVI. Othon, sans trouble, et en homme dont la résolution était prise, attendait le succès de la bataille. D'abord de tristes nouvelles, ensuite des fuyards échappés du combat, lui apprennent que tout est perdu. L'ardeur des soldats prévint en ce moment la

inclinantibus ad pœnitentiam,	inclinant au repentir,
legatio missa;	une députation *fut* envoyée;
nec dubitatum	et *il ne fut* pas hésité
apud duces Vitellianos	chez les généraux vitelliens
quo minus concederent	qu'ils n'accordassent (à accorder)
pacem.	la paix. [de-temps;
Legati retenti paulisper;	les députés *furent* retenus un-peu-
ea res	cette circonstance
attulit hæsitationem	apporta de l'hésitation
ignaris adhuc	aux *Othoniens* ignorant encore
an impetrassent.	s'ils avaient obtenu. [voyée
Mox legatione remissa	Puis la députation ayant été ren-
vallum patuit.	le retranchement s'-ouvrit.
Tum victi victoresque	Alors vaincus et vainqueurs
effusi in lacrimas,	*furent* répandus en larmes,
detestantes lætitia misera	détestant avec une joie douloureuse
sortem armorum civilium;	le sort des guerres civiles;
iisdem tentoriis	*confondus* dans les mêmes tentes
fovebant vulnera	ils soignaient les blessures
alii fratrum,	les uns de *leurs* frères,
alii propinquorum;	les autres de *leurs* proches;
spes et præmia	l'espoir et les récompenses
in ambiguo,	*étaient* dans l'incertitude,
funera et luctus certa,	les morts et le deuil certains,
nec quisquam	ni qui-que-ce-soit *n'était*
adeo expers mali	tellement exempt du mal
ut non mæreret	qu'il ne s'-affligeât
aliquam mortem.	de quelque mort.
Corpus legati Orfidii	Le corps du lieutenant Orfidius
requisitum	ayant été recherché
crematur honore solito;	est brûlé avec l'honneur accoutumé;
necessarii ipsorum	les proches d'eux-mêmes
sepelivere paucos,	*en* ensevelirent peu,
ceterum vulgus	le reste de la multitude
relictum super humum.	*fut* laissé sur le sol.
XLVI. Otho opperiebatur	XLVI. Othon attendait
nuntium pugnæ	la nouvelle du combat
nequaquam trepidus	nullement troublé
et certus consilii.	et certain de *sa* résolution.
Primum fama mæsta,	D'abord une rumeur triste,
dein profugi e prœlio	puis des fuyards du combat [dues.
patefaciunt res perditas.	font-connaître les affaires *être* per-
Ardor militum	L'ardeur des soldats
non exspectavit	n'attendit pas

militum ardor vocem imperatoris ; bonum haberet animum jubebant : superesse adhuc novas vires et ipsos extrema passuros ausurosque. Neque erat adulatio ; ire in aciem, excitare partium fortunam furore quodam et instinctu flagrabant. Qui procul adstiterant, tendere manus et proximi prensare genua, promptissimo Plotio Firmo. Is prætorii præfectus identidem orabat ne fidissimum[1] exercitum, ne optime meritos milites desereret : majore animo tolerari adversa quam relinqui ; fortes et strenuos etiam contra fortunam insistere spei, timidos et ignavos ad desperationem formidine properare. Quas inter voces ut flexerat vultum aut induraverat Otho, clamor et gemitus. Nec prætoriani tantum, proprius Othonis miles, sed præmissi e Mœsia

voix de leur empereur. Ils lui criaient « d'avoir bon courage ; qu'il lui restait encore des forces intactes; qu'eux-mêmes étaient prêts à tout souffrir et à tout oser ». Et ce n'était pas flatterie : ils brûlaient de combattre ; l'idée de relever la fortune du parti les animait d'une sorte de fureur. Les plus éloignés du prince lui tendaient les mains ; les plus proches embrassaient ses genoux. Plus empressé que tout autre, Plotius Firmus, préfet du prétoire, le conjurait de moment en moment de ne pas abandonner une armée si fidèle, des soldats si glorieusement éprouvés. « Il y avait plus de grandeur d'âme à soutenir le poids du malheur qu'à s'en décharger. Les hommes braves et fermes tiennent bon contre la fortune elle-même en s'attachant à l'espérance, les lâches et les faibles, à la première frayeur, se précipitent dans le désespoir. » Selon qu'à ces paroles Othon semblait s'émouvoir ou rester inflexible, il s'élevait un cri de joie ou des gémissements. Et cet esprit n'animait pas les seuls prétoriens, plus particulièrement soldats d'Othon : les troupes venues en avant de Mésie promét-

vocem imperatoris;	la voix de l'empereur;
jubebant	ils *l*'engageaient
haberet bonum animum :	à-ce-qu'il eût bon courage :
vires novas	des forces nouvelles
superesse adhuc	rester encore
et ipsos passuros	et eux-mêmes devoir souffrir
ausurosque	et devoir oser
extrema.	les dernières *extrémités*.
Neque erat adulatio;	Ni *ce n*'était flatterie;
flagrabant	ils brûlaient
quodam furore	avec un certain délire
et instinctu	et un *certain* enthousiasme
ire in aciem,	d'aller au combat,
excitare fortunam partium.	de relever la fortune du parti.
Qui adstiterant procul,	Ceux qui s'-étaient placés loin,
tendere manus,	de tendre les mains, [genoux,
et proximi prensare genua,	et les plus proches de *lui* saisir les
Plotio Firmo	Plotius Firmus
promptissimo.	*étant* le plus déterminé.
Is præfectus prætorii	Celui-ci préfet du prétoire
orabat identidem	*le* priait de-temps-en-temps
ne desereret	qu'il n'abandonnât pas
exercitum fidissimum,	une armée très fidèle,
ne milites	*qu'il n'abandonnât* pas des soldats
meritos optime,	ayant mérité *de lui* très bien,
adversa tolerari	les choses adverses être supportées
majore animo	avec un plus grand courage
quam relinqui;	qu'être laissées ;
fortes et strenuos	les fermes et les vaillants
insistere spei	s'-obstiner à l'espérance
etiam contra fortunam,	même contre la fortune,
timidos et ignavos	les timides et les lâches
properare ad desperationem	se-hâter vers le désespoir
formidine.	par l'épouvante.
Inter quas voces	Au-milieu desquelles paroles,
ut Otho	selon-qu'Othon
flexerat	avait fléchi (adouci)
aut induraverat	ou avait endurci
vultum,	*son* visage
clamor et gemitus.	*il y avait* clameur et gémissement.
Nec tantum prætoriani,	Et-non seulement les prétoriens,
miles proprius Othonis,	soldat particulier d'Othon,
sed præmissi	mais *ceux* envoyés-en-avant
e Mœsia	de Mésie

eandem obstinationem adventantis exercitus, legiones Aquileiam ingressas nuntiabant, ut nemo dubitet potuisse renovari bellum atrox, lugubre, incertum victis et victoribus.

XLVII. Ipse aversus a consiliis belli : « Hunc, inquit, animum, hanc virtutem vestram ultra periculis objicere nimis grande vitæ meæ pretium puto. Quanto plus spei ostenditis, si vivere placeret, tanto pulchrior mors erit. Experti in vicem sumus ego ac fortuna. Nec tempus computaveritis : difficilius est temperare felicitati, qua te non putes diu usurum. Civile bellum a Vitellio cœpit, et ut de principatu certaremus armis, initium illinc fuit; ne plus quam semel certemus, penes me exemplum erit; hinc Othonem posteritas æstimet. Fruetur Vitellius fratre, conjuge, liberis; mihi non ultione neque solaciis[1] opus est. Alii diu-

taient une foi non moins obstinée de la part des légions, qu'elles montraient arrivant à grands pas et entrées déjà dans Aquilée. On n'en saurait douter; la guerre eût pu se renouveler, acharnée, sanglante, incertaine pour les vaincus et pour les victorieux.

XLVII. Othon ne goûtait pas ces conseils guerriers. « Compagnons, dit-il, exposer tant de dévouement et de courage à de nouveaux périls, ce serait mettre à ma vie un plus haut prix qu'elle ne vaut. Vous me montrez, si je voulais vivre, un avenir plein de ressources : ma mort en sera plus belle. Nous nous sommes mutuellement éprouvés, moi et la fortune. Et ne calculez pas la durée de l'épreuve : il est plus difficile de se modérer dans les prospérités, quand on pense qu'elles cesseront bientôt. La guerre civile a commencé par Vitellius, et, si nous avons tiré le glaive pour la possession de l'empire, la faute en est à lui. Ne l'avoir tiré qu'une fois est un exemple qu'on me devra; que la postérité juge Othon sur cet acte. Vitellius jouira des embrassements de son frère, de sa femme, de ses enfants; je n'ai besoin ni de ven-

nuntiabant	annonçaient
eandem obstinationem	la même obstination
exercitus adventantis,	de l'armée arrivant-à-grands-pas,
legiones ingressas Aquileiam,	les légions *être* entrées à Aquilée,
ut nemo dubitet	de-sorte-que personne-ne doute
bellum atrox, lugubre,	une guerre atroce, lugubre,
incertum	incertaine
victis et victoribus	pour les vaincus et les vainqueurs
potuisse renovari.	avoir pu être renouvelée.
XLVII. Ipse aversus	XLVII. Lui-même étant détourné
a consiliis belli :	des projets de guerre ;
« Puto, inquit	« J'estime, dit-il,
pretium nimis grande	*comme* un prix trop grand
meæ vitæ	de ma vie
objicere ultra periculis	d'exposer encore aux dangers
hunc animum,	ce cœur,
hanc virtutem vestram.	cette valeur vôtre.
Mors erit tanto pulchrior,	Ma mort sera d'autant plus belle,
quanto ostenditis plus spei,	que vous *me* montrez plus d'espoir,
si placeret vivere.	s'il *me* plaisait de vivre.
Ego ac fortuna	Moi et la fortune
sumus experti	nous avons éprouvé *nous*
in vicem.	*tour* à tour.
Nec computaveritis	*Et* n'ayez pas calculé
tempus :	la durée *de l'épreuve :*
est difficilius	il est plus difficile
temperare felicitati,	de modérer la prospérité,
qua putes	de laquelle tu peux-penser
te non usurum diu.	toi ne pas devoir profiter longtemps.
Bellum civile	La guerre civile
cœpit a Vitellio,	a commencé par Vitellius,
et initium fuit illinc	et le commencement a été de-là
ut certaremus armis	que nous luttassions par les armes
de principatu ;	au-sujet-du principat ;
exemplum erit penes me	l'exemple sera en (de) moi
ne certemus	que nous ne luttions pas
plus quam semel ;	plus qu'une-seule-fois ;
posteritas æstimet Othonem	que la postérité apprécie Othon
hinc.	par-là.
Vitellius fruetur fratre	Vitellius jouira de *son* frère,
conjuge, liberis ;	de *sa* femme, de *ses* enfants ;
non est opus mihi	il n'est pas besoin à moi
ultione neque solaciis.	de vengeance ni de consolations.
Alii tenuerint imperium	D'autres auront occupé l'empire

tius imperium tenuerint; nemo tam fortiter reliquerit. An ego tantum Romanæ pubis[1], tot egregios exercitus sterni rursus et rei publicæ eripi patiar? eat hic mecum animus, tanquam perituri pro me fueritis, sed este superstites. Nec diu moremur, ego incolumitatem vestram, vos constantiam meam. Plura de extremis loqui pars ignaviæ est. Præcipuum destinationis meæ documentum habete, quod de nemine queror; nam incusare deos vel homines ejus est qui vivere velit. »

XLVIII. Talia locutus, ut cuique ætas aut dignitas, comiter appellatos irent propere neu remanendo iram victoris asperarent juvenes auctoritate, senes precibus movebat, placidus ore, intrepidus verbis, intempestivas suorum lacrimas coercens. Dari naves ac vehicula abeuntibus

geance ni de consolation. D'autres auront possédé l'empire plus longtemps ; personne ne l'aura quitté avec plus de courage. Pourrais-je voir tant de généreux fils des Romains, tant de braves armées, jonchant de nouveau la terre et enlevés à la république? Laissez-moi emporter la persuasion que vous seriez morts pour ma cause ; mais vivez, et ne mettons plus d'obstacle, moi à votre salut, vous à mon sacrifice. Parler trop longuement de sa fin, c'est déjà une lâcheté. La meilleure preuve que ma résolution est immuable, c'est que je n'accuse personne : qui se plaint des dieux et des hommes tient encore à la vie. »

XLVIII. Après ce discours, il parle à chacun selon son rang et son âge ; et, les pressant obligeamment de partir au plus tôt, afin de ne pas irriter la colère du vainqueur, il ébranle les plus jeunes par l'autorité, les plus vieux par les prières : paisible en son air, ferme dans son langage, et réprimant les pleurs inutiles qui coulent de tous les yeux. Il fait donner à ceux qui partent des bateaux et

diutius ;	plus longtemps ;
nemo reliquerit	personne ne *l'*aura laissé
tam fortiter.	aussi courageusement.
An ego patiar	Est-ce-que moi je souffrirai
tantum pubis Romanæ,	tant de jeunesse romaine,
tot exercitus egregios	tant d'armées remarquables
sterni rursus	être abattues de-nouveau
et eripi rei publicæ ?	et être enlevées à la république ?
Hic animus eat mecum,	Que cette pensée aille avec-moi,
tanquam fueritis	comme-si vous aviez été
perituri pro me,	devant périr pour moi,
sed este superstites.	mais soyez survivants.
Nec moremur diu	Et-ne retardons pas longtemps
ego vestram incolumitatem,	moi votre salut,
vos meam constantiam.	vous ma fermeté.
Loqui plura	Parler plus *longuement*
de extremis	des *moments* suprêmes
est pars ignaviæ.	est une partie de lâcheté.
Habete	Ayez *comme*
præcipuum documentum	principale preuve
meæ destinationis,	de ma résolution,
quod queror de nemine ;	que je *ne* me-plains de personne ;
nam incusare	car accuser
deos vel homines	les dieux ou les hommes
est ejus qui velit vivere. »	est de celui qui voudrait vivre. »
XLVIII Locutus talia,	XLVIII. Ayant dit de telles choses
movebat	il remuait
auctoritate juvenes,	par *son* autorité les jeunes-gens,
precibus senes,	par *ses* prières les vieux,
appellatos comiter,	interpellés avec-affabilité,
ut cuique ætas	selon-qu'à chacun *était* âge
aut dignitas,	ou dignité,
irent propere	*pour* qu'ils allassent promptement
neu asperarent	et-qu'ils n'exaspérassent pas
remanendo	en restant
iram victoris,	la colère du vainqueur,
placidus ore,	paisible de visage,
intrepidus verbis,	non-troublé dans *ses* paroles,
coercens	réprimant
lacrimas intempestivas	les larmes intempestives
suorum.	des siens.
Jubet	Il ordonne
naves ac vehicula	des bateaux et des voitures
dari abeuntibus ;	être donnés à *ceux* qui partaient ;

jubet; libellos epistulasque studio erga se aut in Vitellium contumeliis insignes abolet; pecunias distribuit parce nec ut periturus. Mox Salvium Cocceianum fratris filium, prima juventa, trepidum et mærentem ultro solatus est laudando pietatem ejus, castigando formidinem : an Vitellium tam immitis animi fore, ut pro incolumi tota domo ne hanc quidem sibi gratiam redderet; mereri se festinato exitu clementiam victoris; non enim ultima desperatione, sed poscente prœlium exercitu remisisse rei publicæ novissimum casum. Satis sibi nominis, satis posteris suis nobilitatis quæsitum. Post Julios, Claudios, Servios [1], se primum in familiam novam [2] imperium intulisse; proinde erecto animo capesseret vitam, neu patruum sibi Othonem fuisse aut obliviscetur unquam aut nimium meminisset.

XLIX. Post quæ dimotis omnibus paulum requievit.

des voitures; il détruit les mémoires et les lettres où respirent trop d'attachement pour lui ou de mépris pour Vitellius; il distribue de l'argent, mais avec économie, et non pas en homme qui va périr. Salvius Cocceianus, fils de son frère, d'une extrême jeunesse, s'abandonnait aux larmes et au désespoir ; il lui prodigua les consolations, louant sa tendresse, blâman ses alarmes : « Vitellius serait-il assez impitoyable pour jouir du salut de tous les siens, sans payer leur sauveur de quelque retour? Et lui-même n'achetait-ils pas en mourant si promptement la clémence du vainqueur ? Ce n'était pas un vaincu réduit aux abois, c'était le chef d'une armée impatiente de combattre, qui épargnait à la république une dernière catastropne. Assez d'illustration était acquise à son nom, assez de noblesse à ses descendants. Le premier après les Jules, les Claudes, les Servius, il avait porté l'empire dans une nouvelle maison. Que de motifs pour Cocceianus d'embrasser la vie avec courage, sans oublier jamais qu'Othon fut son oncle, et sans jamais trop s'en souvenir ! »

XLIX. Ensuite il fit retirer tout le monde et se reposa quelques

HISTOIRES, LIVRE II.

abolet libellos epistulasque	il détruit les requêtes et les lettres
insignes studio erga se	remarquables par le zèle envers lui
aut contumeliis in Vitellium;	ou les outrages contre Vitellius;
distribuit pecunias	il distribue des sommes-d'argent
parce,	avec-ménagement,
nec ut periturus.	et-non comme devant périr.
Mox solatus est ultro	Puis il consola de-lui-même
Salvium Cocceianum	Salvius Coccéianus
filium fratris,	fils de *son* frère,
prima juventa,	*étant* dans la première jeunesse,
trepidum et mærentem,	tremblant et s'-affligeant,
laudando pietatem ejus,	en louant la tendresse de lui,
castigando formidinem :	en blâmant *sa* frayeur :
an Vitellium fore	est-ce-que Vitellius devoir être
animi tam immitis	d'un esprit si cruel,
ut redderet sibi	qu'il *ne* rendît à lui
ne quidem hanc gratiam	pas même cette reconnaissance
pro tota domo incolumi ?	pour toute *sa* maison sauve ?
se mereri	lui-même mériter
exitu festinato	par une mort hâtée
clementiam victoris ;	la clémence du vainqueur;
remisisse enim	*lui* en-effet avoir fait-grâce
rei publicæ	à la république
novissimum casum	de la dernière catastrophe
non ultima desperatione,	non par le dernier désespoir,
sed exercitu	mais l'armée
poscente prœlium.	demandant la bataille.
Satis nominis,	Assez de renom,
satis nobilitatis,	assez de noblesse
quæsitum sibi	*avoir été* acquis par lui-même
suis posteris.	pour ses descendants.
Post Julios, Claudios,	Après les Jules, les Claudes,
Servios,	les Servius
se intulisse primum	lui-même avait porté le premier
imperium	l'empire
in familiam novam ;	dans une famille nouvelle ;
proinde capesseret vitam	ainsi-donc qu'il prît la vie
animo erecto,	avec un cœur relevé,
neu aut obliviseeretur unquam	et-que ou il n'oubliât jamais
aut meminisset nimium	ou ne se-souvînt trop
Othonem fuisse patruum sibi.	Othon avoir été oncle à lui.
XLIX. Post quæ	XLIX. Après lesquelles *paroles*
omnibus dimotis	tous ayant été éloignés
requievit paulum.	il se-reposa un peu.

Atque illum supremas jam curas animo volutantem repens tumultus avertit, nuntiata consternatione ac licentia militum : namque abeuntibus exitium minitabantur, atrocissima in Verginium vi, quem clausa domo obsidebant. Increpitis seditionis auctoribus regressus vacavit abeuntium alloquiis, donec omnes inviolati digrederentur. Vesperascente die sitim haustu gelidæ aquæ sedavit. Tum allatis pugionibus *duobus*, cum utrumque pertentasset, alterum capiti subdidit. Et explorato jam profectos amicos, noctem quietam, utque affirmatur, non insomnem egit; luce prima in ferrum pectore incubuit. Ad gemitum morientis ingressi liberti servique et Plotius Firmus, prætorii præfectus, unum vulnus invenere. Funus maturatum ; ambitiosis id precibus petierat, ne amputaretur caput ludibrio futurum. Tulere

instants. Déjà les soins du moment suprême occupaient sa pensée, lorsqu'un tumulte soudain vint l'en distraire : c'étaient les soldats qui, dans un accès d'emportement et de licence, menaçaient de la mort ceux qui voulaient partir. Leur violence éclatait surtout contre Verginius, qu'ils tenaient assiégé dans sa maison. Le prince, après avoir réprimandé les auteurs de la sédition, rentra chez lui et se prêta aux adieux de ses amis, assez longtemps pour que tous partissent sans éprouver d'insulte. Aux approches de la nuit, il eut soif et but de l'eau fraiche. Puis s'étant fait apporter deux poignards, il en essaya la pointe et en mit un sous son chevet. Il s'assura une derniere fois du départ de ses amis, et passa une nuit tranquille, et qui, dit-on, ne fut pas sans sommeil. Quand le jour parut, il se laissa tomber sur le fer. Au gémissement qu'il poussa en mourant, ses affranchis, ses esclaves et le préfet Plotius accoururent et le trouvèrent percé d'un seul coup. On hâta ses funérailles. Il l'avait recommandé avec une prévoyante sollicitude, de peur que sa tête ne fût séparée du corps et livrée aux outrages.

Atque tumultus repens	Et un tumulte soudain
avertit illum	détourna lui
volutantem jam animo	roulant déjà dans *son* esprit
supremas curas,	les derniers soucis,
consternatione	le soulèvement
ac licentia militum	et la licence des soldats
nuntiata;	*lui* ayant été annoncés;
namque minitabantur	car ils menaçaient
exitium abeuntibus,	de la mort *ceux* qui partaient,
vi atrocissima	*leur* violence *étant* la plus terrible
in Verginium,	contre Verginius,
quem obsidebant	qu'ils assiégeaient
domo clausa.	*sa* maison étant fermée.
Auctoribus seditionis	Les auteurs de la sédition
increpitis,	ayant été réprimandés,
regressus vacavit	étant rentré il vaqua
alloquiis abeuntium,	aux adieux de *ceux* qui partaient,
donec omnes digrederentur	jusqu'-à-ce-que tous s'-éloignassent
inviolati.	non-maltraités.
Die vesperascente	Le jour tournant-vers-le-soir
sedavit sitim.	il apaisa sa soif
haustu aquæ gelidæ.	par l'absorption d'eau glacée.
Tum duobus pugionibus	Puis deux poignards
allatis,	ayant été apportés,
cum pertentasset utrumque,	lorsqu'il eut essayé l'un-et-l'autre,
subdidit capiti alterum.	il plaça-sous *sa* tête l'un-des-deux.
Et explorato	Et *ceci* ayant été reconnu
amicos jam profectos,	*ses* amis *être* déjà partis,
egit noctem quietam,	il passa une nuit paisible,
utque affirmatur,	et comme il est assuré,
non insomnem;	non privée-de-sommeil;
prima luce	à la première lueur *du jour*
incubuit pectore in ferrum.	il se-jeta de la poitrine sur le fer.
Ad gemitum morientis	Au gémissement du mourant
liberti servique	*ses* affranchis et *ses* esclaves
et Plotius Firmus,	et Plotius Firmus,
præfectus prætorii,	préfet du prétoire,
ingressi	étant entrés
invenere unum vulnus.	trouvèrent une seule blessure.
Funus maturatum;	*Ses* funérailles *furent* hâtées;
petierat id	il avait demandé cela
precibus ambitiosis,	par des prières empressées
ne caput amputaretur	de-peur-que *sa* tête ne fût coupée
futurum ludibrio.	devant être à risée.

corpus prætoriæ cohortes cum laudibus et lacrimis vulnus manusque ejus exosculantes. Quidam militum juxta rogum interfecere se, non noxa neque ob metum, sed æmulatione decoris et caritate principis. Ac postea promiscue Bedriaci, Placentiæ aliisque in castris celebratum id genus mortis. Othoni sepulcrum exstructum est modicum et mansurum. Hunc vitæ finem habuit septimo et tricesimo ætatis anno.

L. Origo illi e municipio Ferentino [1], pater consularis, avus prætorius; maternum genus impar [2] nec tamen indecorum. Pueritia ac juventa, qualem monstravimus. Duobus facinoribus, altero flagitiosissimo, altero egregio, tantumdem apud posteros meruit bonæ famæ quantum malæ. Ut conquirere fabulosa et fictis oblectare legentium animos procul gravitate cœpti operis crediderim, ita vulgatis traditisque demere fidem non ausim. Die quo Bedriaci cer-

Les cohortes prétoriennes le portèrent au bûcher, avec des éloges et des larmes, baisant sa blessure et ses mains. Quelques soldats se tuèrent auprès du bûcher même; et ce n'était chez eux ni remords ni crainte, mais émulation d'héroïsme et attachement à leur prince. Bientôt à Bédriac, à Plaisance et dans les autres camps, un entraînement général multiplia ces trépas volontaires. Un tombeau fut élevé à Othon, simple et qui devait durer. C'est ainsi qu'il finit sa vie à l'âge de trente-sept ans.

L. Sa famille sortait du municipe de Férentinum. Son père fut consul, son aïeul préteur. Son origine maternelle, moins illustre, n'était pourtant pas sans éclat. Enfant et jeune homme, il fut tel que nous l'avons montré. Deux actes fameux, un crime horrible et un beau sacrifice, ont valu à sa mémoire autant d'éloges que de censures. Rechercher le merveilleux et amuser de fictions l'esprit des lecteurs, serait trop au-dessous de la gravité de cet ouvrage. Mais il est des traditions si accréditées que je n'oserais les traiter de fables. Le jour que l'on combattit à Bédriac,

Cohortes prætoriæ	Les cohortes prétoriennes
tulere corpus	portèrent *son* corps
cum laudibus et lacrimis	avec des éloges et des larmes
exosculantes	baisant
vulnus manusque ejus.	la blessure et les mains de lui.
Quidam militum	Certains d'entre les soldats
se interfecere juxta rogum,	se tuèrent auprès du bûcher,
non noxa	non par culpabilité
neque ob metum,	ni à-cause-de la crainte,
sed æmulatione decoris	mais par émulation d'honneur
et caritate principis.	et par affection du (pour le) prince.
Ac postea id genus mortis	Et dans-la suite ce genre de mort
celebratum promiscue	*fut* multiplié indistinctement
Bedriaci, Placentiæ	à Bédriac, à Plaisance
inque aliis castris.	et dans d'autres camps.
Sepulcrum modicum	Un tombeau modeste
et mansurum.	et-par-conséquent devant durer
exstructum est Othoni.	fut élevé à Othon.
Habuit hunc finem vitæ	Il eut cette fin de vie
septimo et tricesimo anno	la septième et trentième année
ætatis.	de *son* âge.
L. Origo illi	L. Origine *était* à lui
e municipio Ferentino,	du municipe *de* Férentinum,
pater consularis,	*son* père *était* consulaire,
avus prætorius;	*son* aïeul ancien-préteur;
genus maternum impar	sa race maternelle *était* inférieure,
nec tamen indecorum.	ni cependant sans-éclat. [telles
Pueritia et juventa,	*Son* enfance et *sa* jeunesse *furent*
qualem monstravimus.	que nous *les* avons montrées.
Duobus facinoribus,	Par deux actes,
altero flagitiosissimo,	l'un très infâme,
altero egregio,	l'autre remarquable, [postérité)
meruit apud posteros	il mérita chez les descendants (la
tantumdem bonæ famæ	autant de bonne réputation
quantum malæ.	que de mauvaise.
Ut crediderim	De-même-que j'aurais cru
procul gravitate	*être* loin de la gravité
operis cœpti	de l'œuvre entreprise
conquirere fabulosa	de rechercher des *bruits* fabuleux
et oblectare fictis	et de charmer par des fictions
animos legentium,	les esprits de *ceux* qui lisent,
ita non ausim demere fidem	ainsi je n'oserais pas ôter créance
vulgatis traditisque.	aux *faits* publiés et transmis.
Die quo certabatur Bedriaci,	Le jour où il était combattu à Bédriac

tabatur, avem inusitata specie apud Regium Lepidum[1] celebri luco consedisse incolæ memorant, nec deinde cœtu hominum aut circumvolitantium alitum territam pulsamve, donec Otho se ipse interficeret ; tum ablatam ex oculis ; et tempora reputantibus initium finemque miraculi cum Othonis exitu competisse.

LI. In funere ejus novata luctu ac dolore militum seditio, nec erat qui coerceret. Ad Verginium versi, modo ut reciperet imperium, nunc ut legatione apud Cæcinam et Valentem fungeretur, minitantes orabant : Verginius per aversam domus partem furtim digressus irrumpentes frustratus est. Earum quæ Brixelli egerant cohortium preces Rubrius Gallus tulit, et venia statim impetrata, concedentibus ad victorem per Flavium Sabinum iis copiis, quibus præfuerat.

LII. Posito ubique bello magna pars senatus extremum

un oiseau d'une forme extraordinaire s'abattit, si l'on en croit les habitants de Régium Lépidum, dans un bois très fréquenté près de cette ville. Ni le concours du peuple, ni une multitude d'oiseaux voltigeant autour de lui, ne l'effrayèrent ou ne lui firent quitter la place, jusqu'au moment où Othon se frappa. Alors il disparut ; et le calcul du temps fit voir que le commencement et la fin du prodige concouraient avec la mort d'Othon.

LI. Aux funérailles du prince, les regrets et la douleur des soldats rallumèrent la sédition, et il n'y avait pas de chef pour la réprimer. Ils coururent chez Verginius et le prièrent avec menaces, tantôt d'accepter l'empire, tantôt d'aller en députation auprès de Valens et de Cécina. Verginius, assailli dans sa maison, sortit par une porte dérobée et trompa leur violence. Rubrius Gallus porta la soumission des cohortes qui s'étaient trouvées à Brixellum. Leur pardon fut accordé aussitôt ; et de son côté Flavius Sabinus remit aux vainqueurs les troupes qu'il avait commandées.

LII. La guerre avait cessé partout, lorsqu'une grande partie du

incolæ memorant	les habitants rapportent
avem	un oiseau
specie inusitata	d'une forme extraordinaire
consedisse apud	s'-être posé auprès de
Regium Lepidum	Regium Lepidum
luco celebri,	dans un bois-sacré fréquenté,
nec deinde territam	ni ensuite *n'avoir été* effrayé
pulsamve	ou chassé
cœtu hominum	par la réunion des hommes
aut alitum circumvolitantium,	ou des oiseaux voltigeant-autour,
donec Otho	jusqu'-à-ce-qu'Othon
se interficeret ipse ;	se tuât lui-même ;
tum ablatam ex oculis ;	alors *s'être* enlevé hors des yeux ;
et reputantibus tempora	et pour *ceux* calculant les temps
initium finemque	le commencement et la fin
miraculi	du prodige
competisse cum exitu Othonis.	avoir coïncidé avec la fin d'Othon.
LI. In funere ejus	LI. Aux funérailles de lui
seditio novata	la sédition *fut* renouvelée
luctu ac dolore	par le deuil et la douleur
militum ;	des soldats ;
nec erat	et il n'y avait *personne*
qui coerceret.	qui *la* réprimât.
Versi ad Verginium	S'étant tournés vers Verginius
orabant minitantes,	ils priaient en menaçant,
modo ut reciperet imperium,	tantôt qu'il reçût l'empire,
nunc ut fungeretur	tantôt qu'il s'-acquittât
legatione	de la députation
apud Cæcinam et Valentem :	auprès de Cécina et de Valens :
Verginius	Verginius
digressus furtim	s'-étant éloigné furtivement
per partem aversam domus	par la partie détournée de la maison
frustratus est irrumpentes.	échappa à *eux* assaillant.
Rubrius Gallus tulit	Rubrius Gallus porta
preces earum cohortium.	les prières de ces cohortes
quæ egerant Brixelli,	qui avaient séjourné à Brixellum,
et venia impetrata statim,	et le pardon *fut* obtenu aussitôt,
iis copiis	ces troupes
quibus præfuerat,	auxquelles il avait commandé,
concedentibus ad victorem	passant au vainqueur
per Flavium Sabinum.	par-l'entremise-de Flavius Sabinus.
LII. Bello	LII. La guerre
posito ubique	ayant été déposée partout
magna pars senatus,	une grande partie du sénat,

discrimen adiit, profecta cum Othone ab urbe, dein Mutinæ relicta. Illuc adverso de prœlio allatum; sed milites, ut falsum rumorem aspernantes, quod infensum Othoni senatum arbitrabantur, custodire sermones, vultum habitumque trahere in deterius; conviciis postremo ac probris causam et initium cædis quærebant, cum alius insuper metus senatoribus instaret, ne, prævalidis jam Vitellii partibus, cunctanter excepisse victoriam crederentur. Ita trepidi et utrinque anxii coeunt, nemo privatim expedito consilio, inter multos societate culpæ tutior. Onerabat paventium curas ordo Mutinensis [1] arma et pecuniam offerendo, appellabatque patres conscriptos intempestivo honore.

LIII. Notabile jurgium fuit, quo Licinius Cæcina Marcellum Eprium ut ambigue disserentem invasit. Nec ce-

sénat courut le dernier des dangers. C'était celle qu'Othon avait amenée avec lui de Rome et laissée à Modène. Quand la nouvelle de la défaite arriva dans cette ville, les soldats la repoussèrent comme un faux bruit répandu par les sénateurs en haine d'Othon. Discours, visage, maintien, ils épiaient tout pour y trouver du crime. Ils cherchèrent enfin dans les invectives et les injures une occasion d'aller jusqu'au massacre. Et ce n'était pas le seul péril qui alarmât les sénateurs; le parti de Vitellius devenait le plus fort, il ne fallait pas qu'on parût avoir reçu froidement sa victoire. Agités de cette double crainte, ils se rassemblent, aucun n'osant se décider seul et une faute partagée semblant moins dangereuse. Le sénat de Modène aggrava les terreurs de ces âmes inquiètes, en leur offrant des armes et de l'argent, et en les appelant pères conscrits, hommage hors de saison.

LIII. Le conseil fut témoin d'une sortie violente de Licinius Cécina sur Marcellus Éprius, auquel il reprochait l'ambiguité de son langage. Les autres ne s'expliquaient pas plus clairement;

profecta ab urbe cum Othone,	partie de la ville avec Othon,
dein relicta Mutinæ,	puis laissée à Modène,
adiit extremum discrimen.	courut le dernier danger.
Allatum illuc	*La nouvelle fut* apportée là
de prœlio adverso :	touchant le combat contraire :
sed milites aspernantes	mais les soldats *la* repoussant
ut falsum rumorem,	comme une fausse rumeur,
quod arbitrabantur senatum	parce-qu'ils pensaient le sénat
infensum Othoni,	hostile à Othon,
custodire sermones,	épier les discours *des sénateurs*,
trahere in deterius	tirer (interpréter) en pis
vultum habitumque ;	*leur* visage et *leur* attitude ;
postremo quærebant	enfin ils cherchaient
conviciis ac probris	par des invectives et des injures
causam et initium	une cause et un commencement
cædis,	de massacre,
cum alius metus insuper	alors-qu'une autre peur en-outre
instaret senatoribus,	pressait les sénateurs,
ne, partibus Vitellii	que, le parti de Vitellius
jam prævalidis,	*étant* maintenant tout-puissant,
crederentur	ils *ne* fussent crus
excepisse victoriam	avoir accueilli la victoire
cunctanter.	avec-hésitation.
Ita trepidi	Ainsi tremblants
et anxii utrinque	et inquiets des-deux côtés
coeunt,	ils se-rassemblent,
nemo	personne [particulier,
consilio expedito privatim,	un avis n'étant tiré (donné) en-
tutior	chacun *étant* plus-en-sûreté
societate culpæ	par la communauté de faute
inter multos.	entre beaucoup.
Ordo Mutinensis	L'ordre (*des* décemvirs) de-Modène
onerabat curas paventium	aggravait les soucis d'*eux* effrayés
offerendo arma et pecuniam,	en offrant armes et argent,
appellabatque	et ils *les* appelait
patres conscriptos	pères conscrits
honore intempestivo.	par un hommage intempestif.
LIII. Jurgium	LIII. La querelle
quo Licinius Cæcina	par laquelle Licinius Cécina
invasit Marcellum Eprium	attaqua Marcellus Éprius
ut disserentem	comme discourant
ambigue	d'une-manière-ambiguë
fuit notabile.	fut remarquable.
Nec ceteri aperiebant	Ni les autres *ne* manifestaient

teri sententiam aperiebant : sed invisum memoria delationum expositum ad invidiam Marcelli nomen irritaverat Cæcinam, ut novus adhuc et in senatum nuper adscitus magnis inimicitiis claresceret. Moderatione meliorum dirempti. Et rediere omnes Bononiam rursus consiliaturi; simul medio temporis plures nuntii sperabantur. Bononiæ, divisis per itinera qui recentissimum quemque percontarentur, interrogatus Othonis libertus causam digressus habere se suprema ejus mandata respondit; ipsum viventem quidem relictum, sed sola posteritatis cura et abruptis vitæ blandimentis. Hinc admiratio et plura interrogandi pudor atque omnium animi in Vitellium inclinavere.

LIV. Intererat consiliis frater ejus L. Vitellius seque jam adulantibus offerebat, cum repente Cœnus libertus Neronis

mais le nom de Marcellus, lié aux odieux souvenirs de la délation et en prise à toutes les attaques, avait tenté Cécina, jaloux de signaler son élévation encore récente et sa nouveauté sénatoriale par d'éclatantes inimitiés. La médiation des hommes sages apaisa la querelle. Ils retournèrent tous à Bologne pour y délibérer une seconde fois ; ils espéraient aussi recevoir dans l'intervalle des nouvelles plus détaillées. A Bologne, ils envoyèrent sur tous les chemins recueillir les plus fraîches. Un affranchi d'Othon, interrogé pourquoi il avait quitté son maître, répondit qu'il était porteur de ses dernières instructions ; qu'il l'avait laissé vivant, mais occupé uniquement de la postérité, et détaché sans retour des illusions de la vie. L'admiration et la bienséance empêchèrent d'en demander davantage, et tous les esprits se tournèrent du côté de Vitellius.

LIV. Son frère L. Vitellius assistait à ces délibérations, et déjà il s'offrait aux hommages de la flatterie, lorsque Cénus, affranchi

HISTOIRES, LIVRE II. 355

sententiam ;	*leur* avis ;
sed nomen Marcelli	mais le nom de Marcellus [tions
invisum memoria delationum	odieux par le souvenir des déla-
expositum ad invidiam	exposé à l'envie
irritaverat Cæcinam,	avait excité Cécina,
ut adhuc novus	afin-que nouveau encore
et adscitus nuper in senatum	et appelé récemment dans le sénat
claresceret	il s'-illustrât
magnis inimicitiis.	par de grandes inimitiés.
Dirempti	*Ils furent* séparés
moderatione meliorum.	par la modération des meilleurs.
Et rediere omnes Bononiam	Et ils revinrent tous à Bologne
consiliaturi rursus ;	devant délibérer de-nouveau ;
simul	en-même-temps
nuntii plures	des nouvelles plus nombreuses
sperabantur	étaient espérées (attendues)
medio temporis.	dans le milieu du temps (dans l'in-
Bononiæ,	A Bologne, [tervalle).
divisis	*des gens* ayant été envoyés-sépa-
per itinera	par les routes [rément
qui percontarentur	qui interrogeassent
quemque recentissimum,	chacun le plus nouveau-venu,
libertus Othonis	un affranchi d'Othon
interrogatus	interrogé
causam digressus	sur la cause de *son* départ
respondit se habere	répondit soi avoir
suprema mandata ejus ;	les dernières instructions de lui ;
ipsum relictum	lui-même *avoir été* laissé
viventem quidem,	vivant à-la-vérité,
sed sola cura	mais avec le seul souci
posteritatis	de la postérité
et blandimentis vitæ	et les charmes de la vie
abruptis.	ayant été brisés.
Hinc admiratio	De-là admiration
et pudor interrogandi plura	et honte d'*en* demander davantage
atque animi omnium	et les esprits de tous
inclinavere in Vitellium.	inclinèrent vers Vitellius.
LIV. Lucius Vitellius,	LIV. Lucius Vitellius,
frater ejus	frère de lui,
intererat consiliis	assistait aux délibérations
jamque se offerebat	et déjà il s'offrait
adulantibus,	à *ceux* qui flattaient,
cum repente	quand tout-à-coup
Cœnus libertus Neronis	Cénus affranchi de Néron

atroci mendacio universos perculit, affirmans superventu quartæ decimæ legionis, junctis a Brixello viribus, cæsos victores, versam partium fortunam. Causa fingendi fuit, ut diplomata [1] Othonis, quæ neglegebantur, lætiore nuntio revalescerent. Et Cœnus quidem raptim in urbem vectus paucos post dies jussu Vitellii pœnas luit; senatorum periculum auctum credentibus Othonianis militibus vera esse quæ afferebantur. Intendebat formidinem quod publici consilii facie discessum Mutina desertæque partes forent. Nec ultra in commune congressi sibi quisque consuluere, donec missæ a Fabio Valente epistulæ demerent metum. Et mors Othonis quo laudabilior eo velocius audita.

LV. At Romæ nihil trepidationis; Ceriales ludi ex more

de Néron, vint par un mensonge impudent jeter l'effroi dans les âmes. Selon lui, l'arrivée de la quatorzième légion et la jonction des troupes de Brixellum avaient écrasé les vainqueurs et changé la fortune. Il inventa cette fable parce qu'on lui refusait des chevaux au mépris d'une patente d'Othon; il voulait à l'aide d'une bonne nouvelle faire respecter cette pièce. Cénus fut en effet porté rapidement à Rome, et peu de jours après un ordre de Vitellius l'envoya au supplice. Son imposture accrut le péril des sénateurs, parce que les soldats othoniens la prirent pour la vérité. Les alarmes étaient encore redoublées par le caractère public qu'avaient eu le départ de Modène et l'abandon du parti. Depuis ce moment on ne délibéra plus en commun : chacun pourvut à sa sûreté, jusqu'à ce que des lettres de Valens eussent fait cesser les craintes : d'ailleurs la mort d'Othon était assez belle pour que le bruit s'en répandît promptement.

LV. Rome ne se sentait point du désordre : on y célébrait suivant l'usage les jeux sacrés de Cérès. Dès qu'on eut annoncé au

perculit universos	frappa *de peur* tous
mendacio atroci,	par un mensonge terrible,
affirmans	affirmant
victores	les vainqueurs
cæsos,	*avoir été* massacrés,
fortunam partium versam,	la fortune des partis tournée
superventu	par l'arrivée-soudaine
quartæ decimæ legionis,	de la quatorzième légion,
viribus a Brixello	les forces *venues* de Brixellum
junctis.	s'y étant jointes.
Causa fingendi fuit,	Le motif de feindre *cela* fut,
ut diplomata Othonis	que les passe-ports d'Othon
quæ neglegebantur,	qui étaient mis-de-côté
revalescerent	reprissent-force
nuntio lætiore.	par une nouvelle plus heureuse.
Et Cœnus quidem	Et Cénus effectivement
vectus raptim in urbem	porté rapidement à la ville,
luit pœnas post paucos dies	paya des peines après peu de jours
jussu Vitellii;	par ordre de Vitellius;
periculum senatorum auctum	le péril des sénateurs fut accru
militibus Othonianis	les soldats othoniens
credentibus	croyant
quæ afferebantur	*les nouvelles* qui étaient apportées
esse vera.	être vraies.
Intendebat formidinem	*Ceci* redoublait la terreur
quod discessum	*à savoir* qu'on s'-*était*-éloigné
Mutina	de Modène
partesque forent desertæ	et *que* le parti avait été abandonné
facie	avec la forme
consilii publici.	d'une délibération publique.
Nec congressi ultra	Et-ne s'étant pas réunis au-delà
in commune	en commun
consuluere quisque sibi,	ils délibérèrent chacun pour soi,
donec epistulæ	jusqu'à-ce-que des lettres
missæ a Fabio Valente	envoyées par Fabius Valens
demerent metum.	enlevassent la crainte.
Et mors Othonis	D'ailleurs la mort d'Othon
audita velocius	fut apprise plus promptement
eo	par cela
quo laudabilior.	qu'*elle était* plus louable.
LV. At Romæ	LV. Mais à Rome
nihil trepidationis;	rien de (aucun) trouble;
ludi Ceriales spectabantur	les jeux de-Cérès étaient regardés
ex more.	selon la coutume.

spectabantur. Ut cessisse Othonem et a Flavio Sabino præfecto urbis quod erat in urbe militum sacramento Vitellii adactum certi auctores in theatrum attulerunt, Vitellio plausere; populus cum lauru ac floribus Galbæ imagines circum templa tulit, congestis in modum tumuli coronis juxta lacum Curti, quem locum Galba moriens sanguine infecerat. In senatu cuncta longis aliorum principatibus composita statim decernuntur; additæ erga Germanicum exercitum laudes gratesque, et missa legatio quæ gaudio fungeretur. Recitatæ Fabii Valentis epistulæ ad consules scriptæ haud immoderatæ; gratior Cæcinæ modestia fuit, quod non scripsisset.

LVI. Ceterum Italia gravius atque atrocius quam bello afflictabatur. Dispersi per municipia et colonias Vitelliani spoliare, rapere, vi et stupris polluere; in omne fas nefasque

théâtre la nouvelle certaine qu'Othon avait quitté la vie, et qu'à la voix de Flavius Sabinus, préfet de Rome, tout ce qui se trouvait de soldats dans la ville venait de prêter serment à Vitellius, le nom de Vitellius fut couvert d'applaudissements. Le peuple promena par les temples, avec des lauriers et des fleurs, les images de Galba, et lui fit, d'un amas de couronnes, une espèce de tombeau près du lac Curtius, au lieu même qu'avait ensanglanté le meurtre de ce prince. Dans le sénat, tous les honneurs inventés pendant les plus longs règnes furent décernés d'un seul coup. On ajouta des louanges et des actions de grâces pour les armées de Germanie. Une députation alla porter le tribut de la joie officielle. On lut un message de Valens aux consuls qui parut assez mesuré : la modestie de Cécina, qui n'écrivit pas, plut encore davantage.

LVI. Cependant des fléaux plus cruels et plus affreux que la guerre affligeaient l'Italie. Épars dans les colonies et les municipes, il n'était pillage, rapine, viol, impureté, que n'y commissent les Vitelliens : capables de tous les crimes pour ravir une proie

Ut auctores certi	Dès-que des auteurs sûrs
attulerunt	eurent apporté *la nouvelle*
in theatrum	au théâtre
Othonem cessisse	Othon s'-être retiré *de la place*,
et quod militum erat	et *ce* qui de soldats était
in urbe	dans la ville
adactum sacramento	*avoir été* contraint par le serment
Vitellii,	de (à) Vitellius, [Vitellius ;
plausere Vitellio ;	ils applaudirent (on applaudit)
populus tulit circum templa	le peuple porta autour des temples
cum lauru ac floribus	avec du laurier et des fleurs
imagines Galbæ,	les images de Galba,
coronis congestis	les couronnes ayant été entassées
in modum tumuli	en manière de tombeau
juxta lacum Curti,	autour du lac de Curtius,
quem locum Galba moriens	lequel lieu Galba mourant
infecerat sanguine.	avait taché de *son* sang.
In senatu cuncta	Dans le sénat tous *les honneurs*
composita longis principatibus	inventés sous les longs principats
aliorum	des autres *empereurs*
decernuntur statim ;	sont décernés immédiatement;[ces
laudes gratesque	des louanges et des actions-de grâ-
erga exercitum Germanicum	pour l'armée germanique
additæ,	*furent* ajoutées,
et legatio missa	et une députation *fut* envoyée
quæ fungeretur	qui s'-acquittât
gaudio.	de *ce* témoignage-de-joie.
Epistulæ Fabii Valentis	Des lettres de Fabius Valens
scriptæ ad consules	écrites au consul
haud immoderatæ	non immodérées (sans mesure)
recitatæ ;	*furent* lues-publiquement ;
modestia Cæcinæ,	la modestie de Cécina,
quod non scripsisset,	parce-qu'il n'avait pas écrit,
fuit gratior.	fut plus agréable.
LVI. Ceterum Italia	LVI. Du-reste l'Italie
afflictabatur	était affligée
gravius atque atrocius	plus gravement et plus atrocement
quam bello.	que par la guerre.
Vitelliani dispersi	Les Vitelliens dispersés [lonies
per municipia et colonias	à-travers les municipes et les co-
spoliare, rapere,	dépouiller, ravir,
polluere vi et stupris ;	souiller par la violence et les viols ;
avidi aut venales	avides ou vénals [permise
in omne fas nefasque	pour toute chose permise le non-

avidi aut venales non sacro, non profano abstinebant. Et fuere qui inimicos suos specie militum¹ interficerent. Ipsique milites regionum gnari refertos agros, dites dominos in prædam aut, si repugnatum foret, ad excidium destinabant, obnoxiis ducibus et prohibere non ausis. Minus avaritiæ in Cæcina, plus ambitionis. Valens ob lucra et quæstus infamis eoque alienæ etiam culpæ dissimulator. Jam pridem attritis Italiæ rebus tanta peditum equitumque vis² damnaque et injuriæ ægre tolerabantur.

LVII. Interim Vitellius victoriæ suæ nescius ut ad integrum bellum reliquas Germanici exercitus vires trahebat. Pauci veterum militum in hibernis relicti, festinatis per Gallias dilectibus, ut remanentium legionum nomina supplerentur. Cura ripæ³ Hordeonio Flacco permissa; ipse e Britannico *exercitu* delecta octo millia sibi adjunxit. Et

ou gagner un salaire, ils ne respectaient ni le sacré ni le profane. Dans ce désordre, des habitants égorgèrent leurs ennemis et en imputèrent le sang aux soldats. Les soldats eux-mêmes, connaissant les lieux, marquaient les fermes les mieux remplies, les propriétaires les plus riches, pour tout enlever, ou, si l'on résistait, pour tout détruire. Les généraux, dépendant de leurs troupes, n'osaient rien empêcher : moins avide d'argent que Valens, Cécina l'était davantage de popularité. Valens, décrié pour ses rapines et ses gains sordides, fermait les yeux sur les fautes d'autrui. Tant d'infanterie et de cavalerie, tant de violences, de pertes, de vexations, étaient pour l'Italie dès longtemps épuisée un insupportable fardeau.

LVII. Pendant ce temps, Vitellius, vainqueur sans le savoir, venait comme à une guerre où la question serait entière, traînant avec lui le reste de l'armée de Germanie. Il avait laissé dans les quartiers d'hiver un petit nombre de vieux soldats, et pressé le recrutement dans les Gaules, afin de garnir les cadres vides des légions restantes. La garde du fleuve fut remise à Hordéonius. Vitellius emmena huit mille hommes tirés de Bretagne, et, après

non abstinebant sacro,	ils ne s'-abstenaient pas du sacré,
non profano.	pas du profane.
Et fuere qui	Et il *y en* eut qui
interficerent suos inimicos	tuaient leurs ennemis
specie militum.	sous l'apparence de soldats.
Militesque ipsi	Et les soldats eux-mêmes
gnari regionum	connaissant *ces* régions
destinabant in prædam	désignaient au pillage
agros refertos,	les champs remplis *de biens*,
dites dominos,	les riches propriétaires,
aut ad excidium,	ou à la destruction,
si foret repugnatum,	s'il était résisté,
ducibus obnoxiis	les chefs *étant* soumis
et non ausis prohibere.	et n'ayant pas osé empêcher.
Minus avaritiæ,	Moins d'avarice,
plus ambitionis in Cæcina.	plus de désir-de-plaire dans Cécina.
Valens infamis	Valens décrié [fûts,
ob lucra et quæstus,	à-cause-de *ses* gains et de *ses* pro-
eoque dissimulator	et par-suite-de cela dissimulant
etiam culpæ alienæ.	même la faute-d'autrui.
Rebus Italiæ	Les affaires de l'Italie
attritis jam pridem	étant ruinées depuis longtemps
tanta vis	une si-grande multitude
peditum equitumque	de fantassins et de cavaliers
damnaque et injuriæ	et les pertes et les violences
tolerabantur ægre.	étaient supportées difficilement.
LVII. Interim Vitellius	LVII. Cependant Vitellius
nescius suæ victoriæ trahebat	ignorant de sa victoire traînait
ut ad bellum integrum	comme pour une guerre non-com-
vires reliquas	les forces restantes [mencée
exercitus Germanici.	de l'armée germanique.
Pauci veterum militum	Peu de vieux soldats
relicti	*avaient été* laissés
in hibernis,	dans les quartiers-d'hiver,
dilectibus festinatis	les levées ayant été hâtées
per Gallias,	à-travers les Gaules,
ut nomina	afin-que les noms (les cadres)
legionum remanentium	des légions qui restaient
supplerentur.	fussent complétés.
Cura ripæ	Le soin de la rive *du Rhin* [cus;
permissa Hordeonio Flacco;	*fut* abandonné à Hordéonius Flac-
ipse sibi adjunxit	lui-même s'adjoignit
octo millia delecta	huit mille *hommes* détachés
ex exercitu Britannico.	de l'armée britannique.

paucorum dierum iter progressus prosperas apud Bedriacum res ac morte Othonis concidisse bellum accepit; vocata contione, virtutem militum laudibus cumulat. Postulante exercitu ut libertum suum Asiaticum equestri dignitate ornaret, inhonestam adulationem compescit; dein mobilitate ingenii, quod palam abnuerat, inter secreta convivii largitur, honoravitque Asiaticum anulis, fœdum mancipium et malis artibus ambitiosum.

LVIII. Iisdem diebus accessisse partibus utramque Mauretaniam, interfecto procuratore Albino, nuntii venere. Lucceius Albinus a Nerone Mauretaniæ Cæsariensi præpositus, addita per Galbam Tingitanæ provinciæ administratione, haud spernendis viribus agebat. Decem novem cohortes, quinque alæ, ingens Maurorum numerus aderat, per latrocinia et raptus apta bello manus. Cæso Galba in

une marche de quelques jours, il apprit le succès de Bédriac, et la fin de la guerre, éteinte par la mort d'Othon. Il assemble l'armée et comble d'éloges la valeur des soldats. Sollicité par les troupes d'élever son affranchi Asiaticus au rang de chevalier, il réprima cette basse adulation. Ensuite, par une bizarre inconséquence, ce qu'il avait refusé publiquement, il le donna dans le secret d'un repas, et il décora de l'anneau d'or Asiaticus, un esclave chargé d'opprobre, un courtisan qui n'avait de titres que ses crimes.

LVIII. Vers la même époque, on vint lui annoncer la réunion à son parti des deux Mauritanies et le meurtre d'Albinus, qui en était procurateur. Luccéius Albinus, placé par Néron à la tête de la Mauritanie césarienne, à laquelle Galba joignit la Tingitane, disposait de forces respectables. Dix-neuf cohortes et cinq ailes de cavalerie étaient sous ses ordres, avec un grand nombre de Maures, gens que les courses et le brigandage rendent très propres à la guerre. Après le meurtre de Galba, inclinant pour Othon et

Et progressus iter	Et s'-étant avancé d'une marche
paucorum dierum	de peu de jours,
accepit	il reçut (il apprit) [Bédriac
res prosperas apud Bedriacum	les choses prospères auprès de
ac bellum	et la guerre
concidisse	être tombée (avoir pris fin)
morte Othonis ;	par la mort d'Othon ;
contione vocata,	l'assemblée ayant été convoquée,
cumulat laudibus	il comble d'éloges
virtutem militum.	le courage des soldats.
Exercitu postulante	L'armée demandant
ut ornaret dignitate equestri	qu'il ornât de la dignité équestre
suum libertum Asiaticum,	son affranchi Asiaticus,
compescit	il réprime
adulationem inhonestam ;	une flatterie déshonnête ;
dein mobilitate ingenii	puis par mobilité de caractère
largitur	il donne [d'un festin
inter secreta convivii	au-milieu-des secrets (du secret)
quod abnuerat palam,	*ce* qu'il avait refusé ouvertement,
honoravitque anulis	et il honora des anneaux
Asiaticum, mancipium fœdum,	Asiaticus, esclave infâme,
et ambitiosum	et cherchant-à-plaire
artibus malis.	par des moyens mauvais.
LVIII. Iisdem diebus	LVIII. Dans les mêmes jours,
nuntii venere	les nouvelles vinrent
utramque Mauretaniam	l'une-et-l'autre Maurétanie
accessisse partibus,	avoir accédé à *son* parti,
procuratore Albino	le procurateur Albinus
interfecto.	ayant été tué.
Lucceius Albinus	Luccéius Albinus
præpositus a Nerone	préposé par Néron
Mauretaniæ Cæsariensi,	à la Maurétanie césarienne,
administratione	le gouvernement
provinciæ Tingitanæ	de la province tingitane
addita per Galbam,	ayant été ajouté par Galba,
agebat	menait *les affaires*
viribus haud spernendis.	avec des forces non à-mépriser.
Decem novem cohortes,	Dix-neuf cohortes,
quinque alæ,	cinq ailes *de cavalerie,*
numerus ingens Maurorum	un nombre considérable de Maures
aderat,	était-auprès *de lui,*
manus apta bello	troupe préparée à la guerre
per latrocinia et raptus.	par les brigandages et les rapines.
Galba cæso	Galba ayant été massacré

Othonem pronus nec Africa contentus Hispaniæ angusto freto diremptæ imminebat. Inde Cluvio Rufo metus et decimam legionem propinquare litori ut transmissurus jussit; præmissi centuriones qui Maurorum animos Vitellio conciliarent. Neque arduum fuit, magna per provincias Germanici exercitus fama; spargebatur insuper, spreto procuratoris vocabulo, Albinum insigne regis et Jubæ nomen usurpare.

LIX. Ita mutatis animis Asinius Pollio alæ præfectus, e fidissimis Albino, et Festus ac Scipio cohortium præfecti opprimuntur : ipse Albinus dum e Tingitana provincia Cæsariensem Mauretaniam petit, in appulsu litoris trucidatus, uxor ejus cum se percussoribus obtulisset simul interfecta est, nihil eorum quæ fierent Vitellio anquirente :

ne se contentant plus de l'Afrique, Albinus menaçait l'Espagne, qui en est séparée par un canal si étroit. Cluvius Rufus s'en alarma : il donne ordre à la dixième légion de s'approcher du détroit comme pour le passer; et des centurions sont envoyés en avant pour gagner à Vitellius les esprits des Maures. Ils y réussirent sans peine, tant la réputation de l'armée de Germanie était grande en ces provinces. On répandait en outre que, dédaignant le titre de procurateur, Albinus se parait des marques de la royauté et du nom de Juba.

LIX. Les dispositions de l'Afrique ainsi changées, Asinius Pollion, préfet de cavalerie, l'un des amis les plus dévoués d'Albinus, ainsi que Festus et Scipion, chefs de cohortes, sont assassinés. Albinus lui-même, allant par mer de la province Tingitane dans la Mauritanie césarienne, est tué au débarquement. Sa femme, qui s'offrit volontairement aux meurtriers, fut égorgée avec lui. Et tous ces événements, Vitellius n'en demandait aucun compte.

HISTOIRES, LIVRE II. 365

pronus in Othonem	porté pour Othon
nec contentus Africa	et-non content de l'Afrique
imminebat Hispaniæ	il menaçait l'Espagne
diremptæ freto angusto.	séparée par un détroit étroit.
Inde metus Cluvio Rufo	De-là crainte à Cluvius Rufus
et jussit	et *celui-ci* ordonna
ut transmissurus	comme devant faire-passer
decimam legionem	la dixième légion
propinquare litori ;	s'-approcher du rivage ;
centuriones	des centurions,
præmissi	*furent* envoyés-en-avant
qui conciliarent Vitellio	qui conciliassent à Vitellius
animos Maurorum.	les esprits des Maures.
Neque fuit arduum,	Ni la chose *ne* fut difficile,
fama	la renommée
exercitus Germanici	de l'armée germanique
magna	*étant* grande
per provincias ;	à-travers les provinces ;
spargebatur insuper	en-outre il était répandu
Albinum,	Albinus,
vocabulo procuratoris	le titre de procurateur
spreto,	ayant été dédaigné,
usurpare insigne regis	user de l'insigne d'un roi
et nomen Jubæ.	et du nom de Juba.
LIX. Animis	LIX. Les esprits
mutatis ita	ayant été changés ainsi
Asinius Pollio	Asinius Pollion
præfectus alæ,	préfet d'une aile-de-cavalerie,
e fidissimis Albino,	des plus dévoués à Albinus
et Festus ac Scipio	et Festus et Scipion
præfecti cohortium	préfets des cohortes
opprimuntur :	sont accablés (assassinés) :
Albinus ipse	Albinus lui-même
dum petit	tandis-qu'il gagne
e provincia Tingitana	de la province tingitane
Mauretaniam Cæsariensem,	la Maurétanie césarienne
trucidatus	*fut* égorgé,
in appulsu litoris,	au débarquement du (sur le) rivage,
uxor ejus,	*et* l'épouse de lui
cum se obtulisset	comme elle s'était offerte
percussoribus,	aux meurtriers,
interfecta est simul,	fut tuée en-même-temps,
Vitellio anquirente	Vitellius *ne* s'-enquérant
nihil eorum quæ fierent :	de rien de ce qui se faisait :

brevi auditu quamvis magna transibat, impar curis gravioribus.

Exercitum itinere terrestri pergere jubet; ipse Arare flumine devehitur, nullo principali paratu, sed vetere egestate[1] conspicuus, donec Junius Blæsus Lugdunensis Galliæ rector, genere illustri, largus animo et par opibus, circumdaret principi[2] ministeria, comitaretur liberaliter, eo ipso ingratus, quamvis odium Vitellius vernilibus blanditiis velaret. Præsto fuere Lugduni victricium victarumque partium duces. Valentem et Cæcinam pro contione laudatos curuli suæ circumposuit. Mox universum exercitum occurrere infanti filio jubet, perlatumque et paludamento opertum sinu retinens Germanicum appellavit cinxitque cunctis fortunæ principalis insignibus. Nimius honos inter secunda rebus adversis in solacium cessit.

LX. Tum interfecti sunt centuriones promptissimi Otho-

Il n'écoutait qu'en passant les plus grandes affaires, incapable qu'il était d'une application sérieuse. Il ordonne à son armée de continuer sa marche par terre; lui-même s'embarque sur la Saône, étalant, au lieu de la splendeur impériale, le spectacle de son ancienne misère. Enfin Junius Blésus, gouverneur de la Gaule lyonnaise, d'une naissance illustre, et aussi riche que généreux, l'environna de tout ce qui compose la maison d'un prince, et l'escorta en grand appareil; odieux à ce titre même, quoique Vitellius cachât sa haine sous les plus serviles caresses. A Lyon se trouvèrent les généraux des deux partis, vainqueurs et vaincus. Vitellius, après avoir loué Cécina et Valens en présence de l'armée, les fit asseoir à ses côtés sur sa chaise curule. Ensuite, il voulut que l'armée tout entière allât au-devant de son fils, enfant au berceau. Il se le fit apporter, le couvrit du manteau de général, et, le tenant dans ses bras, il l'appela Germanicus et le décora de tous les attributs du rang suprême : c'était trop d'honneurs dans la bonne fortune; ce ne fut bientôt qu'une compensation de la mauvaise.

LX. On mit à mort les centurions les plus braves du parti d'O-

transibat brevi auditu	il passait par une courte audition
quamvis magna,	les *affaires* quoique importantes,
impar curis gravioribus.	incapable de soins plus graves.
Jubet exercitum pergere	Il ordonne l'armée continuer
itinere terrestri;	par la route de-terre ; [la Saône,
ipse devehitur flumine Arare,	lui-même descend par le fleuve *de*
nullo paratu principali,	sans aucun appareil impérial,
sed conspicuus	mais remarquable
vetere egestate,	par *son* ancienne pauvreté,
donec Junius Blæsus	jusqu'-à-ce-que Junius Blésus
rector Galliæ Lugdunensis,	gouverneur de la Gaule lyonnaise,
genere illustri,	de naissance illustre,
largus animo	généreux par l'âme
et par opibus,	et égal par *ses* richesses,
circumdaret principi	mît-autour du prince
ministeria,	les services *d'une cour*,
comitaretur liberaliter,	et *l*'accompagnât avec-munificence,
ingratus eo ipso,	désagréable par cela même,
quamvis Vitellius	quoique Vitellius
velaret odium	voilât *sa* haine
blanditiis vernilibus.	par des caresses serviles.
Duces partium victricium	Les chefs du parti vainqueur
victarumque	et du *parti* vaincu
fuere præsto Lugduni.	furent auprès (présents) à Lyon.
Circumposuit suæ curuli	Il plaça-autour de sa *chaise* curule
Valentem et Cæcinam	Valens et Cécina
laudatos pro contione.	loués devant l'assemblée.
Mox jubet	Puis il ordonne
exercitum universum	l'armée tout-entière
occurrere	aller-au-devant-de
filio infanti,	*son* fils enfant,
retinensque sinu perlatum	et retenant sur *son* sein *lui* apporté
et opertum paludamento	et couvert du manteau-de-général
appellavit Germanicum	il *l*'appela Germanicus
cinxitque cunctis insignibus	et *l*'entoura de tous les insignes
fortunæ principalis.	de la fortune (dignité) impériale
Honos nimius	*Cet* honneur excessif
inter secunda	au-milieu des choses prospères
cessit in solacium	se-changea en consolation
rebus adversis.	dans les choses contraires.
LX. Tum centuriones	LX. Alors les centurions
promptissimi	les plus résolus
Othonianorum	des Othoniens
interfecti sunt,	furent tués,

nianorum, unde præcipua in Vitellium alienatio per Illyricos exercitus; simul ceteræ legiones contactu et adversus Germanicos milites invidia bellum meditabantur. Suetonium Paulinum ac Licinium Proculum tristi mora squalidos tenuit, donec auditi necessariis magis defensionibus quam honestis uterentur. Proditionem ultro imputabant, spatium longi ante prœlium itineris, fatigationem Othonianorum, permixtum vehiculis agmen ac pleraque fortuita fraudi suæ assignantes. Et Vitellius credidit de perfidia et fidem absolvit. Salvius Titianus Othonis frater nullum discrimen adiit, pietate et ignavia excusatus. Mario Celso consulatus servatur; sed creditum fama objectumque mox in senatu Cæcilio Simplici quod eum honorem pecunia mercari, nec sine exitio Celsi, voluisset : restitit

thon ; et rien n'aliéna davantage les armées d'Illyrie : la contagion gagna même les autres légions, qui déjà étaient jalouses des soldats du Rhin, et les pensées se tournèrent à la guerre. Suétonius et Proculus essuyèrent l'humiliation d'une attente longue et suppliante. Entendus à la fin, la nécessité plus que l'honneur dicta leur apologie. Ils se donnèrent le mérite d'une trahison : la route immense parcourue avant le combat, la fatigue des Othoniens, les voitures de bagages mêlées parmi les bataillons, les chances même du hasard, tout selon eux était leur ouvrage. Vitellius crut récompenser la perfidie et ne fit qu'absoudre la fidélité. Titianus, frère d'Othon, ne courut aucun péril : le devoir et son incapacité lui servirent d'excuse. Celsus conserva la dignité de consul. Mais la renommée accusa Cécilius Simplex (à qui le reproche en fut fait plus tard dans le sénat) d'avoir marchandé cet honneur, et cela aux dépens de la vie de Celsus. Vitellius résista, et donna depuis

unde præcipua alienatio	d'où le principal éloignement
in Vitellium	à-l'égard-de Vitellius
per exercitus Illyricos ;	dans les armées illyriques;
simul ceteræ legiones	en-même-temps les autres légions
contactu	par contagion
et invidia adversus	et jalousie contre
milites Germanicos	les soldats germaniques
meditabantur bellum.	songeaient à la guerre.
Tenuit tristi mora	Il tint dans une triste attente
squalidos	sales (vêtus de deuil)
Suetonium Paulinum	Suétonius Paulinus
ac Licinium Proculum,	et Licinius Proculus,
donec auditi	jusqu'à-ce-qu'ayant été entendus
uterentur defensionibus	ils se-servissent de justifications
magis necessariis	plus nécessaires
quam honestis.	qu'honorables.
Imputabant	Ils mettaient-en-compte
ultro	d'eux-mêmes
proditionem,	la trahison,
assignantes suæ fraudi	attribuant à leur perfidie
spatium longi itineris	l'étendue d'une longue marche
ante prœlium,	avant le combat,
fatigationem Othonianorum,	la fatigue des Othoniens,
agmen permixtum vehiculis	l'armée mêlée aux voitures
ac pleraque fortuita.	et la plupart *des circonstances*
Et Vitellius credidit	Et Vitellius crut [fortuites.
de perfidia	au-sujet-de la perfidie
et absolvit fidem.	et acquitta la fidélité.
Salvius Titianus	Salvius Titianus
frater Othonis	frère d'Othon
adiit nullum discrimen,	*ne* courut aucun danger,
excusatus pietate	excusé par (pour) *sa* tendresse
et ignavia.	et *son* indolence.
Consulatus servatur	Le consulat est conservé
Mario Celso;	à Marius Celsus; [public
sed creditum fama	mais *il fut* cru par-suite-du bruit-
moxque objectum	et bientôt-après reproché
in senatu	dans le sénat
Cæcilio Simplici	à Cécilius Simplex
quod voluisset	qu'il eût voulu
mercari pecunia	acheter avec de l'argent
eum honorem,	cet honneur,
nec sine exitio Celsi :	et-non sans la perte de Celsus :
Vitellius restitit	Vitellius résista

TACITE, HISTOIRES.

Vitellius deditque postea consulatum Simplici innoxium et inemptum. Trachalum adversus criminantes Galeria uxor Vitellii protexit.

LXI. Inter magnorum virorum discrimina, pudendum dictu, Mariccus quidam, e plebe Boiorum, inserere sese fortunæ et provocare arma Romana simulatione numinum ausus est. Jamque assertor Galliarum et deus (id sibi nomen indiderat) concitis octo millibus hominum proximos Æduorum pagos trahebat[1], cum gravissima[2] civitas, electa juventute adjectis a Vitellio cohortibus fanaticam multitudinem disjecit. Captus in eo prœlio Mariccus ac mox feris objectus; quia non laniabatur, stolidum vulgus inviolabilem credebat, donec spectante Vitellio interfectus est.

LXII. Nec ultra in defectores aut bona cujusquam sævitum : rata fuere eorum, qui acie Othoniana ceciderant, testamenta aut lex intestatis; prorsus, si luxuriæ tempe-

à Simplex un consulat qui ne coûtait ni crime ni argent. Trachalus fut protégé contre ses accusateurs par Galérie, femme de Vitellius.

LXI. Au moment où s'agitait le sort des plus illustres têtes, un certain Mariccus, Boïen, de la lie du peuple, osa (j'ai honte de le dire) se mêler aux jeux de la fortune, et provoquer au nom du ciel les armes romaines. Déjà ce libérateur des Gaules, ce prétendu dieu (c'est le nom qu'il s'arrogeait), avait rassemblé huit mille hommes, et entraînait les cantons des Éduens le plus à sa portée, lorsque cette grave cité, avec l'élite de sa jeunesse et les cohortes qu'ajouta Vitellius, dispersa cette multitude fanatique. Pris dans le combat, Mariccus fut exposé aux bêtes. Comme elles tardaient à le dévorer, le stupide vulgaire le croyait invulnérable : Vitellius le fit tuer sous ses yeux.

LXII. Là se borna la sévérité contre les rebelles; il n'y eut pas non plus de confiscations. Les testaments de ceux qui étaient morts en combattant pour Othon furent maintenus, et la loi suivie à défaut des testaments. Que Vitellius eût modéré sa débauche,

deditque postea Simplici
consulatum innoxium
et inemptum.
Galeria uxor Vitellii
protexit Trachalum
adversus criminantes.
  LXI. Inter discrimina
magnorum virorum,
pudendum dictu,
quidam Mariccus
e plebe Boiorum
ausus est sese inserere fortunæ
et provocare arma Romana
simulatione
numinum.
Jamque assertor Galliarum
et deus
(indiderat sibi id nomen)
octo millibus hominum
concitis
trahebat pagos proximos
Æduorum,
cum civitas gravissima,
disjecit
multitudinem fanaticam
juventute electa,
cohortibus adjectis
a Vitellio.
Mariccus captus in eo prœlio
ac mox objectus feris;
quia non laniabatur,
vulgus stolidum credebat
inviolabilem,
donec interfectus est
Vitellio spectante.
  LXII. Nec sævitum ultra
in defectores
aut bona cujusquam :
testamenta eorum qui
ceciderant acie Othaniana
fuere rata
aut lex intestatis;
prorsus, si temperaret
luxuriæ,

et donna dans [la suite à Simplex
un consulat innocent (non criminel)
et non-acheté.
Galérie femme de Vitelllius
protégea Trachalus
contre *eux* qui *l'*accusaient.
  LXI. Au-milieu des périls
de grands personnages,
chose honteuse à dire,
un certain Mariccus
de la plèbe des Boïens
osa se mêler à la fortune
et provoquer les armes romaines
par une feinte
des dieux (d'inspiration divine).
Et déjà libérateur des Gaules
et dieu   [nom]
(il avait donné à lui-même ce
huit milliers d'hommes
ayant été soulevés   [proches
il entraînait les bourgades les plus
des Éduens,
lorsque cette cité très grave
dispersa
cette multitude fanatique
avec une jeunesse choisie,
des cohortes ayant été ajoutées
par Vitellius,
Mariccus *fut* pris dans ce combat
et ensuite exposé aux bêtes ; [ces,
parce-qu'il n'était pas mis-en-piè-
la multitude stupide croyait
lui être invulnérable,
jusqu'à-ce-qu'il fut tué
Vitellius regardant.
  LXII. Ni il *ne* fut sévi au-delà
contre les rebelles
ou les biens de qui-que-ce soit :
les testaments de ceux qui [nienne
étaient tombés dans l'armée otho-
furent ratifiés   [tats ;
où la loi *fut ratifiée* pour les intes-
en-un-mot, s'il eût modéré
sa débauche.

raret, avaritiam non timeres Epularum fœda et inexplebilis libido : ex urbe atque Italia irritamenta gulæ gestabantur, strepentibus ab utroque mari[1] itineribus; exhausti conviviorum apparatibus principes civitatium[2]; vastabantur ipsæ civitates; degenerabat a labore ac virtute miles assuetudine voluptatum et contemptu ducis. Præmisit in urbem edictum, quo vocabulum Augusti differret, Cæsaris non reciperet, cum de potestate nihil detraheret. Pulsi Italia mathematici; cautum severe, ne equites Romani ludo[3] et harena polluerentur. Priores id principes pecunia et sæpius vi perpulerant, ac pleraque municipia et coloniæ æmulabantur corruptissimum quemque adulescentium pretio illicere.

LXIII. Sed Vitellius adventu fratris et irrepentibus

son avarice inspirait peu de craintes ; mais il était d'une monstrueuse et insatiable gourmandise. Tout ce qui peut irriter un palais blasé lui arrivait de Rome et de l'Italie, et le bruit des charrois ne cessait pas sur les chemins de l'une et de l'autre mer ; son passage ruinait en festins les principaux des villes ; les villes elles-mêmes en étaient affamées. Le courage et l'amour du travail s'éteignaient parmi les soldats, dans l'habitude des plaisirs et le mépris d'un tel chef. Il se fit précéder à Rome d'un édit par lequel il différait à prendre le nom d'Auguste, refusait le nom de César ; quant au pouvoir, il n'en retranchait rien. Les astrologues furent chassés de l'Italie ; il fut sévèrement interdit aux chevaliers romains de se dégrader sur l'arène ou dans les écoles de gladiateurs. Les autres princes avaient souvent employé l'or, plus souvent la contrainte, pour les faire descendre à cet abaissement ; et la plupart des municipes et des colonies se faisaient une servile émulation d'y entraîner à prix d'argent leur jeunesse la plus corrompue.

LXIII. Cependant Vitellius fut rejoint par son frère, et il se glissa auprès de lui des maîtres dans la science du pouvoir.

non timeres avaritiam,	tu n'aurais pas craint *son* avarice.
Libido epularum	*Mais* une passion de bonne-chère
fœda et inexplebilis :	ignoble et insatiable *était en lui* :
irritamenta gulæ	des stimulants de gourmandise
gestabantur	*lui* étaient apportés
ex urbe atque Italia,	de la ville et de l'Italie,
itineribus	les chemins
ab utroque mari	*partant* de l'une-et-l'autre mer
strepentibus ;	résonnant *du bruit des chariots ;*
principes civitatium ;	les principaux des cités
exhausti apparatibus	*étaient* ruinés par les apprêts
conviviorum ;	de festins ;
civitates ipsæ	les cités elles-mêmes
vastabantur.	étaient dévastées.
Miles degenerabat	Le soldat dégénérait
a labore ac virtute	du travail et du courage
assuetudine voluptatum	par l'habitude des plaisirs
et contemptu ducis.	et le mépris de *son* chef.
Præmisit in urbem	Il envoya-en-avant dans la ville
edictum, quo differret	un édit par lequel il ajournerait
vocabulum Augusti,	le titre d'Auguste,
non reciperet Cæsaris,	ne recevrait pas *celui* de César,
cum detraheret nihil	quoiqu'il *ne* retranchât rien
de potestate.	du pouvoir.
Mathematici pulsi	Les astrologues *furent* chassés
Italia ;	d'Italie ;
cautum severe	*il fut* pris-garde sévèrement
ne equites Romani	que les chevaliers romains
polluerentur	ne fussent pas souillés
ludo et harena.	par l'école *des gladiateurs* et l'a-[rène.
Principes priores	Les princes précédents
perpulerant id	avaient poussé *à* cela
pecunia	par de l'argent
et sæpius vi,	et plus souvent par la violence,
ac pleraque municipia	et la plupart des municipes
et coloniæ	et des colonies
æmulabantur	rivalisaient
illicere pretio	pour attirer à-prix-d'argent
quemque adulescentium	chacun des jeunes gens
corruptissimum.	le plus corrompu.
LXIII. Sed Vitellius	LXIII. Mais Vitellius
adventu fratris	par l'arrivée de *son* frère
et magistris dominationis	et des maîtres de tyrannie
irrepentibus	se-glissant-auprès-de *lui*,

dominationis magistris superbior et atrocior occidi Dolabellam jussit quem in coloniam Aquinatem sepositum ab Othone rettulimus. Dolabella audita morte Othonis urbem introierat : id ei Plancius Varus, prætura functus, ex intimis Dolabellæ amicis, Apud Flavium Sabinum præfectum urbis objecit, tanquam rupta custodia ducem se victis partibus ostentasset; addidit tentatam cohortem, quæ Ostiæ ageret; nec ullis tantorum criminum probationibus, in pænitentiam versus seram veniam post scelus quærebat. Cunctantem super tanta re Flavium Sabinum Triaria L. Vitellii uxor, ultra feminam ferox, terruit, ne e periculo principis famam clementiæ affectaret. Sabinus suopte ingenio mitis, ubi formido incessisset, facilis mutatu et in alieno discrimine sibi pavens, ne allevasse videretur, impulit ruentem.

Devenu à leur école plus orgueilleux et plus cruel, il ordonna le meurtre de Dolabella, qu'Othon avait, comme je l'ai dit, relégué dans la colonie d'Aquinum. A la nouvelle de la mort d'Othon, Dolabella était rentré à Rome. Plancius Varus, ancien préteur, son intime ami, lui en fit un crime aux yeux de Flavius Sabinus, préfet de la ville. Il l'accusait d'avoir rompu sa prison, afin de se montrer comme un nouveau chef au parti vaincu. Il avait même, selon lui, voulu séduire la cohorte cantonnée à Ostie. Incapable de prouver d'aussi graves accusations, Varus se repentit et chercha de tardives excuses à un crime consommé. Sabinus balançait dans une si grande affaire ; Triaria, femme de L. Vitellius, d'une violence au-dessus de son sexe, l'avertit durement de ne pas chercher, aux dépens de la sûreté du prince, une réputation de clémence. Doux par caractère, mais prompt à se démentir quand la terreur s'emparait de son âme, Sabinus trembla pour lui-même dans le danger d'autrui, et, de peur qu'on ne l'accusât d'avoir tendu la main à un malheureux, il le précipita.

superbior	devenu plus orgueilleux
et atrocior	et plus cruel
jussit Dolabellam occidi,	ordonna Dolabella être tué,
quem rettulimus	lequel nous avons rapporté
sepositum ab Othone	avoir été rélégué par Othon
in coloniam Aquinatem.	dans la colonie d'-Aquinum.
Morte Othonis audita	La mort d'Othon apprise
Dolabella introierat urbem :	Dolabella était entré-dans la ville :
Plancius Varus	Plancius Varus
functus prætura,	s'-étant acquitté de la préture,
ex amicis intimis Dolabellæ,	des amis intimes de Dolabella,
objecit id ei	reprocha cela à lui
apud Flavium Sabinum	auprès de Flavius Sabinus
præfectum urbis,	préfet de la ville,
tanquam custodia	comme-si la prison
rupta,	ayant été rompue
se ostentasset ducem	il s'était montré *comme* chef
partibus victis ;	au parti vaincu ;
addidit cohortem,	il ajouta la cohorte
quæ ageret Ostiæ	qui séjournait à Ostie
tentatam ;	avoir été sollicitée *par lui* ;
nec ullis probationibus	et sans aucunes preuves
tantorum criminum,	de si-grandes accusations,
versus in pænitentiam	tourné en repentir
quærebat veniam seram	il cherchait un pardon tardif
post scelus.	après le crime.
Triaria	Triaria
uxor Lucii Vitellii,	femme de Lucius Vitellius,
ferox ultra feminam,	violente au-delà-d'une femme,
terruit Flavium Sabinum	effraya Flavius Sabinus
cunctantem	hésitant
super tanta re,	sur une si-grande chose,
ne affectaret	afin-qu'il ne recherchât pas
famam clementiæ	la réputation de clémence
e periculo principis.	au risque du prince.
Sabinus mitis	Sabinus doux
suopte ingenio,	de son propre naturel
facilis mutatu,	*mais* facile à changer, [âme,
ubi formido incessisset,	quand la peur était entrée-dans *son*
et pavens sibi	et craignant pour lui-même
in discrimine alieno,	dans le péril d'-autrui,
impulit ruentem	poussa *Dolabella* tombant
ne videretur	pour qu'il ne parût pas
allevasse.	*l'*avoir relevé.

LXIV. Igitur Vitellius, metu et odio, quod Petroniam uxorem ejus mox Dolabella in matrimonium accepisset, vocatum per epistulas, vitata Flaminiæ viæ celebritate, devertere Interamnium atque ibi interfici jussit. Longum interfectori visum : in itinere ac taberna projectum humi jugulavit, magna cum invidia novi principatus, cujus hoc primum specimen noscebatur. Et Triariæ licentiam modestum e proximo exemplum onerabat, Galeria imperatoris uxor non immixta tristibus ; et pari probitate mater Vitelliorum Sextilia, antiqui moris : dixisse quin etiam ad primas filii sui epistulas ferebatur, non Germanicum [1] a se, sed Vitellium genitum. Nec ullis postea fortunæ illecebris aut ambitu civitatis in gaudium evicta domus suæ tantum adversa sensit.

LXV. Digressum a Lugduno Vitellium Cluvius Rufus assequitur, omissa Hispania, lætitiam et gratulationem

LXIV. Sans parler de la crainte, Vitellius haïssait Dolabella pour avoir épousé Pétronia, peu de temps après que lui-même eut cessé de l'avoir pour femme. Il le mande par lettre, avec ordre à son conducteur d'éviter la voie Flaminienne comme trop fréquentée, de l'amener par Intéramnium et de le tuer dans cette ville. Le temps parut long au meurtrier. Il le terrassa dans une hôtellerie de la route et lui coupa la gorge, au grand décri du règne, qui se faisait connaître à de pareils coups d'essai. La violence de Triaria contrastait odieusement avec les exemples de modération qu'elle avait près d'elle en Galérie, femme de l'empereur, dont l'influence ne fit jamais couler de larmes, et Sextilia, mère des Vitellius, femme également irréprochable et modèle vivant des anciennes mœurs. Celle-ci, dit-on, à la première lettre de son fils, protesta que c'était de Vitellius et non de Germanicus qu'elle était mère, et depuis ni caresses de la fortune, ni empressements du peuple romain, ne purent ouvrir son cœur à la joie. De la destinée de sa maison elle ne sentit que les malheurs.

LXV. Vitellius était parti de Lyon : Cluvius Rufus qui avait quitté l'Espagne, le joignit en chemin, avec un air d'allégresse et

HISTOIRES, LIVRE II.

LXIV. Igitur Vitellius
metu et odio,
quod Dolabella
accepisset mox
in matrimonium
Petroniam uxorem ejus,
jussit vocatum per epistulas,
celebritate viæ Flaminiæ
vitata,
devertere Interamnium
atque interfici ibi.
Visum longum interfectori :
jugulavit in itinere
ac taberna
projectum humi,
cum magna invidia
novi principatus,
cujus hoc primum specimen
noscebatur.
Et exemplum modestum
e proximo,
Galeria uxor imperatoris
non immixta tristibus
onerabat licentiam Triariæ;
et Sextilia mater Vitelliorum
pari probitate,
moris antiqui :
quin etiam ferebatur
dixisse
ad primas epistulas sui filii,
non Germanicum,
sed Vitellium
genitum a se.
Nec evicta
postea
in gaudium
ullis illecebris fortunæ
aut ambitu civitatis
sensit tantum adversa
suæ domus.

LXV. Cluvius Rufus,
Hispania omissa
ferens vultu
lætitiam et gratulationem,

LXIV. Donc Vitellius,
par crainte et par haine,
parce-que Dolabella
avait reçu ensuite
en mariage
Petronia femme de lui *répudiée*,
ordonna *lui* appelé par lettres
la foule de la voie Flaminienne
ayant été évitée,
s'-arrêter à Interamnium
et être tué là.
Cela parut long à l'assassin :
il égorgea en route
et dans un hôtel
lui jeté à terre,
avec une grande haine
du (pour le) nouveau règne,
dont ce premier échantillon
était connu.   [ration)
Et un exemple modéré (de modé-
venant de près,   [pereur
à savoir Galérie femme de l'em-
non mêlée à *des affaires* cruelles,
aggravait la licence de Triaria;
et Sextilia mère des Vitellius
était d'une égale probité,
de mœurs anciennes :
bien plus elle était rapportée
avoir dit
aux premières lettres de son fils,
non pas Germanicus
mais Vitellius
avoir été enfanté par elle.
Et n'ayant été vaincue
dans la suite
jusqu'à la joie   [tune
par aucunes séductions de la for-
ou par l'empressement de la ville
elle sentit seulement les malheurs
de sa maison.

LXV. Cluvius Rufus
l'Espagne ayant été laissée,
portant sur *son* visage
joie et félicitation,

vultu ferens, animo anxius et petitum se criminationibus gnarus. Hilarius Cæsaris libertus detulerat, tanquam audito Vitellii et Othonis principatu propriam ipse potentiam et possessionem Hispaniarum tentasset, eoque diplomatibus nullum principem præscripsisset; *et* interpretabatur quædam ex orationibus ejus contumeliosa in Vitellium et pro se ipso popularia. Auctoritas Cluvii prævaluit, ut puniri ultro libertum suum Vitellius juberet. Cluvius comitatui principis adjectus, non adempta Hispania, quam rexit absens exemplo L. Arrunti. Eum Tiberius Cæsar ob metum, Vitellius Cluvium nulla formidine retinebat. Non idem Trebellio Maximo honos : profugerat Britannia ob iracundiam militum; missus est in locum ejus Vettius Bolanus e præsentibus.

LXVI. Angebat Vitellium victarum legionum haudqua-

de congratulation, mais inquiet dans l'âme et certain que la délation ne l'avait pas épargné. Hilarius, affranchi du prince, avait déclaré qu'en apprenant l'élévation à l'empire de Vitellius et d'Othon, Cluvius, ambitieux pour son compte, avait voulu s'approprier l'Espagne, et que, dans cette vue, il n'avait mis en tête de ses patentes le nom d'aucun prince. Il trouvait aussi dans quelques traits de ses discours l'intention d'outrager Vitellius et de se populariser lui-même. Le crédit de Cluvius l'emporta, et Vitellius fut le premier à faire punir son affranchi. Depuis ce temps, Cluvius fit partie de la cour, tout en conservant l'Espagne, qu'il gouverna sans y résider. Ainsi avait fait L. Arruntius, que Tibère retenait par défiance ; mais c'était sans redouter Cluvius que le nouvel empereur le gardait près de lui. Trébellius Maximus ne fut pas si favorisé; il arrivait de Bretagne, fuyant la colère de son armée. Un des officiers présents, Vettius Bolanus, fut envoyé à sa place.

LXVI. L'esprit toujours indompté des légions vaincues alarmait

anxius animo	inquiet dans *son* âme
et gnarus se petitum	et sachant soi *avoir été* attaqué
criminationibus,	par des accusations,
assequitur Vitellium	rejoint Vitellius
digressum a Lugduno.	parti de Lyon.
Hilarius libertus Cæsaris	Hilarius affranchi de César
detulerat,	*l'*avait dénoncé,
tanquam principatu	comme-si le principat
Vitellii et Othonis	de Vitellius et d'Othon
audito	ayant été appris
tentasset ipse	il avait tenté *d'acquérir* lui-même
potentiam propriam	une puissance personnelle
et possessionem Hispaniarum,	et la possession des Espagnes,
eoque præscripsisset	et par-suite-de cela *n'*avait mis-en-
diplomatibus	des passe-ports [tête
nullum principem;	aucun (le nom d'aucun) prince;
et interpretabatur quædam	et il interprétait certains *passages*
ex orationibus ejus	des discours de lui
contumeliosa in Vitellium,	*comme* injurieux contre Vitellius,
propularia pro se ipso.	populaires pour lui-même.
Auctoritas Cluvii prævaluit,	L'autorité de Cluvius prévalut,
ut Vitellius	de-sorte-que Vitellius
juberet ultro	ordonnait de-lui-même
suum libertum puniri.	son affranchi être puni.
Cluvius adjectus	Cluvius *fut* ajouté
comitatui principis,	au cortège du prince,
Hispania non adempta,	l'Espagne ne *lui* étant pas enlevée,
quam rexit absens	qu'il gouverna *quoique* absent
exemplo Lucii Arrunti.	à l'exemple de Lucius Arruntius.
Tiberius Cæsar retinebat eum	Tibère César retenait celui-ci
ob metum,	par crainte,
Vitellius Cluvium	Vitellius *retenait* Cluvius
nulla formidine.	sans aucune peur.
Idem honos	Le même honneur [Maximus:
non Trebellio Maximo :	ne *fut* pas *accordé* à Trébellius
profugerat Britannia	il s'-était enfui de Bretagne
ob iracundiam militum;	à-cause-de la colère des soldats;
Vettius Bolanus	Vettius Bolanus [lius
e præsentibus	de *ceux* présents *auprès de Vitel*-
missus est in locum ejus.	fut envoyé à la place de lui.
LXVI. Animus	LXVI. L'esprit
haudquaquam fractus	nullement abattu
legionum victarum	des légions vaincues
angebat Vitellium.	inquiétait Vitellius.

quam fractus animus. Sparsæ per Italiam et victoribus permixtæ hostilia loquebantur, præcipua quartadecimanorum ferocia, qui se victos abnuebant : quippe Bedriacensi acie vexillariis tantum pulsis vires legionis non adfuisse. Remitti eos in Britanniam, unde a Nerone exciti erant, placuit, atque interim Batavorum cohortes una tendere ob veterem adversus quartadecimanos discordiam. Nec diu in tantis armatorum odiis quies fuit. Augustæ Taurinorum dum opificem quendam Batavus ut fraudatorem insectatur, legionarius ut hospitem tuetur, sui cuique commilitones aggregati a conviciis ad cædem transiere. Et prælium atrox exarsisset, ni duæ prætoriæ cohortes causam quartadecimanorum secutæ his fiduciam et metum Batavis fecissent ; quos Vitellius agmini suo jungi ut

Vitellius. Éparses dans l'Italie et mêlées aux vainqueurs, elles parlaient un langage hostile. La quatorzième surtout, plus arrogante que les autres, ne se confessait pas vaincue. « Il n'y avait eu, disait-elle, que ses vexillaires de repoussés à Bédriac ; le corps de la légion n'y était pas. » Vitellius ordonna qu'on la renvoyât en Bretagne d'où Néron l'avait tirée, et qu'en attendant on fît camper avec elle les cohortes bataves, dont la vieille inimitié la tiendrait en respect. Entre gens armés que tant de haines divisaient, la paix ne fut pas longue. A Turin, un Batave en querelle avec un ouvrier le traitait de voleur ; un légionnaire le soutient comme son hôte : on s'attroupe des deux côtés, et des injures on en vient aux coups. Un combat sanglant allait s'allumer, si deux cohortes prétoriennes, embrassant la cause de la quatorzième légion, ne l'eussent remplie d'une assurance qu'elles ôtèrent aux Bataves. Vitellius joignit ceux-ci, comme une troupe sûre, à son

Sparsæ per Italiam	Éparses à-travers l'Italie
et permixtæ victoribus	et mêlées aux vainqueurs
loquebantur hostilia,	elles disaient des choses hostiles,
ferocia	l'arrogance [gion
quartadecimanorum	des soldats-de-la-quatorzième-lé-
qui abnuebant se victos	qui niaient soi *avoir été* vaincus
præcipua :	*étant* particulière :
quippe acie Bedriacensi	car dans le combat de-Bédriac
vexillariis tantum	les vexillaires (les détachements)
pulsis	ayant été repoussés [seulement
vires legionis	les forces (le gros) de la légion
non adfuisse.	n'avoir pas été-présentes.
Placuit eos remitti	Il plut eux être renvoyés
in Britanniam,	en Bretagne, [Néron,
unde erant exciti a Nerone,	d'-où ils avaient été appelés par-
atque interim	et en-attendant
cohortes Batavorum	les cohortes des Bataves
tendere una	camper ensemble (avec eux)
ob veterem discordiam	à-cause-de *leur* ancienne discorde
adversus	contre (avec) [gion.
quartadecimanos.	les soldats-de-la-quatorzième-lé-
Nec quies fuit diu	Ni le repos ne fut longtemps
in tantis odiis	dans de si-grandes haines
armatorum.	de *gens* armés.
Augustæ Taurinorum	A Augusta des Taurins (à Turin)
dum Batavus	tandis-qu'un Batave
insectatur ut fraudatorem	invective comme voleur
quendam opificem,	un certain artisan,
legionarius tuetur	*qu'*un légionnaire *le* défend
ut hospitem,	comme *son* hôte
sui commilitones	leurs compagnons-d'armes
aggregati cuique	groupés-autour-de chacun *d'eux*
transiere a conviciis	passèrent des outrages
ad cædem.	au meurtre.
Et prælium atrox	Et un combat terrible
exarsisset,	se-serait allumé,
ni duæ cohortes prætoriæ	si deux cohortes prétoriennes
secutæ causam	ayant suivi la cause [gion
quartadecimanorum	des soldats-de-la-quatorzième-lé-
fecissent his	*n'*eussent fait (donné) à ceux-ci
fiduciam	de la confiance
et metum Batavis ;	et de la crainte aux Bataves ;
quos Vitellius jubet	lesquels Vitellius ordonne
jungi suo agmini	être joints à son armée

fidos, legionem Grais Alpibus [1] traductam eo flexu itineris [2] ire jubet, quo Viennam vitarent : namque et Viennenses timebantur. Nocte qua proficiscebatur legio, relictis passim ignibus pars Taurinæ coloniæ ambusta, quod damnum, ut pleraque belli mala, majoribus aliarum urbium cladibus oblitteratum. Quartadecimani postquam Alpibus degressi sunt, seditiosissimus quisque signa Viennam ferebant; consensu meliorum compressi et legio in Britanniam transvecta.

LXVII. Proximus Vitellio e prætoriis cohortibus metus erat. Separati primum, deinde addito honestæ missionis [3] lenimento, arma ad tribunos suos deferebant, donec motum a Vespasiano bellum crebresceret; tum resumpta militia robur Flavianarum partium fuere. Prima classicorum legio in Hispaniam missa, ut pace et otio mites-

corps d'armée. Pour la légion, il la fit conduire par les Alpes Graïennes, avec ordre de prendre un détour qui l'éloignât de Vienne; car on se défiait aussi des Viennois. La nuit où la légion quitta Turin, elle laissa de place en place des feux dont cette colonie fut en partie consumée : désastre que firent oublier, comme presque tous les maux de la guerre, les calamités plus grandes qui désolèrent d'autres villes. Après le passage des Alpes, les plus séditieux portaient les enseignes sur la route de Vienne. L'opposition des gens paisibles comprima cet esprit de révolte, et la légion fut transportée en Bretagne.

LXVII. Les prétoriens étaient la seconde terreur de Vitellius : séparés d'abord, ensuite licenciés avec l'adoucissement du congé honorable, chacun remit ses armes aux tribuns. Les choses durèrent ainsi jusqu'à ce que le bruit de la guerre entreprise par Vespasien se fût accrédité. Alors les cohortes se reformèrent et devinrent le plus ferme appui du parti flavien. La première légion de marine fut envoyée en Espagne, afin qu'elle s'y adoucît dans la

ut fidos,	comme *étant* sûrs,
legionem traductam	*et* la légion ayant passé
Alpibus Grais	par les Alpes Graïennes
ire eo flexu itineris	aller par ce détour du chemin
quo vitarent Viennam :	par lequel ils éviteraient Vienne :
namque et Viennenses	car les Viennois aussi
timebantur.	étaient craints. [partait,
Nocte qua legio proficiscebatur,	La nuit dans laquelle la légion
ignibus relictis passim,	des feux ayant été laissés çà-et-là,
pars coloniæ Taurinæ	une partie de la colonie Taurine
ambusta,	*fut* brûlée,
quod damnum,	lequel dommage, [guerre,
ut pleraque mala belli,	comme la plupart des maux de la
oblitteratum	*fut* effacé
cladibus majoribus	par des désastres plus grands
aliarum urbium.	d'autres villes.
Postquam	Après-que [gion
quartadecimani	les soldats-de-la-quatorzième-lé-
degressi sunt Alpibus,	se-furent éloignés des Alpes,
quisque seditiosissimus	chacun le plus séditieux [gnes
ferebant signa	portait (voulait porter) les ensei-
Viennam ;	à Vienne ; [meilleurs
compressi consensu meliorum	*ils furent* arrêtés par l'accord des
et legio transvecta	et la légion *fut* transportée
in Britanniam.	en Bretagne.
LXVII. Proximus metus	LXVII. La seconde crainte
erat Vitellio	était (venait) à Vitellius
e cohortibus prætoriis.	des cohortes prétoriennes.
Separati primum,	Séparés d'abord,
deinde lenimento	puis l'adoucissement
missionis honestæ	d'un congé honorable
addito,	ayant été ajouté, [armes
deferebant arma	ils (les prétoriens) portaient *leurs*
ad suos tribunos,	à leurs tribuns,
donec bellum	jusqu'à-ce-que la guerre
motum a Vespasiano	soulevée par Vespasien
crebresceret ;	s'-ébruitât ;
tum militia resumpta	alors le service ayant été repris
fuere robur	ils furent la force
partium Flavianarum.	du parti flavien. [marine
Prima legio classicorum	La première légion des soldats-de-
missa in Hispaniam,	*fut* envoyée en Espagne,
ut mitesceret pace	afin-qu'elle s'-adoucît par la paix
et otio,	et le repos,

ceret, undecima ac septima suis hibernis[1] redditæ, tertiadecimani struere amphitheatra jussi; nam Cæcina Cremonæ, Valens Bononiæ spectaculum gladiatorum edere parabant; nunquam ita ad curas intento Vitellio, ut voluptatum obliviscerentur.

LXVIII. Et *victas* quidem partes modeste distraxerat : apud victores orta seditio, ludicro initio[2], *ni* numerus cæsorum invidiam Vitellio[3] auxisset. Discubuerat Vitellius Ticini, adhibito ad epulas Verginio. Legati tribunique ex moribus imperatorum severitatem æmulantur vel tempestivis conviviis gaudent; perinde miles intentus aut licenter agit. Apud Vitellium omnia indisposita, temulenta, pervigiliis ac bacchanalibus quam disciplinæ et castris propiora. Igitur duobus militibus, altero legionis quintæ, altero e Gallis auxiliaribus, per lasciviam ad certamen

paix et le repos; la onzième et la septième furent rendues à leurs quartiers d'hiver; la treizième eut ordre de construire des amphithéâtres. Car Cécina préparait à Crémone, et Valens à Bologne, des spectacles de gladiateurs, Vitellius n'ayant jamais l'esprit si tendu aux affaires qu'il oubliât les plaisirs.

LXVIII. Il avait achevé sans secousse la dispersion du parti vaincu : une sédition éclata parmi les vainqueurs, un jeu en fut l'origine, mais le nombre des tués rendit Vitellius plus odieux. Vitellius soupait à Ticinum, et Verginius était du repas. Suivant les mœurs du général, les lieutenants et les tribuns se piquent d'une conduite sévère ou donnent aux festins un temps dû au travail; à leur exemple aussi le soldat respecte ou méprise le devoir. Dans l'armée de Vitellius, ce n'était que désordre et ivresse; tout y représentait les excès des fêtes nocturnes et des bacchanales plutôt que la discipline militaire et l'aspect d'un camp. Deux soldats, un de la cinquième légion, l'autre des cohortes gauloises, luttaient, tout en jouant, avec la chaleur d'un combat véritable;

undecima ac septima	la onzième et la septième
redditæ	*furent* rendues
suis hibernis,	à leurs quartiers-d'hiver,
tertiadecimani	les soldats-de-la-treizième-légion
jussi struere	reçurent-l'ordre de construire
amphitheatra ;	des amphithéâtres ;
nam Cæcina Cremonæ,	car Cécina à Crémone,
Valens Bononiæ,	Valens à Bologne,
parabant edere	se-préparaient à donner
spectaculum gladiatorum,	un spectacle de gladiateurs,
Vitellio nunquam ita intento	Vitellius n'étant jamais si appliqué
ad curas,	aux soins (aux affaires)
ut obliviscerelur voluptatum.	qu'il oubliât les plaisirs.
LXVIII. Et quidem	LXVIII. Et certes
distraxerat modeste	il avait dispersé avec-modération
partes victas :	le parti vaincu :
seditio orta	une sédition s'-éleva
apud victores,	parmi les vainqueurs,
ludicro initio,	un amusement *en étant* l'origine,
ni numerus cæsorum	si le nombre des tués
auxisset invidiam	*n*'eût accru la haine
Vitellio.	pour (contre) Vitellius.
Vitellius discubuerat	Vitellius s'-était-mis-à-table
Ticini,	à Ticinum
Verginio adhibito	Verginius ayant été appelé
ad epulas.	au festin.
Legati tribunique	Les lieutenants et les tribuns
ex moribus imperatorum	selon les mœurs des généraux
æmulantur severitatem	cherchent-à-imiter *leur* sévérité
vel gaudent conviviis	ou se-réjouissent de festins
tempestivis ;	commencés-de-bonne-heure ;
perinde miles agit	de-même le soldat vit
intentus aut licenter.	appliqué ou licencieusement.
Apud Vitellium	Chez Vitellius
omnia indisposita,	tout *était* mal-disposé,
temulenta,	ivre,
propiora pervigiliis	plus proche des veilles-prolongées
ac bacchanalibus	et des bacchanales
quam disciplinæ et castris.	que de la discipline et d'un camp.
Igitur duobus militibus,	Donc deux soldats,
altero quintæ legionis,	l'un de la cinquième légion,
altero e Gallis auxiliaribus,	l'autre des Gaulois auxiliaires,
accensis per lasciviam	étant échauffés par amusement
ad certamen luctandi,	au combat de lutter (de la lutte),

luctandi accensis, postquam legionarius prociderat, insultante Gallo et iis, qui ad spectandum convenerant, in studia diductis, erupere legionarii in perniciem auxiliorum ac duæ cohortes interfectæ. Remedium tumultus fuit alius tumultus : pulvis procul et arma aspiciebantur ; conclamatum repente quartam decimam legionem verso itinere ad prœlium venire : sed erant agminis coactores [1] ; agniti dempsere sollicitudinem. Interim Verginii servus forte obvius ut percussor Vitellii insimulatur, et ruebat ad convivium miles mortem Verginii exposcens. Ne Vitellius quidem, quanquam ad omnes suspiciones pavidus, de innocentia ejus dubitavit ; ægre tamen cohibiti qui exitium consularis et quondam ducis sui flagitabant. Nec quemquam sæpius quam Verginium omnis seditio infestavit : manebat admiratio viri et fama, sed oderant ut fastiditi [2].

le légionnaire tomba, et, le Gaulois insultant à sa chute, les spectateurs prirent parti pour et contre : tout à coup les légionnaires sortirent en fureur pour exterminer les auxiliaires, et deux cohortes furent massacrées. Le remède à ce tumulte fut un tumulte nouveau. On apercevait au loin de la poussière et des armes : un cri général s'élève que c'est la quatorzième légion qui a rebroussé chemin et vient livrer bataille. C'était le corps chargé de maintenir l'ordre sur les derrières de l'armée : on le reconnut, et l'alarme se dissipa. Un esclave de Verginius vint à passer : on en fit un assassin aposté contre l'empereur ; et déjà les soldats couraient à la salle du festin, demandant la mort de Verginius. Vitellius, qui tremblait au moindre soupçon, ne douta pas lui-même de son innocence : toutefois il eut peine à contenir cet acharnement d'une armée contre la vie d'un consulaire, son ancien capitaine ; et en général personne ne fut plus souvent que Verginius en butte à la rage des séditions : l'admiration et l'estime subsistaient tout entières ; mais le soldat haïssait l'homme dont il s'était cru dédaigné.

postquam legionarius procidorat,	après-que le légionnaire fut tombé,
Gallo insultante	le Gaulois insultant *son adversaire*
et iis qui convenerant	et ceux qui s'-étaient-réunis.
ad spectandum,	pour regarder,
diductis in studia,	étant séparés en partis,
legionarii erupere	les légionnaires s'-élancèrent
in perniciem auxiliorum	pour la perte des auxiliaires,
ac duæ cohortes interfectæ.	et deux cohortes *furent* massacrées.
Alius tumultus	Un autre tumulte
fuit remedium tumultus;	fut le remède de *ce* tumulte;
pulvis et arma	de la poussière et des armes
aspiciebantur procul;	étaient aperçues de-loin,
conclamatum repente	*il fut* crié-par-tous tout-à-coup,
quartam decimam legionem	la quatorzième légion
itinere verso	la marche ayant été tournée
venire ad prœlium :	venir pour le combat :
sed erant	mais c'étaient
coactores agminis ;	les soldats-fermant la marche ;
agniti	reconnus
dempsere sollicitudinem.	ils enlevèrent l'inquiétude.
Interim	Sur-ces-entrefaites
servus Verginii	un esclave de Verginius,
obvius forte	se-présentant par hasard
insimulatur	est accusé
ut percussor Vitellii,	comme assassin de Vitellius,
et miles ruebat	et-par-suite le soldat se-précipitait
ad convivium,	vers la salle-du-festin,
exposcens mortem Verginii.	réclamant la mort de Verginius.
Ne quidem Vitellius,	Pas même Vitellius,
quanquam pavidus	quoique tremblant
ad omnes suspiciones,	à tous les soupçons,
dubitavit de innocentia ejus;	*ne* douta de l'innocence de lui ;
qui tamen flagitabant	*ceux* qui cependant réclamaient
exitium consularis	la mort d'un consulaire
et quondam sui ducis,	et jadis leur général,
cohibiti ægre.	*furent* contenus avec-peine.
Nec omnis seditio	Ni toute (toute espèce de) sédition
infestavit quemquam sæpius	*ne* harcela quelqu'un plus souvent
quam Verginium ;	que Verginius ; [l'homme
admiratio et fama viri	l'admiration et la renommée de
manebat,	subsistaient,
sed oderant	mais *les soldats le* haïssaient
ut fastiditi.	comme ayant été dédaignés *par lui*.

LXIX. Postero die Vitellius, senatus legatione quam ibi opperiri jusserat audita, transgressus in castra ultro pietatem militum collaudavit, frementibus auxiliis tantum impunitatis atque arrogantiæ legionariis accessisse. Batavorum cohortes ne quid truculentius auderent, in Germaniam remissæ, principium interno simul externoque bello[1] parantibus fatis. Reddita civitatibus Gallorum auxilia, ingens numerus et prima statim defectione inter inania belli assumptus. Ceterum ut largitionibus affectæ jam imperii opes sufficerent, amputari legionum auxiliorumque numeros jubet vetitis supplememtis; et promiscuæ missiones offerebantur. Exitiabile id rei publicæ, ingratum militi, cui eadem munia inter paucos periculaque ac labor crebrius redibant; et vires luxu corrumpebantur,

LXIX. Le lendemain, Vitellius reçut la députation du sénat qui, d'après ses ordres, l'attendait à Ticinum. Puis étant passé dans le camp, il prit la parole et loua le dévouement des soldats : éloges dont frémirent les auxiliaires, indignés de voir tant d'impunité et tant d'insolence devenues le privilège des légions. Les cohortes bataves, dont on craignait quelque vengeance, furent renvoyées en Germanie : ainsi se préparaient les éléments de la guerre à la fois étrangère et civile que nous gardait le destin. On rendit à leur patrie les milices gauloises, immense multitude appelée dans les premiers instants de la défection pour grossir l'appareil de la guerre. Afin que le trésor épuisé pût encore suffire à des largesses, Vitellius dégarnit les cadres des légions et des corps auxiliaires en défendant le recrutement; et en même temps on prodiguait les offres de congé. Ces mesures funestes à la république déplaisaient aux soldats, pour qui le même service réparti sur un moindre nombre ramenait plus souvent les périls et le travail. Leurs forces d'ailleurs s'énervaient dans le luxe, contre l'esprit de

HISTOIRES, LIVRE II.   389

LXIX. Die postero Vitellius,
legatione senatus,
quam jusserat opperiri ibi,
audita,
transgressus in castra
collaudavit ultro
pietatem militum,
auxiliis frementibus
tantum impunitatis
atque arrogantiæ
accessisse legionariis.
Cohortes Batavorum
remissæ in Germaniam
ne auderent quid
truculentius,
fatis parantibus
principium
bello interno simul
externoque.
Auxilia Gallorum
reddita civitatibus,
numerus ingens
et assumptus inter
inania belli
statim prima defectione.
Ceterum
ut opes imperii
jam affectæ
sufficerent largitionibus,
jubet numeros
legionum auxiliorumque
amputari,
supplememtis vetitis;
et missiones promiscuæ
offerebantur.
Id exitiabile
rei publicæ,
ingratum militi,
cui eadem munia
periculaque ac labor
redibant crebrius
inter paucos;
et vires
corrumpebantur luxu,

LXIX. Le jour suivant Vitellius,
la députation du sénat,
qu'il avait ordonnée attendre là,
ayant été entendue,
ayant passé dans le camp
loua-fort de-lui-même
le dévouement des soldats,
les auxiliaires murmurant
tant d'impunité
et d'arrogance
s'-être ajouté aux légionnaires.
Les cohortes des Bataves
furent renvoyées en Germanie,
de-peur-qu'elles n'osassent quel-
de plus brutal,   [que chose
les destins préparant
le commencement
à la guerre civile à-la-fois
et étrangère.
Les troupes-auxiliaires des Gaulois
furent rendues à *leurs* cités,
nombre considérable
et adjoint parmi
les vains *appareils* de la guerre
dès la première (le commencement
Du-reste   [d'une) révolte.
afin-que les ressources de l'empire
déjà atteintes
pussent-suffire aux largesses,
il ordonne les cadres
des légions et des auxiliaires
être amputés (réduits), [terdites;
les nouvelles-levées ayant été in-
et des congés indistincts
étaient offerts.
Cette *mesure était* funeste
à la république,
désagréable au soldat,
pour qui les mêmes corvées
et les périls et la fatigue
revenaient plus-fréquemment
entre peu (attendu qu'ils étaient
en-outre les forces   [peu);
étaient détruites par le luxe,

contra veterem disciplinam et instituta majorum, apud quos virtute quam pecunia res Romana melius stetit.

LXX. Inde Vitellius Cremonam flexit et spectato munere Cæcinæ insistere Bedriacensibus campis ac vestigia recentis victoriæ lustrare oculis concupivit, fœdum atque atrox spectaculum. Intra quadragesimum pugnæ diem lacera corpora, trunci artus, putres virorum equorumque formæ, infecta tabo humus, protritis arboribus ac frugibus dira vastitas. Nec minus inhumana pars viæ, quam Cremonenses lauru rosaque constraverant, extructis altaribus cæsisque victimis regium in morem [1]; quæ læta in præsens mox perniciem ipsis fecere. Aderant Valens et Cæcina monstrabantque pugnæ locos : hinc irrupisse legionum

l'ancienne discipline et les maximes de nos ancêtres, sous lesquels le courage soutenait mieux que l'argent la puissance romaine.

LXX. Vitellius prit le chemin de Crémone, et, après avoir assisté aux jeux de Cécina, il sentit le désir de fouler les champs de Bédriac et de contempler de ses yeux les traces encore récentes de sa victoire. Hideux et horrible spectacle ! c'était le quarantième jour après la bataille : on ne voyait partout que des corps en lambeaux, des membres séparés de leurs troncs, des cadavres d'hommes et de chevaux tombant en pourriture, la terre humectée d'une corruption fangeuse, et, à la place des arbres renversés et des moissons détruites, une vaste et affreuse nudité. Plus loin s'offrait un tableau non moins barbare : c'était la partie de la route que les Crémonais avaient jonchée de lauriers et de roses, et couverte d'autels où ils immolaient des victimes comme pour le triomphe d'un roi ; adulation qui, après une courte joie, fut cause de leur ruine. Cécina et Valens étaient près de Vitellius et lui montraient en détail le théâtre du combat : « Les légions s'élancèrent

contra	contrairement
veterem disciplinam	à l'ancienne discipline
et instituta majorum,	et aux institutions des ancêtres,
apud quos res Romana	chez lesquels la chose romaine
stetit melius virtute	se-soutint mieux par le courage
quam pecunia.	que par l'argent.
LXX. Inde Vitellius	LXX. De-là Vitellius
flexit Cremonam,	se-détourna-vers Crémone, [teurs)
et munere	et le présent (le combat de gladia-
Cæcinæ	de Cécina
spectato	ayant été regardé
concupivit insistere	il désira-vivement fouler
campis Bedriacensibus	les plaines de-Bédriac
ac lustrare oculis	et parcourir des yeux
vestigia victoriæ recentis,	les traces de *cette* victoire récente,
spectaculum fœdum	spectacle hideux
atque atrox.	et terrible.
Intra	Dans-la-limite
quadragesimum diem pugnæ	du quarantième jour du combat
corpora lacera,	*étaient* des corps déchirés,
artus trunci,	des membres détachés *du tronc*,
formæ putres	des formes pourries
virorum equorumque,	d'hommes et de chevaux,
humus infecta tabo,	le sol imprégné de sang-corrompu,
arboribus ac frugibus	*et* les arbres et les récoltes
protritis	ayant été abattus
dira vastitas.	une odieuse solitude *était*.
Nec pars viæ	Ni la partie de la route
minus inhumana	*n'était* moins barbare,
quam Cremonenses	laquelle les Crémonais
constraverant	avaient jonchée
lauru rosaque,	de laurier et de rose,
altaribus extructis	des autels ayant été élevés
victimisque cæsis	et des victimes ayant été immolées
in morem regium;	selon la coutume royale;
quæ læta	lesquelles choses gaies
in præsens	pour le présent
fecere mox	firent (causèrent) bientôt-après
perniciem ipsis.	perte à eux-mêmes.
Valens et Cæcina aderant	Valens et Cécina étaient-auprès
monstrabantque	et *lui* montraient
locos pugnæ :	les lieux du combat :
agmen legionum	le corps des légions
irrupisse hinc,	avoir attaqué de-ce-côté-ci,

agmen, hinc equites coortos, inde circumfusas auxiliorum manus. Jam tribuni præfectique, sua quisque facta extollentes, falsa, vera aut majora vero miscebant. Vulgus quoque militum clamore et gaudio deflectere via, spatia certaminum recognoscere, aggerem armorum, strues corporum intueri, mirari; et erant quos varia sors rerum lacrimæque et misericordia subiret. At non Vitellius flexit oculos nec tot millia insepultorum civium exhorruit : lætus ultro et tam propinquæ sortis ignarus instaurabat sacrum dis loci [1].

LXXI. Exin Bononiæ a Fabio Valente gladiatorum spectaculum editur advecto ex urbe cultu. Quantoque magis propinquabat, tanto corruptius iter immixtis histrionibus et spadonum gregibus et cetero Neronianæ aulæ ingenio;

d'ici; de là chargèrent les cavaliers; c'est de ce point que les auxiliaires se répandirent autour de l'ennemi ». De leur côté, préfets et tribuns, exaltant à l'envi leurs actions, mêlaient dans leurs récits le vrai, le faux, l'exagéré. La foule même des soldats, avec des cris d'allégresse, s'écarte du chemin, reconnaît les places où l'on a combattu, reste en admiration devant les monceaux d'armes et les corps entassés; il y en eut aussi que l'idée des vicissitudes humaines émut de pitié et toucha jusqu'aux larmes. Mais Vitellius ne détourna pas les yeux; il vit sans frisonner tant de milliers de citoyens privés de sépulture. Joyeux au contraire et ignorant du sort qui le menaçait de si près, il offrait un sacrifice aux divinités du lieu.

LXXI. A Bologne, il vit le spectacle de gladiateurs donné par Valens, et dont tout l'appareil fut apporté de Rome. Plus il approchait, plus sa marche étalait de corruption : pêle-mêle avec les gens de guerre, on voyait des troupeaux d'histrions et d'eunuques, et tous les opprobres de la cour de Néron: car Néron lui-même

equites	les cavaliers
coortos hinc,	s'*être* levés-tous-ensemble de-là,
manus auxiliorum	les troupes des auxiliaires [mi
circumfusas	s'*être* répandues-autour *de l'enne-*
inde.	de-ce-côté,
Jam tribuni præfectique,	Puis les tribuns et les préfets,
extollentes	exaltant
quisque sua facta,	chacun ses exploits,
miscebant falsa, vera	mêlaient des *faits* faux, vrais
aut majora vero.	ou plus grands que la vérité.
Vulgus quoque militum	La foule même des soldats
clamore et gaudio	avec cri et joie
deflectere via,	s'-écarter du chemin,
recognoscere	reconnaître
spatia certaminum,	les places des luttes,
intueri, mirari	regarder, admirer
aggerem armorum,	l'amas des armes,
strues corporum;	les monceaux des corps;
et erant quos	et il *en* était que
sors varia rerum	le sort inconstant des choses
lacrimæque et misericordia	et les larmes et la compassion
subiret.	pénétrait (pénétraient).
At Vitellius	Mais Vitellius
non flexit oculos,	ne détourna pas les yeux
nec exhorruit	et-n'eut-pas-horreur
tot millia	de tant de milliers
civium insepultorum :	de citoyens non-ensevelis :
lætus ultro	joyeux qui-plus-est
et ignarus sortis	et ignorant d'un sort
tam propinquæ	si proche
instaurabat sacrum	il commençait un sacrifice
dis loci.	aux dieux du lieu.
LXXI. Exin	LXXI. Ensuite
spectaculum gladiatorum	un spectacle de gladiateurs
editur Bononiæ	est donné à Bologne
a Fabio Valente,	par Fabius Valens, [ville.
cultu advecto ex urbe.	l'appareil ayant été apporté de la
Quantoque propinquabat	Et *d'autant* qu'il approchait
magis,	davantage [rompue.
tanto iter corruptius,	d'autant la marche *était* plus cor-
histrionibus immixtis	des histrions y étant mêlés
et gregibus spadonum	et (ainsi que) des troupeaux d'eu-
et cetero ingenio	et le reste du caractère [nuques

namque et Neronem ipsum Vitellius admiratione celebrabat, sectari cantantem solitus, non necessitate, quâ honestissimus quisque, sed luxu et saginæ mancipatus emptusque. Ut Valenti et Cæcinæ vacuos honoris menses aperiret, coartati aliorum consulatus, dissimulatus Marci Macri tanquam Othonianarum partium ducis; et Valerium Marinum destinatum a Galba consulem distulit, nulla offensa, sed mitem et injuriam segniter laturum. Pedanius Costa omittitur ingratus principi ut adversus Neronem ausus et Verginii exstimulator, sed alias protulit causas; actæque insuper Vitellio gratiæ consuetudine servitii.

LXXII. Non ultra paucos dies, quanquam acribus initiis cœptum, mendacium valuit. Exstiterat quidam Scribonia-

était l'objet des continuelles admirations de Vitellius, qui le suivait jadis sur les théâtres, non par nécessité comme tant d'hommes honorables, mais par dissolution et vendu en esclave à qui l'engraisserait. Pour ouvrir à Cécina et Valens une place parmi les consuls de l'année, on prit sur les mois déjà promis à d'autres : Macer fut passé sous silence, parce qu'il avait commandé pour Othon; Valérius Marinus, choisi par Galba, fut remis à un autre temps; non qu'on lui reprochât aucun tort, mais on le savait doux et homme à supporter l'injure. Pédanius Costa fut retranché; il déplaisait au prince, pour s'être déclaré contre Néron et avoir sollicité Verginius. D'autres causes toutefois furent mises en avant, et l'on remercia Vitellius par habitude de servilité.

LXXII. Une imposture, qui eut d'abord de rapides succès, ne fit cependant illusion que peu de jours. Un homme parut qui pré-

namque Vitellius	Et en-effet Vitellius
celebrabat admiratione	célébrait avec admiration
et Neronem ipsum,	aussi Néron lui-même,
solitus sectari	ayant-eu-coutume de suivre
cantantem,	*lui* chantant,
non necessitate,	non par nécessité,
qua	par laquelle (cause) *le suivait*
quisque honestissimus,	chaque homme très honorable,
sed mancipatus luxu	mais asservi à la débauche
et saginæ	et à la graisse
emptusque.	et acheté.
Ut aperiret	Afin-qu'il ouvrît
Valenti et Cœcinœ	à Valens et à Cécina
menses honoris	des mois d'honneur
vacuos,	libres (qui fussent libres),
consulatus aliorum	les consulats des autres
coartati,	*furent* restreints
Marci Macri	*celui* de Marcus Macer
dissimulatus	*fut* passé-sous-silence
tanquam ducis	comme d'un chef
partium Othonianarum;	du parti othonien;
et distulit	et il ajourna
Valerium Marinum	Valérius Marinus
destinatum consulem	désigné *comme* consul
a Galba,	par Galba,
nulla offensa,	sans aucun grief,
sed mitem	mais *comme un homme* doux
et laturum injuriam	et devant supporter l'injure
segniter.	avec-indifférence.
Pedanius Costa omittitur	Pédanius Costa est mis-de-côté
ingratus principi	désagréable au prince
ut ausus adversus Neronem	comme ayant osé contre Néron
et exstimulator Verginii;	et instigateur de Verginius;
sed protulit	mais il mit-en-avant
alias causas;	d'autres causes;
gratiæque	et des actions-de-grâce
actæ insuper Vitellio	*furent* rendues en-outre à Vitellius
consuetudine servitii.	par habitude d'esclavage.
LXXII. Mendacium,	LXXII. Une imposture,
quanquam cœptum	quoique commencée
initiis acribus	avec des débuts vifs
non valuit	ne fut-pas-forte
ultra paucos dies.	au-delà-de peu de jours.
Quidam exstiterat	Un certain *homme* avait paru

num se Camerinum ferens, Neronianorum temporum metu in Histria occultatum, quod illic clientelæ et agri veterum Crassorum[1] ac nominis favor manebat. Igitur deterrimo quoque in argumentum fabulæ assumpto vulgus credulum et quidam militum, errore veri seu turbarum studio, certatim aggregabantur, cum pertractus ad Vitellium interrogatusque quisnam mortalium esset. Postquam nulla dictis fides et a domino noscebatur condicione fugitivus nomine Geta, sumptum de eo supplicium in servilem modum.

LXXIII. Vix credibile memoratu est quantum superbiæ socordiæque Vitellio adoleverit, postquam speculatores e Suria Judæaque adactum in verba ejus Orientem nuntiavere. Nam, etsi vagis adhuc et incertis auctoribus, erat tamen in ore famaque Vespasianus ac plerumque ad nomen ejus Vitellius excitabatur : tum ipse exercitusque, ut

tendait être Scribonianus Camérinus, « caché, disait-il, pendant les terreurs du règne de Néron, dans la province d'Istrie, où les anciens Crassus avaient laissé des clients, des biens, et un nom dont la popularité subsistait encore ». Il s'associa pour jouer cette comédie les plus vils acteurs; et déjà le crédule vulgaire et quelques soldats abusés ou amis du désordre accouraient autour de lui, quand il fut traîné devant le prince. Interrogé qui il était, il ne répondit que par des mensonges. Reconnu d'ailleurs par son maître pour un échappé de servitude nommé Géta, il fut livré au supplice des esclaves.

LXXIII. Il est à peine croyable à quel point s'accrurent l'orgueil et l'extravagance de Vitellius, quand ses courriers lui eurent annoncé de Syrie et de Judée que l'Orient l'avait reconnu. Jusqu'alors, bien qu'incertaine encore et vague dans ses rapports, la renommée parlait cependant de Vespasien; et plus d'une fois à ce nom Vitellius avait tressailli. Maintenant les chefs de l'armée, ne

se ferens	se portant (se donnant) *comme*
Scribonianum Camerinum,	Scribonianus Camérinus,
occultatum in Histria	caché en Istrie
metu temporum Neronianorum,	par la crainte des temps néroniens,
quod illic clientelæ	parce-que là les clientèles
et agri veterum Crassorum	et les terres des anciens Crassus
ac favor nominis	et la popularité du nom
manebat.	subsistait (subsistaient). [vers
Igitur quoque deterrimo	Donc chaque *homme* le plus per-
assumpto	ayant été pris
in argumentum fabulæ	pour la représentation de la pièce
vulgus credulum	la multitude crédule
et quidam militum,	et quelques-uns des soldats,
errore veri	par erreur de (sur) la vérité
seu studio turbarum,	ou par désir de troubles,
aggregabantur certatim,	se joignaient *à lui* à-l'-envi,
cum pertractus ad Vitellium	lorsqu'il *fut* amené à Vitellius
interrogatusque	et interrogé
quisnam mortalium esset.	qui des mortels il était.
Postquam nulla fides	Comme aucune bonne-foi
dictis	*n'était* à *ses* paroles [tre
et noscebatur a domino	et *qu'*il était reconnu par *un* maî-
fugitivus condicione	*comme* fugitif de condition
Geta nomine,	Géta par le nom,
supplicium sumptum de eo	supplice *fut* pris de lui
in modum servilem.	à la manière servile.
LXXIII. Est vix credibile	LXXIII. Il est à-peine croyable
memoratu quantum	à raconter combien
superbiæ socordiæque	d'orgueil et de sottise
adoleverit Vitellio,	grandit pour (en) Vitellius,
postquam speculatores	après-que des spéculateurs
nuntiavere e Suria	*lui* eurent annoncé de Syrie
Judæaque	et de Judée
Orientem adactum	l'Orient avoir *été* contraint [ment).
in verba ejus.	aux paroles de lui (à lui prêter ser-
Nam, etsi	Car, quoique
auctoribus	par des autorités (des sources)
adhuc vagis et incertis,	encore vagues et incertaines,
Vespasianus erat tamen	Vespasien était cependant
in ore famaque	dans la bouche et la renommée
ac Vitellius excitabatur	et Vitellius était éveillé
plerumque	plus-d'une fois
ad nomen ejus :	au nom de lui:
tum ipse exercitusque,	dès-lors lui-même et l'armée,

nullo æmulo, sævitia, libidine, raptu in externos mores proruperant.

LXXIV. At Vespasianus bellum armaque et procul vel juxta sitas vires circumspectabat. Miles ipsi adeo paratus [1], ut præeuntem sacramentum et fausta Vitellio omnia precantem per silentium audierint. Muciani animus nec Vespasiano alienus et in Titum pronior; præfectus Ægypti *Ti.* Alexander [2] consilia sociaverat; tertiam legionem, quod e Suria in Mœsiam transisset, suam numerabat; ceteræ Illyrici legiones secuturæ sperabantur; namque omnes exercitus flammaverat arrogantia venientium a Vitellio militum, quod truces corpore, horridi sermone ceteros ut impares irridebant. Sed in tanta mole belli plerumque cunctatio; et Vespasianus modo in spem erectus, aliquando adversa reputabat : quis ille dies foret, quo sexa-

se voyant plus de rivaux, se jetèrent, en fait de cruauté, de débauche, de brigandage, dans tous les débordements des mœurs étrangères.

LXXIV. Cependant Vespasien tournait ses pensées vers la guerre et les armes et faisait la revue de ses forces, ou voisines ou éloignées. Le soldat était si bien disposé pour lui que, lorsqu'il dicta le serment et prononça les vœux pour Vitellius, pas une voix ne rompit le silence. Mucien n'avait pour Vespasien même aucun éloignement, et il avait du penchant pour Titus; le préfet d'Égypte, Tibérius Alexander, était d'intelligence avec eux; la troisième légion ayant servi en Syrie avant de passer en Mésie, il la comptait parmi les siennes, et l'on espérait que les autres légions de l'Illyrie se déclareraient après elle : car toutes les armées avaient frémi de colère en voyant l'arrogance des soldats venus d'auprès de Vitellius, et qui, avec leur aspect farouche et leur langage barbare, raillaient les autres comme des gens au-dessous d'eux. Mais une si grande guerre ne se remue pas sans qu'on y pense longtemps; et si Vespasien sentait quelquefois l'enthousiasme de l'espérance, il lui arrivait aussi de songer aux revers.

ut nullo æmulo,	comme aucun rival n'*étant*,
proruperant	s'-étaient lancés
in mores externos	dans les mœurs étrangères
sævitia, libidine,	par la cruauté, la débauche,
raptu.	la rapine.

LXXIV. At Vespasianus circumspectabat bellum armaque et vires sitas procul vel juxta. Miles adeo paratus ipsi, ut audierint per silentium præeuntem sacramentum et precantem Vitellio omnia fausta. Animus Muciani nec alienus Vespasiano et pronior in Titum; præfectus Ægypti Tiberius Alexander sociaverat consilia; numerabat suam tertiam legionem, quod transisset e Suria in Mœsiam; ceteræ legiones Illyrici sperabantur secuturæ; namque arrogantia militum venientium a Vitellio flammaverat omnes exercitus, quod truces corpore, horridi sermone, irridebant ceteros ut impares, sed in tanta mole belli plerumque cunctatio; et Vespasianus modo erectus in spem, reputabat aliquando adversa : quis foret ille dies quo

LXXIV. Mais Vespasien considérait-autour-de *lui* la guerre et les armes et les forces situées au-loin ou auprès. Le soldat *était* si disposé pour lui, qu'ils écoutèrent en silence *lui* prononçant-le-premier le serment et souhaitant à Vitellius toutes choses prospères. L'esprit de Mucianus [sien et-n'*était* pas contraire à Vespa- et *était* plus porté pour Titus; le préfet de l'Égypte Tibérius Alexander avait associé ses desseins *à ceux de Vespasien*; il (Vespasien) comptait *comme* la troisième légion, [sienne parce-qu'elle était passée de Syrie en Mésie; les autres légions d'Illyrie étaient espérées *comme* devant suivre; et en-effet l'arrogance des soldats venant d'auprès-de Vitellius avait enflammé *de colère* toutes les armées, [pect), parce-que farouches de corps (d'as- barbares de langage, ils se-riaient des autres comme inférieurs, [guerre mais dans un si-grand fardeau de plus-d'une-fois l'hésitation *vient*; et Vespasien tantôt élevé à l'espérance, songeait quelquefois aux revers : quel serait ce jour où

ginta ætatis annos et duos filios juvenes bello permitteret? esse privatis cogitationibus progressum, *esse regressum* [1], et, prout velint, plus minusve sumi ex fortuna; imperium cupientibus nihil medium inter summa aut præcipitia.

LXXV. Versabatur ante oculos Germanici exercitus robur, notum [2] viro militari : suas legiones civili bello inexpertas, Vitellii victrices, et apud victos plus querimoniarum quam virium. Fluxam per discordias militum fidem et periculum ex singulis; quid enim profuturas cohortes alasque, si unus alterve præsenti facinore paratum ex diverso præmium petat? Sic Scribonianum sub Claudio interfectum, sic percussorum ejus Volaginium e gregario ad summa militiæ provectum : facilius universos impelli quam singulos vitari.

LXXVI. His pavoribus nutantem et alii legati amicique

« Quel jour que celui où il livrerait au destin des batailles soixante années de vie et deux fils à la fleur de l'âge ! Dans les projets de la condition privée, il était possible d'avancer ou de reculer, et l'on avait le choix de s'intéresser plus ou moins dans les jeux de la fortune; pour qui voulait l'empire, pas de milieu entre le trône et le précipice. »

LXXV. L'armée de Germanie lui apparaissait avec toute sa force, bien connue d'un si habile capitaine. « Ses légions n'avaient point fait leurs preuves dans la guerre civile; celles de Vitellius venaient d'y triompher; et chez les vaincus il y avait plus de mécontentement que de ressources. Dans les temps de discorde, il fallait peu compter sur la foi des armées, et tout craindre de chacun des soldats. Et que serviraient les escadrons et les cohortes, si un ou deux assassins allaient, sa tête à la main, demander le salaire toujours prêt dans l'autre camp? C'était ainsi que Scribonianus avait péri sous Claude ; c'était ainsi que son meurtrier Volaginius était monté des derniers rangs de la milice aux grades les plus élevés. Il est plus facile de remuer une multitude d'hommes que d'en éviter un seul. »

LXXVI. Ses amis et ses lieutenants affermissaient contre ces

permitteret bello	il abandonnerait à la guerre
sexaginta annos ætatis	soixante ans d'âge
et duos filios juvenes ?	et deux fils jeunes ?
progressum esse	liberté-d'avancer être [particulier),
cogitationibus privatis,	aux pensées particulières (d'un
regressum esse,	et liberté-de-reculer être,
et plus minusve	et plus ou moins
sumi ex fortuna	être pris à la fortune
prout velint;	selon-qu'on veut;
nihil medium	rien (pas) de milieu
cupientibus imperium	pour *ceux* qui désirent l'empire
inter summa aut præcipitia.	entre les sommets ou les abîmes.
LXXV. Robur	LXXV. La force
exercitus Germanici	de l'armée germanique
versabatur ante oculos,	se-présentait devant *ses* yeux,
notum	*force* connue
viro militari :	à *cet* homme militaire :
suas legiones	ses légions
inexpertas bello civili,	non-éprouvées dans la guerre civile,
Vitellii victrices,	*celles* de Vitellius victorieuses,
et plus querimoniarum	et plus de plaintes
quam virium	que de forces
apud victos.	*être* chez les vaincus.
Fidem militum	La fidélité des soldats [cordes
fluxam per discordias	*être* chancelante au-milieu des dis-
et periculum ex singulis;	et le péril *venir* de chacun;
quid enim profuturas	à quoi en-effet devoir servir
cohortes alasque,	cohortes et escadrons,
si unus alterve petat	si un ou deux cherchaient-à-gagner
facinore præsenti	par un forfait instantané
præmium paratum	la récompense préparée
ex diverso?	du *parti* opposé?
Scribonianum interfectum sic	Scribonianus *avoir été* tué ainsi
sub Claudio,	sous Claude,
percussorem ejus Volaginium	le meurtrier de lui Volaginius
provectum sic	*avoir été* élevé ainsi
e gregario	de simple *soldat*
ad summa militiæ :	aux plus hauts *grades* de la milice :
universos impelli	tous-ensemble être poussés
facilius	plus-facilement
quam vitari singulos.	qu'être évités un-à-un.
LXXVI. Et alii legati	LXXVI. Et les autres lieutenants
amicique firmabant	et *ses* amis affermissaient
nutantem his pavoribus	*lui* chancelant par ces frayeurs

firmabant et Mucianus post multos secretosque sermones jam et coram ita locutus : « Omnes, qui magnarum rerum consilia suscipiunt, æstimare debent, an quod inchoaturi, rei publicæ utile, ipsis gloriosum, an promptum effectu aut certe non arduum sit; simul ipse, qui suadet, considerandus est, adjiciatne consilio periculum suum, et, si fortuna cœptis affuerit, cui summum decus acquiratur. Ego te, Vespasiane, ad imperium voco, quam salutare rei publicæ, quam tibi magnificum, juxta deos in tua manu positum est [1]. Nec speciem adulantis expaveris; a contumelia quam a laude propius fuerit post Vitellium eligi. Non adversus divi Augusti acerrimam mentem, Tiberii nec adversus cautissimam senectutem, ne contra Gai quidem aut Claudii vel Neronis fundatam longo imperio domum exsurgimus; cessisti etiam Galbæ imaginibus : torpere ultra et

rayeurs sa volonté chancelante; enfin Mucien, après beaucoup d'entretiens secrets, lui parla ainsi devant tous les autres : « Celui qui met en délibération quelque haute entreprise doit examiner si elle est utile à l'État, glorieuse pour lui-même, d'une exécution facile ou du moins sans obstacles trop grands. Il faut considérer, de plus, si le conseiller qui en appuie le dessein est prêt à en partager les périls, et, en supposant la fortune prospère, de qui le succès doit fonder la grandeur. C'est moi, Vespasien, qui t'appelle au rang suprême; combien cela contribuera-t-il au salut de l'empire ou à ta gloire, c'est de toi que cela dépend après les dieux. Et qu'un vain fantôme d'adulation n'effraye pas ton esprit : c'est presque un affront plutôt qu'un honneur d'être choisi après Vitellius. Ce n'est ni contre la vigilante énergie d'Auguste, ni contre la vieillesse défiante et rusée de Tibère, ni même contre la maison de Gaïus, de Claude, de Néron, affermie par une longue possession de l'empire, que nous levons l'étendard; tu as respecté jusqu'aux aïeux de Galba : rester plus longtemps engourdi,

HISTOIRES, LIVRE II.   403

et Mucianus post sermones	et Mucianus après des entretiens
multos secretosque	nombreux et secrets [ment :
locutus jam ita et coram :	lui parla enfin ainsi et publique-
« Omnes qui suscipiunt	« Tous *ceux* qui entreprennent
consilia magnarum rerum	les desseins de grandes choses
debent æstimare	doivent apprécier [cer,
an, quod inchoaturi,	si, *ce qu'ils sont* devant commen-
sit utile rei publicæ,	est utile à la république,
gloriosum ipsis,	glorieux pour eux-mêmes,
an promptum effectu,	si *c'est* aisé à être exécuté,
aut certe non arduum ;	ou du-moins pas ardu ;
simul ipse,	en-même-temps celui-là-même,
qui suadet,	qui conseille,
est considerandus,	est à considérer,
adjiciatne suum periculum	s'il ajoute son péril
consilio,	au conseil *qu'il donne*,
et, si fortuna	et, dans-le-cas-où la fortune
affuerit cœptis,	aura assisté aux entreprises,
cui summum decus	à qui le plus grand honneur
acquiratur.	est acquis.
Ego, Vepasiane,	Moi, Vespasien,
voco te ad imperium,	j'appelle toi à l'empire,
quam salutare	combien avantageux
rei publicæ,	pour la république,
quam magnificum tibi,	combien glorieux pour toi,
est positum in tua manu,	*cela* est placé dans ta main
juxta deos.	après les dieux
Nec expaveris speciem	Et-n'aie pas redouté l'apparence
adulantis ;	de *quelqu'un te* flattant ;
eligi post Vitellium	être choisi après Vitellius
fuerit propius a contumelia	aurait été plus proche de l'affront
quam a laude.	que de la louange.
Non exsurgimus	Nous ne nous-levons pas
adversus mentem acerrimam	contre l'esprit très vif
divi Augusti,	du divin Auguste,
nec adversus	ni contre
senectutem cautissimam	la vieillesse très défiante
Tiberii,	de Tibère,
ne quidem contra domum	pas même contre la maison
Gai aut Claudii vel Neronis	de Gaius, de Claude ou de Néron,
fundatam longo imperio ;	affermie par un long règne ;
cessisti etiam	tu t'es-retiré-devant même
imaginibus Galbæ ;	les images (les ancêtres) de Galba ;
torpere ultra	rester-engourdi au-delà

polluendam perdendamque rem publicam relinquere sopor et ignavia videretur, etiam si tibi, quam inhonesta, tam tuta servitus esset. Abiit jam et transvectum est tempus, quo posses videri concupisse : confugiendum est ad imperium. An excidit trucidatus Corbulo? Splendidior *is* origine quam nos sumus, fateor, sed et Nero nobilitate natalium Vitellium anteibat. Satis clarus est apud timentem quisquis timetur. Et posse ab exercitu principem fieri sibi ipse Vitellius documento, nullis stipendiis, nulla militari fama, Galbæ odio provectus. Ne Othonem quidem ducis arte aut exercitus vi, sed præpropera ipsius desperatione victum, jam desiderabilem et magnum principem fecit, cum interim spargit legiones, exarmat cohortes, nova cotidie bello semina ministrat. Si quid ardoris ac ferociæ miles habuit,

et laisser la république aux mains qui l'avilissent et la perdent, semblerait assoupissement et lâcheté, dût la servitude être pour toi aussi exempte de périls que pleine d'ignominie. Il est passé, il est déjà loin le temps où l'on aurait pu t'accuser d'ambition; le trône n'est plus pour toi qu'un asile. Corbulon massacré est-il sorti de ta mémoire? Sa naissance était plus éclatante que la nôtre, je l'avoue; mais Néron aussi surpassait Vitellius pour la noblesse du sang. Quiconque est redouté n'est que trop illustre pour celui qui le redoute. Qu'une armée puisse faire un empereur, Vitellius le sait par son propre exemple, lui qui, sans réputation ni services militaires, ne fut élevé qu'en haine de Galba. Oui, Othon même, que n'a vaincu après tout ni le talent du général, ni la vigueur des troupes, mais un désespoir follement précipité, Othon semble grand auprès de lui, et déjà il en a fait un prince regrettable. Maintenant, il disperse les légions, désarme les cohortes, sème chaque jour de nouvelles causes de guerre; et, pendant ce temps, ce que ses soldats pouvaient avoir d'ardeur et de courage, ils

et relinquere rem publicam
polluendam perdendamque
videretur
sopor et ignavia,
etiam si servitus esset tibi
tam tuta quam inhonesta.
Jam tempus
Abiit et est transvectum
quo posses videri
concupisse :
confugiendum est ad imperium.
An Corbulo trucidatus
excidit?
Is splendidior
origine
quam nos sumus, fateor,
sed et Nero
antcibat Vitellium
nobilitate natalium.
Quisquis timetur
est satis clarus
apud timentem.
Et Vitellius
ipse documento sibi
principem posse fieri
ab exercitu,
provectus odio Galbæ,
nullis stipendiis,
nulla fama militari.
Fecit jam desiderabilem
et magnum principem
Othonem
ne quidem victum
arte ducis,
aut vi exercitus,
sed desperatione præpropera
ipsius,
cum interim
spargit legiones,
exarmat cohortes,
ministrat cotidie
nova semina bello.
Si miles habuit quid
ardoris ac ferociæ,

et laisser la république
à souiller et à perdre
paraîtrait
assoupissement et lâcheté,
même si l'esclavage était pour toi
aussi sûr qu'*il serait* déshonorant.
Déjà le temps
s'-en-est-allé et est passé
où tu aurais pu paraître
avoir convoité *l'empire* :
il faut se-réfugier vers l'empire.
Est-ce-que Corbulon égorgé
est sorti *de ta mémoire* ?
Celui-ci *était* plus éclatant
par l'origine
que nous *ne le* sommes, je *l*'avoue,
mais aussi Néron
surpassait Vitellius
par l'illustration de la naissance.
Quiconque est craint
est assez illustre   [craint.
auprès (aux yeux) de *celui* qui
D'ailleurs Vitellius *est*   [même
lui-même à enseignement à lui-
un empereur pouvoir être-fait
par l'armée,   [Galba,
lui élevé par la haine de (contre)
sans aucuns services,
sans aucune réputation militaire.
Il a rendu déjà regrettable
et grand prince
Othon
n'ayant pas même été vaincu
par le talent de général,
ou par la force de l'armée,
mais par le désespoir trop-hâté
de lui-même,
alors-que cependant
il disperse les légions,
désarme les cohortes,
fournit chaque-jour
de nouvelles semences à la guerre.
Si le soldat a eu quelque-peu
d'ardeur et d'humeur-guerrière,

popinis et comissationibus et principis imitatione deteritur : tibi e Judæa et Suria et Ægypto novem legiones integræ, nulla acie exhaustæ, non discordia corruptæ sed firmatus usu miles et belli domitor externi, classium, alarum, cohortium robora et fidissimi reges et tua ante omnes experientia [1].

LXXVII. « Nobis nihil ultra arrogabo quam ne post Valentem et Cæcinam numeremur; ne tamen Mucianum socium spreveris, quia æmulum non experiris ; me Vitellio antepono, te mihi. Tuæ domui triumphale nomen [2], duo juvenes, capax jam imperii alter et primis militiæ annis apud Germanicos quoque exercitus clarus. Absurdum fuerit non cedere imperio ei, cujus filium adoptaturus essem, si ipse imperarem. Ceterum inter nos non idem prosperarum adversarumque rerum ordo erit; nam si

l'usent dans les tavernes, l'éteignent dans la débauche et l'imitation de leur prince. Pour toi, la Judée, la Syrie, l'Égypte, te fournissent neuf légions complètes, qui ne sont ni épuisées par une bataille sanglante, ni corrompues par la discorde, mais aguerries par l'exercice, et victorieuses de l'ennemi étranger. Tu as des flottes, une cavalerie, des cohortes nombreuses, des rois dévoués, et, ton expérience supérieure à celle de tous les autres.

LXXVII. « Je ne prétends rien pour moi-même que de n'être pas compté après Cécina et Valens. Toutefois, si tu n'as pas Mucien pour rival, ne le dédaigne pas pour allié. Je me préfère à Vitellius, je te préfère à moi. Un nom triomphal ennoblit ta maison; tu as deux fils; l'un d'eux est déjà capable de régner, et, grâce à ses premières armes, les légions de Germanie parlent aussi de sa gloire. Ce serait folie de ne pas céder l'empire à celui dont j'adopterais le fils si j'étais empereur. Au reste, les succès ne se partageront pas entre nous sur le même pied que les revers. Si nous

deteritur	cela est usé
popinis et comissationibus	par les tavernes et les orgies
et imitatione principis :	et par l'imitation du prince :
tibi e Judæa	à toi *sont* de la Judée
et Suria et Ægypto	et de la Syrie et de l'Égypte
novem legiones integræ,	neuf légions entières, [bataille,
exhaustæ nulla acie,	n'ayant été épuisées par aucune
non corruptæ	n'ayant pas été corrompues
discordia,	par la discorde, [tique
sed miles firmatus usu	mais un soldat fortifié par la pra-
et domitor belli	et vainqueur de (dans) la guerre
externi ;	étrangère ;
robora classium,	des forces de flottes,
alarum, cohortium,	d'escadrons, de cohortes,
et reges fidissimi	et des rois très-fidèles
et tua experientia	et ton expérience
ante omnes.	avant (supérieure à celle de) tous.
LXXVII. Arrogabo nihil	LXXVII. Je ne prétendrai rien
ultra nobis	au-delà (de plus) pour nous
quam	sinon-que
ne numeremur	nous ne soyons pas comptés
post Valentem et Cæcinam ;	après Valens et Cécina ;
ne tamen spreveris	n'aie pas cependant méprisé
Mucianum socium,	Mucien *comme* allié,
quia non experiris	parce-que tu ne *l'*éprouves pas
æmulum :	*comme* rival :
me antepono Vitellio,	je me place-avant Vitellius,
te mihi.	toi *avant* moi.
Tuæ domui nomen triumphale,	A ta maison *est* un nom triomphal,
duo juvenes,	*et sont* deux jeunes-gens,
alter jam capax imperii,	l'un déjà capable de l'empire,
et clarus primis annis	et illustre par *ses* premières années
militiæ	de service
quoque apud exercitus	aussi auprès des armées
Germanicos.	germaniques.
Fuerit absurdum	Il aurait été absurde
non cedere imperio ei	de ne-pas céder l'empire à celui
cujus essem adoptaturus	dont je serais devant adopter
filium	le fils
si imperarem ipse.	si je régnais moi-même.
Ceterum inter nos	Du-reste entre nous
idem ordo non erit	la même proportion ne sera pas
rerum prosperarum	des choses prospères
adversarumque ;	et des contraires ;

vincimus, honorem, quem dederis, habebo; discrimen ac pericula ex æquo patiemur. Immo, ut melius est, tu hos exercitus rege, mihi bellum et prœliorum incerta trade. Acriore hodie disciplina victi quam victores agunt : hos ira, odium, ultionis cupiditas ad virtutem accendit; illi per fastidium et contumacia hebescunt. Aperiet et recludet contecta et tumescentia victricium partium vulnera bellum ipsum; nec mihi major in tua vigilantia, parsimonia, sapientia, fiducia est quam in Vitellii torpore, inscitia, sævitia. Sed meliorem in bello causam quam in pace habemus; nam, qui deliberant, desciverunt. »

LXXVIII. Post Muciani orationem ceteri audentius circumsistere, hortari, responsa vatum et siderum motus referre. Nec erat intactus tali superstitione, ut qui mox

sommes vainqueurs, le rang que tu me donneras est celui que j'aurai; mais les dangers et les risques seront égaux pour tous deux. Ou plutôt (et ce conseil est le meilleur) réserve-toi pour diriger les armées d'Orient; laisse à moi seul la guerre et ses hasards. La discipline est aujourd'hui plus sévère chez les vaincus que chez les vainqueurs. La colère, la haine, le désir de la vengeance, allument le courage des premiers; les autres s'engourdissent dans un dédaigneux et indocile orgueil. Le parti victorieux nourrit des plaies couvertes et envenimées : le premier effet de la guerre sera de les dévoiler et de les mettre à nu; et, si j'espère beaucoup de ta vigilance, de ton économie, de ta sagesse, je ne compte pas moins sur l'abrutissement, l'ignorance et la cruauté de Vitellius. Enfin la guerre rend notre condition meilleure que la paix; délibérer, c'est être déjà rebelle. »

LXXVIII. Enhardis par ce discours, les autres amis de Vespasien se pressent autour de lui, l'encouragent, lui parlent de réponses prophétiques, d'astres favorables. Ces chimères n'étaient pas sans pouvoir sur l'esprit de Vespasien, puisque, devenu maître du

nam si vincimus,	car si nous vainquons,
habebo honorem	j'aurai l'honneur (le rang)
quem dederis ;	que tu *m*'auras donné ;
patiemur ex æquo	nous souffrirons à égalité
discrimen ac pericula.	le risque et les périls.
Immo, ut est melius,	Bien-plus, comme il est mieux,
tu rege hos exercitus,	toi dirige ces armées-ci,
trade mihi bellum	remets-moi la guerre
et incerta prœliorum.	et les incertitudes des combats.
Hodie victi agunt	Aujourd'hui les vaincus vivent
disciplina	avec une discipline
acriore	plus vive (plus sévère)
quam victores ;	que les vainqueurs ;
ira, odium,	la colère, la haine,
cupiditas ultionis	le désir de la vengeance
accendit hos	enflamme (enflamment) ceux-là
ad virtutem	jusqu'à la vaillance.
illi hebescunt	ceux-ci s'-émoussent
per fastidium et contumacia.	au-milieu du dédain et de l'orgueil.
Bellum ipsum	La guerre elle-même
aperiet et recludet	découvrira et montrera
vulnera partium victricium	les blessures du parti vainqueur
contecta et tumescentia ;	cachées et enflant ;
nec fiducia major	ni une confiance plus-grande
est mihi	*n*'est à moi
in tua vigilantia,	dans ta vigilance,
parsimonia, sapientia,	*ton* économie, *ta* sagesse
quam in torpore,	que dans l'engourdissement,
inscitia, sævitia Vitellii.	l'ignorance, la cruauté de Vitellius.
Sed habemus causam	D'ailleurs nous avons une cause
meliorem in bello	meilleure dans la guerre
quam in pace ;	que dans la paix ;
nam qui deliberant,	car *ceux* qui délibèrent,
desciverunt ».	ont fait-défection. »
LXXVIII. Post	LXXVIII. Après
orationem Muciani	le discours de Mucien
ceteri circumsistere	tous-les autres entourer *Vespasien*
audentius, hortari,	plus hardiment, l'encourager,
referre	*lui* rapporter
responsa vatum	les réponses des devins
et motus siderum.	et les mouvements des astres.
Nec erat intactus	Ni il *n*'était non-touché
tali superstitione,	par une telle superstition,
ut qui mox	en *homme* qui dans-la-suite

rerum dominus Seleucum quendam [1] mathematicum rectorem et præscium palam habuerit. Recursabant animo vetera omina : cupressus arbor in agris ejus conspicua altitudine repente prociderat, ac postera die, eodem vestigio resurgens procera et lætior virebat. Grande id prosperumque consensu haruspicum et summa claritudo juveni admodum Vespasiano promissa; sed primo triumphalia et consulatus et Judæicæ victoriæ decus implesse fidem ominis videbantur; ut hæc adeptus est, portendi sibi imperium credebat. Est Judæam inter Suriamque Carmelus : ita vocant montem deumque. Nec simulacrum deo aut templum (sic tradidere majores), ara tantum et reverentia. Illic sacrificanti Vespasiano, cum spes occultas versaret animo, Basilides [2] sacerdos inspectis identidem extis :

monde, il tint publiquement à sa cour un astrologue nommé Séleucus, dont il faisait son conseil et son oracle. D'anciens présages lui revinrent à la pensée : un cyprès d'une hauteur remarquable s'élevait dans ses terres; un jour il tomba soudainement, et le lendemain, debout à la même place, il reverdissait avec sa tige majestueuse et un plus vaste branchage. C'était, de l'aveu commun des aruspices, un grand et heureux pronostic, et d'éclatantes destinées furent prédites à Vespasien, tout jeune en ce temps-là. Les décorations triomphales, le consulat, le beau nom de vainqueur de la Judée, semblaient d'abord avoir accompli le présage; en possession de cette gloire, il pensa que c'était l'empire qui lui était promis. Entre la Judée et la Syrie est le Carmel; c'est le nom tout à la fois d'une montagne et d'un dieu. Ce dieu n'a ni statue ni temple; ainsi l'ont voulu les fondateurs de son culte : il n'a qu'un autel et des adorations. Vespasien sacrifiait en ce lieu dans le temps où son esprit roulait de secrètes espérances. Le prêtre, nommé Basilide, après avoir à plusieurs reprises considéré

dominus rerum	maître des choses (du monde)
habuerit palam	eut ouvertement
rectorem et præscium	*comme* directeur et devin
quendam Seleucum	un certain Seleucus
mathematicum.	astrologue.
Vetera omina	D'anciens présages
recursabant animo :	revenaient à *son* esprit :
arbor cupressus	un arbre cyprès
altitudine conspicua	d'une hauteur remarquable
in agris ejus	dans les terres de lui
prociderat repente,	était tombé tout-d'un-coup,
ac die postera	et le jour suivant
resurgens eodem vestigio	se-relevant sur la même trace
virebat procera et lætior.	il verdissait haut et plus touffu.
Id grande prosperumque	C'*était* un présage grand et heureux
consensu haruspicum,	de l'avis-commun des aruspices,
et summa claritudo	et la-plus-grande illustration
promissa	*était* promise
Vespasiano admodum juveni ;	à Vespasien extrêmement jeune ;
sed primo	mais d'-abord
triumphalia	les *ornements* triomphaux
et consulatus	et les consulats
et decus victoriæ Judæicæ	et la gloire de la victoire judaïque
videbantur implesse	paraissaient avoir accompli
fidem ominis ;	la réalisation du présage ;
ut est adeptus hæc,	dès-qu'il eut obtenu ces *honneurs*,
credebat	il croyait
imperium portendi sibi.	l'empire être présagé à lui-même.
Inter Judæam Suriamque	Entre la Judée et la Syrie
est Carmelus :	est le Carmel :
vocant ita	on appelle ainsi
montem deumque.	la montagne et le dieu.
Nec simulacrum aut templum	Ni statue ou temple
deo	*n'est* au dieu
(majores tradidere sic),	(les ancêtres ont transmis ainsi),
tantum ara	*mais* seulement un autel
et reverentia.	et l'adoration.
Sacerdos Basilides	Le prêtre *nommé* Basilide
extis inspectis	les entrailles ayant été examinées
identidem	à-diverses-reprises
inquit Vespasiano	dit à Vespasien
sacrificanti illic,	sacrifiant là,
cum versaret animo	tandis-qu'il roulait dans *son* esprit
spes occultas :	des espérances secrètes :

« Quicquid est », inquit, « Vespasiane, quod paras, seu domum extruere seu prolatare agros sive ampliare servitia, datur tibi magna sedes, ingentes termini, multum hominum » Has ambages[1] et statim exceperat fama et tunc aperiebat; nec quicquam magis in ore vulgi. Crebriores apud ipsum sermones, quanto sperantibus plura dicuntur. Haud dubia destinatione discessere Mucianus Antiochiam, Vespasianus Cæsaream : illa Suriæ, hoc Judææ caput est.

LXXIX. Initium ferendi ad Vespasianum imperii Alexandriæ cœptum, festinante Tiberio Alexandro, qui Kalendis Juliis sacramento ejus legiones adegit. Isque primus principatus dies in posterum celebratus, quamvis Judæicus exercitus quinto nonas Julias[1] apud ipsum jurasset, eo ardore, ut ne Titus quidem filius exspectaretur, Suria re-

les entrailles de la victime : « Vespasien, lui dit-il, quelque projet que tu médites, soit de bâtir une maison, soit d'étendre tes domaines, soit de multiplier tes esclaves, le ciel te donne un vaste terrain, d'immenses limites, une grande multitude d'hommes. » La renommée avait alors recueilli cette énigme ; elle l'expliquait maintenant ; il n'était pas de sujet dont le public s'entretînt davantage, et l'on en parlait encore plus dans l'intimité de Vespasien : on a beaucoup à dire à ceux qui espèrent beaucoup. Les deux chefs se séparèrent, bien sûrs de leurs desseins, et Mucien se rendit à Antioche, Vespasien à Césarée : ce sont les capitales, celle-ci de Judée, et l'autre de Syrie.

LXXIX. Le mouvement qui mit l'empire aux mains de Vespasien partit d'Alexandrie. Tibérius Alexander en hâta le signal en faisant reconnaître ce prince par ses légions dès les kalendes de juillet. L'usage a consacré ce jour comme le premier de son règne, quoique ce soit le cinq des nones que les troupes de Judée firent serment entre ses mains. Ce fut du reste avec tant d'ardeur qu'elles n'attendirent pas même son fils Titus revenant de Syrie et organe

« Quicquid est, Vespasiane, quod paras, seu extruere domum seu prolatare agros sive ampliare servitia, magna sedes tibi datur, termini ingentes, multum hominum. » Et fama exceperat statim et tunc aperiebat has ambages ; nec quicquam magis in ore vulgi. Sermones crebriores apud ipsum, quanto plura dicuntur sperantibus. Destinatione haud dubia discessere Mucianus Antiochiam, Vespasianus Cæsaream : illa est caput Suriæ, hoc Judææ. LXXIX. Initium imperii ferendi ad Vespasianum cœptum Alexandriæ, Tiberio Alexandro festinante, qui adegit legiones sacramento ejus Kalendis Juliis. Isque dies celebratus in posterum primus principatus, quamvis exercitus Judaïcus jurasset apud ipsum quinto nonas Julias, eo ardore ut ne quidem Titus filius, remeans Suria	« Quoi-que ce soit, Vespasien, que tu prépares, soit élever une maison soit étendre les domaines, soit accroître tes esclaves, une grande demeure t'est donnée, des limites immenses, beaucoup d'hommes. » Et la renommée avait recueilli aussitôt et alors elle expliquait ces ambiguïtés ; ni quoi-que-ce-soit n'était plus dans la bouche du peuple. Les propos étaient encore plus fréquents devant lui-même (Vespasien), d'autant que plus de choses sont dites à ceux qui espèrent. [douteuse Leur détermination n'étant pas ils se-retirèrent Mucien à Antioche, Vespasien à Césarée : celle-là est la capitale de la Syrie, celle-ci de la Judée. LXXIX. Le début (le signal) de l'empire à transférer à Vespasien fut commencé à Alexandrie, Tibérius Alexander se-hâtant, lequel contraignit les légions par le serment de (à) lui aux calendes de-juillet. Et ce jour fut célébré dans la suite comme le premier du règne, quoique l'armée judaïque eût juré auprès-de lui-même (Vespasien) le cinq des nones de-Juillet, avec une telle ardeur que pas même Titus son fils, revenant de Syrie

means et consiliorum inter Mucianum ac patrem nuntius. Cuncta impetu militum acta, non parata contione¹, non conjunctis legionibus.

LXXX. Dum quæritur tempus, locus, quodque in re tali difficillimum est, prima vox, dum animo spes, timor, ratio, casus obversantur, egressum cubiculo Vespasianum pauci milites, solito assistentes ordine ut legatum salutaturi, imperatorem salutavere; tum ceteri accurrere, Cæsarem et Augustum et omnia principatus vocabula cumulare. Mens a metu ad fortunam transierat; in ipso nihil tumidum, arrogans aut in rebus novis novum fuit. Ut primum tantæ altitudinis² offusam oculis caliginem disjecit, militariter locutus læta omnia et affluentia excepit; namque id ipsum opperiens Mucianus alacrem militem in verba Vespasiani adegit. Tum Antiochensium theatrum ingressus, ubi illis

des intelligences de Mucien et de son père. L'enthousiasme des soldats fit tout sans qu'on eût préparé une assemblée, sans qu'on eût réuni les légions.

LXXX. Pendant qu'on cherchait un temps, un lieu favorables, et, ce qui est plus difficile à trouver, une voix qui s'élevât la première, dans ces moments où l'espérance, la crainte, les calculs de la raison, les chances du hasard, assiègent la pensée, quelques soldats rangés à la porte de Vespasien, pour lui rendre, quand il sortirait de son appartement, les devoirs ordinaires, au lieu de le saluer comme général, le saluèrent comme empereur. Aussitôt leurs compagnons accoururent et lui donnèrent l'un sur l'autre les noms de César, d'Auguste, et tous les titres du rang suprême : les esprits affranchis de la peur s'étaient tournés du côté de la fortune. Chez Vespasien, nul signe d'arrogance ni d'orgueil; rien n'était nouveau en lui que sa destinée. Aussitôt qu'il eut dissipé l'éblouissement que lui avait causé une telle élévation, il harangua militairement ses troupes, et bientôt les plus heureuses nouvelles arrivèrent de toutes parts. Mucien n'attendait que le mouvement de Judée : il convoque ses soldats déjà pleins d'ardeur, et reçoit leur serment; il se rend ensuite au théâtre d'Antioche, où les

et nuntius consiliorum inter Mucianum et patrem exspectaretur.
Cuncta acta impetu militum, contione non parata, legionibus non conjunctis.

LXXX. Dum tempus, locus, quodque est difficillimum in re tali, vox prima quæritur, dum spes, timor, ratio, casus obversantur animo, pauci milites assistentes ordine solito, ut salutaturi legatum, salutavere imperatorem Vespasianum egressum cubiculo; tum ceteri accurrere, cumulare Cæsarem et Augustum et omnia vocabula principatus. Mens transierat a metu ad fortunam; in ipso nihil tumidum, arrogans aut novum fuit in rebus novis. Ut primum disjecit caliginem tantæ altitudinis offusam oculis, locutus militariter excepit omnia læta et affluentia; namque Mucianus opperiens id ipsum adegit in verba Vespasiani militem alacrem. Tum ingressus theatrum Antiochensium;

et intermédiaire de *leurs* projets entre Mucien et *son* père *n*'était attendu. [soldats,
Tout *fut* fait par l'impétuosité des une assemblée n'ayant pas été préparée, les légions n'ayant pas été réunies.

LXXX. Tandis-que le temps, le lieu, et *ce* qui est le-plus-difficile dans une circonstance telle, une voix *s'élevant* la première est cherchée, tandis-que l'espérance, la crainte, le calcul, les hasards se-présentent à l'esprit, peu de soldats, se-tenant-là dans l'ordre accoutumé comme devant saluer le général, saluèrent empereur Vespasien sorti-de *sa* chambre; puis les autres d'accourir, d'accumuler [et d'Auguste) César et Auguste (les noms de César et tous les titres du principat. L'esprit avait passé de la crainte à la fortune (à la confiance en la for- en lui-même rien d'enflé, [tune); d'arrogant ou de nouveau [velles. ne fut dans des circonstances nou- Dès-que d'abord il eut dissipé l'éblouissement d'une telle éléva- répandu-devant *ses* yeux; [tion ayant parlé militairement il reçut toutes *nouvelles* heureuses et affluant (venant de-tous-côtés); et en-effet Mucien attendant cela même (cela seul) poussa aux paroles (au serment) de (à) Vespasien le soldat empressé.
Puis étant entré au théâtre des Antiochiens;

consultare mos est, concurrentes et in adulationem effusos alloquitur, satis decorus etiam Græca facundia, omniumque quæ diceret atque ageret arte quadam ostentator. Nihil æque provinciam exercitumque accendit, quam quod asseverabat Mucianus, statuisse Vitellium ut Germanicas legiones in Suriam ad militiam opulentam quietamque transferret, contra Suriacis legionibus Germanica hiberna cælo ac laboribus dura mutarentur; quippe et provinciales sueto militum contubernio gaudebant, plerique necessitudinibus et propinquitatibus mixti, et militibus vetustate stipendiorum nota et familiaria castra in modum penatium diligebantur.

LXXXI. Ante idus Julias Suria omnis in eodem sacramento fuit. Accessere cum regno Sohæmus[1] haud spernendis viribus, Antiochus[2] vetustis opibus ingens et inser-

habitants s'assemblent pour délibérer, et là entouré d'une foule immense qui se répandait en adulations, il leur adresse un discours : il s'énonçait, même en grec, avec assez de grâce, et savait embellir toutes ses paroles et toutes ses actions d'un éclat qui les faisait valoir. Rien n'enflammait les esprits de la province et de l'armée comme l'assurance donnée par Mucien que Vitellius avait résolu de transporter les légions du Rhin dans les riches et paisibles garnisons de la Syrie, tandis que les légions de Syrie, reléguées dans les camps qui bordent le Rhin, auraient en échange le ciel âpre et le rude service de la Germanie. Les habitants, accoutumés à vivre avec les soldats, trouvaient de la douceur à ce commerce que beaucoup avaient resserré par des liaisons d'amitié et des alliances de famille. Et les soldats attachés au camp témoin de leurs longs services et connu de leurs yeux, le chérissaient comme de seconds pénates.

LXXXI. Avant les ides de juillet, toute la Syrie avait passé sous le même serment. Vinrent ensuite des rois avec leurs États : Sohémus, dont les forces n'étaient pas méprisables; Antiochus,

ubi mos est illis consultare,	où coutume est à eux de délibérer,
alloquitur concurrentes et effusos in adulationem,	il parle à *eux* accourant et répandus en adulation,
satis decorus etiam facundia Græca,	assez élégant même dans la langue grecque,
ostentatorque quadam arte omnium quæ diceret atque ageret.	et sachant-faire-valoir avec un certain art toutes les choses qu'il pouvait-dire et pouvait-faire.
Nihil accendit æque provinciam exercitumque quam quod Mucianus asseverabat	Rien n'enflamma également la province et l'armée, que *ce* que Mucien affirmait
Vitellium statuisse ut transferret in Suriam ad militiam opulentam quietamque legiones Germanicas,	Vitellius avoir résolu qu'il transporterait en Syrie à un service riche et paisible les légions germaniques,
contra hiberna Germanica dura cælo ac laboribus mutarentur legionibus Suriacis;	*que* par-contre les quartiers-d'hiver germaniques durs par le climat et les fatigues seraient reçus-en-échange par les légions syriaques;
quippe et provinciales gaudebant contubernio sueto militum,	car et les provinciaux se-réjouissaient du commerce ha- [bituel des soldats,
plerique mixti necessitudinibus et propinquitatibus,	la plupart étant mêlés *à eux* par des liens-d'-amitié et des parentés,
et castra nota et familiaria militibus vetustate stipendiorum diligebantur in modum penatium.	et le camp connu et familier aux soldats par l'ancienneté des services était chéri *par eux*. en manière de pénates.
LXXXI. Ante Idus Julias omnis Suria fuit in eodem sacramento.	LXXXI. Avant les Ides de-juillet toute la Syrie fut dans le même serment.
Accessere cum regno Sohæmus viribus haud spernendis, Antiochus ingens vetustis opibus,	*A elle* s'-ajoutèrent avec *leur* royaume Sohémus de forces non méprisables, Antiochus considérable par d'anciennes ressources,

vientium regnum ditissimus. Mox per occultos suorum nuntios excitus ab urbe Agrippa ignaro adhuc Vitellio, celeri navigatione properaverat. Nec minore animo regina Berenice[2] partes juvabat, florens ætate formaque et seni quoque Vespasiano magnificentia munerum grata. Quicquid provinciarum alluitur mari Asia atque Achaia tenus, quantumque introrsus in Pontum et Armenios patescit, juravere; sed inermes legati regebant, nondum additis Cappadociæ legionibus[3]. Consilium de summa rerum Beryti[4] habitum. Illuc Mucianus cum legatis tribunisque et splendidissimo quoque centurionum ac militum venit, et e Judæico exercitu lecta decora : tantum simul peditum equitumque et æmulantium inter se regum paratus speciem fortunæ principalis effecerant.

LXXXII. Prima belli cura agere dilectus, revocare vete-

lier d'une antique opulence et le plus riche des monarques sujets. Bientôt averti secrètement par les siens, et sorti de Rome avant que Vitellius eût encore rien appris, Agrippa se joignit à eux après une rapide navigation. Le parti trouvait une auxiliaire non moins zélée dans la reine Bérénice, parée des fleurs de l'âge et de la beauté, agréable même aux vieux ans de Vespasien par la magnificence des présents qu'elle offrait. Toutes les provinces baignées par la mer jusqu'aux frontières de l'Asie et de la Grèce, toutes celles qui s'étendent à l'intérieur jusqu'aux royaumes de Pont et d'Arménie, jurèrent obéissance. Mais elles étaient aux mains de lieutenants désarmés, la Cappadoce n'ayant pas encore de légions. On tint un grand conseil à Béryte. Mucien s'y rendit avec ses lieutenants, ses tribuns et les plus distingués des centurions et des soldats. L'armée de Judée fournit aussi l'élite et l'honneur de ses rangs. Tant de fantassins et de cavaliers rassemblés, la pompe que tous ces rois déployaient à l'envi, formaient un spectacle digne de la grandeur impériale.

LXXXII. Parmi les soins de la guerre, le premier fut de faire

et ditissimus
regum inservientium.
Mox Agrippa
excitus ab urbe
per nuntios occultos suorum,
Vitellio adhuc ignaro,
properaverat
navigatione celeri.
Nec regina Berenice
juvabat partes
minore animo,
florens ætate formaque
et grata
quoque seni Vespasiano
magnificentia munerum.
Quicquid provinciarum
alluitur mari
tenus Asia atque Achaia,
quantumque patescit
introrsus
in Pontum et Armenios,
juravere ;
sed legati inermes
regebant,
legionibus nondum additis
Cappadociæ.
Consilium habitum Beryti
de summa rerum.
Illuc Mucianus venit
cum legatis tribunisque
et quoque splendidissimo
centurionum ac militum,
et decora
lecta
ex exercitu Judæico :
tantum peditum equitumque
simul
et paratus regum
æmulantium inter se
effecerant speciem
fortunæ principalis.
 LXXXII. Prima cura belli
agere dilectus,
revocare veteranos ;

et le plus riche
des rois sujets.
Puis Agrippa
appelé de la ville (de Rome)
par des messages secrets des siens,
Vitellius *étant* encore dans-l'-igno-
s'-était hâté   [rance,
par une navigation rapide.
Ni la reine Bérénice
n'aidait le parti
avec moins de cœur,
florissante par l'âge et la forme
et agréable
même au vieux Vespasien
par la magnificence de *ses* présents.
Tout-ce-qui de provinces
est baigné par la mer
jusqu'à l'Asie et à la Grèce,
et *autant*-qu'il s'étend *de terres*
à-l'intérieur
jusqu'au Pont et aux Arméniens
jurèrent ;
mais des lieutenants désarmés
les gouvernaient, [ajoutées
des légions n'ayant pas-encore été
à la Cappadoce.
Un conseil *fut* tenu à Béryte [res.
sur la direction-suprême des affai-
Là Mucien vint
avec des lieutenants et des tribuns
et chacun le plus brillant
des centurions et des soldats,
ainsi-que les honneurs (les hommes
choisis   [d'élite)
de l'armée judaïque :
tant de fantassins et de cavaliers
à-la-fois (réunis)
et l'appareil des rois
rivalisant entre eux
avaient produit l'apparence
de la fortune impériale. [guerre
 LXXXII. Le premier soin de la
fut de faire des levées,
de rappeler les vétérans ;

ranos ; destinantur validæ civitates exercendis armorum officinis, apud Antiochenses aurum argentumque signatur, eaque cuncta per idoneos ministros suis quidque locis festinabantur. Ipse Vespasianus adire, hortari, bonos laude, segnes exemplo incitare sæpius quam coercere, vitia magis amicorum quam virtutes dissimulans. Multos præfecturis et procurationibus, plerosque senatorii ordinis honore percoluit, egregios viros et mox summa adeptos ; quibusdam fortuna pro virtutibus fuit. Donativum militi neque Mucianus prima contione nisi modice ostenderat, ne Vespasianus quidem plus civili bello obtulit quam alii in pace, egregie firmus adversus militarem largitionem eoque exercitu meliore. Missi ad Parthum Armeniumque legati, provisumque ne, versis ad civile bellum legionibus, terga

des levées et de rappeler les vétérans. On désigne des villes fortifiées pour y fabriquer des armes ; on frappe à Antioche des monnaies d'or et d'argent, et tous ces travaux, dirigés par des mains habiles, exécutés chacun à leur place, avançaient avec rapidité. Vespasien les visite en personne, encourage les travailleurs, anime l'activité par ses éloges, la lenteur par son exemple, usant plus souvent de persuasion que de contrainte, et dissimulant les vices de ses amis plutôt que leurs vertus. Il distribua des charges de procurateurs et de préfets ; il décora de la dignité sénatoriale beaucoup d'hommes que d'éminentes qualités élevèrent bientôt aux premiers honneurs : il en est toutefois à qui leur bonne fortune tint lieu de mérite. Quant au don militaire, Mucien dans sa première harangue ne l'avait que laissé entrevoir, et Vespasien lui-même n'offrit pas plus pour la guerre civile que d'autres en pleine paix : ennemi sagement inflexible de ces largesses qui corrompent le soldat, et par cela même mieux obéi de son armée. Des ambassadeurs furent envoyés chez le Parthe et l'Arménien, et l'on pourvut à ce que les légions employées à la guerre civile ne laissassent point derrière elles les frontières découvertes. Il fut

civitates validæ destinantur	des villes fortes sont désignées
officinis armorum	pour des fabrications d'armes
exercendis,	devant être pratiquées,
aurum argentumque	l'or et l'argent
signatur	est monnayé (sont monnayés)
apud Antiochienses,	chez les Antiochiens,
cunctaque ea festinabantur	et tous ces *travaux* étaient hâtés
quidque suis locis	chacun en leurs places
per ministros idoneos.	par des agents compétents.
Vespasianus ipse adire,	Vespasien lui-même visiter,
hortari,	encourager,
incitare bonos laude,	exciter les bons par l'éloge,
segnes exemplo	les paresseux par l'exemple
sæpius quam	plus souvent (plutôt) que
coercere,	*les* contraindre,
dissimulans	dissimulant
vitia amicorum	les vices de *ses* amis
magis quàm virtutes.	plutôt que *leurs* vertus.
Percoluit multos	Il *en* honora beaucoup
præfecturis et procurationibus,	de préfectures et d'intendances,
plerosque honore	un très-grand-nombre de la dignité
ordinis senatorii,	de l'ordre sénatorial,
viros egregios	hommes éminents
et adeptos mox	et ayant atteint bientôt
summa ;	les plus hautes *places* ;
fortuna fuit quibusdam	le bonheur fut à certains
pro virtutibus.	à-la-place-de qualités.
Neque Mucianus	Ni Mucien
prima contione	dans *sa* première harangue
ostenderat donativum militi	n'avait montré le don au soldat
nisi modice,	sinon faiblement,
ne Vespasianus quidem	ni Vespasien même
obtulit plus bello civili	n'offrit plus dans la guerre civile
quam alii in pace,	que d'autres dans la paix,
egregie firmus	remarquablement ferme
adversus largitionem militarem	contre les largesses militaires
exercituque	et *son* armée
meliore eo.	*étant* meilleure par cela.
Legati missi	Des députés *furent* envoyés
ad Parthum Armeniumque,	au Parthe et à l'Arménien,
provisumque	et *il fut* pourvu [nées
ne, legionibus versis	de-peur-que, les légions étant tour-
ad bellum civile,	vers la guerre civile,
terga nudarentur.	*leurs* dos *ne* fussent découverts.

nudarentur. Titum instare Judææ, Vespasianum obtinere claustra¹ Ægypti placuit ; sufficere videbantur adversus Vitellium pars copiarum et dux Mucianus et Vespasiani nomen ac nihil arduum fatis. Ad omnes exercitus legatosque scriptæ epistulæ præceptumque, ut prætorianos Vitellio infensos recuperandæ militiæ præmio invitarent².

LXXXIII. Mucianus cum expedita manu, socium magis imperii quam ministrum agens, non lento itinere, ne cunctari videretur, neque tamen properans, gliscere famam ipso spatio sinebat, gnarus modicas vires sibi et majora credi de absentibus ; sed legio sexta et tredecim vexillariorum millia³ ingenti agmine sequebantur. Classem e Ponto Byzantium adigi jusserat, ambiguus consilii, num omissa Mœsia Dyrrachium pedite atque equite, simul lon-

réglé que Titus pousserait les succès en Judée, et que Vespasien garderait les barrières de l'Égypte. On crut que c'était assez contre Vitellius qu'une partie des troupes, Mucien pour chef, le nom de Vespasien, et une puissance qui triomphe de tout, les destins. Des lettres écrites à toutes les armées, à tous les lieutenants, recommandaient de mettre à profit la haine des prétoriens contre Vitellius, et de les engager par l'appât d'une récompense à rentrer sous les drapeaux.

LXXXIII. A la tête d'une troupe légère, Mucien s'avançait en homme associé à l'empire, plutôt qu'en ministre d'un empereur; ne marchant ni trop lentement, de peur de sembler timide, ni trop vite, afin de laisser de l'espace aux progrès de la renommée : car il savait que ses forces étaient médiocres, et que l'opinion grossit ce que les yeux ne voient pas. Du reste, la sixième légion et treize mille vexillaires suivaient en un formidable appareil. Il avait ordonné que la flotte du Pont fût amenée à Byzance, incertain si, laissant de côté la Mésie, il n'irait pas avec son armée de terre occuper Dyrrachium, tandis qu'avec des vaisseaux longs

Placuit	Il plut
Titum instare Judææ,	Titus presser la Judée,
Vespasianum obtinere claustra	Vespasien garder les barrières
Ægypti ;	de l'Égypte ;
pars copiarum	une partie des troupes
et Mucianus dux	et Mucien *comme* général
et nomen Vespasiani	et le nom de Vespasien [destins
ac nihil arduum fatis	et *ce fait que* rien *n'est* difficile aux
videbantur sufficere	paraissaient suffire
adversus Vitellium.	contre Vitellius.
Epistulæ scriptæ	Des lettres *furent* écrites
ad omnes exercitus	à toutes les armées
legatosque	et à *tous* les lieutenants
præceptumque,	et *il fut* recommandé *à ceux-ci*,
ut invitarent	qu'ils invitassent
præmio	par une récompense [pris
militiæ recuperandæ	au service-militaire devant-être re-
prætorianos infensos Vitellio.	les prétoriens hostiles à Vitellius.
LXXXIII. Mucianus	LXXXIII. Mucien
cum manu expedita,	avec une troupe légère,
agens socium	faisant l'associé
magis quam ministrum	plutôt que le ministre
imperii,	de l'empire,
non itinere lento,	non avec une marche lente,
ne videretur cunctari,	de-peur-qu'il *ne* parût hésiter,
neque tamen properans,	ni toutefois se-hâtant,
sinebat famam gliscere	laissait la renommée grossir [seul],
spatio ipso,	par l'intervalle même (le temps
gnarus	sachant
vires modicas sibi	des forces médiocres *être* à soi
et majora credi	et des choses plus-grandes être
de absentibus :	touchant les absents ; [crues :
sed sexta legio	mais la sixième légion
et tredecim millia	et treize milliers
vexillariorum	de vexillaires (de soldats détachés)
sequebantur agmine ingenti.	suivaient en troupe considérable.
Jusserat classem adigi	Il avait ordonné la flotte être ame-
e Ponto Byzantium,	du Pont à Byzance, [née
ambiguus consilii,	incertain dans *sa* résolution,
num Mœsia	si la Mésie
omissa	ayant été laissée-de-côté
clauderet Dyrrachium	il *ne* fermerait *pas* Dyrrachium
pedite atque equite,	avec fantassin et cavalier, [longs
simul navibus longis	en-même-temps par des vaisseaux

gis navibus versum in Italiam mare clauderet, tuta pone tergum Achaia Asiaque, quas inermes exponi Vitellio, ni præsidiis firmarentur, atque ipsum Vitellium in incerto fore, quam partem Italiæ protegeret, si *simul* Brundisium Tarentumque et Calabriæ Lucaniæque litora infestis classibus peterentur.

LXXXIV. Igitur navium, militum, armorum paratu strepere provinciæ, sed nihil æque fatigabat quam pecuniarum conquisitio : eos esse belli civilis nervos dictitans, Mucianus non jus aut verum in cognitionibus, sed solam magnitudinem opum spectabat. Passim delationes, et locupletissimus quisque in prædam correpti. Quæ gravia atque intoleranda, sed necessitate armorum excusata, etiam in pace mansere ipso Vespasiano inter initia imperii ad obtinendas iniquitates haud perinde obstinante, donec indulgentia fortunæ et pravis magistris didicit aususque est. Propriis quoque opibus Mucianus bellum juvit, largus pri-

il fermerait la mer qui baigne l'Italie. Ainsi seraient couvertes derrière lui la Grèce et l'Asie, exposées sans défense à Vitellius à moins qu'on n'y laissât des forces; ainsi Vitellius lui-même ne saurait quelle partie de l'Italie protéger de ses armes, quand il verrait à la fois Brindes, Tarente, les rivages de Calabre et ceux de Lucanie, menacés par les flottes ennemies.

LXXXIV. Les provinces retentissaient donc de préparatifs en tout genre, vaisseaux, armes, soldats. Mais rien ne les fatiguait autant que les poursuites fiscales. Mucien répétait sans cesse que l'argent était le nerf de la guerre civile; aussi n'était-ce ni le droit, ni la vérité, mais la grandeur des richesses qui dictaient ses sentences. La délation s'exerçait sans relâche, et tout homme opulent était saisi comme une proie : excès intolérables, excusés par les besoins de la guerre, mais qui subsistèrent jusque dans la paix. Ce n'est pas que Vespasien lui-même, dans les commencements de son règne, mît encore à enlever d'injustes arrêts une volonté obstinée. Un temps vint où gâté par la fortune, instruit par des maîtres pervers, il apprit et osa. Mucien contribua de ses propres trésors aux dépenses de la guerre, libéral d'un bien qu'il reprenait à

mare versum in Italiam,	la mer tournée contre l'Italie,
Achaia Asiaque	la Grèce et l'Asie [dos,
tuta pone tergum,	*étant ainsi* en-sûreté derrière *son*
quas exponi inermes	lesquelles être exposées désarmées
Vitellio,	à Vitellius, [renforts,
ni firmarentur præsidiis,	si elles n'étaient fortifiées par des
atque Vitellium ipsum	et Vitellius lui-même
fore in incerto,	devoir être dans l'incertitude,
quam partem Italiæ	quelle partie de l'Italie
protegeret,	il protégerait,
si Brundisium Tarentumque	si Brindes et Tarente
et litora Calabriæ Lucaniæque	et les côtes de Calabre et de Lucanie
peterentur simul	étaient attaquées en-même-temps
classibus infestis.	par des flottes ennemies.
LXXXIV. Igitur provinciæ	LXXXIV. Donc les provinces
strepere paratu	retentir de l'apprêt
navium, militum, armorum,	de navires, de soldats, d'armes,
sed nihil fatigabat æque	mais rien ne *les* fatiguait autant
quam conquisitio pecuniarum ;	que la recherche de l'argent :
Mucianus dictitans	Mucien répétant
eos esse nervos	ceux-là être les nerfs
belli civilis	de la guerre civile
non spectabat in cognitionibus	ne regardait pas dans les enquêtes
jus aut verum,	le droit ou la vérité, [ses.
sed solam magnitudinem opum.	mais la seule grandeur des riches-
Passim delationes	De-tous-côtés des délations
et quisque locupletissimus	et chacun très riche
correpti in prædam.	saisi en-guise-de proie.
Quæ gravia atque intoleranda	*Excès* qui pesants et intolérables
sed excusata	mais excusés
necessitate armorum	par la nécessité des armes
mansere etiam in pace,	subsistèrent même dans la paix,
Vespasiano ipso	Vespasien lui-même
inter initia imperii	dans les débuts de *son* règne
haud obstinante perinde	ne s'-obstinant-pas de-même
ad iniquitates	à des injustices
obtinendas,	devant être obtenues, [la fortune
donec indulgentia fortunæ	jusqu'à-ce-que par l'indulgence de
et magistris pravis	et par des maîtres pervers
didicit aususque est.	il apprit et osa.
Mucianus juvit bellum	Mucien aida à la guerre [nelles,
quoque opibus propriis,	même de *ses* ressources person-
largus privatim,	prodigue en-particulier

vatim, quod avidius de re publica sumeret. Ceteri conferendarum pecuniarum exemplum secuti, rarissimus quisque eandem in recuperando licentiam habuerunt.

LXXXV. Accelerata interim Vespasiani cœpta Illyrici exercitus studio : transgressa in partes tertia legio exemplum ceteris Mœsiæ legionibus præbuit; octava erat ac septima Claudiana imbutæ favore Othonis, quamvis prœlio non interfuissent. Aquileiam progressæ, proturbatis qui de Othone nuntiabant, laceratisque vexillis nomen Vitelli præferentibus, rapta postremo pecunia et inter se divisa, hostiliter egerant. Unde metus et ex metu consilium : posse imputari Vespasiano quæ apud Vitellium excusanda erant. Ita tres Mœsicæ legiones per epistulas alliciebant Pannonicum exercitum aut abnuenti vim parabant. In eo motu

pleines mains sur la république. Les autres ouvrirent leur bourse à son exemple : très peu eurent comme lui toute licence de s'en dédommager.

LXXXV. Les succès de Vespasien furent accélérés par l'empressement des légions illyriques à se ranger sous ses drapeaux. La troisième donna l'exemple aux autres légions de Mésie. C'étaient la huitième et la septième Claudienne, toutes deux passionnées pour la mémoire d'Othon, quoiqu'elles ne se fussent pas trouvées à la bataille. Elles s'étaient avancées jusqu'à Aquilée. Là en chassant violemment ceux qui annonçaient la catastrophe d'Othon, en déchirant les enseignes qui portaient le nom de Vitellius, en pillant à la fin et se partageant le trésor militaire, elles s'étaient montrées en ennemies. Elle conçurent des craintes, et la crainte porta conseil : elles crurent qu'on pouvait faire valoir auprès de Vespasien ce qui auprès de son rival aurait besoin d'excuse. Les trois légions écrivirent à l'armée de Pannonie pour l'engager dans leurs desseins, et, en cas de refus, elles se préparaient à employer la force. Dans ce mouvement, Aponius Saturninus, gouverneur de

HISTOIRES, LIVRE II. 427

quod sumeret avidius	parce-qu'il prenait plus-avidement
de re publica.	du bien public.
Ceteri secuti exemplum	Les autres suivirent l'exemple
pecuniarum	de l'argent
conferendarum,	à apporter-pour-contribuer,
quisque rarissimus	chacun fort-rare (fort peu)
habuerunt eandem licentiam	eurent la même licence
in recuperando.	dans l'action-de-recouvrer.
LXXXV. Interim	LXXXV. Cependant
cœpta Vespasiani	les entreprises de Vespasien
accelerata studio	*furent* hâtées par l'empressement
exercitus Illyrici :	de l'armée illyrique :
tertia legio	la troisième légion
transgressa in partes	ayant passé dans *son* parti
præbuit exemplum	donna l'exemple
ceteris legionibus Mœsiæ ;	aux autres légions de la Mésie ;
erat octava	c'était la huitième
et septima Claudiana,	et la septième Claudienne,
imbutæ favore	imprégnées de faveur
Othonis,	de (pour) d'Othon,
quamvis non interfuissent	quoiqu'elles n'eussent pas assisté
prœlio.	au combat.
Progressæ Aquileiam,	S'-étant avancées à Aquilée,
qui nuntiabant	*ceux* qui annonçaient
de Othone	au-sujet-d'Othon
proturbatis,	ayant été chassés,
vexillisque	et les drapeaux
præferentibus nomen Vitellii	portant-devant le nom de Vitellius
laceratis,	ayant été déchirés,
pecunia postremo rapta	l'argent enfin ayant été saisi
et divisa inter se,	et ayant été partagé entre elles,
egerant hostiliter.	elles avaient agi hostilement.
Unde metus	D'-où la crainte
et ex metu consilium :	et de la crainte résolution :
quæ erant excusanda	des *actes* qui étaient à excuser
apud Vitellium	auprès de Vitellius
posse imputari	pouvoir être-mis-en-compte
Vespasiano.	à Vespasien.
Ita tres legiones Mœsicæ	Ainsi les trois légions mésiennes
alliciebant per epistulas	cherchaient-à-attirer par lettres
exercitum Pannonicum	l'armée pannonienne
aut parabant vim	ou préparaient la violence
abnuenti.	contre *elle* refusant (si elle refusait).
In eo motu	Dans ce mouvement

Aponius Saturninus Mœsiæ rector pessimum facinus audet, misso centurione ad interficiendum Tettium[1] Julianum, septimæ legionis legatum, ob simultates, quibus causam partium prætendebat. Julianus comperto discrimine et gnaris locorum accitis per avia Mœsiæ ultra montem Hæmum profugit, nec deinde civili bello interfuit, per varias moras susceptum ad Vespasianum iter trahens et ex nuntiis cunctabundus aut properans.

LXXXVI. At in Pannonia tertia decima legio ac septima Galbiana dolorem iramque Bedriacensis pugnæ retinentes haud cunctanter Vespasiano accessere, vi præcipua Primi Antonii. Is legibus nocens et tempore Neronis falsi damnatus inter alia belli mala senatorium ordinem recuperaverat. Præpositus a Galba septimæ legionis scriptitasse Othoni credebatur, ducem se partibus offerens, a quo

Mésie, tenta un audacieux forfait : il envoya un centurion assassiner Tettius Julianus, lieutenant de la septième légion; vengeance particulière qu'il couvrait d'un motif politique. Julianus, instruit du danger, prit des guides sûrs, et s'enfuit par les déserts de la Mésie jusqu'au delà du mont Hémus. Depuis il ne fut plus mêlé à la guerre civile, reculant sous différents prétextes son arrivée au camp de Vespasien, pour lequel il s'était mis en route, et, selon la diversité des nouvelles, ralentissant ou hâtant sa marche.

LXXXVI. En Pannonie, la treizième légion et la septième Galbienne, nourrissant un profond ressentiment de l'affront de Bédriac, embrassèrent sans balancer la cause de Vespasien. Ce fut surtout par l'influence d'Antonius Primus. Coupable devant les lois et condamné sous Néron pour crimes de faux, cet homme (et ce fut un des maux de la guerre) avait recouvré le rang de sénateur. Chargé par Galba du commandement de la septième légion, il passait pour avoir écrit à Othon lettres sur lettres s'offrant d'être un des chefs de son parti. Dédaigné par Othon, il n'eut aucun

Aponius Saturninus	Aponius Saturninus
rector Mœsiæ	gouverneur de la Mésie
audet facinus pessimum,	ose un acte très-criminel,
centurione misso	un centurion ayant été envoyé
ad Tettium Julianum,	pour Tettius Julianus,
legatum septimæ legionis,	lieutenant de la septième légion,
interficiendum,	devant être tué,
ob simultates,	à-cause-d'inimitiés,
quibus prætendebat	devant lesquelles il mettait
causam partium,	la cause du parti.
Julianus discrimine comperto	Julien le danger ayant été su
et gnaris locorum	et des *guides* connaissant les lieux
accitis	ayant été mandés
profugit	s'-enfuit
per avia Mœsiæ	par les *endroits* écartés de la Mésie
ultra montem Hæmum,	au-delà du mont Hémus,
nec deinde interfuit	ni dans-la-suite il *n'*assista
bello civili,	à la guerre civile,
trahens per varias moras	faisant-traîner par divers délais
iter susceptum	*son* voyage entrepris
ad Vespasianum,	vers Vespasien,
et cunctabundus aut properans	et tardant ou se-hâtant
ex nuntiis.	selon les nouvelles.
LXXXVI. At in Pannonia	LXXXVI. Mais en Pannonie
tertia decima legio	la treizième légion
ac septima Galbiana	et la septième Galbienne
retinentes dolorem iramque	gardant ressentiment et colère
pugnæ Bedriacensis	du combat de-Bédriac,
accessere Vespasiano	se-joignirent à Vespasien
haud cunctanter,	non avec-hésitation,
vi Primi Antonii	l'influence de Primus Antonius
præcipua.	*étant* dominante.
Is nocens legibus	Celui-ci coupable d'après les lois
et damnatus falsi	et condamné pour faux
tempore Neronis	du temps de Néron
recuperaverat,	avait recouvré,
inter alia mala belli,	entre les autres maux de la guerre,
ordinem senatorium.	l'ordre sénatorial.
Præpositus septimæ legionis	Préposé de (à) la septième légion
a Galba	par Galba, [reprises
credebatur scriptitasse	il était cru avoir écrit-à-plusieurs-
Othoni,	à Othon,
se offerens ducem partibus,	s'offrant *comme* chef au parti,
a quo neglectus	par lequel ayant été négligé

neglectus in nullo Othoniani belli usu fuit. Labantibus Vitellii rebus Vespasianum secutus grande momentum addidit, strenuus manu, sermone promptus, serendæ in alios invidiæ artifex, discordiis et seditionibus potens, raptor, largitor, pace pessimus, bello non spernendus. Juncti inde Mœsici ac Pannonici exercitus Delmaticum militem traxere, quanquam consularibus legatis nihil turbantibus. Tampius Flavanius Pannoniam, Pompeius Silvanus Delmatiam tenebant, divites senes; sed procurator aderat Cornelius Fuscus, vigens ætate, claris natalibus. Prima juventa quæstus cupidine [1] senatorium ordinem exuerat; idem pro Galba dux coloniæ suæ eaque opera procurationem adeptus, susceptis Vespasiani partibus acerrimam bello facem prætulit; non tam præmiis periculorum quam ipsis periculis lætus pro certis et olim partis nova, ambi-

emploi dans cette guerre. Quand il vit chanceler la fortune de Vitellius, il suivit celle de Vespasien et mit un grand poids dans la balance; brave de sa personne, parlant avec facilité, habile artisan de haines, puissant auteur de discordes et de séditions, mêlant les vols et les largesses, détestable dans la paix, moins à mépriser dans la guerre. Fortes de leur union, les armées de Mésie et de Pannonie entraînèrent les soldats de Dalmatie, quoique les lieutenants consulaires ne fissent aucun mouvement. C'étaient pour la Pannonie Tampius Flavanius, et pour la Dalmatie Pompéius Silvanus, riches et vieux l'un et l'autre. Mais près d'eux était un procurateur dans la force de l'âge et d'une grande naissance, Cornélius Fuscus. Dans sa première jeunesse, séduit par le désir de s'enrichir, Fuscus avait abdiqué la dignité sénatoriale. Il donna sa colonie au parti de Galba, et ce service le fit procurateur. Passé sous les drapeaux de Vespasien, il fut le plus ardent à secouer les brandons de la guerre. Ami des dangers, moins pour les fruits qu'on en tire que pour les dangers mêmes, il préférait

fuit in nullo usu	il *ne* fut en aucun emploi
belli Othoniani.	de (dans) la guerre othonienne.
Rebus Vitellii labantibus	Les affaires de Vitellius chancelant
secutus Vespasianum	ayant suivi Vespasien
addidit grande momentum,	il ajouta un grand poids *à sa cause*,
strenuus manu,	vaillant par le bras,
promptus sermone,	facile par la parole,
artifex invidiæ serendæ	artisan de la haine à semer
in alios,	contre les autres,
potens discordiis	puissant par les discordes
et seditionibus,	et les séditions,
raptor, largitor,	pillard, prodigue,
pessimus pace,	détestable dans la paix,
non spernendus bello.	non à dédaigner dans la guerre.
Juncti inde	Unies à-la-suite-de-cela
exercitus	les armées
Mœsici ac Pannonici	mésiennes et pannoniennes
traxere militem Delmaticum,	entraînèrent le soldat dalmatique,
quanquam legatis consularibus	quoique les lieutenants consulaires
turbantibus nihil.	ne troublant rien (n'encourageant
Tenebant	Ils tenaient [aucun trouble).
Tampius Flavanius Pannoniam,	Tampius Flavanius la Pannonie,
Pompeius Silvanus	Pompéius Silvanus
Delmatiam,	la Dalmatie,
senes divites;	vieillards riches; [rateur
sed aderat procurator	mais auprès-d'*eux*-était le procu-
Cornelius Fuscus,	Cornélius Fuscus,
vigens ætate,	vigoureux par l'âge,
natalibus claris.	de naissance illustre.
Prima juventa	Dans *sa* première jeunesse
exuerat	il avait dépouillé
ordinem senatorium	le rang sénatorial
cupidine quæstus;	par amour du gain; [nie
idem dux suæ coloniæ	le même *avait été* chef de sa colo-
pro Galba,	en-faveur-de Galba,
adeptusque procurationem	et ayant obtenu une intendance
ea opera,	par ce service,
partibus Vespasiani susceptis,	le parti de Vespasien ayant été pris,
prætulit bello	il porta-devant la guerre
facem acerrimam;	un brandon très-vif;
lætus	joyeux [rils
non tam præmiis periculorum	non tant des récompenses des pé-
quam periculis ipsis	que des périls mêmes [les
malebat nova	il aimait-mieux des choses nouvel-

gua, ancipitia malebat. Igitur movere et quatere quicquid usquam ægrum foret, aggrediuntur. Scriptæ in Britanniam ad quartadecimanos in Hispaniam, ad primanos epistulæ, quod utraque legio pro Othone, adversa Vitellio fuerat; sparguntur per Gallias litteræ; momentoque temporis flagrabat ingens bellum, Illyricis exercitibus palam desciscentibus, ceteris fortunam secuturis.

LXXXVII. Dum hæc per provincias a Vespasiano ducibusque partium geruntur, Vitellius contemptior in dies segniorque ad omnes municiporum villarumque amœnitates resistens, gravi urbem agmine petebat. Sexaginta millia armatorum sequebantur, licentia corrupta; calonum numerus amplior, procacissimis etiam inter servos lixarum ingeniis; tot legatorum amicorumque comitatus inha-

à des avantages sûrs et anciennement acquis d'incertaines et hasardeuses nouveautés. On s'applique donc à remuer tous les mécontentements, à aigrir toutes les blessures. Des lettres sont adressées en Bretagne à la quatorzième légion, en Espagne à la première, parce qu'elles avaient tenu pour Othon contre Vitellius; des écrits sont répandus dans les Gaules, et l'espace d'un moment a vu s'allumer une guerre formidable où déjà les armées illyriques ont levé l'étendard, et les autres sont prêtes à suivre la fortune.

LXXXVII. Pendant que les choses étaient ainsi conduites dans les provinces par Vespasien et les chefs de son parti, Vitellius, plus méprisé de jour en jour et plus indolent, ne passant ni maison de plaisance ni ville un peu agréable sans y amuser sa paresse, traînait vers Rome sa marche pesante. A sa suite venaient soixante mille soldats corrompus par la licence, un plus grand nombre de valets d'armée, de tous les esclaves la plus insolente espèce, un cortège immense d'officiers et de courtisans,

ambigua, ancipitia
pro certis
et partis olim.
Aggrediuntur igitur
movere et quatere
quicquid foret usquam
ægrum.
Epistulæ scriptæ
in Britanniam
ad quartadecimanos,
in Hispaniam
ad primanos,
quod utraque legio
fuerat pro Othone,
adversa Vitellio;
litteræ sparguntur
per Gallias;
momentoque temporis
ingens bellum flagrabat,
exercitibus Illyricis
desciscentibus palam,
ceteris secuturis fortunam.
LXXXVII. Dum hæc
geruntur per provincias
a Vespasiano
ducibusque partium,
Vitellius
contemptior in dies
segniorque
resistens
ad omnes amœnitates
municipiorum villarumque
petebat urbem
agmine gravi.
Sexaginta millia armatorum,
corrupta licentia,
sequebantur;
numerus amplior
calonum,
ingeniis lixarum
procacissimis
etiam inter servos;
comitatus
tot legatorum amicorumque

incertaines, hasardeuses
au-lieu-des *biens* certains
et acquis depuis-longtemps.
Ils entreprennent donc
de remuer et d'agiter [part
tout-ce-qui pouvait-être quelque-
malade (mécontent).
Des lettres *furent* écrites
en Bretagne [gion,
aux soldats-de-la-quatorzième-lé-
en Espagne
aux soldats-de-la-première-légion,
parce-que l'une-et-l'autre légion
avait été pour Othon,
opposée à Vitellius;
des lettres sont répandues
à-travers les Gaules;
et en un moment de temps
une grande guerre s'-allumait,
les armées illyriques
faisant-défection ouvertement,
les autres devant suivre la fortune.
LXXXVII. Tandis-que ces choses
sont faites dans les provinces
par Vespasien
et les chefs du parti,
Vitellius
plus-méprisé *de jours* en jours
et plus-indolent
s'-arrêtant
à tous les agréments [campagne
des municipes et des maisons-de-
gagnait la ville
par une marche pesante.
Soixante milliers d'*hommes* armés,
corrompus par la licence,
suivaient;
puis un nombre plus-considérable
de goujats,
les caractères des vivandiers
étant très-insolents
même entre les esclaves;
un cortège
de tant de lieutenants et d'amis

bilis ad parendum, etiam si summa modestia regeretur. Onerabant multitudinem obvii ex urbe senatores equitesque, quidam metu, multi per adulationem ceteri ac paulatim omnes, ne aliis proficiscentibus ipsi remanerent. Aggregabantur e plebe flagitiosa per obsequia Vitellio cogniti, scurræ, histriones, aurigæ, quibus ille amicitiarum dehonestamentis mire gaudebat. Nec coloniæ modo aut municipia congestu copiarum, sed ipsi cultores arvaque maturis am frugibus ut hostile solum vastabantur.

LXXXVIII. Multæ et atroces inter se militum cædes post seditionem Ticini cœptam, manente legionum auxiliorumque discordia, ubi adversus paganos certandum foret, consensu, sed plurima strages ad septimum ab urbe lapidem. Singulis ibi militibus Vitellius paratos cibos ut

gens incapables d'obéir quand l'esprit du commandement eût été le meilleur. Au fardeau de cette multitude se joignaient les sénateurs et les chevaliers, venus de Rome les uns par crainte, beaucoup par flatterie, la plupart et insensiblement tous pour ne pas rester quand les autres partaient. Du sein de la populace accouraient des troupes d'hommes connus de Vitellius par d'infâmes complaisances, bouffons, comédiens, cochers, dont la flétrissante amitié avait pour lui un merveilleux attrait. Et ce n'étaient pas seulement les colonies et les municipes que l'on épuisait pour amasser des approvisionnements; on dépouillait jusqu'aux laboureurs, et les campagnes, couvertes de moissons déjà mûres, étaient ravagées comme une terre ennemie.

LXXXVIII. Les soldats s'étaient souvent livrés entre eux, depuis la sédition de Ticinum, des combats meurtriers, effet de la querelle toujours subsistante des légions et des auxiliaires, unis toutefois contre les habitants. Mais le plus grand carnage eut lieu à sept milles de Rome. Vitellius y distribuait à chaque sol-

inhabilis ad parendum,	impropre à obéir,
etiam si regeretur	même s'il était gouverné
summa modestia.	avec la-plus-grande modération.
Senatores equitesque	Des sénateurs et des chevaliers
obvii ex urbe,	venus-à-sa-rencontre de la ville,
quidam metu,	certains par crainte,
multi per adulationem,	beaucoup par flatterie,
ceteri ac paulatim omnes	les autres et insensiblement tous
ne ipsi remanerent	afin-qu'eux-mêmes ne restassent
aliis proficiscentibus,	les autres partant, [pas
onerabant multitudinem.	chargaient *cette* multitude.
Aggregabantur e plebe	Se joignaient de la populace
cogniti	*des individus* connus
Vitellio	à (de) Vitellius
per obsequia flagitiosa,	par des complaisances scandaleuses
scurræ, histriones, aurigæ	bouffons, histrions, cochers,
quibus dehonestamentis	desquels déshonneurs
amicitiarum	des amitiés
ille gaudebat mire.	lui se-réjouissait singulièrement.
Nec modo coloniæ	Et-non seulement les colonies
aut municipia	ou les municipes
vastabantur,	étaient ravagés [qu'on faisait,
congestu copiarum,	par l'amas d'approvisionnement
sed cultores ipsi	mais les laboureurs eux-mêmes
arvaque	et les campagnes
frugibus jam maturis	les moissons *étant* déjà mûres
ut solum hostile.	comme un territoire ennemi. [dats
LXXXVIII. Cædes militum	LXXXVIII. Les massacres des sol-
inter se	entre eux.
multæ et atroces	*étaient* nombreux et atroces
post seditionem	depuis la sédition
cœptam Ticini,	commencée à Ticinum,
discordia legionum	la discorde des légions
auxiliorumque	et des auxiliaires
manente,	subsistant, [fois-que
consensu, ubi	*ainsi que leur* accord, toutes-les-
foret certandum	il était à combattre
adversus paganos;	contre les gens-du-pays;
sed plurima strages	mais le-plus-grand carnage *fut*
ad septimum lapidem	à la septième borne
ab urbe.	à-partir-de la ville.
Ibi Vitellius	Là Vitellius
dividebat singulis militibus	distribuait à chaque soldat
cibos paratos	des aliments préparés

gladiatoriam saginam dividebat, et effusa plebes totis se castris miscuerat. Incuriosos milites — vernacula utebantur urbanitate — quidam spoliavere, abscisis furtim balteis, an accincti forent, rogitantes. Non tulit ludibrium insolens contumeliarum animus ; inermem populum gladiis invasere. Cæsus inter alios pater militis, cum filium comitaretur, deinde agnitus, et, vulgata cæde, temperatum ab innoxiis. In urbe tamen trepidatum præcurrentibus passim militibus; forum maxime petebant, cupidine visendi locum in quo Galba jacuisset. Nec minus sævum spectaculum erant ipsi tergis ferarum et ingentibus telis horrentes, cum turbam populi per inscitiam parum vitarent, aut, ubi lubrico viæ vel occursu alicujus procidissent, ad jurgium,

dat, comme à des gladiateurs qu'on engraisse, des viandes apprêtées; et la multitude accourue à grands flots avait inondé tout le camp. Des gens du peuple, par un badinage qu'ils croyaient plaisant, saisirent le moment où les soldats ne pensaient à rien pour en désarmer plusieurs, en coupant furtivement l'attache de leur baudrier; ils leur demandèrent ensuite s'ils avaient leurs épées. Ce jeu révolta des cœurs peu faits à l'insulte. On se jette le fer à la main sur une foule sans armes. Le père d'un soldat, qui était avec son fils, périt dans ce massacre. Il fut reconnu, et, au bruit semé de ce coup malheureux, on ménagea le sang innocent. Rome trembla néanmoins, envahie par une multitude de soldats qui devançaient l'armée. C'est le Forum qu'ils cherchaient surtout, impatients de visiter la place où Galba fut laissé gisant. Et eux-mêmes n'offraient pas un spectacle moins horrible à voir, lorsque, vêtus de la dépouille hérissée des bêtes fauves et armés d'énormes javelines, ils allaient çà et là, heurtant la foule qu'ils ne savaient pas éviter, et, chaque fois que trahis par un pavé glissant ou renversés de quelque choc ils venaient à tomber, s'empor-

ut saginam gladiatoriam,	comme de la graisse à-gladiateur,
et plebes effusa	et la populace répandue-dehors
se miscuerat totis castris.	s'était mêlée à tout le camp.
Quidam	Quelques-uns
(utebantur	(ils usaient
urbanitate vernacula)	d'une espièglerie indigène)
spoliavere milites	dépouillèrent les soldats
incuriosos,	insouciants,
balteis abscisis	leurs baudriers étant coupés
furtim,	furtivement, [ses
rogitantes,	leur demandant-à-plusieurs-repri-
an forent accincti.	s'ils étaient ceints de leurs épées.
Animus	Leur cœur
insolens contumeliarum	non-habitué aux insultes
non tulit	ne supporta pas
ludibrium ;	la moquerie ;
invasere gladiis	Ils se-jetèrent avec leurs épées
populum inermem.	sur le peuple désarmé.
Pater militis,	Le père d'un soldat,
cum comitaretur filium,	comme il accompagnait son fils,
cæsus inter alios,	fut massacré parmi les autres,
deinde agnitus,	puis reconnu,
et cæde vulgata,	et ce meurtre ayant été répandu,
temperatum	on s'-abstint
ab innoxiis.	des innocents.
Trepidatum tamen	Cependant on trembla
in urbe	dans la ville
militibus præcurrentibus	des soldats accourant-en-avant
passim ;	de-tous-côtés ;
petebant maxime forum	ils gagnaient surtout le forum
cupidine visendi locum	par le désir de visiter le lieu
in quo Galba	dans lequel Galba
jacuisset.	avait été gisant.
Nec ipsi erant	Ni eux-mêmes n'étaient
spectaculum minus sævum	un spectacle moins terrible
horrentes tergis ferarum	hérissés de peaux de bêtes-fauves
et telis ingentibus,	et de javelines énormes,
cum vitarent parum	lorsqu'ils évitaient peu (mal)
turbam populi	la foule du peuple
per inscitiam,	par ignorance,
aut, ubi procidissent	ou que, quand ils étaient tombés
lubrico viæ	par le pavé glissant d'une rue
vel occursu alicujus,	ou par la rencontre de quelqu'un,
transirent ad jurgium,	ils passaient à la querelle,

mox ad manus et ferrum transirent. Quin et tribuni præfectique cum terrore et armatorum catervis volitabant.

LXXXIX. Ipse Vitellius a ponte Mulvio insigni equo, paludatus accinctusque senatum et populum ante se agens, quo minus ut captam urbem[1] ingrederetur, amicorum consilio deterritus, sumpta prætexta et composito agmine incessit. Quattuor legionum aquilæ per frontem totidemque circa e legionibus aliis vexilla, mox, duodecim alarum signa et post peditum ordines eques, dein quattuor et triginta cohortes, ut nomina gentium aut species armorum forent, discretæ. Ante aquilas præfecti castrorum tribunique et primi centurionum candida veste, ceteri juxta suam quisque centuriam, armis donisque fulgentes; et

tant en menaces que leur bras et leur fer exécutaient bientôt. Des tribuns même et des préfets couraient avec des bandes armées, semant partout la terreur.

LXXXIX. Vitellius cependant était parti du pont Milvius, monté sur un superbe cheval, avec l'habit du commandement et l'épée au côté, chassant devant lui le sénat et le peuple, et tout prêt à entrer dans Rome, comme dans une ville prise, si ses amis ne l'en eussent détourné. Averti par leurs conseils, il revêtit la prétexte, rangea son armée en bon ordre et fit son entrée à pied. Les aigles de quatre légions paraissaient d'abord, et, des deux côtés de ces aigles, les drapeaux détachés de quatre autres légions. Venaient ensuite douze enseignes de cavalerie; puis les troupes légionnaires, et après elles les cavaliers; enfin trente-quatre cohortes, distinguées suivant le nom du pays et la variété des armures. Devant les aigles marchaient, vêtus de blanc, les préfets des camps, les tribuns et les premiers centurions; les autres étaient à la tête de leurs centuries, dans tout l'éclat de leurs armes et de leurs décorations. Au cou des soldats brillaient éga-

mox ad manus	puis aux mains (aux violences)
et ferrum.	et au fer.
Quin et tribuni	Bien-plus même des tribuns
præfectique	et des préfets
volitabant	couraient-çà-et-là
cum terrore	avec (en répandant) la terreur
et catervis	et avec des bandes
armatorum.	d'*hommes* armés.
LXXXIX. Vitellius ipse	LXXXIX. Vitellius lui-même
a ponte Mulvio	*venant* du pont Milvius,
equo insigni,	sur un cheval remarquable,
paludatus	revêtu-du-manteau-militaire
accinctusque	et ceint *du glaive*
agens ante se	chassant devant lui
senatum et populum,	le sénat et le peuple,
deterritus	ayant été détourné
consilio amicorum	par le conseil de *ses* amis
quo minus ingrederetur	qu'il n'entrât (d'entrer) *dans Rome*
ut urbem captam,	comme dans une ville prise,
incessit	s'-avança *à pied*
prætexta sumpta	la *robe* prétexte ayant été revêtue
et agmine composito.	et l'armée rangée-en-ordre.
Aquilæ quattuor legionum	Les aigles de quatre légions
per frontem,	*étaient* sur le front,
circaque totidem vexilla	et autour autant-de drapeaux
ex aliis legionibus,	des autres légions,
mox signa	puis les enseignes
duodecim alarum	de douze escadrons
et post ordines peditum	et après les rangs des fantassins
eques;	le cavalier (la cavalerie);
dein quattuor et triginta	puis quatre et trente
cohortes,	cohortes,
discretæ,	distinguées,
ut forent	selon-qu'étaient
nomina gentium	les noms des nations
aut species armorum.	ou les formes des armes.
Ante aquilas	Devant les aigles
præfecti castrorum tribunique	les préfets des camps et les tribuns
et primi centurionum	et les premiers des centurions
veste candida,	en vêtement blanc,
ceteri quisque juxta	les autres chacun auprès-de
suam centuriam,	sa centurie,
fulgentes armis	éclatants par les armes
donisque;	et les récompenses *militaires*;

militum phaleræ torquesque[1] splendebant. Decora facies, et non Vitellio principe dignus exercitus. Sic Capitolium ingressus atque ibi matrem complexus Augustæ nomine honoravit.

XC. Postera die, tanquam apud alterius civitatis senatum populumque magnificam orationem de semet ipso prompsit, industriam temperantiamque suam laudibus attollens, consciis flagitiorum ipsis qui aderant omnique Italia, per quam somno et luxu pudendus incesserat. Vulgus tamen vacuum curis et sine falsi verique discrimine solitas adulationes edoctum clamore et vocibus adstrepebat; abnuentique nomen Augusti expressere ut assumeret, tam frustra quam recusaverat.

XCI. Apud civitatem cuncta interpretantem funesti ominis loco acceptum est, quod maximum pontificatum adeptus

lement des colliers et les autres prix de la valeur : spectacle imposant! armée digne d'un autre prince que Vitellius! Entré dans cet appareil au Capitole, il embrasse sa mère et la décore du nom d'Augusta.

XC. Le lendemain, comme s'il eût parlé devant le sénat et le peuple d'une autre ville, il prononça un magnifique éloge de lui-même, exaltant son activité et sa tempérance, tandis qu'il avait pour témoins de son opprobre et ceux qui l'entendaient, et l'Italie entière, à travers laquelle il venait de promener la honte de son assoupissement et de ses débauches. Toutefois le vulgaire insouciant et instruit à répéter, sans distinction de faux ni de vrai, les flatteries accoutumées, répondit par des vœux et des acclamations, et le força, malgré sa résistance, d'accepter le nom d'Auguste, aussi vain pour lui, reçu que refusé.

XCI. Dans une ville où tout s'interprète, on regarda comme d'un sinistre augure que Vitellius, devenu souverain pontife, eût donné

et phaleræ	et les phalères
torquesque militum	et les colliers des soldats
splendebant.	brillaient.
Decora facies,	Bel aspect,
et exercitus dignus	et armée digne
non Vitellio principe.	non de Vitellius *comme* chef.
Ingressus sic Capitolium	Étant entré ainsi au Capitole
atque complexus ibi matrem	et ayant embrassé là *sa* mère
honoravit nomine Augustæ.	il *l'*honora du nom d'Augusta.
XC. Die postera	XC. Le jour suivant
prompsit	il prononça
orationem magnificam	un discours magnifique
de semet ipso	sur lui-même
tamquam apud senatum	comme devant le sénat
populumque	et le peuple
alterius civitatis,	d'une autre ville,
attollens laudibus	exaltant par des éloges
suam industriam	son activité
temperantiamque,	et *sa* tempérance,
ipsis qui aderant	ceux-là-mêmes qui étaient-présents
consciis flagitiorum	*ayant été* témoins *de ses* turpitudes
omnique Italia	ainsi-que toute l'Italie,
per quam incesserat	à travers laquelle il s'-était avancé
pudendus	déshonoré
somno et luxu.	par le sommeil et le luxe.
Vulgus tamen	La multitude toutefois
vacuum curis	vide de soucis
et edoctum adulationes solitas	et façonnée aux flatteries accoutu-
sine discrimine	sans distinction [mées
falsi verique	du faux et du vrai
adstrepebat	faisait-du-bruit-autour
clamore et vocibus;	par acclamation et par paroles;
expressereque	et ils arrachèrent *à Vitellius*
abnuenti nomen Augusti	refusant le nom d'Auguste
ut assumeret,	qu'il *le* prît,
tam frustra	aussi inutilement
quam recusaverat.	qu'il *l'*avait refusé.
XCI. Apud civitatem	XCI. Dans une ville
interpretantem cuncta	qui interprète tout
est acceptum	il fut reçu
loco ominis funesti,	en-guise-de présage funeste,
quod Vitellius	que Vitellius
adeptus	ayant acquis
maximum pontificatum	le souverain pontificat

442   HISTORIARUM LIBER II.

Vitellius de cærimoniis publicis XV kalendas Augustas[1] edixisset, antiquitus infausto die Cremerensi Alliensique[2] cladibus : adeo omnis humani divinique juris expers, pari libertorum, amicorum socordia, velut inter temulentos agebat. Sed comitia consulum cum candidatis civiliter celebrans omnem infimæ plebis rumorem, in theatro ut spectator, in circo ut fautor affectavit : quæ grata sane et popularia, si a virtutibus proficiscerentur, memoria vitæ prioris indecora et vilia accipiebantur. Ventitabat in senatum, etiam cum parvis de rebus patres consulerentur. Ac forte Priscus Helvidius[3] prætor designatus contra studium ejus censuerat. Commotus primo Vitellius; non tamen ultra quam tribunos plebei in auxilium spretæ potestatis advocavit; mox mitigantibus amicis, qui altio-

un édit sur le culte public, le quinze des kalendes d'août, jour marqué depuis longtemps entre les plus funestes par les désastres de Crémère et d'Allia : tant, dans sa profonde ignorance des lois divines et humaines, au milieu d'affranchis et d'amis également stupides, tous ses actes semblaient dictés par le délire de l'ivresse ! Toutefois, aux comices consulaires, il sollicita pour ses candidats comme un simple citoyen brigue pour ses amis. Jaloux de la faveur des dernières classes, afin d'en recueillir jusqu'aux moindres murmures, il assistait aux jeux du théâtre, prenait parti dans les cabales du cirque : conduite populaire sans doute, et qu'on aurait aimée si elle fût partie d'une source plus pure, mais qui, rapprochée du reste de sa vie, ne paraissait que basse et indécente. Il allait souvent au sénat, même pour les délibérations d'une légère importance. Un jour Priscus Helvidius, désigné préteur, avait opiné contre l'avis qu'il favorisait. Vitellius, d'abord vivement ému, n'avait fait cependant qu'appeler les tribuns du peuple au secours de son pouvoir méprisé. Bientôt, aux paroles de ses amis, qui,

edixisset	eût rendu-un-édit
de cærimoniis publicis	sur les cérémonies publiques
quindecimo die	le quinzième jour
kalendas Augustas,	des calendes d'-Auguste,
die antiquitus infausto	jour depuis-longtemps funeste
cladibus Cremerensi	par les défaites de-Crémère
Alliensique :	et d'-Allia :
adeo expers omnis juris	tellement ignorant de tout droit
humani divinique,	humain et divin,
socordia	l'insouciance
libertorum, amicorum,	de *ses* affranchis, de *ses* amis,
pari,	*étant* égale,
agebat velut	il agissait comme
inter temulentos.	au-milieu-de *gens* ivres.
Sed celebrans	D'ailleurs fréquentant
civiliter	comme-un-citoyen
cum candidatis	avec les candidats
comitia consulum	les comices des consuls
affectavit	il rechercha
omnem rumorem	toute rumeur (acclamation)
infimæ plebis,	de la-plus-basse populace,
in theatro ut spectator,	au théâtre comme spectateur,
in circo ut fautor :	au cirque, comme fauteur d'*une* [cabale :
quæ grata	choses qui agréables
et popularia sane,	et populaires sans doute,
si proficiscerentur	si elles partaient
a virtutibus,	de vertus,
accipiebantur	étaient regardées-comme
indecora et vilia	déshonorantes et viles [dente.
memoria vitæ prioris.	par le souvenir de *sa* vie précé-
Ventitabat in senatum,	Il allait-souvent au sénat,
etiam cum patres	même lorsque les sénateurs
consulerentur	étaient consultés
de rebus parvis.	sur des affaires peu-importantes.
Ac forte Priscus Helvidius	Et par-hasard Priscus Helvidius
prætor designatus	préteur désigné
censuerat	avait opiné
contra studium ejus.	contre l'avis de lui.
Vitellius commotus primo;	Vitellius *fut* vivement-ému d'abord;
non tamen ultra quam	non toutefois au-delà *sinon* que
advocavit tribunos plebei	il appela les tribuns du peuple
in auxilium	au secours
potestatis spretæ;	de *son* pouvoir méprisé ;
mox amicis mitigantibus,	puis *ses* amis *l*'apaisant,

rem iracundiam ejus verebantur, nihil novi accidisse respondit, quod duo senatores in re publica dissentirent; solitum se etiam Thraseæ contra dicere. Irrisere plerique impudentiam æmulationis; aliis id ipsum placebat, quod neminem ex præpotentibus, sed Thraseam ad exemplar veræ gloriæ legisset.

XCII. Præposuerat prætorianis Publilium Sabinum a præfectura cohortis, Julium Priscum tum centurionem. Priscus Valentis, Sabinus Cæcinæ gratia pollebant; inter discordes Vitellio nihil auctoritatis. Munia imperii Cæcina ac Valens obibant, olim anxii odiis, quæ bello et castris male dissimulata pravitas amicorum et fecunda gignendis inimicitiis civitas auxerat, dum ambitu, comitatu, et immensis salutantium agminibus contendunt comparan-

craignant de sa part un plus profond ressentiment, essayaient de l'adoucir, il répondit : « que ce n'était pas chose nouvelle que le dissentiment de deux sénateurs dans la république; que lui-même avait aussi bien des fois contredit Thraséas. » Ce rapprochement effronté fut la risée du plus grand nombre : d'autres se complaisaient dans la pensée que ce n'était pas quelque riche en crédit, mais Thraséas, qu'il avait choisi pour modèle de la véritable gloire.

XCII. Il avait donné pour chefs aux prétoriens Publilius Sabinus, ancien préfet d'une cohorte, et Julius Priscus, alors centurion, protégés, celui-ci par Valens et l'autre par Cécina. Entouré de dissensions, Vitellius était sans autorité : Cécina et Valens gouvernaient sous son nom, ennemis invétérés dont les haines, mal contenues dans la guerre et les camps, envenimées depuis par des amis pervers et le séjour d'une ville où abondent les germes de discorde, s'aigrissaient encore par les comparaisons qu'amenait entre eux la prétention d'avoir des courtisans, un cortège, des troupes immenses d'adulateurs. La faveur de Vitellius penchait

qui verebantur	eux qui craignaient
iracundiam ejus altiorem,	un ressentiment de lui plus-profond,
respondit	il répondit
nihil novi accidisse,	rien de nouveau n'être arrivé,
quod duo senatores	parce-que deux sénateurs
dissentirent	étaient en-désaccord
in re publica;	sur la chose publique;
se solitum etiam	lui-même avoir eu-coutume aussi
contra dicere Thraseæ.	de contredire Thraséas.
Plerique irrisere	La plupart se-moquèrent
impudentiam æmulationis;	de l'impudence de la comparaison;
id ipsum placebat aliis,	cela même plaisait à d'autres,
quod legisset	qu'il eût choisi,
ad exemplar veræ gloriæ	pour exemple de véritable gloire
neminem ex præpotentibus	personne des plus-puissants
sed Thraseam.	mais Thraséas.
XCII. Præposuerat	XCII. Il avait proposé
prætorianis	aux prétoriens
Publilium Sabinum	Publilius Sabinus [cohorte,
a præfectura cohortis,	*sortant* du commandement d'une
Julium Priscum	*et* Julius Priscus
tum centurionem.	alors centurion.
Pollebant	Ils étaient-puissants
Priscus gratia Valentis,	Priscus par la faveur de Valens,
Sabinus Cæcinæ.	Sabinus *par celle* de Cécina.
Nihil auctoritatis Vitellio	Rien d'autorité *n'était* à Vitellius
inter discordes.	entre *eux* divisés.
Cæcina ac Valens	Cécina et Valens
obibant	remplissaient
munia imperii,	les fonctions de l'empire,
anxii olim	tourmentés de-longue-date
odiis,	par des haines
quæ male dissimulata	lesquelles mal dissimulées
bello et castris	dans la guerre et le camp
pravitas amicorum	la perversité de *leurs* amis
et civitas fecunda	et la ville féconde
inimicitiis gignendis	en inimitiés à engendrer
auxerat,	avait (avaient) augmenté,
dum contendunt	tandis-qu'ils rivalisent
comparanturque	et sont comparés
ambitu,	par la recherche *de popularité*,
comitatu	et par le cortège
et agminibus immensis	par les troupes immenses
salutantium,	de *ceux* qui-venaient-*les*-saluer,

turque, variis in hunc aut illum Vitellii inclinationibus. Nec unquam satis fida potentia, ubi nimia est. Simul ipsum Vitellium, subitis offensis aut intempestivis blanditiis mutabilem contemnebant metuebantque. Nec eo segnius invaserant domos, hortos, opesque imperii, cum flebilis et egens nobilium turba[1], quos ipsos liberosque patriæ Galba reddiderat, nulla principis misericordia juvarentur. Gratum primoribus civitatis etiam plebs approbavit, quod reversis ab exilio jura libertorum[2] concessisset; quanquam id omni modo servilia ingenia corrumpebant, abditis pecuniis per occultos aut ambitiosos sinus, et quidam in domum Cæsaris transgressi atque ipsis dominis potentiores[3].

XCIII. Sed miles, plenis castris et redundante multitu-

tantôt d'un côté, tantôt de l'autre. Le pouvoir d'ailleurs n'est jamais assuré quand il est sans limites. Vitellius lui-même, passant avec mobilité d'un accès d'humeur à des caresses déplacées, était l'objet de leurs mépris et de leurs craintes. Ils ne s'en hâtaient pas moins d'envahir des palais, des jardins, toutes les richesses de l'empire, tandis que la déplorable indigence d'une foule de nobles que Galba avait, ainsi que leurs enfants, rendus à la patrie, n'obtenait de la pitié du prince aucun soulagement. Un acte agréable aux grands, approuvé même du peuple, fut d'accorder aux citoyens revenus de l'exil les droits des patrons. Mais l'artificieuse bassesse des affranchis les éludait de toutes manières, en plaçant leurs trésors dans d'obscurs dépôts ou sous de hautes protections. Quelques-uns même étaient passés au service du prince et devenus plus puissants que leurs maîtres.

XCIII. Les soldats, dont le camp trop rempli ne pouvait contenir

inclinationibus Vitellii	les inclinations de Vitellius
in hunc aut illum	pour celui-ci ou *pour* celui-là
variis.	*étant* changeantes.
Nec unquam potentia	Ni jamais une puissance
satis fida	*n'est* assez sûre
ubi est nimia.	dès-qu'elle est excessive.
Simul contemnebant	En-même-temps ils méprisaient
metuebantque	et craignaient
Vitellium ipsum,	Vitellius lui-même,
mutabilem	prompt-à-changer
offensis subitis	par des susceptibilités soudaines
aut blanditiis intempestivis.	ou des caresses déplacées.
Nec invaserant	Ni ils *n'*avaient envahi
segnius eo	plus-lentement pour cela
domos, hortos,	les maisons, les jardins
opesque imperii,	et les richesses de l'empire
cum turba	alors-que la foule
flebilis et egens	lamentable et indigente
nobilium,	des nobles
quos Galba	que Galba
reddiderat ipsos	avait rendus eux-mêmes,
liberosque	et (avec) *leurs* enfants
patriæ,	à *leur* patrie,
juvarentur	*n'*étaient aidés
nulla misericordia principis.	par aucune compassion du prince.
Plebs etiam approbavit	Le peuple même approuva
gratum	une *mesure* agréable
primoribus civitatis,	aux principaux de la ville,
quod concessisset	qu'il eût accordé
reversis ab exilio	à *ceux* revenus de l'exil
jura libertorum;	les droits des (sur les) affranchis;
quanquam ingenia servilia	quoique *ces* âmes serviles
corrumpebant id	gâtassent cette *mesure*
omni modo,	de toute manière,
pecuniis abditis	*leur* argent ayant été caché
per sinus occultos	dans des poches secrètes
aut ambitiosos,	ou puissantes,
et quidam transgressi	et certains ayant passé
in domum Cæsaris	dans la maison de César
atque potentiores	et *étant* plus-puissants
dominis ipsis.	que *leurs* maîtres eux-mêmes.
XCIII. Sed miles,	XCIII. Mais le soldat
castris plenis	le camp *étant* plein
et multitudine redundante,	et la multitude débordant,

dine, in porticibus aut delubris et urbe tota vagus, non principia noscere, non servare vigilias, neque labore firmari; per illecebras urbis et inhonesta dictu corpus otio, animum libidinibus imminuebant. Postremo ne salutis quidem cura : infamibus Vaticani locis magna pars tetendit, unde crebræ in vulgus mortes; et adjacente Tiberi Germanorum Gallorumque obnoxia morbis[1] corpora fluminis aviditas[2] et æstus impatientia labefecit. Insuper confusus pravitate vel ambitu ordo militiæ : sedecim prætoriæ, quattuor urbanæ cohortes scribebantur quis singula millia inessent. Plus in eo dilectu Valens audebat, tanquam ipsum Cæcinam periculo exemisset. Sane adventu ejus partes convaluerant et sinistrum lenti itineris rumorem prospero

l'immense multitude, jetés au hasard sous les portiques ou dans les temples, erraient par toute la ville sans connaître le lieu de ralliement, sans monter de gardes, sans se fortifier par le travail. Au milieu des délices de Rome, plongés dans des excès qu'on rougirait de nommer, ils énervaient leurs corps par l'oisiveté, leurs âmes par la débauche. Ils en vinrent jusqu'à négliger le soin de leur vie. Une partie campa dans les lieux les plus insalubres du Vatican, ce qui produisit une grande mortalité. Le voisinage du Tibre augmenta encore dans les Germains et les Gaulois la disposition aux maladies; et les eaux du fleuve offertes à leur avidité achevèrent d'abattre ces corps épuisés par la chaleur. Enfin la corruption et la brigue confondirent tous les degrés du service. On formait seize cohortes prétoriennes et quatre de la ville, chacune de mille hommes. Valens s'arrogeait dans cette opération la principale autorité, prétendant avoir sauvé Cécina lui-même. Il est vrai que l'arrivée de Valens avait fait la force du parti; les bruits qui accusaient la lenteur de sa marche avaient été réfutés par la

vagus in porticibus	errant dans les portiques
aut delubris	ou dans les temples
et tota urbe,	et par toute la ville,
non noscere	ne-pas connaître
principia,	de centre-de-ralliement,
non servare vigilias,	ne-pas garder des postes,
neque firmari labore ;	ni être fortifié par le travail ;
per illecebras urbis	au-milieu des séductions de la ville
et inhonesta dictu	et de *plaisirs* déshonnêtes à dire
imminuebant	ils affaiblissaient
corpus otio,	*leur* corps par l'oisiveté,
animum libidinibus.	*leur* âme par les débauches.
Postremo	Enfin [*tait à eux* :
ne quidem cura salutis :	pas même soin de *leur* salut n'é-
magna pars tetendit	une grande partie campa
locis Vaticani	dans les lieux du Vatican
infamibus,	décriés *pour leur insalubrité*,
unde mortes crebræ	d'-où des morts fréquentes
in vulgus ;	*se répandant* dans la foule ;
et Tiberi adjacente	et le Tibre étant situé-auprès
aviditas	l'avidité
fluminis	du fleuve (de boire au fleuve)
et impatientia	et l'impossibilité *de supporter*
æstus	les chaleurs
labefecit corpora	ébranla (ébranlèrent) les corps
Germanorum Gallorumque	des Germains et des Gaulois
obnoxia morbis.	disposés aux maladies.
Insuper ordo militiæ	En-outre l'ordre du service
confusus	*était* troublé [plaire :
pravitate vel ambitu :	par la perversité ou le désir-de-
sedecim cohortes prætoriæ,	seize cohortes prétoriennes,
quattuor urbanæ	quatre urbaines
scribebantur	étaient enrôlées,
quis millia singula	dans lesquelles un millier d'hom-
inessent.	serait. [*mes* pour-chacune
Valens audebat plus	Valens osait plus
in eo dilectu,	dans cette levée,
tamquam exemisset periculo	comme-s'il avait arraché au danger
Cœcinam ipsum.	Cécina lui-même.
Sane partes convaluerant	Assurément le parti s'-était fortifié
adventu ejus,	par l'arrivée de lui, [heureux
et verterat prœlio prospero	et il avait changé par un combat
rumorem sinistrum	le bruit fâcheux
itineris lenti,	de *sa* marche lente,

prœlio verterat omnisque inferioris Germaniæ miles Valentem assectabatur, unde primum creditur Cæcinæ fides fluitasse.

XCIV. Ceterum non ita ducibus indulsit Vitellius, ut non plus militi liceret. Sibi quisque militiam sumpsere : quamvis indignus, si ita maluerat, urbanæ militiæ adscribebatur ; rursus bonis remanere inter legionarios aut alares[1] volentibus permissum. Nec deerant, qui vellent, fessi morbis et intemperiem cæli incusantes ; robora tamen legionibus alisque subtracta, convulsum castrorum decus, viginti millibus[2] e toto exercitu permixtis magis quam electis.

Contionante Vitellio postulantur ad supplicium Asiaticus et Flavus et Rufinus duces Galliarum, quod pro Vindice bellassent. Nec coercebat ejus modi voces Vitellius : super insitam inerti animo ignaviam conscius sibi instare dona-

victoire, et tous les soldats de la Basse-Germanie lui étaient dévoués. On croit que la foi de Cécina commença de cette époque à flotter incertaine.

XCIV. Au reste, Vitellius ne donnait pas aux chefs une telle licence que les soldats n'en eussent encore une plus grande. Chacun choisit lui-même ses drapeaux. Le plus indigne était, s'il le voulait, enrôlé pour le service de Rome, et il fut permis aux meilleurs soldats de rester légionnaires ou dans la cavalerie attachée aux légions. Il s'en trouva qui préférèrent ce parti, fatigués qu'ils étaient par les maladies, et maudissant l'intempérie du climat. Les légions et les escadrons n'en perdirent pas moins leur principale force ; et une atteinte profonde fut portée à l'honneur du prétoire, par ce mélange confus de vingt mille hommes ramassés plutôt que choisis dans toute l'armée.

Pendant que Vitellius haranguait les troupes, on demanda le supplice d'Asiaticus, de Flavus et de Rufinus, chefs gaulois qui avaient combattu pour Vindex. Vitellius ne réprimait pas ces clameurs : outre que la nature l'avait fait trop lâche, il sentait approcher le moment inévitable des gratifications ; et manquant d'ar-

omnisque miles	et tout le soldat
Germaniæ inferioris	de la Germanie inférieure
assectabatur Valentem,	était-attaché à Valens,
unde fides Cæcinæ	d'-où la fidélité de Cécina
creditur fluitasse	est crue avoir vacillé
primum.	pour-la-première-fois.
XCIV. Ceterum Vitellius	XCIV. D'ailleurs Vitellius
non indulsit ita ducibus,	n'accorda pas tant aux chefs,
ut plus non liceret	que plus ne fût permis
militi.	au soldat.
Sumpsere quisque sibi	Ils prirent chacun pour soi
militiam;	le service *qu'ils voulurent* :
quamvis indignus,	*un sujet* quoique indigne,
si maluerat ita,	s'il *l'*avait préféré ainsi,
adscribebatur	était enrôlé
militiæ urbanæ;	dans la milice urbaine;
rursus permissum	d'-autre-part *il était* permis
bonis volentibus	aux bons *le* voulant
remanere inter legionarios	de rester parmi les légionnaires
aut alares.	ou les cavaliers-des-légions.
Nec deerant,	Et il n'*en* manquait pas
qui vellent,	qui *le* voulaient,
fessi morbis,	fatigués par les maladies
et incusantes	et accusant
intemperiem cæli;	l'intempérie du ciel ; [rées
tamen robora subtracta	toutefois *leurs* forces *furent* reti-
legionibus alisque,	aux légions et aux escadrons,
decus castrorum convulsum,	l'honneur du camp ébranlé,
viginti millibus	vingt milliers *d'hommes*
e toto exercitu	de toute l'armée
permixtis magis quam electis.	ayant été mêlés plutôt que choisis.
Vitellio contionante	Vitellius haranguant
Asiaticus et Flavus et Rufinus,	Asiaticus et Flavus et Rufinus,
duces Galliarum,	chefs des Gaules,
postulantur ad supplicium,	sont réclamés pour le supplice
quod bellassent	parce-qu'ils avaient combattu
pro Vindice.	pour Vindex
Nec Vitellius coercebat	Ni Vitellius *ne* réprimait
voces ejus modi :	des paroles de cette sorte :
super ignaviam	outre la lâcheté
insitam animo inerti	innée dans *son* âme faible
conscius sibi	ayant conscience en lui-même
donativum instare	le don (le moment du don) arriver
et pecuniam deesse	et l'argent manquer

tivum et deesse pecuniam, omnia alia militi largiebatur. Liberti principum conferre pro numero mancipiorum ut tributum jussi : ipse, sola perdendi cura, stabula aurigis exstruere, circum gladiatorum ferarumque spectaculis opplere, tanquam in summa abundantia pecuniæ illudere.

XCV. Quin et natalem Vitellii diem [1] Cæcina ac Valens editis tota urbe vicatim gladiatoribus celebravere, ingenti paratu et ante illum diem insolito. Lætum fœdissimo cuique apud bonos invidiæ fuit, quod exstructis in campo Martio aris inferias Neroni fecisset. Cæsæ publice victimæ cremataeque; facem Augustales subdidere, quod sacerdotium, ut Romulus *Titios*[2] *T*. Tatio regi, ita Cæsar Tiberius Juliæ genti sacravit. Nondum quartus a victoria mensis, et libertus Vitellii Asiaticus Polyclitos, Patrobios[3] et vetera

gent, il accordait aux soldats tout le reste. Les affranchis du palais furent soumis à un tribut réglé sur le nombre de leurs esclaves. Quant à lui, n'ayant de soin que pour dissiper, il bâtissait des écuries aux conducteurs de chars, couvrait l'arène d'animaux et de gladiateurs, se jouait de l'argent comme s'il en eût regorgé.

XCV. L'anniversaire de sa naissance excita le zèle de Cécina et de Valens. Ils le célébrèrent à grands frais et avec un appareil inouï jusqu'alors, en donnant des spectacles de gladiateurs dans tous les quartiers de la ville. Ce fut une joie pour les âmes dégradées, un scandale pour les gens de bien, de voir Vitellius dresser des autels dans le Champ-de-Mars et honorer les mânes de Néron. Des victimes furent immolées au nom du peuple romain, et le feu du sacrifice allumé par les prêtres d'Auguste. C'est un sacerdoce imité de celui que Romulus, par la création des *Titiens*, fonda pour Titus Tatius son collègue, et consacré par Tibère à la maison des Jules. Quatre mois ne s'étaient pas écoulés depuis la victoire, et l'affranchi du vainqueur, Asiaticus, égalait déjà les Polyclète, les Patrobius, et toutes ces odieuses célébrités des temps

largiebatur omnia alia militi.	il accordait toutes-les-autres choses au soldat. [l'ordre
Liberti principum jussi conferre	Les affranchis des princes reçurent-de payer-une-contribution
pro numero mancipiorum ut tributum :	selon le nombre de leurs esclaves comme un tribut :
ipse, cura sola perdendi,	lui-même, avec le soin seul de dissiper, [chers,
exstruere stabula aurigis,	construire des écuries pour les co-
opplere circum	remplir le cirque
spectaculis gladiatorum ferarumque,	de spectacles de gladiateurs et de bêtes-féroces,
illudere pecuniæ,	se-jouer de l'argent, [dance.
tanquam in summa abundantia.	comme dans la-plus-grande abon
XCV. Quin et	XCV. Bien-plus même
Cæcina et Valens celebravere	Cécina et Valens célébrèrent
diem natalem Vitellii	le jour natal de Vitellius
gtadiatoribus	par des gladiateurs
editis tota urbe	donnés par toute la ville
vicatim,	par-quartier,
paratu ingenti et insolito ante illum diem.	avec un appareil immense et inusité avant ce jour-là.
Fuit lætum	Il fut joyeux (ce fut une joie)
cuique fœdissimo,	à chacun le-plus-souillé,
invidiæ apud bonos	à mécontentement chez les bons
quod aris exstructis	que des autels ayant été élevés
in campo Martio	dans le champ de-Mars
fecisset inferias	il eût fait des sacrifices-funèbres
Neroni.	à Néron. [ficiellement
Victimæ cæsæ publice cremataeque;	Des victimes *furent* immolées of-et brûlées ; [sous la torche,
Augustales subdidere facem,	les prêtres-d'Auguste mirent-des-
quod sacerdotium,	lequel sacerdoce,
ut Romulus	de-même-que Romulus
Titios	*avait consacré* les Titiens
regi Tito Tatio,	au roi Titus Tatius,
ita Tiberius Cæsar	ainsi Tibérius César
sacravit genti Juliæ.	consacra à la famille Julia.
Quartus mensis	Le quatrième mois
nondum	ne s'était-pas-encore écoulé
a victoria,	depuis la victoire,
et libertus Vitellii	et l'affranchi de Vitellius
Asiaticus æquabat	Asiaticus égalait
Polyclitos, Patrobios,	les Polyclète, les Patrobius,

odiorum nomina æquabat. Nemo in illa aula probitate aut industria certavit; unum ad potentiam iter, prodigis epulis et sumptu ganeaque satiare inexplebiles Vitellii libidines. Ipse abunde ratus, si præsentibus frueretur, nec in longius consultans, novies millies sestertium [1] paucissimis mensibus intervertisse creditur sagina. At misera civitas, eodem anno Othonem, Vitellium passa, inter Vinios, Fabios, Icelos, Asiaticos varia et pudenda sorte agebat, donec successere Mucianus et Marcellus et magis alii homines quam alii mores.

XCVI. Prima Vitellio tertiæ legionis defectio nuntiatur, missis ab Aponio Saturnino epistulis, antequam is quoque Vespasiani partibus aggregaretur; sed neque Aponius cuncta, ut trepidans re subita, perscripserat, et amici

plus anciens. Personne dans cette cour ne se fit un titre de la vertu ni du talent. Le seul chemin du pouvoir était d'assouvir par des festins extravagants et de ruineuses orgies l'insatiable gourmandise de Vitellius. Lui, content de jouir de l'heure présente, n'étendait pas plus loin sa prévoyance; et l'on porte à neuf cents millions de sesterces les sommes qu'il engloutit en si peu de mois. Humiliante condition d'une grande et malheureuse cité, contrainte d'endurer en moins d'un an Othon et Vitellius, et tour à tour abandonnée aux Vinius, aux Valens, aux Icélus, aux Asiaticus, jusqu'à ce qu'elle passât dans les mains d'un Marcellus et d'un Mucien, en qui elle trouva d'autres hommes plutôt que d'autres mœurs.

XCVI. La première défection qu'apprit Vitellius fut celle de la troisième légion. Elle lui fut annoncée par Aponius Saturninus, avant que ce lieutenant embrassât lui-même le parti de Vespasien; mais Aponius, dans le premier étourdissement de la surprise, n'avait pas tout écrit, et la flatterie adoucissait encore la nouvelle:

et vetera nomina odiorum.	et les anciens noms de haines.
Nemo in illa aula	Personne dans cette cour-là
certavit probitate	ne lutta d'honnêteté
aut industria.	ou d'activité.
Unum iter ad potentiam	Le seul chemin vers le pouvoir
satiare	était d'assouvir
epulis prodigis	par des festins ruineux
et sumptu ganeaque	et la dépense et la taverne
libidines inexplebiles	les passions insatiables
Vitellii.	de Vitellius.
Ipse ratus abunde,	Lui-même pensant être assez,
si frueretur præsentibus,	s'il jouissait des biens présents,
nec consultans	et ne songeant pas
in longius,	pour un temps plus-éloigné,
creditur intervertisse	est cru avoir détourné
sagina	par la bonne-chère
novies millies sestertium	neuf mille-fois cent mille sesterces
paucissimis mensibus.	en très peu de mois.
At misera civitas,	Mais la malheureuse ville,
passa eodem anno	ayant souffert la même année
Othonem, Vitellium,	Othon, Vitellius,
agebat	menait le temps
inter Vinios, Fabios,	entre les Vinius, les Fabius,
Icelos, Asiaticos,	les Icélus, les Asiaticus,
sorte varia et pudenda,	avec un sort divers et déshonorant,
donec	jusqu'à-ce-que
Mucianus et Marcellus	Mucianus et Marcellus
et magis alii homines	et plutôt d'autres hommes
quam alii mores	que d'autres mœurs
successere.	leur succédèrent.
XCVI. Defectio	XCVI. La défection
tertiæ legionis	de la troisième légion
nuntiatur prima	est annoncée la première
Vitellio,	à Vitellius,
epistulis missis	des lettres ayant été envoyées
ab Aponio Saturnino,	par Aponius Saturninus,
antequam is quoque	avant-que lui aussi
aggregaretur	se joignît
partibus Vespasiani;	au parti de Vespasien;
sed neque Aponius	mais ni Aponius
perscripserat cuncta,	n'avait écrit-complètement tout,
ut trepidans	comme étant troublé
re subita,	par un événement soudain,
et amici adulantes	et ses amis flattant (par flatterie)

adulantes mollius interpretabantur : unius legionis eam seditionem, ceteris exercitibus constare fidem. In hunc modum etiam Vitellius apud milites disseruit, prætorianos nuper exauctoratos insectatus, a quibus falsos rumores dispergi, nec ullum civilis belli metum asseverabat, suppresso Vespasiani nomine, et vagis per urbem militibus, qui sermones populi coercerent. Id præcipuum alimentum famæ erat.

XCVII. Auxilia tamen e Germania Britanniaque et Hispaniis excivit, segniter et necessitatem dissimulans. Perinde legati provinciæque cunctabantur, Hordeonius Flaccus suspectis jam Batavis anxius proprio bello, Vettius Bolanus nunquam satis quieta Britannia, et uterque ambigui. Neque ex Hispaniis properabatur, nullo tum ibi consulari;

« ce n'était après tout qu'une légion mutinée; les autres armées étaient fidèles au devoir ». Tel fut même le langage que Vitellius tint devant les troupes, en y mêlant des invectives contre les prétoriens dernièrement licenciés, qu'il accusait de semer de faux bruits, et en protestant qu'il n'y avait pas de guerre civile à craindre. Il supprima le nom de Vespasien; et des soldats furent répandus dans la ville pour imposer silence aux discours du vulgaire : c'était donner à la renommée un nouvel aliment.

XCVII. Il demanda toutefois des secours en Germanie, en Bretagne, en Espagne, mais mollement et en dissimulant l'urgence du besoin. Les lieutenants et les provinces imitaient sa froideur. Hordéonius, dont les Bataves excitaient la défiance, craignait d'avoir personnellement une guerre à soutenir; et Bolanus n'avait jamais eu en Bretagne une paix complète : eux-mêmes d'ailleurs étaient irrésolus. On n'accourait pas plus vite de l'Espagne, alors privée

interpretabantur	interprétaient *ces nouvelles*
mollius,	plus-favorablement,
eam seditionem	*disant* cette sédition
unius legionis,	*être le fait* d'une seule légion,
fidem constare	la fidélité rester-ferme
ceteris exercitibus.	à toutes-les-autres armées.
Vitellius disseruit	Vitellius discourut
in hunc modum etiam	de cette manière aussi
apud milites,	devant les soldats,
insectatus	ayant attaqué-vivement
prætorianos	les prétoriens
exauctoratos nuper,	licenciés récemment,
a quibus	par lesquels *il disait*
falsos rumores dispergi,	de faux bruits être répandus,
et asseverabat	et il affirmait
nullum metum	aucune crainte
belli civilis,	*n'être* de la guerre civile,
nomine Vespasiani	le nom de Vespasien
suppresso,	ayant été supprimé,
et militibus vagis	et des soldats *étant* répandus
per urbem,	par la ville,
qui coercerent	qui arrêtassent
sermones populi.	les propos du peuple.
Id erat	C'était
præcipuum alimentum	le principal aliment
famæ.	de la renommée.
XCVII. Excivit tamen	XCVII. Il appela toutefois
auxilia	des secours
e Germania Britanniaque	de la Germanie et de la Bretagne
et Hispaniis,	et des Espagnes,
segniter	mollement
et dissimulans necessitatem.	et dissimulant la nécessité.
Legati provinciæque	Les lieutenants et les provinces
cunctabantur perinde,	hésitaient de-même,
Hordeonius Flaccus,	Hordéonius Flaccus,
Batavis jam suspectis	les Bataves *lui* étant déjà suspects
anxius bello proprio,	inquiet par une guerre personnelle,
Vettius Bolanus,	Vettius Bolanus,
Britannia	la Bretagne
nunquam satis quieta,	*n'étant* jamais bien tranquille,
et ambigui uterque.	et irrésolus l'un-et-l'autre.
Neque properabatur	Ni on *ne* se-hâtait
ex Hispaniis,	des Espagnes,
nullo consulari tum ibi ;	aucun consulaire *n'étant* alors là ;

trium legionum legati, pares jure et prosperis Vitellii rebus certaturi ad obsequium, adversam ejus fortunam ex æquo detrectabant. In Africa legio cohortesque delectæ a Clodio Macro, mox a Galba dimissæ, rursus jussu Vitellii militiam cepere; simul cetera juventus dabat impigre nomina. Quippe integrum illic ac favorabilem proconsulatum Vitellius, famosum invisumque Vespasianus egerat; proinde socii de imperio utriusque conjectabant, sed experimentum contra fuit.

XCVIII. Ac primo Valerius Festus legatus studia provincialium cum fide juvit; mox nutabat, palam epistulis edictisque Vitellium, occultis nuntiis Vespasianum fovens et hæc illave defensurus, prout invaluissent. Deprehensi cum litteris edictisque Vespasiani per Ræetiam et Gallias

de chef consulaire. Les lieutenants de trois légions, égaux en droits et qui eussent rivalisé de zèle pour Vitellius heureux, repoussaient à l'envi le fardeau de sa mauvaise fortune. En Afrique, la légion et les cohortes levées par Macer, puis congédiées par Galba, reprirent les armes sur l'ordre de Vitellius. Le reste de la jeunesse s'enrôlait aussi avec empressement. Le proconsulat de Vitellius avait laissé dans le pays un souvenir favorable de son intégrité; celui de Vespasien était odieux et flétri. Les alliés partaient de là pour juger de ce que l'un et l'autre ferait comme empereur : mais l'expérience démentit leurs conjectures.

XCVIII. D'abord le lieutenant Valérius Festus seconda franchement l'ardeur de la province. Bientôt sa foi chancela. Il se déclarait publiquement pour Vitellius par ses édits et ses lettres, et il servait son rival par de secrets messages, prêt à soutenir l'un et l'autre rôle suivant le parti qui serait victorieux. Des centurions et des soldats, arrêtés dans la Rhétie et les Gaules avec des lettres et des édits de Vespasien, furent envoyés à

legati trium legionum,	les lieutenants des trois légions
pares jure	égaux en droit
et certaturi ad obsequium	et devant rivaliser en soumission
rebus Vitellii	les affaires de Vitellius
prosperis,	*étant* prospères,
detractabant ex æquo	repoussaient d'*une manière* égale
fortunam adversam ejus.	la fortune adverse de lui. [hortes
In Africa legio cohortesque	En Afrique une légion et des co-
delectæ a Clodio Macro,	levées par Clodius Macer,
mox dimissæ a Galba,	puis licenciées par Galba,
cepere rursus militiam	prirent de-nouveau du service
jussu Vitellii ;	par l'ordre de Vitellius ;
simul	en-même-temps
cetera juventus	tout-le-reste de la jeunesse
dabat nomina	donnait *ses* noms (s'enrôlait)
impigre.	avec-empressement.
Quippe Vitellius egerat illic	Car Vitellius avait exercé là
proconsulatum integrum	un proconsulat intègre
ac favorabilem,	et qui-lui-avait-acquis-la-faveur,
Vespasianus famosum	Vespasien *un proconsulat* décrié
invisumque ;	et odieux ;
proinde socii conjectabant	de-là les alliés conjecturaient
de imperio	au-sujet-du règne
utriusque,	de-l'un-et-de-l'autre, [attente.
sed experimentum fuit contra.	mais l'expérience fut contre *leur*
XCVIII. Ac primo	XCVIII. Et d'abord
legatus Valerius Festus	le lieutenant Valérius Festus
juvit cum fide	aida avec fidélité
studia provincialium ;	les penchants des provinciaux ;
mox nutabat,	bientôt-après il chancelait,
fovens Vitellium	réchauffant (favorisant) Vitellius
palam	ouvertement
epistulis edictisque,	par des lettres et des édits,
Vespasianum	Vespasien
nuntiis occultis	par des messages secrets
et defensurus	et devant défendre
hæc illave	ces choses-ci ou ces choses-là
prout invaluissent.	selon-qu'elles auraient-été-fortes.
Quidam militum	Certains des soldats
et centurionum	et des centurions
deprehensi per Rætiam	saisis dans la Rhétie
et Gallias	et les Gaules
cum litteris edictisque	avec des lettres et des édits
Vespasiani	de Vespasien

militum et centurionum quidam ad Vitellium missi necantur; plures fefellere, fide amicorum aut suomet astu occultati. Ita Vitellii paratus noscebantur, Vespasiani consiliorum pleraque ignota, primum socordia Vitellii; dein Pannonicæ Alpes præsidiis insessæ nuntios retinebant. Mare quoque etesiarum[1] flatu in orientem navigantibus secundum, inde adversum erat.

XCIX. Tandem *de* irruptione hostium atrocibus undique nuntiis exterritus[2] Cæcinam ac Valentem expedire ad bellum jubet. Præmissus Cæcina, Valentem e gravi corporis morbo tunc primum assurgentem infirmitas tardabat. Longe alia proficiscentis ex urbe Germanici exercitus species : non vigor corporibus, non ardor animis; lentum et rarum agmen, fluxa arma, segnes equi; impatiens solis, pulveris, tempestatum, quantumque hebes ad sustinendum laborem miles, tanto ad discordias promptior. Accedebat

Vitellius et mis à mort. Un plus grand nombre échappèrent, sauvés par la fidélité de leurs amis ou leur adresse à se cacher. Ainsi les préparatifs de Vitellius étaient connus, et les desseins de Vespasien restaient presque tous ignorés. La stupidité de Vitellius en était la première cause. Ensuite les Alpes pannoniennes, occupées par des corps ennemis, fermaient le passage aux courriers; et la mer, où régnaient les vents étésiens, était favorable pour aller en Orient, contraire pour en revenir.

XCIX. Enfin, épouvanté par les nouvelles effrayantes qui de toutes parts annonçaient l'invasion de l'ennemi, Vitellius ordonne à Valens et à Cécina de se tenir prêts pour la guerre. Cécina fut envoyé en avant; Valens, qui relevait d'une grande maladie, était retenu par sa faiblesse. L'armée de Germanie, à son départ de Rome, offrait un aspect que l'œil eût méconnu : des corps sans vigueur, des âmes sans énergie; une marche lente et éparpillée, des armes tombantes, des chevaux sans feu, des soldats impatients du soleil, de la poussière, des intempéries de l'air, et aussi ardents pour la discorde que mous à la fatigue. Il faut ajouter

missi ad Vitellium	ayant été envoyés à Vitellius
necantur;	sont-mis-à-mort;
plures fefellere,	de-plus-nombreux échappèrent,
occultati fide amicorum	cachés par la fidélité de *leurs* amis
aut suomet astu.	ou par leur-propre ruse.
Ita paratus Vitellii	Ainsi les préparatifs de Vitellius
noscebantur,	étaient connus,
pleraque consiliorum Vespasiani	la plupart des desseins de Vespasien
ignota,	*étaient* inconnus,
primum socordia Vitellii;	d'abord par l'apathie de Vitellius;
dein Alpes Pannonicæ	ensuite les Alpes pannoniennes
insessæ præsidiis	occupées par des troupes
retinebant nuntios;	retenaient les courriers;
mare quoque	la mer aussi [étésiens
secundum flatu etesiarum	favorable par le souffle des vents-
navigantibus in orientem,	à *ceux* naviguant vers l'Orient,
erat adversum inde.	était contraire *à ceux venant* de-là.
XCIX. Tandem exterritus	XCIX. Enfin effrayé
nuntiis atrocibus	par des nouvelles menaçantes
undique	*venant* de-tous-côtés
de irruptione hostium	sur l'invasion des ennemis
jubet Cæcinam ac Valentem	il ordonne Cécina et Valens
expedire ad bellum.	se-mettre-en-route pour la guerre.
Cæcina præmissus,	Cécina *fut* envoyé-devant,
infirmitas tardabat Valentem	*sa* faiblesse retardait Valens
assurgentem	se-relevant
tunc primum	alors pour-la-première-fois
e gravi morbo corporis.	d'une grave maladie de corps.
Species exercitus Germanici	L'aspect de l'armée germanique
proficiscentis ex urbe	partant de la ville
longe alia :	*fut* tout autre *qu'auparavant :*
non vigor corporibus,	ni vigueur *n'était* au corps,
non ardor animis;	ni ardeur aux âmes;
agmen lentum et rarum,	une marche lente et éparpillée,
arma fluxa,	des armes s'-échappant,
equi segnes;	des chevaux mous;
miles impatiens solis,	le soldat impatient du soleil,
pulveris, tempestatum,	de la poussière, des mauvais-temps,
tantoque promptior	et d'autant plus enclin
ad discordias	aux discordes
quantum hebes	qu'*il était* émoussé [tée.
ad laborem sustinendum.	pour la fatigue devant être suppor-
Huc accedebat	A-cela s'-ajoutait

huc Cæcinæ ambitio vetus, torpor recens, nimia fortunæ indulgentia soluti in luxum, seu perfidiam meditanti¹ infringere exercitus virtutem inter artes erat. Credidere plerique Flavii Sabini consiliis concussam Cæcinæ mentem, ministro sermonum Rubrio Gallo : rata apud Vespasianum fore pacta transitionis. Simul odiorum invidiæque erga Fabium Valentem admonebatur, ut impar apud Vitellium gratiam viresque apud novum principem pararet.

C. Cæcina e complexu Vitellii multo cum honore digressus partem equitum ad occupandam Cremonam præmisit. Mox vexilla primæ, quartæ, quintædecimæ, sextædecimæ legionum, dein quinta et duoetvicesima secutæ, postremo agmine unaetvicesima Rapax et prima Italica incessere cum vexillariis trium Britannicarum legionum et electis

l'ancienne indulgence et l'engourdissement actuel de Cécina. Les caresses de la fortune l'avaient jeté dans une lâche indolence; ou peut-être, méditant une trahison, entrait-il dans son plan d'énerver le courage de l'armée. Plusieurs ont cru que c'étaient les conseils de Flavius Sabinus qui avaient ébranlé la fidélité de ce général. Organe de cette négociation, Rubrius Gallus lui assurait, dit-on, que les conditions en seraient maintenues par Vespasien; il réveillait en même temps sa haine et sa jalousie contre Valens, et l'exhortait à chercher auprès d'un nouveau prince la faveur et la puissance dont il n'avait que la seconde part auprès de Vitellius.

C. Cécina reçut les embrassements de l'empereur, et partit comblé de distinctions. Il envoya une partie des cavaliers occuper Crémone. A leur suite marchèrent les vexillaires de la quatorzième et de la seizième légion, puis la cinquième et la vingt-deuxième, enfin la vingt et unième *Rapax,* et la première italique avec les vexillaires des trois légions de Bretagne, et des auxiliaires

vetus ambitio,	l'ancienne recherche-de-popularité,
torpor recens Cæcinæ,	la torpeur récente de Cécina,
soluti in luxum	détendu dans la mollesse
indulgentia nimia	par l'indulgence excessive
fortunæ,	de la fortune,
seu infringere	soit-qu'énerver
virtutem exercitus	le courage de l'armée
erat inter artes	fût parmi les moyens à employer
meditanti perfidiam.	pour lui méditant une trahison.
Plerique credidere	La plupart ont cru
mentem Cæcinæ concussam	l'esprit de Cécina avoir été ébranlé
consiliis Flavii Sabini,	par les conseils de Flavius Sabinus,
Rubrio Gallo	Rubrius Gallus
ministro sermonum :	étant l'intermédiaire des discours :
pacta transitionis	disant les conditions du passage
fore rata	devoir-être ratifiées
apud Vespasianum.	auprès de Vespasien.
Simul admonebatur	En-même-temps il était averti
odiorum invidiæque	de ses haines et de sa jalousie
erga Fabium Valentem,	contre Fabius Valens,
ut impar	afin-qu'inférieur
apud Vitellium	auprès-de Vitellius
pararet gratiam viresque	il acquît crédit et forces
apud novum principem.	auprès du nouveau prince.
C. Cæcina digressus	C. Cécina étant parti
e complexu Vitellii	de l'embrassement de Vitellius
cum multo honore,	avec beaucoup-d'honneur,
præmisit	envoya-devant
partem equitum	une partie des cavaliers
ad Cremonam occupandam.	pour Crémone devant être occupée.
Mox	Puis [des légions
vexilla legionum	des vexillaires (des détachements)
primæ, quartæ,	première, quatrième,
quintædecimæ, sextædecimæ,	quinzième, seizième, [deuxième
dein quinta et duoetvicesima	puis la cinquième et la vingt-
secutæ,	ayant suivi,
postremo agmine	en dernière troupe
unaetvicesima Rapax	la vingt-et-unième Rapax
et prima Italica	et la première italique
incessere	s'-avancèrent
cum vexillariis	avec les vexillaires
trium legionum	des trois légions
Britannicarum	britanniques
et auxiliis electis.	et des auxiliaires choisis.

auxiliis. Profecto Cæcina scripsit Fabius Valens exercitui, quem ipse ductaverat, ut in intinere opperiretur : sic sibi cum Cæcina convenisse. Qui præsens eoque validior mutatum id consilium finxit, ut ingruenti bello tota mole occurreretur. Ita accelerare legiones Cremonam, pars Hostiliam petere jussæ; ipse Ravennam[1] devertit, prætexto classem alloquendi; mox Patavi secretum componendæ proditionis quæsitum. Namque Lucilius Bassus post præfecturam alæ Ravennati simul ac Misenensi classibus a Vitellio præpositus, quod non statim præfecturam prætorii adeptus foret, iniquam iracundiam flagitiosa perfidia ulciscebatur. Nec sciri potest traxeritne Cæcinam, an, quod evenit inter malos ut et *consiliis*[2] similes sint, eadem illos pravitas impulerit.

choisis. Après le départ de Cécina, Valens écrivit aux troupes qui avaient primitivement composé son armée, « de l'attendre en chemin; que la chose était convenue avec son collègue ». Celui-ci, abusant de l'avantage que lui donnait sa présence, feignit un changement de résolution, dont le but était, selon lui, d'opposer au premier choc de la guerre une masse plus imposante. Les légions eurent ordre de presser leur marche, une partie pour Crémone, l'autre pour Hostilie. Lui-même se rendit à Ravenne, sous prétexte de s'entendre avec la flotte. Bientôt, accompagné de Lucilius Bassus, il alla cacher à Padoue les apprêts de sa trahison. Bassus, simple préfet de cavalerie, avait reçu de Vitellius le commandement des deux flottes de Ravenne et de Misène : irrité de n'avoir pas obtenu sur-le-champ la préfecture du prétoire, il cherchait dans une honteuse perfidie une injuste vengeance. On ne peut savoir si ce fut lui qui entraîna Cécina, ou si, par une de ces rencontres que produit entre méchants la conformité de desseins, la même perversité les poussa l'un et l'autre.

Cæcina profecto	Cécina étant parti
Fabius Valens scripsit	Fabius Valens écrivit
exercitui	à l'armée
quem ipse ductaverat,	que lui-même avait conduite
ut opperiretur in itinere :	qu'elle l'attendît en chemin :
convenisse sic sibi	être convenu ainsi à lui
cum Cæcina.	avec Cécina.
Qui præsens	Lequel *Cécina* étant présent
eoque validior	et par cela plus-puissant
finxit id consilium	feignit cette résolution
mutatum,	*avoir été* changée, [mée
ut tota mole	afin-qu'avec toute la masse *de l'ar-*
occurreretur	il fût-allé-au-devant
bello ingruenti.	de la guerre fondant-sur *eux*.
Ita legiones jussæ	Ainsi les légions reçurent-l'-ordre
accelerare Cremonam,	de se-hâter-vers Crémone,
pars petere Hostiliam;	une partie de gagner Hostilie;
ipse devertit	lui-même se-détourna
Ravennam,	vers Ravenne,
prætexto	sous prétexte
alloquendi classem;	de parler-à la flotte;
mox Patavii	puis à Padoue
secretum quæsitum	un *lieu* retiré *fut* cherché
proditionis	de (pour) la trahison
componendæ.	devant être concertée.
Namque Lucilius Bassus	Et en-effet Lucilius Bassus
præpositus a Vitellio	préposé par Vitellius
post præfecturam	après le commandement
alæ	d'une-aile-de cavalerie
classibus Ravennati simul	aux flottes de-Ravenne à-la-fois
ac Misenensi	et de-Misène
ulciscebatur perfidia flagitiosa	vengeait par une perfidie honteuse
iniquam iracundiam,	une injuste colère,
quod non adeptus foret	parce-qu'il n'avait pas obtenu
statim	sur-le-champ
præfecturam prætorii.	la préfecture du prétoire.
Nec potest sciri	Ni il *ne* peut être su
traxeritne Cæcinam,	s'il entraîna Cécina,
an, quod evenit	ou-si, *ce* qui arrive
inter malos	entre les méchants
ut sint similes	qu'ils soient semblables
et consiliis,	aussi par les desseins
eadem pravitas	la même perversité
impulerit illos.	poussa eux.

CI. Scriptores temporum[1] qui potiente rerum Flavia domo monimenta belli hujusce composuerunt, curam pacis et amorem rei publicæ corruptas in adulationem causas tradidere : nobis, super insitam levitatem et prodito Galba vilem mox fidem, æmulatione etiam invidiaque, ne ab aliis apud Vitellium anteirentur, pervertisse ipsi Vitellium videntur. Cæcina legiones assecutus centurionum militumque animos obstinatos pro Vitellio variis artibus subruebat. Basso eadem molienti minor difficultas erat, lubrica ad mutandam fidem classe ob memoriam recentis pro Othone militiæ.

CI. Les annalistes contemporains, qui pendant la puissance de la maison flavienne ont écrit l'histoire de cette guerre, ont par esprit de flatterie attribué leur défection à l'amour de la paix et du bien public. Pour moi, sans parler de leur légèreté naturelle et du peu que devait coûter un parjure de plus à des hommes qui avaient trahi Galba, leur révolte me paraît le crime de la vanité et de l'envie : pour n'être pas surpassés dans la faveur de Vitellius, ils le précipitèrent. Cécina, ayant rejoint ses légions, mit tout en œuvre pour miner sourdement l'opiniâtre fidélité que lui gardaient les centurions et les soldats. Bassus, dans la même entreprise, trouva moins d'obstacles; la flotte inclinait à violer sa foi, par le souvenir de la campagne qu'elle venait de faire pour Othon.

CI. Scriptores temporum
qui composuerunt
monimenta hujusce belli
domo Flavia
potiente
rerum,
tradidere curam pacis
et amorem rei publicæ
causas corruptas
in adulationem :
videntur nobis,
super levitatem insitam
et fidem mox
vilem
Galba prodito,
pervertisse ipsi Vitellium
æmulatione etiam invidiaque,
ne anteirentur
ab aliis
apud Vitellium.
Cæcina assecutus legiones
subruebat artibus variis
animos centurionum
militumque
obstinatos pro Vitellio.
Difficultas minor erat
Basso
molienti eadem,
classe lubrica
ad fidem mutandam
ob memoriam
recentis militiæ
pro Othone.

CI. Les écrivains de l'époque
qui ont réuni
les monuments de cette guerre-ci
la maison flavienne
étant-maîtresse
des choses (du pouvoir),
ont transmis le souci de la paix
et l'amour de la chose publique
causes dénaturées
en-vue-de la flatterie :
Cécina et Bassus paraissent à nous
outre *leur* légèreté innée,
et *leur* fidélité *devenue* ensuite
de-nulle-valeur
Galba ayant été trahi,
avoir renversé eux-mêmes Vitellius
par émulation aussi et par jalousie,
de-peur-qu'ils ne fussent dépassés
par d'autres
auprès de Vitellius.
Cécina ayant rejoint les légions
minait par des moyens variés
les esprits des centurions
et des soldats
obstinés en-faveur-de Vitellius.
Difficulté moindre était
à Bassus
entreprenant les mêmes choses,
la flotte étant glissante (encline)
à sa foi devant être changée
à-cause-du souvenir
de *sa* récente campagne
pour Othon.

NOTES

DES DEUX PREMIERS LIVRES DES *HISTOIRES*

LIVRE I

Page 4 : 1. *Initium... erunt.* Le 1er janvier 69 après J.-C.

— 2. *Octingentos... annos*, huit cent vingt-deux ans en réalité.

Page 6 : 1. *Quod si... suppeditet.* Tacite semble prévoir que la mort devait l'empêcher d'accomplir son projet.

Page 8 : 1. *Quattuor principes*, Galba, Othon, Vitellius et Domitien.

— 2. *Trina... civilia*, 1° entre Othon et Vitellius, 2° entre Vitellius et Vespasien, 3° entre Domitien et L. Antonius.

— 3. *Haustæ...*, *urbes*, Herculanum et Pompéï, an 79 après J.-C.

— 4. *Scopuli*, îlots désolés où l'on exilait les condamnés, souvent pour les massacrer ensuite.

Page 10 : 1. *Nec.* Nous prévenons une fois pour toutes que dans le mot à mot nous décomposons *nec*, en *et non*, quand la particule et la négation retombent chacune sur un mot différent.

— 2. *Odio.... corrupti.* Dans Burnouf, le point étant placé après *cuncta*, *odio et terrore* sont le complément de *corrupti*. Il traduit donc « La haine ou la terreur armant les esclaves ».

— 3. *Suprema... necessitate.* Dans Burnouf : « *suprema clarorum virorum necessitas*, des têtes illustres soumises à la dernière de toutes les épreuves. »

Page 12 : 1. *Justis*, comme ils doivent être « clairs, concluants. » Nous nous éloignons ici de l'interprétation de Burnouf qui traduit par « justes ».

— 2. *Non.. ultionem.* Dans Burnouf : « Que si les dieux ne veillent pas à notre sécurité, ils prennent soin de notre vengeance ».

Page 12 : 3. *Casus.* Dans Burnouf : « le dénouement ».

— 4. *Urbanum militem*, les troupes qui étaient à Rome : neuf cohortes prétoriennes et quatre cohortes urbaines.

— 5. *Primores equitum*, les chevaliers qui avaient atteint le cens sénatorial et pouvaient recevoir de l'empereur les ornements sénatoriaux : le laticlave, l'anneau d'or et la chaussure sénatoriale.

Page 14 : 1. *Impulsu.* Nymphidius leur avait persuadé que Néron s'était enfui en Égypte, et leur avait promis un *donativum* au nom de Galba.

— 2. *Promissum.* Les prétoriens et les soldats des cohortes urbaines devaient recevoir 30 000 sesterces par tête, environ 6300 francs.

— 3. *Legionibus*, les légions d'Espagne.

Page 16 : 1. *Cetera.* Dans Burnouf : « le reste de sa conduite ». Selon nous, le mot comprend non seulement la conduite de Galba, mais aussi les mœurs et l'esprit du temps.

— 2. *Tardum... iter.* Galba, parti de l'Espagne au commencement de juillet, n'arriva à Rome que vers le mois de septembre.

Page 18 : 1. *Trucidatis tot millibus*, 7000 soldats de marine.

— 2. *Insolito.* Rome n'avait eu jusqu'alors pour garnison que les prétoriens et les cohortes urbaines.

— 3. *Caspiarum*, sous-entendu *portarum*. C'était une passe étroite dans le Wladi-Kawkas entre la Médie et l'Hyrcarnie.

Page 20 : 1. *Facta... liberti....* Dans ce passage, le texte suivi par Burnouf diffère complètement du nôtre. Le voici : « *Facta premunt. Jam afferebant venalia cuncta præpotentes liberti.* Le bien et le mal qu'il fait pèsent également sur le prince. Déjà les affranchis puissants mettaient tout à l'enchère. »

Page 22 : 1. *Obligatæ... civitates.* Galba avait donné le droit de cité aux villes de la Gaule qui ne l'avaient pas reçu de Claude et qui s'étaient rangées du côté de Vindex.

— 2. *Tributi levamento.* Galba leur avait fait remise du quart de leurs impôts.

— 3. *Proximæ... civitates*, les Trévires et les Lingons dont Galba avait amoindri le territoire au profit de leurs voisins, parce qu'ils s'étaient déclarés contre Vindex.

Page 22 : 4. *Recentis victoriæ*, la victoire qu'ils avaient remportée sur les troupes de Vindex sous les murs de Besançon.

Page 24 : 1. *Verginio*. Galba l'avait mandé près de lui et avait nommé à sa place Hordéonius Flaccus.

— 2. *Superior exercitus*, les légions de la Germanie supérieure.

Page 28 : 1. *Occulta fati*. Dans Burnouf : « *occulta lege fati*, par une loi secrète du destin ».

Page 30 : 1. *Minoris*, subalterne. Nous avons suivi pour ce mo la traduction de Burnouf. M. Goelzer entend « qui s'était montré trop médiocre ».

Page 32 : 1. *Stulta spe*. Dans Burnouf : « *Occulta spe*, par de secrètes espérances ».

Page 34 : 1. *Anulis*. Le pluriel *anuli* désigne l'anneau d'or des chevaliers, par opposition à *anulus* qui signifie n'importe quel anneau.

— 2. *Ibi*, dans cette circonstance : « Burnouf lit *Hi* ». La différence de texte nous force à modifier légèrement la traduction française.

— 3. *Vidua*, veuve, d'après Burnouf ; non mariée, selon M. Goelzer.

Page 40 : 1. *Lege... pontifices*. Allusion aux cérémonies requises pour l'*adrogatio* (l'adoption).

— 2. *Erat*, imparfait au sens conditionnel ; ce qui arrive fréquemment quand le verbe de la proposition suppositive est à l'imparfait du subjonctif, comme ici, *adoptarem*.

— 3. *Majores nostri*. Le père de Galba avait servi sous César contre Pompée, dont Pison était l'arrière-petit-fils.

Page 42 : 1. *Adversam*. Claude avait fait mourir le père, la mère et un des frères de Pison, Néron, un autre de ses frères, et lui-même était resté longtemps en exil.

Page 44 : 1. *Unius familiæ*, la famille de César.

Page 48 : 1. *Statim intuentibus*, les personnes présentes à la cérémonie de l'adoption. — *Omnium oculi*, le public.

— 2. *In castris*, le camp des prétoriens placé aux portes de Rome.

Page 52 : 1. *Bis... sestertium* Devant ce génitif, sous-entendez *centena millia* : 462 millions de notre monnaie.

Page 56 : 1. *Super... erant*. Tmèse pour *supererant*.

— 2. *Instrumenta vitiorum*. Ce sont les meubles précieux, chevaux, esclaves, etc.

— 3. *Hasta... sector*. Une pique enfoncée en terre était le signal des ventes à l'encan. — *Sector* signifie également celui qui procède à la vente des biens mis à l'encan, ou celui qui s'en rend acquéreur.

— 4. *Exauctorati*, ceux à qui on donne un congé infamant, ôtant tout droit à une pension de retraite; appliqué à des officiers, il pourrait se traduire par *mis en réforme*.

— 5. *Vigilibus*. Corps spécial formé de sept cohortes de mille hommes, recruté en grande partie parmi les esclaves publics et les affranchis, et destiné surtout à combattre les incendies ; cependant il était aussi chargé de la garde des prisons, des magasins et des bains publics.

Page 60 : 1. *Vetabitur... retinebitur*. Les *mathematici* ou astrologues frappés d'arrêtés d'expulsion sous Auguste, 33 av. J.-C., sous Tibère, 16 ap. J.-C., sous Claude, 52, sous Vitellius, 69, revinrent toujours et plus écoutés.

Page 62 : 1. *In itinere*, pendant le voyage d'Espagne à Rome.

— 2. *Centenos nummos*. C'est-à-dire *sestertios*, environ 21 fr.

Page 64 : 1. *Speculatori*. On donnait ce nom à certains soldats d'élite, dans chaque légion, qui étaient employés comme courriers au service des dépêches. Il y en avait un nombre un peu plus grand dans les cohortes prétoriennes, et ils pouvaient même former un corps de cavalerie spéciale.

Page 66 : 1. *Tesserarium*. Soldat d'élite chargé dans chaque corps de distribuer la *tessera* (petite planchette carrée en bois) portant le mot d'ordre pour la nuit.

Page 68 : 1. *Postero... die*. Burnouf supprime *Januariarum*, et traduit « le quatorze janvier », c'est-à-dire le lendemain des ides.

Page 70 : 1. *Velabrum*, le Vélabre, quartier de Rome élevé sur l'emplacement d'un marais desséché, entre le Forum, le Tibre et l'Aventin.

— 2. *Milliarium aureum*. C'était une borne en bronze doré qu'Auguste fit élever à l'entrée du Forum, près du temple de Saturne, et de laquelle on commençait à compter les distances sur toutes les routes.

— 3. *Et gaudiis*. Dans Burnouf : « *cum gladiis*, agitant leurs épées ».

Page 72 : 1. *Minora vero*. Devant *minora*, sous-entendez un mot de sens analogue à *referentes* dont l'idée est contenue dans *augentes*.

Page 74 : 1. *Sextus dies agitur*. Il n'y a que cinq jours qui soient complètement écoulés, puisque nous sommes dans le sixième; mais c'était ainsi que les Romains comptaient habituellement.

Page 78 : 1. *Destituit*, en voulant se sauver en Égypte.

— 2. *Vipsania porticu*, portique bâti par M. Vipsanius Agrippa, entre le champ de Mars et le mont Pincius.

Page 80 : 1. *Primipilaribus*, anciens centurions primipiles qui, le temps de leur service terminé, recevaient le rang de chevalier et la dotation de 400 000 sesterces, exigée pour le cens équestre.

— 2. *Libertatis atrio*. C'était un ensemble de constructions importantes sur le mont Aventin qui servaient d'archives et qui, incendiées sous Auguste, furent remises en état par Asinius Pollion.

— 3. *Vexilla*. Les détachements des légions recevaient pour enseignes des *vexilla*, petits drapeaux en étoffe, et non des *signa* qui restaient avec ces légions. De là vient que le mot *vexilla* est pris souvent, comme ici, dans le sens de « détachements ».

Page 84 : 1. *Ignaros*. Dans Burnouf : « sans y être attendus », nous n'avons pas cru devoir suivre cette interprétation.

Page 88 : 1. *Nimii... feroces*, syllepse. L'idée du pluriel est contenue dans *ignavissimus quisque*.

— 2. *Irruenti... levaretur*. Pour ce passage, nous avons adopté l'interprétation de Burnouf. M. Goelzer fait d'*irruenti turbæ* le complément de *levaretur*.

Page 90 : 1. *Suggestu*, tribunal élevé dans la partie du camp appelée *Prætorium*, et formé d'un amas de terre ou de gazon, d'où le commandant en chef haranguait les soldats.

— 2. *Armis*. Nous traduisons avec Burnouf par « armes ». M. Goelzer en fait l'ablatif d'*armus*.

— 3. *Juxta*. Sous-entendez *se*. Burnouf sous-entend *suggestum*, « le placera près du tribunal ».

Page 92 : 1. *Tot... militum*. Allusion au massacre des soldats de marine.

Page 94 : 1. *Septem... menses*. Néron s'était tué en juin 68.

— 2. *Polycliti... Ægialii*, tous affranchis de Néron. Dans Burnouf : *Hælii* au lieu d'*Ægialii*.

Page 94 : 3. *Petierint*. Ils avaient au moins sollicité leur fortune ; Icélus a extorqué la sienne. Toutefois telle n'est pas l'interprétation de Burnouf qui traduit ce verbe par « ont acquis ».

Page 96 : 1. *Togata*. La cohorte qui montait la garde au palais quittait le vêtement militaire, *sagum*, pour prendre la toge, et ne conservait de ses armes que l'épée et la lance.

Page 98 : 1. *Marius Celsus*. Il avait été chargé de se rendre auprès des contingents égyptiens.

Page 102 : 1. *Imaginem*. Le médaillon de Galba, attaché au-dessous de la couronne qui surmontait la hampe.

— 2. *Curti lacum*, le bassin de Curtius, situé au milieu du forum ; ainsi nommé de M. Curtius qui se précipita à cheval et tout armé dans un gouffre qui s'était ouvert dans cet endroit-là.

— 3. *Agerent*, ce mot, emprunté à la formule des sacrifices (*hoc age*), n'est pas traduit dans Burnouf ; au mot *frappe*, j'ajouterais « sur-le-champ ».

Page 104 : 1. *Evocatum*, soldat, qui, après avoir fini son temps, avait repris du service.

Page 106. 1. *Ardentis*, se rapporte à Néron. Dans Burnouf : *ardentes*, qui se rapporte à Sulpicius Florus et à Statius Murcus.

Page 108 : 1. *Legionis* (*classicæ*), la seule qui fût présente à Rome.

Page 112 : 1. *Vacationes*, exemptions du service ordinaire que l'on achetait aux centurions, et aussi, prix payé pour obtenir cette exemption.

— 2. *Servilibus ministeriis*. Ils se mettaient au service des particuliers pour fendre du bois, balayer la maison, apporter de l'eau, etc., tous métiers indignes d'hommes libres et de soldats.

Page 114 : 1. *Prætor urbanus*. C'était le plus élevé en dignité des préteurs.

Page 120 : 1. *Nobilitas*. Dans son tableau généalogique, il faisait remonter à Jupiter l'origine de sa famille.

Page 124 : 1. *Deteriorem... qui vicisset*, parce qu'il faudrait supporter la tyrannie.

Page 126 : 1. *Expeditionum feracium*. Dans Burnouf : « *expeditionem et aciem* (le soldat) ne parlait plus que d'expéditions et de batailles ».

Page 128 : 1. *Pro Nerone fide*. Néron avait donné 4 millions de sesterces (840 000 fr.) pour la relever après l'incendie de 58 après J.-C.

Page 130 : 1. *Superioris anni*, l'an 68 de notre ère.

— 2. *Ei parendi*. Dans Burnouf : *imperandi*, auquel il donne le sens passif de *ut ipsi imperentur*, « le désir ardent d'être enfin commandé ».

Page 132 : 1. *Collegium Cæsaris*. Il avait été collègue de Claude, deux fois comme consul ordinaire, une fois comme censeur.

Page 136 : 1. *Dextras*, mains entrelacées en bronze ou en argent, symbole de paix ou d'hospitalité.

Page 138 : 1. *Sollemni*. Tous les ans, le 1er janvier, les légions renouvelaient leur serment de fidélité à l'empereur.

— 2. *Et duoetvicesima*. Dans Burnouf : « *ac duodevicesima*, la dix-huitième ».

Page 140 : 1. *Hibernis*, à Mogontiacum (Mayence).

Page 142 : 1. *Coloniam Agrippinensem*, colonie fondée par Agrippine dans le pays des *Ubiens*.

— 2. *Proxima... hiberna*. Elle était cantonnée à Bonn, à six lieues environ de Cologne, quartier général de Vitellius.

Page 144 : 1. *Die proximo*, le 2 janvier.

— 2. *Phalerasque*, plaques circulaires d'or ou d'argent que les soldats recevaient pour prix de leur courage, et qu'ils portaient sur la poitrine, comme nos décorations modernes.

Page 146 : 1. *Fisco*. C'était le fisc, ou cassette impériale alimentée non seulement par les revenus patrimoniaux de l'empereur, mais par ceux des provinces impériales, les tributs des états tributaires, le produit des confiscations, des deshérences, des monopoles.

— 2. *Raro*. Dans Burnouf, « *partim* », il lui en déroba d'autres.

Page 150 : 1. *Cottianis Alpibus*, toute la partie de la chaîne qui comprend le mont Viso, le mont Genève et le mont Cenis.

Page 152 : 1. *Pœninis jugis*, le Grand-Saint-Bernard.

— 2. *Aquila quintæ legionis*, l'aigle, c'est-à-dire le gros de la cinquième légion, marchant avec son aigle, tandis que les détachements n'avaient que des étendards, *vexilla*.

Page 154 : 1. *Divoduri*, aujourd'hui Metz.

— 2. *Rapuit*. Burnouf lit : « *exterruit*, emporta les courages ».

— 3. *Iere*. Ce mot manque dans le texte suivi par Burnouf, mais ni le sens, ni la traduction n'en sont sensiblement modifiés.

Page 156 : 1. *Cum... precibus*, figure hardie pour « *magistratibus veniam precantibus* ».

— 2. *Civitate Leucorum*. Les Leuques habitaient le pays dont Toul est aujourd'hui le chef-lieu.

— 3. *Civitas Lingonum*. Leur capitale était *Andomatunum*, aujourd'hui *Langres*.

Page 158 : 1. *Gaudio*, parce qu'ils voyaient dans Vitellius le vengeur de Néron, leur bienfaiteur.

Page 160 : 1. *Proximum bellum*, le soulèvement de Vindex.

— 2. *Externa*. Vienne, en effet avait été la capitale des Allobroges avant de devenir colonie romaine.

Page 162 : 1. *Trecenos... sestertios*, 63 francs par soldat.

Page 164 : 1. *Allobrogum... Vocontiorum*. Les Allobroges occupaient une partie du Dauphiné et de la Savoie, avec Vienne pour capitale ; les Voconces habitaient au midi des Allobroges ; leur ville principale était Vasio ou Vaison.

Page 166 : 1. *Locus... frequens*. Cette localité, qui n'était qu'un *vicus aquensis*, est aujourd'hui Baden, sur la Linnat, célèbre par ses sources thermales.

Page 168 : 1. *Montem Vocetium*. Le Bözberg, canton d'Aarau, sur la rive gauche de l'Aar, appartient au contrefort septentrional du Jura.

— 2. *Sub corona*. On mettait une couronne sur la tête de ceux qui étaient à vendre comme esclaves.

— 3. *Aventicum*, Avenches, à six kilomètres de Fribourg en Brisgau.

Page 170 : 1. *Siliana*, de Silianus, du nom du préfet sous lequel elle avait servi. Dans Burnouf : « *Syllana*, de Sylla ».

Page 172 : 1. *Petriana*. Dans Burnouf : « *Petrina*, Pétrina ».

— 2. *Petronium urbicum*. Dans Burnouf : « *Petronium (urbis)* », ce dernier mot non traduit.

Page 174 : 1. *Subsignanum militem.* Par cette expression, Tacite distingue les soldats légionnaires servant sous les *signa*, étendards des cohortes, des troupes auxiliaires servant sous des *vexilla*.

— 2. *Sed... adhibens.* Dans Burnouf : « *sed ne hostis metum reconciliationis adhiberet*, pour l'assurer que la réconciliation ne cachait rien d'hostile ».

Page 178 : 1. *Prima.* Dans Burnouf : « *plurima*, se déchaîne avec moins de contrainte ».

— 2. *Sinuessanas aquas*, station thermale auprès de la ville de Sinuessa, aux confins de la Campanie et du Latium, sur la voie Appienne, au pied du mont Massicus.

Page 180 : 1. *Famem*, en retenant les vaisseaux chargés de blé.

Page 182 : 1. *Tanto ante*, seulement douze jours avant.

Page 188 : 1. *Consul... kalendas*, à partir du 26 janvier.

Page 190 : 1. *Bonæ leges*, telles que la loi sur le péculat, *lex repetundarum*.

— 2. *Hispaliensibus* et *Emeritensibus*, les habitants de Séville dans l'Andalousie et de Mérida dans l'Estramadure.

— 3. *Lanciensibus*, les habitants de *Lancia*, ville de la Taraconnaise ou de la Lusitanie. Dans Burnouf : « *Lingonibus*, aux Lingons ».

Page 194 : 1. *Facilis lorica*, souple avec sa cuirasse. Burnouf lit : « *facili lorica* », ce qui ne modifie pas le sens de la phrase.

— 2. *Aut vulnerum*, sous-entendu *sævitia*. Dans Burnouf : *et vi vulnerum*, et par l'effet des blessures.

Page 202 : 1. *Quina... nummum*, cinq mille sesterces, c'est-à-dire, mille cinquante francs par tête.

Page 204 : 1. *Cupiditate vel odio.* Ces ablatifs s'expliquent par *ortum est*, dont le sens est contenu dans *initium*.

Page 206 : 1. *Imprecentur.* Ce verbe signifie souhaiter du mal.

Page 208 : 1. *Decora... provinciarum.* Les plus considérables d'entre les provinciaux entraient au sénat.

— 2. *Italiæ alumni.* Les prétoriens se recrutaient à Rome et en Italie.

Page 210 : 1. *Et... apta.* Dans Burnouf : « *ea* remplace *et*, *apta* est supprimé »; le sens est néanmoins à peu près le même.

Page 212 : 1. *Othoni... dicenti.* Othon savait quel cas il devait faire de ces flatteries, lui qui, naguère simple particulier, flattait Néron dans les mêmes termes.

Page 214 : 1. *Statuam... in orientem conversam.* Ce prodige parmi les autres présages ordinaires semblait plus spécialement concerner la fortune de Vespasien, qui commandait en Orient.

Page 218 : 1. *Immutatus,* sans changement. Burnouf lit *comitatus.*

Page 220 : 1. *Coloniam Aquinatem,* Aquino, dans la terre de Labour, province de Naples.

Page 222 : 1. *Anxii.* Ce mot est omis dans le texte de Burnouf, qui traduit simplement : « ruinés dans la paix ».

Page 224 : 1. *Tantum... pertimuere.* Dans Burnouf : « *Tantum pacis adversa pertimuere* ; on ne craignait que les malheurs de la paix ».

— 2. *Nondum... ancilium.* Pendant le mois de mars, les Saliens tiraient de la *curia saliorum* les anciles ou boucliers sacrés auxquels était attaché, d'après une ancienne tradition, le salut de l'empire, et les promenaient processionnellement dans Rome. Tant qu'ils n'avaient pas été replacés dans leur sanctuaire, c'est-à-dire, pendant tout le mois de mars, la religion défendait d'entreprendre rien d'important.

— 3. *Neronianarum sectionum.* Galba avait institué une commission de trente membres chargés de faire rendre gorge à ceux qui s'étaient enrichis des libéralités de Néron ; c'est l'argent provenant de ces poursuites qu'Othon abandonnait aux victimes de Néron, à condition qu'il n'eût pas encore été versé au fisc.

LIVRE II

Page 228 : 1. *Lætum... exitio. Lætum et prosperum.* Allusion à Vespasien et à Titus, *atrox exitio,* à Domitien.

Page 232 : 1. *Audentioribus spatiis,* parce qu'il navigua en pleine mer, montrant en cela plus d'audace que le commun des navigateurs.

— 2. *Ritum.* Dans Burnouf : « *situm,* l'établissement du temple ».

Page 234 : 1. *Familiæ... posteri,* les Cinyrades et les Tamirades.

DES DEUX PREMIERS LIVRES DES HISTOIRES.   479

Page 234 : 2. *Puro*, sans mélange de sang ni d'encens.

— 3. *In aperto.* Le temple était ὑπ' αἰθρᾳ, à ciel ouvert.

Page 238 : 1. *Inexperti... amor.* Dans Burnouf : « *inexpertus belli labor*, que les fatigues de la guerre n'avaient point encore émoussés ».

Page 242 : 1. *Proximo... bello*, le soulèvement de Vindex.

— 2. *Quicquid... prætenditur.* Il y avait de ce côté une ligne de camps et de postes fortifiés, destinés à surveiller les mouvements des Parthes.

Page 244 : 1. *Exspectari... bellorum civilium.* Dans Burnouf : « *exspectari belli exitum*, d'attendre l'issue de la guerre que les autres se faisaient ».

Page 246 : 1. *Ceterorum... contextu.* L'histoire parle de trois faux Nérons. Celui-ci est le premier, le second parut sous Titus, l'an 80 après J.-C. et fut appuyé quelque temps par un Artaban, roi des Parthes. Cet homme, né en Asie, se nommait Térentius Maximus. Enfin, le troisième trouva aussi de l'appui chez les Parthes, l'an 88 après J.-C. La partie de l'œuvre où Tacite a parlé de ces deux derniers personnages est perdue.

Page 248 : 1. *Insigne oculis.* Il avait sans doute comme Néron les yeux bleus et faibles.

Page 250 : 1. *Terrori.* Dans Burnouf, après *retinebatur*, un point ; et « *Ad hoc terroris*, à la terreur de la loi ».

Page 252 : 1. *Bina.* Ce mot ayant le sens distributif, nous avons ajouté à la traduction de Burnouf : « de chaque légion ».

— 2. *Veteranæ*, par rapport à la *septima Galbiana*, levée par Galba en Espagne, il y avait moins d'un an.

— 3. *Eligendo.* Il les avait choisis pour les opposer à Vindex.

Page 258 : 1. *Albintemelium*, aujourd'hui Vintimille. Burnouf lit : *Albium Intemelium*.

Page 260 : 1. *Coloniarum*, les colonies de la Narbonnaise, *Narbo Martius* (Narbonne), *Aquæ Sextiæ* (Aix), *Forum Julii* (Fréjus), etc., etc.

— 2. *Ligurum cohors*, milice locale chargée de la police du pays ; plus loin Tacite les appelle *Alpinos*.

Page 266 : 1. *Liburnicarum... navium*, proprement vaisseaux des Liburnes, pirates illyriens. C'étaient des navires rapides et légers, introduits dans la flotte de l'empire par Auguste ; ils pouvaient même être utilisés sur les fleuves.

Page 268 : 1. *Aperuerat... transmiserat*. Dans Burnouf : « *Aperuerat jam Italiam bellumque transmiserat*, avait ouvert à la guerre les barrières de l'Italie ».

Page 270 : 1. *Vexillarios*, soldats détachés des légions de Dalmatie et de Pannonie.

— 2. *E conspectu*. Ils n'étaient qu'à une petite distance du Pô, mais ne pouvaient encore l'apercevoir. Dans Burnouf : « *in conspectu*, quand on fut à la vue du Pô ».

Page 272 : 1. *Urbano militi* désigne ici, non pas une milice particulière, comme précédemment, mais les soldats amollis par la vie de Rome.

Page 274 : 1. *Acribus oculis*, avec des yeux pénétrants. Dans Burnouf: *ægris oculis*. Le sens est toujours à peu près le même; aussi n'avons-nous pas modifié la traduction française.

Page 276 : 1. *Missilem ignem*, au lieu du terme technique *falaricas*. C'étaient des traits de forte dimension lancés par une machine, et dont le fer, large de trois pieds, était enveloppé d'étoupes garnies de poix ou d'autres matières inflammables auxquelles on mettait le feu avant de lancer le trait.

Page 278 : 1. *Perfringendis operibus*. Le mot *operibus* manque dans Burnouf qui traduit : « pour rompre et écraser les assaillants ».

Page 282 : 1. *Duabus... cladibus*, celle d'Othon et celle de Vitellius à quelques mois de distance.

Page 286 : 1. *Locus Castorum*. Il y avait là un sanctuaire de Castor et Pollux.

— 2. *Aggerem viæ*. La chaussée de la voie Postumia qui conduisait de Crémone à Mantoue.

Page 288 : 1. *Fossas*, les canaux d'irrigation, comme il y en a encore aujourd'hui dans cette partie de la Lombardie.

— 2. *Traducum*. Ce sont les cordons de vignes qu'on fait couri d'arbre à arbre ; en Italie, on plante les pieds des vignes à côté d'ormes ou de peupliers qui leur servent de supports naturels.

Page 292 : 1. *Tantum... itineris*. Le champ de bataille était éloigné de Crémone, c'est-à-dire du camp de Vitellius, d'au moins douze milles (près de quatre lieues et demie).

Page 294 : 1. *Bello Neronis*. Néron les avait fait venir pour l'expédition qu'il méditait contre les Albanais ; mais après sa mort, les Bataves, revenus à Rome, avaient été renvoyés en Bretagne par Galba.

Page 296 : 1. *Viennensium aurum.* L'or qu'ils le soupçonnaient d'avoir reçu des habitants de Vienne.

— 2. *Pretia laborum.* Apposition à *spolia* et *aurum.* Dans Burnouf : « *et* pretia, et le prix ».

Page 304 : 1. *Nullo... subsidio.* Les Vitelliens n'avaient pas de flotte.

Page 306 : 1. *Aut... æstibus.* Pour expliquer le texte de M. Goelzer, nous donnons à *aut* un sens qu'il a rarement. Nous avouons préférer le texte et l'interprétation de Burnouf : « *aut Italiæ sueta aut æstibus,* acclimatés en Italie, ou faits à la chaleur ».

Page 312 : 1. *Insula.* Cette île est située un peu au-dessous du confluent du Pô et de l'Adda, en face du petit bourg actuel de Spinadesco.

— 2. *Vada.* Ce mot indique toujours un endroit où l'eau est peu profonde.

Page 314 : 1. *Comminus,* a son sens étymologique *cum manu.*

— 2. *Cohortibus.* Les cohortes prétoriennes qui avaient défendu Plaisance.

Page 318 : 1. *Civium legiones... exercitus.* Ces deux derniers mots sont opposés l'un à l'autre. Si des *légions* toutes romaines avaient mis tant d'acharnement à se combattre, que devait-on attendre d'*armées* comme celles de Vitellius et d'Othon, représentant des nationalités différentes ?

Page 322 : 1. *Non omissuro.* Burnouf lit : « *non admissuro,* ne devant pas laisser échapper ». En somme, le sens de la phrase est le même dans les deux leçons ; aussi n'ai-je pas modifié la traduction.

Page 326 : 1. *Relabebantur,* refluaient. Dans Burnouf : « *revertebantur,* étaient portés en arrière ».

Page 328 : 1. *Non ante* ; car l'engagement auquel cette légion avait pris part près du temple de Castor n'était pas une vraie bataille.

Page 330 : 1. *Immensum id spatium.* Douze milles et demi (26 kilomètres 600 mètres) ; c'était une distance énorme pour des troupes fatiguées et démoralisées.

Page 336 : 1. *Patuit vallum.* Le camp des Othoniens.

Page 338 : 1. *Fidissimum*. On ignorait encore la défection des troupes qui avaient combattu à Bédriac.

Page 340 : 1. *Solaciis*. Les consolations qu'il pourrait trouver en se vengeant de Vitellius sur sa famille.

Page 342 : 1. *Romanæ pubis*. Les prétoriens qui, comme nous l'avons vu, se recrutaient à Rome et dans l'Italie.

Page 344 : 1. *Servios*. A la famille desquels appartenait Galba.

— 2. *Familiam novam*, la *gens Salvia*, à laquelle il appartenait.

Page 348 : 1. *Ferentino*. *Ferentinum* était un municipe d'Étrurie, aujourd'hui *Ruine di Ferento*.

— 2. *Impar*. D'après Suétone, sa mère était d'une famille de chevaliers.

Page 350 : 1. *Regium Lepidum*. Place dans le pays des Boïens, probablement colonisée par Émilius Lépidus; c'est aujourd'hui Reggio.

Page 352 : 1. *Ordo Mutinensis*. Le sénat municipal de Modène; l'expression complète serait : *Ordo decurionum Mutinensium*.

Page 356 : 1. *Diplomata*, saufs-conduits ou passeports délivrés par les gouverneurs au nom du prince, ou par le prince même aux particuliers, pour les autoriser à se servir de la poste impériale, de ses relais et de ses gîtes de nuit.

Page 360 : 1. *Specie militum*. Nous avons conservé le sens adopté par Burnouf. M. Goelzer entend : « sous un déguisement militaire ».

— 2. *Tanta... vis*. Dans Burnouf : un seul mot, *tantum*; le sens est le même.

— 3. *Ripæ*, la rive gauche du Rhin.

Page 366 : 1. *Vetere egestate*. A son départ pour la Germanie, ses créanciers, qui lui avaient fait escorte, étaient si nombreux qu'ils avaient occasionné une sorte d'émeute.

— 2. *Principi*. Burnouf lit : *principis*; au fond le sens est le même.

Page 370 : 1. *Trahebat*. J'ai laissé l'interprétation de Burnouf; M. Goelzer donne à *trahebat* le sens de *vastabat*.

— 2. *Gravissima*. Burnouf sous-entend *fide*, cette cité fidèle. M. Goelzer entend « pleine de bon sens ». Aucune de ces deux interprétations ne m'ayant paru satisfaisante j'ai laissé à ce mot son sens ordinaire.

Page 372 : 1. *Ab utroque mari*. La mer supérieure ou Adriatique, la mer inférieure ou Tyrrhénienne.

— 2. *Principes civitatium*. Les principaux des villes par lesquelles le prince passait et qui étaient forcés de le défrayer lui et sa suite.

— 3. *Ludo* sous-entendu *gladiatorio*. C'était devenu une manie, parmi les jeunes gens du beau monde, de fréquenter les écoles de gladiateurs et de combattre dans le cirque.

Page 376 : 1. *Germanicum*. Titre qu'il avait pris dans la suscription de la lettre.

Page 382 : 1. *Grais Alpibus*. Le petit Saint-Bernard.

— 2. *Flexu itineris*. On leur fit faire un détour par Chambéry au lieu de passer par Vienne.

— 3. *Honestæ missionis*. Avec un don de 20 000 sesterces (2400 francs) par tête.

Page 384 : 1. *suis hibernis*, la Dalmatie et la Pannonie.

— 2. *Ludicro initio*. Burnouf entend ce passage autrement : « par une cause qui ne serait qu'un jeu ».

— 3. *Vitellio*. Ce mot manque dans le texte de Burnouf, qui traduit : « si le nombre des tués n'eût ajouté à l'horreur de la guerre ».

Page 386 : 1. *Agminis coactores*, l'arrière-garde chargée de ramasser les traînards.

— 2. *Fastiditi*. Ils reprochaient à Verginius de les avoir méprisés en refusant l'empire qu'ils lui offraient.

Page 388 : 1. *Interno... bello*. Allusion au soulèvement de Civilis et des Bataves auquel prirent part aussi les Germains d'au-delà du Rhin.

Page 390 : 1. *Regium in morem*. Allusion aux despotes de l'Orient.

Page 392 : 1. *Dis loci*. C'est dans ces mêmes lieux que six mois plus tard sa fortune devait être abattue.

Page 396 : 1. *Veterum Crassorum*. Camérinus était apparenté à la famille des Crassus.

Page 398 : 1. *Miles... paratus*. Nous nous sommes éloigné du sens de Burnouf qui traduit : « dans son camp, le soldat était tout prêt ».

Page 398 : 2. *Ti.* C'est le personnage désigné sous le nom de Tibérius Alexander dans le livre Ier, chap. XI, ligne 6e. Il se nomme lui-même *Ti. Julius Alexander*, dans un édit que reproduit le *Corpus inscriptionum* n° 4957. Il était né à Alexandrie d'une famille juive sacerdotale.

Page 400 : 1. *Progressum... regressum.* Burnouf lit simplement *regressum*, « le retour était possible ».

— 2. *Notum.* Il avait sous Claude commandé une légion en Germanie.

Page 402 : 1. *Quam salutare... positum est.* Burnouf met un point après *magnificum* et traduit en conséquence : « Autant pour le salut de Rome que pour ta propre gloire : après les dieux tu as l'empire dans tes mains ».

Page 408 : 1. *Tua... experientia.* Pour ce passage, nous préférons l'interprétation de M. Goelzer : *experientia qua omnes anteis*, à celle de Burnouf, qui rapporte *omnes* à *classes, alæ, cohortes, reges*, et traduit : « et le meilleur des auxiliaires, ton expérience ».

— 2. *Triumphale nomen.* Vespasien avait reçu de Claude en 42 les ornements du triomphe.

Page 410 : 1. *Seleucum quendam.* Probablement le même qu'avait consulté Othon.

— 2. *Basilides.* Ce nom (fils de roi) était déjà de bon augure.

Page 412 : 1. *Ambages.* En effet, chacun de ces termes, *sedes, termini, homines*, pouvait s'appliquer à un riche particulier aussi bien qu'à un futur empereur.

— 2. *Quinto nonas Julias* : le 3 juillet.

Page 414 : 1. *Contione.* Nous avons suivi pour ce mot l'interprétation de M. Goelzer. Burnouf lui donne le sens de harangue « sans qu'on les eût harangués ».

— 2. *Altitudinis.* Burnouf lit *multitudinis*, ce qui change complètement le sens de la phrase. « Dès qu'il eut dissipé cette nuée de soldats dont la vue était comme obscurcie. »

Page 416 : 1. *Sohæmus.* Roi des Ituréens.

— 2. *Antiochus.* Roi de Comagène et d'une partie de la Cilicie.

Page 418 : 1. *Agrippa.* Hérode Agrippa, fils d'Hérode Agrippa Ier; il avait reçu de Claude le trône de Chalcidène, petit pays situé en Syrie le long du Liban.

Page 418 : 2. *Berenice*. Sœur du précédent; elle avait épousé en premières noces Hérode de Chalcis.

— 3. *Nondum legionibus*. Ce fut Vespasien qui donna des légions à cette province.

— 4. *Beryti*. Ville maritime, très ancienne, sur les côtes de la Phénicie, à l'embouchure du Magoras, entre Byblos et Sidon, aujourd'hui Beirut.

Page 422 : 1. *Claustra Ægypti*. Péluse et Alexandrie.

— 2. *Recuperandæ... invitarent*. Nous nous éloignons ici de l'interprétation de Burnouf qui considère *militiæ* comme un génitif dépendant de *præmio* et traduit : « De les gagner par l'espoir de rentrer sous les drapeaux ».

— 3. *Tredecim... millia*. C'étaient treize mille hommes détachés des légions complétées par le rappel des prétoriens.

Page 428 : 1. *Tettium*. Dans Burnouf : *Tertium*.

Page 430 : 1. *Quæstus cupidine*. Le commerce était interdit aux sénateurs. Burnouf lit *quietis* au lieu de *quæstus* « par l'amour du repos ».

Page 438 : 1. *Captam urbem*. Il était interdit aux généraux d'entrer à Rome, vêtus du *paludamentum*. Enfreindre cette défense, c'eût été traiter Rome en ville prise.

Page 440 : 1. *Torques*. Ces colliers d'or ou d'argent, portés tantôt autour du cou, tantôt sur la poitrine, étaient comme les *phaleræ* dont nous avons parlé plus haut, des récompenses du courage militaire.

Page 442 : 1. XV *Kalendas Augustas* : le 18 juillet.

2. — *Cremerensi... cladibus*. Le Cremère, petit affluent du Tibre, était célèbre par la défaite que les Romains avaient essuyée sur ses bords, et dans laquelle avait péri toute la gens Fabia, en 479 avant Jésus-Christ. L'Allia était un autre affluent du Tibre, sur lequel l'armée romaine avait été mise en déroute par les Gaulois, 390 avant Jésus-Christ.

— 3. *Priscus Helvidius*. Gendre de Thraséas dont il cherchait à rappeler les vertus. Désigné comme préteur par Vitellius, il fut moins heureux sous Vespasien, qui le fit mettre à mort à cause de son opposition.

Page 444 : 1. *Thraseæ, Thraseas (Pœtus)*. Célèbre par ses vertus, forcé de se faire ouvrir les veines par ordre de Néron.

Page 446 : 1. *Nobilium turba*. Ceux que Néron avait exilés.

— 2. *Jura libertorum*. D'après la loi des douze tables, les patrons succédaient, comme agnats, à ceux de leurs affranchis qui n'avaient pas d'héritiers *siens* et qui mouraient sans testament. Si l'affranchi faisait un testament, il ne pouvait disposer que de la moitié de son bien, l'autre étant de plein droit dévolue au patron. De plus, l'affranchi était tenu envers le patron à des services et à des présents réglés par l'usage, et si celui-ci tombait dans l'indigence, il lui devait la nourriture, comme un fils à son père (BURNOUF).

— 3. *Transgressi... potentiores*. Ces nominatifs se rapportent à *servi* contenu dans *servilia ingenia*, sujet de *corrumpebant*.

Page 448 : 1. *Obnoxia morbis*. Disposés aux maladies par ce qui vient d'être dit.

— 2. *Fluminis aviditas*. Ils abusaient de l'eau du Tibre aussi malsaine pour ceux qui s'y baignaient que pour ceux qui en buvaient.

Page 450 : 1. *Alares*. Ce mot ne désigne pas ici la *cavalerie auxiliaire*; il semble pris dans la signification ancienne du mot. *cavalerie légionnaire*.

— 2. *Viginti millibus*. A savoir seize mille pour les seize cohortes prétoriennes et quatre mille pour les cohortes urbaines.

Page 452 : 1. *Natalem Vitellii diem* : le 7 ou le 24 septembre.

— 2. *Titios*. Par la création des *Titiens* et « à Titus ». J'ai dû ajouter ces mots à la traduction de Burnouf dont le texte ne porte pas *Titios*.

— 3. *Polyclitos, Patrobios*. Affranchis de Néron, punis du dernier supplice par Galba.

Page 454 : 1. *Novies millies sestertium* : neuf fois cent mille sesterces, environ 189 millions de francs.

Page 460 : 1. *Etesiarum* : les vents étésiens, soufflant du N.-O. du 20 juillet au 30 août.

— 2. *De... exterritus. De* n'est pas dans le texte de Burnouf qui traduit « épouvanté par l'invasion de l'ennemi et les nouvelles effrayantes qui arrivaient de toutes parts ».

— 3. *Meditanti*. Dans Burnouf : *meditato*, mais le sens n'est pas modifié.

Page 462 : 1. *Ravennam.* Port d'attache de la flotte de l'Adriatique.

— 2. *Consiliis similes.* Ce premier mot manque dans Burnouf qui traduit : « la conformité de mœurs »

Page 466 : 1. *Scriptores temporum.* Par exemple, Pline l'Ancien, Vipstanus Messala et Claudius Rufus.

FIN.

14498. — Imprimerie A. Lahure, rue de Fleurus, 9, à Paris.

LIBRAIRIE HACHETTE ET Cie
Boulevard Saint-Germain, 79, à Paris

NOUVELLE COLLECTION
DE CLASSIQUES
GRECS, LATINS, FRANÇAIS ET ÉTRANGERS
A L'USAGE DES ÉLÈVES.

Format petit in-16 cartonné.

(LES NOMS DES ANNOTATEURS SONT INDIQUÉS ENTRE PARENTHESES.)

LANGUE GRECQUE

Aristophane : *Morceaux choisis* (Poyard)..................... 2 fr.
Aristote : *Morale a Nicomaque*, liv. 8ᵉ (Lucien Lévy)....... 1 fr.
— *Morale à Nicomaque*, 10ᵉ livre (Hannequin)........ 1 fr. 50 c.
— *Poétique* (Egger, membre de l'Institut).................. 1 fr.
Démosthène : *Discours de la couronne* ou pour Ctésiphon (Weil, membre de l'Institut)............................. 1 fr. 25 c.
— *Les quatre philippiques* (Weil)........................ 1 fr.
— *Les trois olynthiennes* (Weil)......................... 60 c.
— *Sept philippiques* (Weil).............................. 1 fr. 50 c.
Denys d'Halicarnasse : *Lettre à Ammée* (Weil).......... 60 c.
Élien : *Morceaux choisis* (J. Lemaire)................. 1 fr. 10 c.
Épictète : *Manuel* (Thurot, membre de l'Institut)......... 1 fr.
Eschyle : *Morceaux choisis* (Weil)..................... 1 fr. 60 c.
— *Prométhée enchaîné* (Weil)............................. 1 fr.
— *Les Perses* (Weil)..................................... 1 fr.
Euripide : *Théâtre* (Weil) Alceste; Electre; Hécube; Hippolyte; Iphigénie à Aulis: Iphigénie en Tauride. Chaque tragédie séparée,.. 1 fr.
— *Morceaux choisis* (Weil)............................... 2 fr.
Hérodote : *Morceaux choisis* (Tournier, maître de conférences à l'École normale supérieure)............................ 2 fr.
Homère : *Iliade* (A. Pierron)......................... 3 fr. 50 c.
— *Odyssée*, chants I, II, VI, XI, XII, XXII, XXIII... chacun 25 c.
— *Morceaux choisis de l'Iliade* (A. Pierron)............ 1 fr. 60 c.
Lucien : *De la manière d'écrire l'histoire* (A. Lehugeur)... 75 c.
— *Le Songe ou le Coq* (Desrousseaux)..................... 1 fr.
— *Dialogues des morts* (Tournier et Desrousseaux)....... 1 fr. 50 c.
— *Morceaux choisis* (E. Talbot, prof. au lycée Fontanes)..... 2 fr.
Platon : *Criton* (Ch. Waddington, professeur à la Faculté des lettres de Paris).. 50 c.
— *République*, VIᵉ livre (Aubé).......................... 1 fr. 50 c.
— *République*, VIIᵉ livre (Aubé)......................... 1 fr. 50 c.
— *République*, VIIIᵉ livre (Aubé)........................ 1 fr. 50 c.
— *Morceaux choisis* (Poyard)............................. 2 fr.

Plutarque : *Vie de Cicéron* (Graux).................................. 1 fr.
— *Vie de Démosthènes* (Graux)..................................... 1 fr.
— *Morceaux choisis des biographies* (Talbot), 2 vol. : 1° les Grecs illustres, 1 vol., 2 fr.; 2° les Romains, 1 vol............... 2 fr.
— *Morceaux choisis des Œuvres morales* (V. Bétholaud)..... 2 fr.
Sophocle : *Théâtre* (Tournier); *Ajax*; *Antigone*; *Electre*; *Œdipe roi*; *Œdipe à Colone*; *Philoctète*; *Trachiniennes*. Chaque tragédie.. 1 fr.
— *Morceaux choisis du théâtre* (Tournier)................... 2 fr.
Thucydide : *Morceaux choisis* (Croiset, maître de conférences à la Faculté des lettres de Paris)........................ 2 fr.
Xénophon : *Economique* (Graux et Jacob)............ 1 fr. 50 c.
— *Mémorables*, livre I (Lebègue)........................ 1 fr.
— *Extraits des Mémorables* (Jacob)..................... » »
— *Morceaux choisis* (de Parnajon)...................... 2 fr.

LANGUE LATINE

Cicéron : *Extraits des principaux discours* (F. Ragon). 2 fr. 50
— *Extraits des ouvrages de rhétorique* (V. Cucheval, professeur de rhétorique au lycée Fontanes)........................... 2 fr.
— *Choix de lettres* (V. Cucheval)........................... 2 fr.
— *De amicitia* (E. Charles, recteur de l'Académie de Lyon). 50 c.
— *De finibus libri I et II* (E. Charles)................ 1 fr. 50 c.
— *De legibus liber I* (Lucien Lévy).................... 75 c.
— *De natura deorum* (Thiaucurt)....................... 1 fr. 50 c.
— *De re publica* (E. Charles).......................... 1 fr. 50 c.
— *De senectute* (E. Charles)........................... 40 c.
— *De suppliciis* (E. Thomas).......................... 1 fr. 50 c.
— *De signis* (E. Thomas).............................. » »
— *In M. Antonium philippica secunda* (Gantrelle)..... 1 fr.
— *In Catilinam orationes quatuor* (A. Noël).......... 60 c.
— *Orator* (C. Aubert)................................. 1 fr.
— *Pro Archia poeta* (E. Thomas)....................... 30 c.
— *Pro lege Manilia* (A. Noël)......................... 30 c.
— *Pro Ligario* (A. Noël).............................. 30 c.
— *Pro Marcello* (A. Noël)............................. 30 c.
— *Pro Milone* (A. Noël)............................... 40 c.
— *Pro Murena* (A. Noël)............................... 40 c.
— *Somnium Scipionis* (V. Cucheval)................... 30 c.
Cornelius Nepos (Monginot, prof. au lycée Fontanes).... 90 c.
Heuzet : *Selectæ e profanis scriptoribus* (Lemaire).. 1 fr. 75 c.
Jouvency : *Appendix de diis et heroïbus* (Esdeline)...... 70 c.
Lhomond : *De viris illustribus Romæ* (Chaine)......... 1 fr. 10
— *Epitome historiæ sacræ* (A. Pressard).................. 60 c.
Lucrèce : *De la Nature*, 5ᵉ livre (Benoist et Lantoine).... 90 c.
— *Morceaux choisis* (Poyard)........................... 1 fr. 50 c.
Ovide : *Morceaux choisis des Métamorphoses* (Armengaud) 1 fr. 80 c.
Pères de l'Eglise latine (Nourrisson)................. 2 fr. 25 c.
Phèdre : *Fables* (E. Talbert)........................ 80 c.
Plaute : *La Marmite (Aulularia)* (Benoist, professeur à la Faculté des lettres de Paris)................................. 80 c.
— *Morceaux choisis* (Benoist).......................... 2 fr.
Pline le Jeune : *Choix de lettres* (Waltz)........... 1 fr. 80 c.
Quinte-Curce (Dosson)................................ 2 fr. 25 c.
Quintilien : *Institutions oratoires*, Xᵉ livre (Dosson). 1 fr. 50 c.
Salluste (Lallier).................................... 1 fr. 80 c.

Sénèque : *De vita beata* (Delaunay).................... 75 c.
— *Lettres à Lucilius, I à XVI* (Aubé)..................... 75 c.
Tacite : *Annales* (E. Jacob, professeur de rhétorique au lycée
 Louis le Grand).. 2 fr. 50 c.
— *Histoires, liv. I et II* (Gœlzer)...................... 1 fr. 80 c.
— *Vie d'Agricola*, (E. Jacob)........................... 75 c.
Térence : *Adelphes* (Psichari et Benoist)............... 80 c.
Tite-Live : *Livres XXI et XXII* (Riemann et Benoist)..... 2 fr.
— *Livres XXIII, XXIV et XXV*............................ 2 fr. 25 c.
— *Livres XXVI à XXX*.................................... » »
Virgile : *Œuvres* (Benoist)............................. 2 fr. 25 c.

LANGUE FRANÇAISE

Boileau : *Œuvres poétiques* (E. Geruzez)................ 1 fr. 50 c.
— *L'Art poétique*, séparément........................... 40 c.
Bossuet : *Connaissance de Dieu* (de Lens)............... 1 fr. 60 c.
— *Sermons choisis* (Rébelliau).......................... 3 fr.
Buffon : *Discours sur le style*......................... 30 c.
— *Morceaux choisis* (E. Dupré).......................... 1 fr. 50 c.
Chanson de Roland et Joinville : *Extraits* (G. Paris)... » »
Corneille : *Cinna* (Petit de Julleville)................ 1 fr.
— *Horace* (Petit de Julleville)......................... » »
— *Le Cid* (Petit de Julleville)......................... » »
— *Nicomède* (Petit de Julleville)....................... 1 fr.
— *Le Menteur* (Lavigne)................................. 1 fr.
Descartes : *Discours de la méthode*; première méditation (Char-
 pentier, professeur au lycée Louis le Grand)............. 1 fr. 50 c.
— *Principes de la philosophie, livre I* (Charpentier)... 1 fr. 50 c.
Fénelon : *Fables* (Ad. Régnier, de l'Institut).......... 75 c.
— *Sermon pour la fête de l'Epiphanie* (G. Merlet)....... 60 c.
— *Télémaque* (A. Chassang).............................. 1 fr. 80 c.
Florian : *Fables* (Geruzez)............................. 75 c.
Joinville : *Histoire de saint Louis* (Natalis de Wailly, membre
 de l'Institut)... 2 fr.
— *Extraits*, voy. Chanson de Roland.
La Fontaine : *Fables* (E. Géruzez)...................... 1 fr. 60 c.
Lamartine : *Morceaux choisis*........................... 2 fr.
Leibniz : *Extraits de la Théodicée* (P. Janet).......... 2 fr. 50 c.
— *Monadologie* (H. Lachelier)........................... 1 fr.
— *Nouveaux Essais* (Lachelier).......................... 1 fr. 75 c.
Molière : *L'Avare* (Lavigne)............................ 1 fr.
— *Le Tartuffe* (Lavigne)................................ 1 fr.
— *Le Misanthrope* (Lavigne)............................. 1 fr.
— *Les Femmes savantes* (Larroumet)...................... » »
Pascal : *Opuscules* (C. Jourdain)....................... 75 c.
Racine : *Andromaque* (Lavigne).......................... 75 c.
— *Les Plaideurs* (Lavigne).............................. 75 c.
— *Esther* (Lanson)...................................... 1 fr.
— *Iphigénie* (Lanson)................................... 1 fr.
Sévigné : *Lettres choisies* (Ad. Régnier)............... 1 fr. 80 c.
Théâtre classique (Ad. Régnier, de l'Institut)........... 3 fr.
Voltaire : *Lettres choisies* (Brunel)................... 2 fr. 25 c.

LANGUE ALLEMANDE

Auerbach : *Récits villageois de la Forêt-Noire* (B. Lévy)... 3 fr.
Benedix : *Le Procès* (Lange)............................ 60 c.
— *L'Entêtement* (Lange)................................. 60 c.

Chamisso : *Pierre Schlemihl* (Koell).................... 1 fr.
Contes et Morceaux choisis de Schmid, Krummacher, Liebeskind, Lichtwer, Hebel, Herder et Campe (Scherdlin, professeur au lycée Charlemagne).................... 2 fr.
Contes populaires tirés de Grimm, Musæus, Andersen et des *Feuilles de palmier* par Herder et Liebeskind (Scherdlin).................... 3 fr.
Gœthe : *Iphigénie en Tauride* (B. Lévy).............. 1 fr. 50 c.
— *Campagne de France* (B. Lévy).................... 1 fr. 50 c.
— *Faust*, 1re partie (Büchner).................... 2 fr.
— *Le Tasse* (B. Lévy).................... 1 fr. 80 c.
— *Morceaux choisis* (B. Lévy).................... 3 fr.
Hoffmann : *Le Tonnelier de Nuremberg* (Bauer).......... 2 fr.
Kleitz (de) : *Michael Kohlhaas* (Koch).................... » »
Lessing : *Laocoon* (B. Lévy).................... 2 fr.
— *Extraits des lettres sur la littérature moderne et des lettres archéologiques* (Cottler, professeur au lycée Charlemagne). 2 fr.
— *Extraits de la Dramaturgie* (Cottler).................... 1 fr. 50 c.
— *Minna de Barnhelm* (B. Lévy).................... 1 fr. 50 c.
Niebuhr : *Histoires tirées des temps héroïques de la Grèce* (Koch, professeur au lycée Saint-Louis).......... 1 fr. 50 c.
Schiller : *Guerre de Trente ans* (Schmidt et Leclaire) 2 fr. 50 c.
— *Histoire de la révolte des Pays-Bas* (Lange)...... 2 fr. 50 c.
— *Jeanne d'Arc* (Bailly).................... 2 fr. 50 c.
— *Fiancée de Messine* (Scherdlin).................... 1 fr. 50 c.
— *Wallenstein*, poème dramatique en 3 parties (Cottler) 2 fr. 50 c.
— *Oncle et Neveu* (Briois, professeur au lycée de Rouen)... 1 fr.
— *Morceaux choisis* (B. Lévy).................... 3 fr.
Schiller et Gœthe : *Correspondance* (B. Lévy).......... 3 fr.
Schmid : *Cent petits Contes* (Scherdlin).................... 1 fr. 50 c.
— *Les Œufs de Pâques* (Scherdlin).................... 1 fr. 50 c.

LANGUE ANGLAISE

Byron : *Childe Harold* (E. Chasles).................... 2 fr.
Cook : *Extraits des Voyages* (Angellier).................... 2 fr.
Edgeworth : *Forester* (Al. Beljame).................... 1 fr. 50 c.
— *Contes choisis* (Motheré, prof. au lycée Charlemagne).... 2 fr.
Eliot (G.) : *Silas Marner* (A. Malfroy).................... » »
Foë (Daniel de) : *Robinson Crusoé* (Al. Beljame)..... 1 fr. 80 c.
Goldsmith : *Le Vicaire de Wakefield* (A. Beljame)..... 1 fr. 50 c.
— *Le Voyageur ; le Village abandonné* (Motheré).......... 75 c.
— *Essais choisis* (Mac Enery, prof. au lycée Fontanes) 1 fr. 50 c.
Irving (Washington) : *Extraits de la Vie de Christophe Colomb* (E. Chasles, inspecteur général de l'Université).......... 2 fr.
Macaulay : *Morceaux choisis des Essais* (Beljame).. 2 fr. 50 c.
— *Morceaux choisis de l'Histoire d'Angleterre* (Battier)..... 2 fr.
Milton : *Paradis perdu, livres I et II* (Beljame).......... 90 c.
Pope : *Essai sur la critique* (Motheré).................... 75 c.
Shakespeare : *Jules César* (C. Fleming).................... 1 fr. 25 c.
— *Henri VIII* (Morel, prof. au lycée Louis le Grand) . 1 fr. 25 c.
— *Othello* (Morel).................... 1 fr. 50 c.
Tennyson : *Enoch Arden* (Beljame).................... » »
Walter Scott : *Extraits des Contes d'un grand-père* (Talandier, ancien professeur au lycée Henri IV).................... 1 fr. 50 c.
— *Morceaux choisis* (Battier).................... 3 fr.

6158. — BOURLOTON. — Imp. réunies, A, rue Mignon, 2, Paris.

LIBRAIRIE HACHETTE ET Cie

TRADUCTIONS JUXTALINÉAIRES

DES

PRINCIPAUX AUTEURS CLASSIQUES LATINS

FORMAT IN-16, BROCHÉ

CÉSAR : Guerre des Gaules. 2 vol. 9 fr.
— 1er vol. : livres I, II, III et IV.. 4 fr.
— 2e vol. : livres V, VI et VII .. 5 fr.
— Guerre civile, livre I... 2 fr. 25
CICÉRON : Brutus...... 4 fr.
— Catilinaires (les) ..... 2 fr.
— Des devoirs....... 6 fr.
— Des lois : livre I..... 1 fr. 50
— Dialogue sur l'amitié... 1 fr. 25
— Dialogue sur la vieillesse. 1 fr. 25
— Discours pour la loi Manilia. 1 fr. 50
— Discours pour Ligarius... 75 c.
— Discours pour Marcellus.. 75 c.
— Discours sur les statues... 3 fr.
— Discours sur les supplices.. 3 fr.
— Philippique (seconde)... 2 fr.
— Plaidoyer pour Archias... 90 c.
— Plaidoyer pour Milon.... 1 fr. 50
— Plaidoyer pour Muréna. 2 fr. 50
— Songe de Scipion...... 75 c.
CORNELIUS NÉPOS : Les vies des grands capitaines..... 5 fr.
EPITOME HISTORIÆ GRÆCÆ, Prix........... 3 fr. 50
HEUZET : Histoires choisies des écrivains profanes. 2 vol... 6 fr.
HORACE : Art poétique... 75 c.
— Épitres......... 2 fr.
— Odes et épodes. 2 vol... 4 fr. 50
On vend séparément :
1er vol. ; livres I et II des odes.. 2 fr.
2e vol. ; livres III et IV des odes et les épodes........ 2 fr. 50
— Satires........... 2 fr.
JUSTIN : Histoires philippiques. 2 volumes........ 12 fr.
Chaque volume séparément. 6 fr.

LHOMOND : Abrégé de l'histoire sainte........... 3 fr.
— Des hommes illustres de la ville de Rome............ 4 fr. 50
LUCRÈCE : Morceaux choisis par C. Poyard........ 3 fr. 50
OVIDE : Métamorphoses... 6 fr.
PHÈDRE : Fables....... 2 fr.
PLAUTE : La marmite (Aululaire)........... 1 fr. 75
QUINTE-CURCE : Histoire d'Alexandre le Grand. 2 vol... 12 fr.
— 1er vol. : livres III, IV, V et VI. 6 fr.
— 2e vol. : livres VII, VIII, IX et X. 6 fr.
SALLUSTE : Catilina... 1 fr. 50
— Jugurtha......... 3 fr. 50
SÉNÈQUE : De la vie heureuse. 1 fr. 50
TACITE : Annales. 4 vol... 18 fr.
— 1er vol. : livres I, II et III... 6 fr.
— 2e vol. : livres IV, V et VI.. 4 fr.
— 3e vol. : livres XI, XII et XIII. 4 fr.
— 4e vol. : livres XIV, XV et XVI. 4 fr.
— Germanie (la)...... 1 fr. 50
— Histoires, livres I et II... 5 fr.
— Vie d'Agricola...... 2 fr. 75
— Dialogue des Orateurs.... 2 fr.
TÉRENCE : Adelphes.... 2 fr.
— Andrienne....... 2 fr. 50
TITE-LIVE : Liv. XXI et XXII. 5 fr.
— Livres XXIII, XXIV et XXV. 7 fr. 50
VIRGILE : Bucoliques.... 1 fr.
— Énéide. 4 volumes... 16 fr.
— 1er vol. : livres I, II et III.. 4 fr.
— 2e vol. : livres IV, V et VI.. 4 fr.
— 3e vol. : livres VII, VIII et IX. 4 fr.
— 4e vol. : livres X, XI et XII.. 4 fr.
Chaque livre séparément. 1 fr. 50
— Géorgiques (les quatre liv.). 2 fr.

À la même Librairie :

TRADUCTIONS JUXTALINÉAIRES

DES PRINCIPAUX AUTEURS GRECS

www.ingramcontent.com/pod-product-compliance
Lightning Source LLC
Chambersburg PA
CBHW050606230426
43670CB00009B/1288